縄文時代の地域生活史

山 本 典 幸

縄文時代の地域生活史　　目次

序章　研究の射程とその方法 …………………………………………………… 1
　1　「生活構造」の考古学的な検証性 ……………………………………………… 1
　2　小林達雄著『縄文人の世界』に関する評価 ………………………………… 2
　3　地域生活史の方針 ……………………………………………………………… 6

第Ⅰ章　五領ケ台式土器様式の編年と系統 ……………………………………… 8
　1　土器型式設定から型式系統論へ ……………………………………………… 8
　2　様式構造と様式変遷 …………………………………………………………… 8
　3　第Ⅳ段階における集合沈線文系土器群と細線文系土器群の共伴関係 …… 27
　4　型式系統の組成からみた地域性の把握と空間分析の課題 ………………… 36
　5　五領ケ台式土器様式と共伴する他地域の土器様式 ………………………… 49

第Ⅱ章　縄文土器の類似性とコミュニケーションシステム ………………… 52
　1　問題提起 ………………………………………………………………………… 52
　2　研究史からみた類似土器の分布に関する解釈・方法と問題点の摘出 …… 52
　3　象徴表現としての縄文土器 …………………………………………………… 57
　（1）　土器属性と象徴性 …………………………………………………………… 57
　（2）　縄文土器と土器製作者 ……………………………………………………… 58
　（3）　土器製作者と土器非製作者 ………………………………………………… 59
　（4）　単位集団と象徴性 …………………………………………………………… 60
　4　土器の機能 ……………………………………………………………………… 61
　（1）　土器実体化過程と土器の機能論的側面 …………………………………… 61
　（2）　実用的機能と象徴的機能 …………………………………………………… 62
　　　A　実用的機能 ………………………………………………………………… 62
　　　B　象徴的機能 ………………………………………………………………… 63
　　（a）　表出機能 …………………………………………………………………… 64
　　（b）　伝達機能とその意義 ……………………………………………………… 64

5　コミュニケーションシステムとその仕組み ……………………………66
　　（1）　視座の設定 ……………………………………………………66
　　（2）　コミュニケーションシステムの基本形 …………………………66
　　（3）　送り手と受け手 ………………………………………………67
　　（4）　伝達内容とその表現手段 ……………………………………68
　　（5）　記号化と意味作用関係 ………………………………………69
　　（6）　伝達手段としての三者と伝達内容の表現体系との関係 ………70
　　（7）　メッセージの了解と受け手の選択性 …………………………72
　　（8）　コミュニケーション行動における意味の伝達 ………………79

第Ⅲ章　考古学的同一時期における縄文土器の空間変異のあり方について ……82
　1　縄文土器「型式」の理論的意味と実践的意味 ……………………82
　2　五領ケ台式土器様式集合沈線文系土器群とコミュニケーションシステム ……83
　　（1）　集合沈線文系土器群の系統変遷 ……………………………83
　　（2）　分析に要する前提条件 ………………………………………85
　　（3）　型式5の分析方法と各遺跡での検討 …………………………87
　　　A　型式5の内容と遺跡の選定 ……………………………………87
　　　B　分析方法と分析項目 …………………………………………89
　　　C　各遺跡内での分析 ……………………………………………94
　　　D　遺跡間での分析 ………………………………………………106
　　（4）　型式5とコミュニケーションシステム ………………………126
　3　五領ケ台式土器様式期の地域単位－特に西南関東地域の設定－ ……129
　4　隣接地帯の土器様式とコミュニケーションシステム ……………131
　　（1）　問題提起 ………………………………………………………131
　　（2）　豊原遺跡の検討 ………………………………………………131
　　（3）　型式分布圏の意義 ……………………………………………140

第Ⅳ章　五領ケ台式土器様式期の出自と婚後居住 ……………………143
　1　緒言 …………………………………………………………………143
　2　出自論の前線 ………………………………………………………144
　3　縄文時代の親族組織に関する諸説とその方法論 …………………148
　　（1）　抜歯人骨の分析や葬制論などを基幹として「出自規定」と

	婚後「居住規定」の解明を目指した春成秀爾の研究	148
（2）	集落遺跡の構造を通して婚姻体系の解明を目指した丹羽佑一の研究	150
（3）	異系統埋甕の分析から「出自規定」と「婚後居住規定」の問題にアプローチした佐々木藤雄の研究	152
（4）	型式組成と各型式の技術的特性の地方差から親族組織及び集団関係を推測した谷口康浩の研究	153
（5）	縄文時代の出自と婚後居住の理解に向けて	154
4	二つの系列と異系列文様・文様帯の同一個体内共存例	156
（1）	第Ⅱ段階における二つの系列	156
（2）	異系列文様・文様帯の同一個体内共存例の個別分析	157
5	遺跡内における各系列の構成比とその分布状況	170
6	第Ⅱ段階の出自形式と婚姻後の居住形態	172
7	土器製作と母系社会	178
（1）	人類学的見地に基づく婚姻体系	178
（2）	時間的変化に伴う出自と婚後居住の変異（予察）	181

第Ⅴ章　五領ケ台式土器様式期の季節的居住性　……184

1	視座の設定	184
2	民族誌的事例にみる季節的居住	184
（1）	民族誌的事例の選定	184
（2）	トリンギット族の生業・居住システム	185
3	石器組成からみた生業・居住システム研究の流れとその課題	190
（1）	1980年以前の研究	190
（2）	1980年以後の研究	192
（3）	石器組成研究の課題	196
4	石器遺棄・廃棄プロセス（abandonment process）に関する視点の導入	197
（1）	縄文時代石器研究における成果	197
（2）	最近の民族考古学的成果	199
5	西南関東地域の遺跡形態と石器組成	201
（1）	石器組成の分析	201
（2）	石皿の分析	214
6	五領ケ台式土器様式期の季節的居住と今後の展望	217

終章　地域生活史から地域文化史へ……………………………………221

引用文献………………………………………………………………………226

あとがき………………………………………………………………………242

未完成考古学叢書版　あとがき……………………………………………244

索引……………………………………………………………………………245

解題　小林達雄………………………………………………………………255

序章　研究の射程とその方法

1　「生活構造」の考古学的な検証性

　リーとデヴォアによって編集された『狩猟民』(Lee and Devore 1968) 以後、狩猟採集民の生業内容を始めとして社会・文化像に対する認識は大きく変化している。日本においても1970年代以降の調査件数の増加に伴って、旧石器・縄文時代の社会・文化に関する歴史観が再構築され始めた。その反面、縄文時代の社会組織や社会構造を解釈する上で、依拠するモデルの構築やモデル構築に至る理論的裏付け、縄文時代全体を共時的に概観するがために起こり得る分析資料の逸脱、及び資料分析に際しての明確な方法論的提示の欠如などが深刻な課題となっている。このような課題の解決に向けて、一般論的に社会・文化を詳述する立場とは別に、本書は特定の時期を対象に列島規模で各地域社会を構造的に比較することによって、かなり厳密な共時的視点に支えられた地域社会相互の生活史の再検討を試みたものである。

　ここでいうところの共時的にみた地域生活史とは、その地域に居住した人間及び人間集団の種々の営みないし諸活動が体系化された姿であり、その体系化の歴史のことである。具体的な活動内容としては、土器・石器などの製作技術、集団間の情報交換、婚姻、生業活動とそれに応じた居住内容などが含まれている。このように複数の活動を相互に関連付ける視座は、構造的かつ機能的な地域生活史の解釈を提供すると共に、今後、儀礼体系並びに観念的・心理的側面を視野に入れた地域文化史を理解していく上で重要な意味をもっている。

　そして、考古学的に地域生活史を描き出す際の具体的なモデルとしては、渡辺仁の提示した「生活構造のキュービック・モデル」（図1）が有効である。渡辺は、先ず人間の生活を種々の活動が相互に関連した活動系で、なおかつ環境との関係を維持する手段として定義する。そして、生活構造のキュービック・モデルをこのような「活動系を各種範疇の活動、各範疇の活動の側面、及び各活動の周期から構成される立体（立方体）構造」と概念化し、その内容について詳しく説明している（渡辺　1977）。このような生態学的視点に基づいて提起されたモデルは、考古学的に検証不可能な活動及び周期を含んでいるが、狩猟・漁撈・採集などの自然に強く依存した生業に基礎をおく縄文時代の研究にとって、十分に適応可能なものであるといえよう。

　それ故、このモデルを念頭に置いて、具体的に中期初頭の関東・中部・東海地方を中心に分布する五領ケ台式土器様式期の地域生活史の実態究明を以下で試みる。本書で述べる内容は、渡辺が説くモデルの幾つかの構成要素に抵触しつつ、新たな問題を提起し続けることになる。

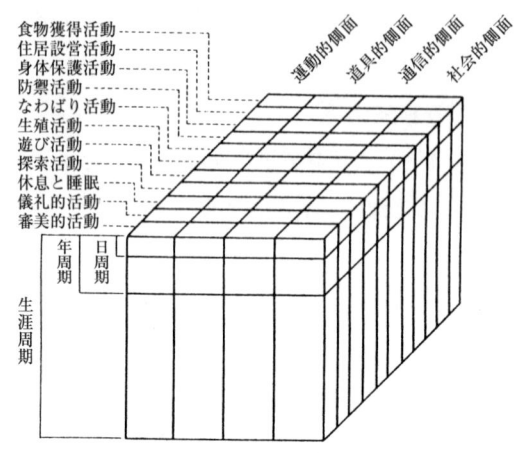

図1　渡辺仁の生活構造のキュービック・モデル（大塚1990より）

2　小林達雄著『縄文人の世界』に関する評価

　本書の対極として、縄文時代の社会・文化を一般論的に詳述する立場がある。ここでは、小林達雄の『縄文人の世界』（1996）を題材に地域生活史の視座の重要性を述べてみたい。ただし、このような態度は縄文時代ないし縄文式の一般的特性を追求することを放棄しているのではなく、生活史的或いは文化史的な視点から縄文時代を再構成するための出発点の意味合いをもっている。

　『縄文人の世界』は、縄文時代に関する新情報の増加によって新しい縄文時代観の構築が声高に叫ばれ、その一方で研究対象・研究領域の多様化・細分化が依然として進行する状況の中、「縄文人の文化力」を通して縄文時代の文化的普遍性及び文化史的展開の解明を企図し、併せて縄文文化の「現代的な意義」を追求したものである。小林は、このような目的を達成する過程において、「縄文土器文様」、「縄文姿勢方針」、「自然の人工化」、「第一の道具と第二の道具」、「自然の社会化」などのキーワードを提起し、結果的に「個々の遺跡にみられる魅力的な個性、特殊性」については体系的に触れず、「縄文文化の普遍性の追求」に主眼を置くことになった。以下、七つの章の中で、本書と関係の深い三つの章を概観することによって、筆者の視点及び方法論との差異を明示化する。

　第二章「縄文土器は語る」は、三つ程度の内容に分けられる。ここでは、器種・器形や装飾の内容から縄文土器の変遷史を纏めた部分を取り上げる。小林は、縄文土器の時間的な「発達史」に注目する前に、範型、型式、様式などの重要な概念を集団論と結びつける形で提示している。しかも、範型と型式だけでなく様式も加えて、三者の相互関係が概念図として示された

序章　研究の射程とその方法

ことは、その理論的な妥当性と共に注目される。

　型式から集団、様式から地縁的集団へそれぞれ止揚していくための方法論として範型論と流儀論がある。範型論とは、土器製作者は所属する集団の観念や伝統の中から集団構成員が共有する範型に基づいて土器を製作するため、常に普遍性の強い土器群が実体化されるという方法論的な仮説である。この方法を介在させると、普遍的特質によって我々が認識・抽出できた型式は、「集団表象」としての意味をもつことになる。このように型式と集団を媒介した方法論を範型論とするならば、様式と地縁的集団を媒介する方法論は流儀論と呼ぶことができるかもしれない。流儀論とは、複数の範型を保有する一つの地縁的集団が、一定の流儀（モード）に基づいて土器を製作するというものである。これによって、共通の雰囲気をもつ複数の型式を含んだ一つの様式は、地縁的集団としての意味をもつことになる。

　そして、設定した各様式を対象に草創期から晩期に至る発達史を辿っている。その出発点は、「編籠や樹皮籠の方形平底形態をまねた」方形平底土器と、「樹皮袋のイメージ」をまねた円形丸底土器で構成された「イメージの時代（草創期）」である。この時代と内容的に異なるのが次に続く「主体性確立の時代（早期）」で、方形平底土器の消失、器形・文様の既存のイメージからの脱却、「装飾性文様」の萌芽などを特徴とする。尚、装飾性文様とは美的効果を生み出したり高めたりして、「飾ることを第一義的な目的とする」文様のことである。そして、単なる装飾を目的とした装飾性文様だけでなく、「特別な意味を帯びたモチーフが出現し始め」、複数の器種があらわれる「発展の時代（前期）」が続く。特別な意味をもつ文様・モチーフとは物語性文様のことで、それは次の「応用の時代（中期以降後期・晩期まで）」に発達する。「応用の時代（中期以降後期・晩期まで）」は、その点に加えて浅鉢や注口土器などの定着と出現、埋葬や祭祀に関係する土器の出現などを特徴としている。ただし、物語性文様の内容は、「発展の時代（前期）」のものと異なっている。つまり、「発展の時代（前期）」の物語性文様は、規格的な文様・モチーフが描かれるに従ってそれに特定の名前が付けられるようになるが、「応用の時代（中期以降後期・晩期まで）」の物語性文様は、文様・モチーフに先行して「特定の意味＝観念があって、それが特定のカタチに表現される」ようになるのである。その代表的な文様・モチーフとして、Ｓ字文やトンボ眼鏡状文などが挙げられている。

　ここで範型論の方法論的な評価と、土器の発達史の中における装飾性文様と物語性文様の把握の仕方について考えてみたい。

　分類単位としての型式や様式がもつ意味性、それらの時間的変化や空間的変異の要因などは、多くの研究者によって論及されている。小林の範型論は、これらの解釈に対する方法論的立場を示したものである。ただし、心理学や民族学などの他分野の最新の成果に注意を払うのは勿論のことであるが、今後はエティック及びエミックといった認識論的な問題を含めて、型式と

集団との関係を再検討する必要があるのではないだろうか。同様なことは、流儀を媒介させた様式と地縁的集団との関係についてもいえるだろう。

　ところで、器種の多様化や埋葬・祭祀用の土器の出現、装飾性文様の出現ないし物語性文様の萌芽とその確立といった二つの側面から、縄文土器の発達史を概観していることは特に注目される。ただし、「土器文様は、装飾性文様と物語性文様の両者の性質が併存していて、常にはっきりと分けられるわけではない」といった小林の発言が実状であるならば、文様を二つに区分することの蓋然性はどの程度保たれるのであろうか。しかも、モチーフが先にあって名前が後に付けられるとか、初めに意味があるといった論理は、ソシュールや丸山圭三郎などの記号論を参照すれば考え難いものといえる。更に、飾ることを目的とした装飾性文様は意味をもたないのであろうか。S字文やトンボ眼鏡状文などが何らかの世界観や観念を意味しているならば、単なる装飾性文様にも美的に飾るといった意味が含まれていて不思議ではないだろう。その上、象徴的意味を内包していた可能性も考えられる。文様の意味性及び機能の歴史的展開は追求すべき課題の一つである。これらについて本書の第Ⅱ章と比較すると、小林と筆者との見解の違いが明瞭になってくる。

　第二章が様式の時間的な変遷史に焦点を当てたのに対し、第三章「縄文のクニグニ」は、様式の分布域と通時的にみた様式境界線の重なり具合から、「縄文人集団と一定範囲の活動舞台との関係」、つまり「領域」について述べている。そこで、先ず各様式の境界線の重なる程度から、日本列島を大地帯、中地帯、核地帯の三つの次元に区分する。そして、これら三つの次元が縄文人の領域のあり方と密接に関係すると推定した上で、それぞれに対応する形で大領域、中領域、核領域を設定した。この中では特に核領域に注目している。

　小林は、核領域を「縄文時代の領域の基本的な単位」と定義する。そして、この領域内では、多様な生態的条件とそれに適応する技術が蓄積されているため、生業を始めとした日常活動の自己完結性が高いと推測している。その上、核領域を基本的な生活領域とした地縁的集団の構成員は、一定の世界観を共有していたと考える。この思考は、土器様式圏の三つの次元の中の核地帯と、生態維持のための基本的な地域単位としての核領域を結び付けようとする論理に基づく限り、当然の帰結といえる。尚、標準的な核領域は越後・佐渡を含めた12,000km²であるという。

　縄文時代における領域研究は、一つの遺跡を対象に自然遺物の生態的特徴を分析した研究、河川や丘陵といった地理的条件ないし型式・様式の分布圏などを考慮して、その地域内の遺跡群を対象に遺構・遺物の形態的かつ技術的な分析を用いた研究、列島規模で動物相や植物相などの環境に注目した研究など様々である。筆者が第Ⅲ章3で示した地域の設定方法と比較した場合、小林との視座の違いが明らかになってくる。この中で筆者が注目した点は、生態的な生

序章　研究の射程とその方法

産性だけでなく、社会的な再生産や儀礼的行為の遂行などを考慮することも地域概念にとって重要ではないかということ、社会的・生態的な生産を維持する最低限の地域的単位が存在するならば、その範囲は土器の技術分析に基づく限り、土器の型式や様式の分布範囲よりも狭い地域ではないかということなどであった。結局のところ、小林は生態的な自己完結性をもち、一定の世界観を共有した縄文人集団の活動舞台を核領域と定義するならば、その地域的な範囲を設定する方法論を提示すると共に、特定の核領域を対象にした具体的な生活内容（生業活動・婚姻形態・儀礼行為など）を叙述しなければならないわけである。

　第五章「集落と社会」は、大きく五つの内容から構成される。ここでは、縄文社会における双分原理（本文中では「二分割原理」としている）の可能性について取り上げてみたい。なぜならば、本書の第Ⅳ章とテーマが重なるからである。

　小林は、集落遺跡の住居群や貝塚、土器廃棄場が二つに分かれる例、大形建物の内部構造が二分割されたり、二棟の大形建物が併存する例、埋葬事例の属性分析による二群の存在、一つの遺跡に二つの土器様式が共伴する例など数多くの事例を取り上げ、北アメリカ北西海岸狩猟採集民の民族誌を参照しながら双分原理について概観している。このように、二つの対立的な考古学的事象に注目した点は重要である。ただし、その現象を「二集団の存在」として解釈するとき、双分原理に関する概念的な説明が本文中には見当たらない。唯一、北アメリカトリンギット族の民族誌的事例を取り上げる過程で、婚姻や儀式・葬送儀礼などにおける異族毎の役割を指摘しているのみである。

　双分原理ないし双分制とは、一般的に社会生活の様々な領域が二つの相補的な部分に分かれていることをいう。特に、部族や村落が明確な機能をもつ二集団に分かれている場合を指している。そして、この二集団の存在が顕著にあらわれるのは、婚姻、家屋の建築や葬式のときなどである。婚姻に際しては、自分の属していない集団から配偶者を求めなければならない。また、家屋の建築や葬儀のときは、労働力の提供や贈与の義務を負う必要がある。しかしながら、人類学に関する数多くの成果によると、婚姻規制に関係なく年齢集団や儀礼集団が二分されたり、或いは一つの社会に複数の双分制が併存する事例が確認されている。更に、双分制が象徴的な二元論と結びついている事例も多い。要するに、双分原理ないし双分制は、婚姻や葬儀といった限られた場合に適用されるだけでなく、かなり象徴的な領域を含めた意味で用いられるわけである。

　このような複雑な内容からみて、双分原理ないし双分制はかなり抽象度の高い概念であると同時に、時期的・地域的な考古事象の分析結果へ直接的に演繹できる概念ではないだろう。つまり、双分原理は魅力的な概念であるにも拘らず、地域生活史の一端としての婚姻形態や儀礼行為などを具体的に推定する上で利用しにくいものといえる。本書の第Ⅳ章を通して、小林と

筆者との間には双分原理の適用及び認識に大きな差異がある。

　本書との関係上で取り上げた三つの章に、「縄文革命の始まり」、「縄文姿勢方針－多種多様な食利用」、「精神世界を探る」、「縄文人の心象」といった四つの章を加えてみると、目的の一つであった縄文時代の文化的普遍性及び文化史的展開は極めて簡潔に描かれている。しかも、中期の土器文様、豊富な食資源、重複の激しい住居址群や規模の大きな遺構をもつ集落、土偶の出現及び土偶を大量に保有する遺跡の存在、第二の道具の発達、コストのかかる記念物の構築などを見る限り、縄文文化を維持する豊かな文化力の潜在性は必然的に言えそうである。

　しかしながら、ここまで豊かであると小林が主張して止まない縄文文化力を発現させ、尚かつ維持させた要因は何だったのだろうか。温和な気候、動植物の豊かさ、周囲が海で囲まれるといった環境・地理的条件が簡単に述べられているのみで、それ以上の理論的な展開は認められない。このような要因の解明は、縄文文化を時間的・空間的に一つの文化史的類型として定義することに再考を促していく。更に生態的・社会的な構造変動との因果関係の中で、土器や竪穴住居などの出現、土器文様の物語性、自然の人工化の促進、製塩の開発と終焉、記念物の構築などの個別事象を地域生活史の視座からシステム論的に考察したり、地域間で比較することに繋がっていくわけである。

3　地域生活史の方針

　簡単に本書の各章毎の概要を述べておく。先ず第Ⅰ章では様式内の型式変遷を辿り、幾つかの遺跡の出土状況を検討することによって、その編年案を立証する。このような時間軸の確定は、土器製作技術の時間的・空間的なあり方、生業活動や社会的・儀礼的な行為などを動態的に把握する上で基礎分析の一つといえる。また、型式系統の組み合わせから地域的変異を捉え、異様式土器の搬入段階とその分布範囲についても論及する。

　第Ⅱ章では、考古学的な同一時期において遺跡内及び遺跡間で類似土器を生みだし、それを維持したシステムについて、象徴的かつ記号論的側面から仮説提示を行なう。この仮説をもとに、第Ⅲ章では第Ⅱ段階の集合沈線文系土器群型式5を分析して、各遺跡内及び遺跡間で製作技術に関する類似レベルを抽出し、その変異幅の様相及び地域差の内容について解釈していく。また、新潟県方面の遺跡から出土した型式5と同時期の土器群の分析を行なうことによって、類似土器の分布圏の境界認識とその意義についても推定する。

　そして、第Ⅲ章で土器製作技術に関して有意な差として推測した地域を対象に、第Ⅳ章では土器系列の構造性、異系列文様・文様帯の同一個体内共存例の文様施文技術に関する検討、及び遺跡内における系列の構成比とその分布状況などから、第Ⅱ段階の親族組織、特に出自と婚後居住を中心に推論を試みた。つまり、第Ⅲ章で特定の型式に焦点を当て、その空間的な広が

序章　研究の射程とその方法

りと地域的な差異の要因を推測したのに対して、第Ⅳ章では共時的に異なる型式間ないし別系列の間の関係性に焦点を当て、その社会的背景を親族組織の観点から追求することを目的としている。

更に、第Ⅴ章で石器に視点を移行し、その経済的な機能性を勘案した上で、遺跡形態と石器組成との相関性及び遺跡形態毎の石器組成の量的な変異性から、地域的な生業・居住システムの実態と石器の管理・処理システムの解明を目指した。

また、第Ⅱ章から第Ⅴ章の各章では、考古学的現象と解釈を結びつける方法論として、人類学や記号学などの異なる学問領域における概念や理論仮説、それから民族誌及び民族考古学的な成果を援用した社会的・生態的な枠組みを積極的に活用している。

第Ⅰ章　五領ケ台式土器様式の編年と系統

1　土器型式設定から型式系統論へ

　五領ケ台式土器は縄文時代中期初頭の西南・東関東地域を中心に、中部・東海地域、更には北関東地域にまで展開した土器様式である。1936年と1937年に、山内清男は神奈川県五領ケ台東貝塚の資料をもとに、関東地方の土器型式として「御領台」式或いは「五領台」式を最初に提示し（山内　1936・1937）、続いて江坂輝弥が五領ケ台貝塚の調査でその内容の肉付けを行なった（江坂　1949）。その一方で、中部地方では「梨久保式」（戸澤・宮坂　1951）、東海地方では「柏窪式」（江藤　1937）といった独自の土器型式名がそれぞれ設定され、「地域性」研究の発端となった。その後、今村啓爾（今村　1985）、小林謙一（小林　1989・1995）、中山真治（中山　1992）、三上徹也（三上　1988）、山口明（山口　1978・1980）、そして山本（山本　1988）などによって、中部地方、東海地方、西北関東地方、東関東地方にそれぞれ展開する土器型式の提示と共に、地域間の編年的対比作業が進められている。また、彼らによって型式系統の分類や変遷に関する試論も提出され続けている。

　土器型式の時間的側面に関しては、中山及び小林の論文に各研究者の編年対比表が掲載されており（表1）、時間軸を比較する上で一つの目安になっている。しかしながら、例えば山本の五領ケ台式土器様式第Ⅳ段階は今村の五領ケ台Ⅱb式とⅡc式、更には角押文を文様要素として採用する一部の土器群の共伴段階であるため、研究者間の編年案を紋切り型として単純に対比することはできないといえる。今村のいうところの五領ケ台Ⅱb式とⅡc式は、山梨県下向山遺跡（吉田　1963）、東京都椚田第Ⅳ遺跡（戸井他　1979）などの遺構内から共伴関係を示しており、更に両者の共伴は詳細な分布・接合図が掲載された東京都武蔵台遺跡の例（山本　1994）からも裏付けられる。これについては次々節で詳しく触れてみたい。

　尚、本章で使用した土器の展開写真は小川忠博（写真家）の撮影によるもので、氏から転載の許可を頂いた。

2　様式構造と様式変遷

　現在、五領ケ台式土器様式は深鉢形式と浅鉢形式の二つを中心とした器種構成をもち、小型の深鉢形式（図12－537）や台付鉢（図7－512）をも含んでいる。深鉢形式では器形と文様帯構成規則、文様モチーフ、文様要素などに共通性をもつ31の型式が区別され、これらはA～Kの型式系統（型式組列）として関係付けられる（図2）。A～Cの型式系統は、半截竹管などの腹面を利用した平行沈線を集合させる集合沈線文系土器群に属し、D～Kの型式系統は、常に

第Ⅰ章　五領ケ台式土器様式の編年と系統

縄文を採用する縄文系土器群或いは細線文系土器群と呼称される系列に該当する（註１）。

　集合沈線文系土器群は口縁部がＳ字状を呈する器形が典型であり、口頸部文様帯は三帯（Ⅰ-１文様帯、Ⅰ-２文様帯、Ⅰ-３文様帯）で構成される。しかしながら、胴部文様帯には規則性は認められない（図40を参照）。一方、細線文系土器群はキャリパー形を典型とし、二帯の口頸部文様帯（Ⅰ-１文様帯、Ⅰ-２文様帯）と一帯の胴部文様帯（Ⅱ-１文様帯）で構成される。稀に口頸部に無文帯を加えるものがある（図７-514、図16の24類土器など）。

	前期末葉 ZM		中期最初頭 CM		中期初頭 CS					中期前葉 CZ						中期中葉 CC
小林（本稿）	Ⅲ	Ⅳ Ⅴ	Ⅰ	Ⅱ	Ⅰa	Ⅰb	Ⅰc	Ⅱa	Ⅱb	Ⅰa	Ⅰb	Ⅱa	Ⅱb	Ⅲa	Ⅲb	
勝坂・阿玉台成立期 小林1984					Ⅰ期		Ⅱ期			Ⅲ期		Ⅳ期		Ⅴ期	Ⅵ期	
東関東 小林1988 1991	古和田台 Ⅰb Ⅱ Ⅲ （粟島台Ⅱ）		八辺 Ⅰ （下小野）	Ⅱ			Ⅲ		Ⅳ	狢沢 阿玉台Ⅰa	Ⅰb古			新道 Ⅰb新 Ⅱ		藤内 Ⅱ新
宮の原 今村1972	3群　4群		6群 5群		7・9群 8群					12群						
山口1980	十三菩提 諸磯C		BⅡ BⅢ Ⅳ AⅠ AⅡⅣ １段階		C・DⅠ ２段階		DⅡ EⅠ～Ⅳ ３段階			G・F H ４段階						
池谷1981			AⅠ BⅠ AⅡ Ⅲ		BⅡ Ⅳ		BⅢ									
今村1974 1985	十三菩提 3　4		五領ケ台Ⅰ Ⅰa　Ⅰb		五領ケ台Ⅱ Ⅱa　Ⅱb		Ⅱc			神谷原 大石 竹ノ下		狢沢				
三上1987			Ⅰ段階		Ⅱa	Ⅱb		Ⅱc				狢沢				
山本1988			Ⅰ	Ⅱ	Ⅲ		Ⅳ		Ⅴ		Ⅵ					
中山1992		Ⅰa		Ⅰb	Ⅰc	Ⅱa		Ⅱb		Ⅱc		狢沢				
西村 1954・1984	興津Ⅱ		雷三類 （下小野）		雷五					雷七 雷八		阿玉台Ⅰa		Ⅰb		Ⅱ
藤森 1965、1966	梨久保 九兵衛尾根Ⅰ		踊場				神殿・唐沢 九兵衛尾根Ⅱ							新道		
武藤 1968、1978	籠畑Ⅰ		籠畑Ⅱ		九兵衛 尾根Ⅰ					九兵衛尾根Ⅱ						
山内 1937	円筒土器下層 大木6 十三菩提 踊場 大歳山		円筒上a 大木7a 五領台 （＋）							円筒上b 大木7b 阿玉台・勝坂 （＋）						

表１　編年案の対比（小林1995より）

― 9 ―

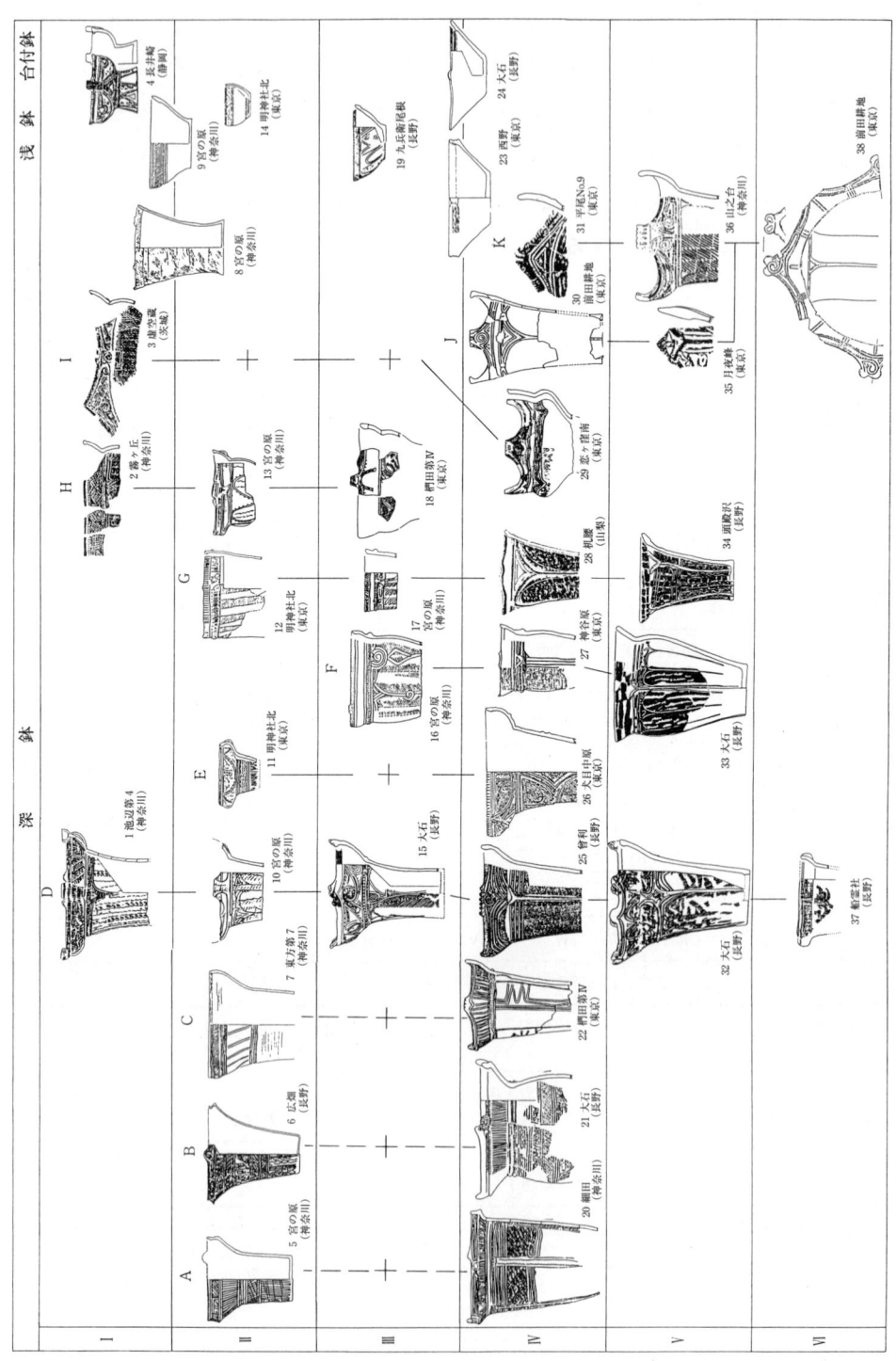

図2　6段階区分と型式系統

第Ⅰ章 五領ケ台式土器様式の編年と系統

491 深鉢 五領ケ台様式 長野県富士見町籠畑遺跡出土 高24.0cm 口径22.0cm 井戸尻考古館

492 深鉢 五領ケ台様式 長野県駒ケ根市羽場下遺跡出土 高26.0cm 口径20.0cm 駒ケ根市立博物館

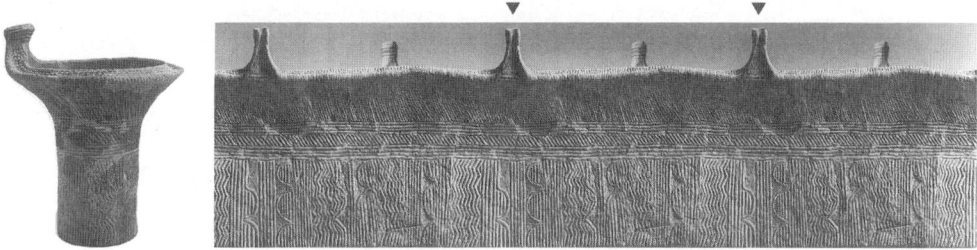

493 深鉢 五領ケ台様式 静岡県藤枝市天ケ谷遺跡出土 高23.0cm 口径19.0cm 藤枝市教育委員会

494 深鉢 五領ケ台様式 長野県岡谷市梨久保遺跡出土 高25.0cm 口径13.0cm 市立岡谷美術考古館

495 深鉢 五領ケ台様式 東京都八丈町倉輪遺跡出土 高34.0cm 八丈町教育委員会
496 深鉢 五領ケ台様式 静岡県藤枝市天ケ谷遺跡出土 高10.0cm 藤枝市教育委員会
497 深鉢 五領ケ台様式 静岡県長泉町柏窪遺跡出土 高31.5cm 長泉町教育委員会

図3 型式の実態(1)(山本1988より)

498 深鉢　五領ケ台様式　静岡県長泉町柏窪遺跡出土　高23.0cm　口径25.0cm　長泉町教育委員会

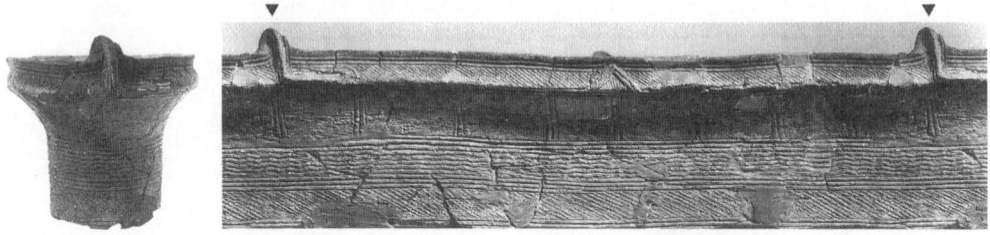
499 深鉢　五領ケ台様式　神奈川県横浜市宮の原貝塚出土　高22.2cm　口径24.0cm　武蔵野美術大学美術資料図書館

500 深鉢　五領ケ台様式　長野県岡谷市大洞遺跡出土　高24.0cm　口径20.0cm　長野県埋蔵文化財センター

501 深鉢　五領ケ台様式　東京都八王子市西野遺跡出土　高19.0cm　口径17.5cm　東京都教育委員会

502 深鉢　五領ケ台様式　東京都秋川市前田耕地遺跡出土　高16.5cm　前田耕地遺跡調査会

図4　型式の実態（2）（山本1988より）

第Ⅰ章 五領ケ台式土器様式の編年と系統

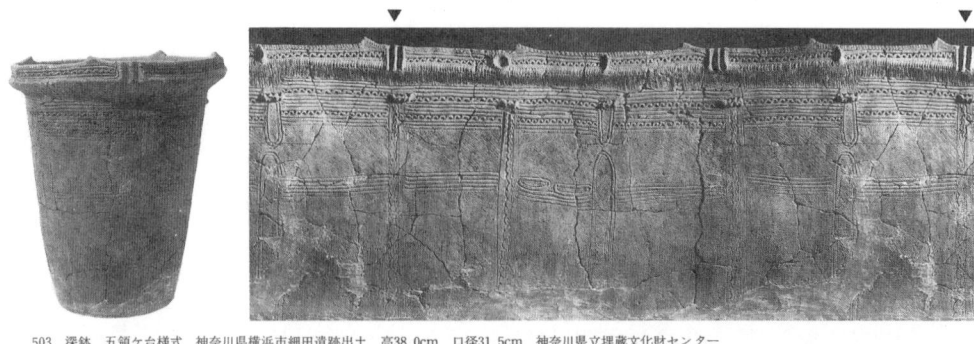

503 深鉢 五領ケ台様式 神奈川県横浜市細田遺跡出土 高38.0cm 口径31.5cm 神奈川県立埋蔵文化財センター

504 深鉢 五領ケ台様式 東京都秋川市前田耕地遺跡出土 高36.0cm 前田耕地遺跡調査会

505 深鉢 五領ケ台様式 山梨県小淵沢町上平出遺跡出土 高31.0cm 口径26.0cm 山梨県埋蔵文化財センター

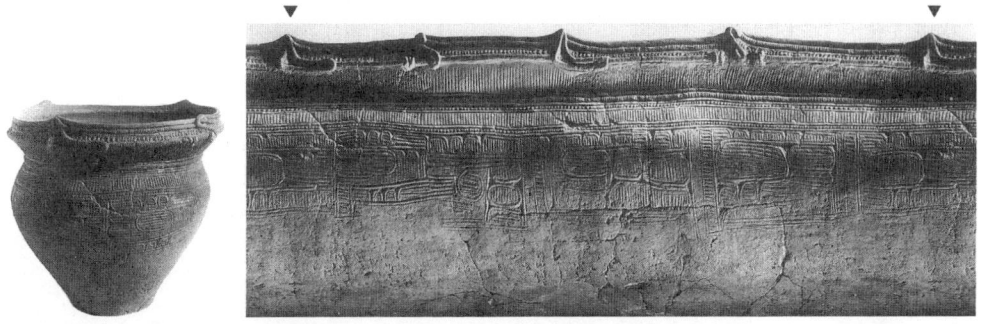

506 深鉢 五領ケ台様式 長野県岡谷市扇平遺跡出土 高30.5cm 口径32.0cm 市立岡谷美術考古館

図5 型式の実態(3)(山本1988より)

507　深鉢　五領ケ台様式　静岡県河津町段間遺跡出土　高34.0cm　口径33.0cm　河津町教育委員会

508　深鉢　五領ケ台様式　長野県原村大石遺跡出土　高26.0cm　口径25.0cm　原村教育委員会

509　深鉢　五領ケ台様式　山梨県中道町下向山遺跡出土　高41.0cm　口径25.5cm　武蔵野郷土館

510　深鉢　五領ケ台様式　東京都多摩市多摩ニュータウンNo.31遺跡出土　高26.0cm　口径27.5cm　東京都埋蔵文化財センター

511　深鉢　五領ケ台様式　神奈川県平塚市五領ケ台貝塚出土　高26.4cm　口径17.0cm

図6　型式の実態（4）（山本1988より）

第Ⅰ章 五領ケ台式土器様式の編年と系統

512 台付鉢 五領ケ台様式 静岡県沼津市長井崎遺跡出土 高17.8cm 口径22.5cm 沼津市歴史民俗資料館（原色13）

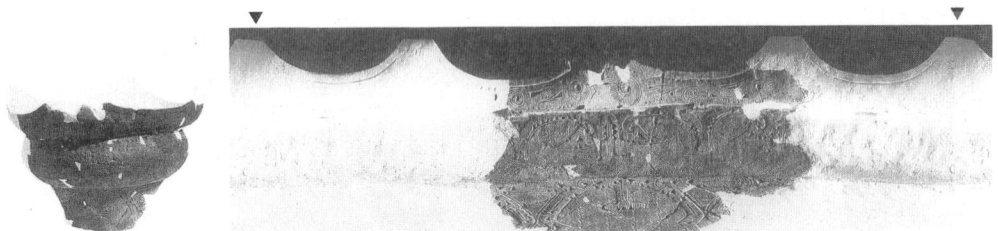

513 深鉢 五領ケ台様式 山梨県一宮町釈迦堂遺跡出土 高40.0cm 口径57.0cm 釈迦堂遺跡博物館

514 深鉢 五領ケ台様式 神奈川県横浜市宮の原貝塚出土 高30.3cm 口径29.2cm 武蔵野美術大学美術資料図書館

515 深鉢 五領ケ台様式 静岡県河津町段間遺跡出土 高21.5cm 口径16.0cm 河津町教育委員会

516 深鉢 五領ケ台様式 静岡県河津町段間遺跡出土 高17.5cm 口径16.5cm 河津町教育委員会

図7 型式の実態（5）（山本1988より）

517　深鉢　五領ケ台様式　静岡県河津町段間遺跡出土　高40.5cm　口径29.0cm　河津町教育委員会

518　深鉢　五領ケ台様式　東京都羽村町羽ケ田上遺跡出土　高24.0cm　口径21.0cm　羽村町博物館

519　深鉢　五領ケ台様式　静岡県河津町段間遺跡出土　高22.0cm　口径20.0cm　河津町教育委員会

520　深鉢　五領ケ台様式　東京都東久留米市多聞寺前遺跡出土　高25.0cm　口径25.0cm　東久留米市教育委員会

521　深鉢　五領ケ台様式　静岡県長泉町柏窪遺跡出土　高54.0cm　長泉町教育委員会

図8　型式の実態（6）（山本1988より）

第Ⅰ章 五領ケ台式土器様式の編年と系統

522 深鉢 五領ケ台様式 群馬県松井田町千駄木岩陰遺跡出土 高22.0cm 口径16.0cm 群馬県教育委員会

523 深鉢 五領ケ台様式 埼玉県所沢市西上遺跡出土 高31.0cm 口径25.0cm 所沢市教育委員会

524 深鉢 五領ケ台様式 千葉県銚子市粟島台遺跡出土 高18.0cm 口径14.0cm 国学院大学考古学資料館

525 深鉢 五領ケ台様式 静岡県河津町段間遺跡出土 高21.0cm 口径16.0cm 河津町教育委員会

526 深鉢 五領ケ台様式 山梨県中道町下向山遺跡出土 高48.0cm 口径33.0cm 武蔵野郷土館

図9 型式の実態（7）（山本1988より）

527　深鉢　五領ケ台様式　東京都秋川市前田耕地遺跡出土　高38.0cm　口径30.0cm　前田耕地遺跡調査会

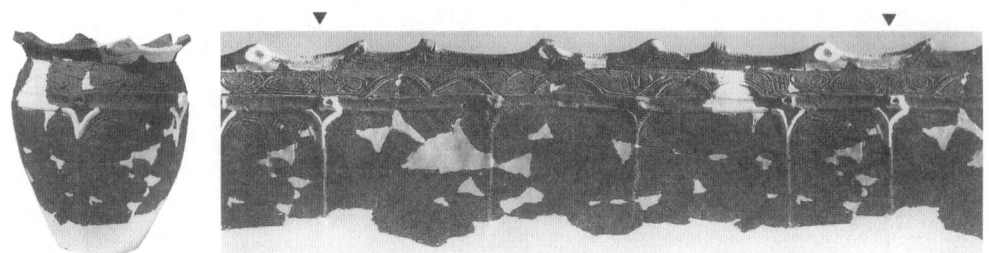

528　深鉢　五領ケ台様式　群馬県中之条町岩本遺跡出土　高27.0cm　口径20.5cm　群馬県立歴史博物館

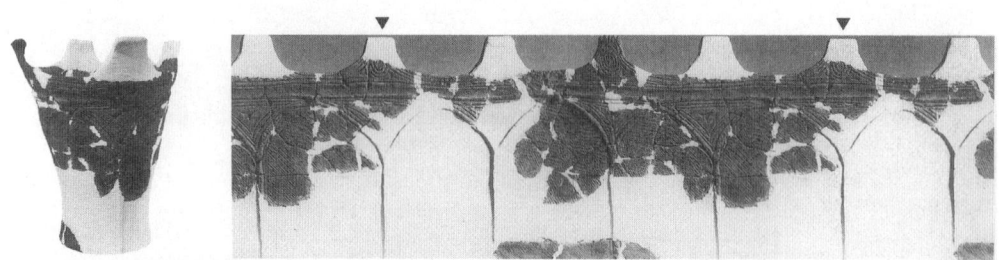

530　深鉢　五領ケ台様式　東京都秋川市前田耕地遺跡出土　高34.5cm　口径26.0cm　前田耕地遺跡調査会

531　深鉢　五領ケ台様式　東京都秋川市前田耕地遺跡出土　高41.5cm　口径30.0cm　前田耕地遺跡調査会

図10　型式の実態（8）（山本1988より）

第Ⅰ章　五領ケ台式土器様式の編年と系統

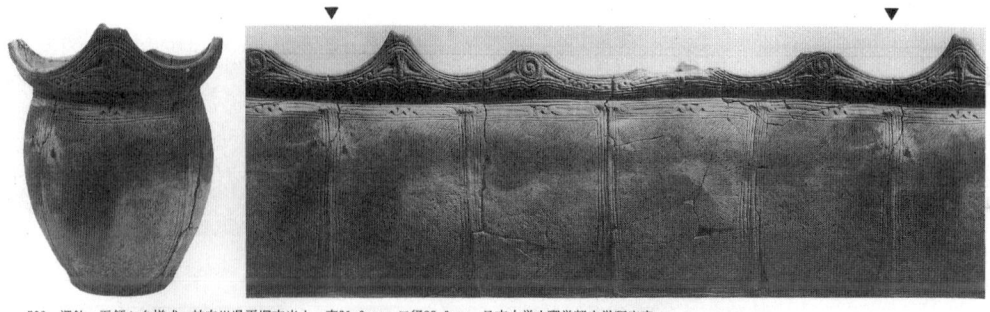

532　深鉢　五領ケ台様式　神奈川県平塚市出土　高31.0cm　口径23.0cm　日本大学文理学部史学研究室

533　深鉢　五領ケ台様式　神奈川県横浜市細田遺跡出土　高38.0cm　口径37.5cm　神奈川県立埋蔵文化財センター

534　深鉢　五領ケ台様式　東京都秋川市前田耕地遺跡出土　高47.0cm　口径34.5cm　前田耕地遺跡調査会

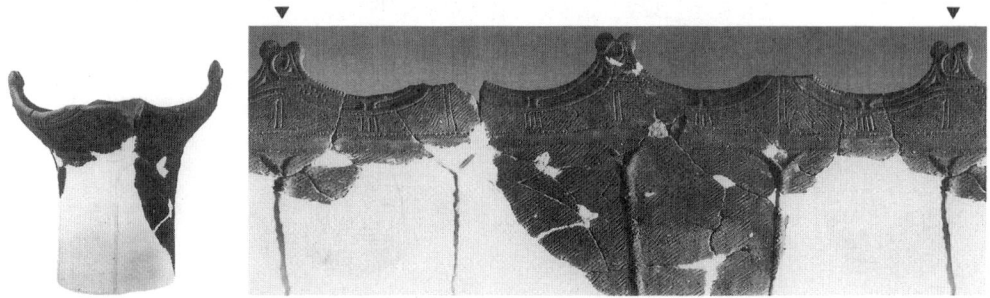

535　深鉢　五領ケ台様式　東京都秋川市前田耕地遺跡出土　高29.5cm　前田耕地遺跡調査会

図11　型式の実態（9）（山本1988より）

536　深鉢　五領ヶ台様式　山梨県勝沼町宮之上遺跡出土　高39.0cm　口径31.0cm　勝沼町教育委員会

537　深鉢　五領ヶ台様式　長野県辰野町樋口内城館址遺跡出土　高9.5cm　辰野町郷土美術館

538　鉢　五領ヶ台様式　長野県岡谷市梨久保遺跡出土　高10.7cm　口径14.5cm　市立岡谷美術考古館

539　深鉢　北裏CⅠ式土器　東京都八王子市神谷原遺跡出土　高17.0cm　口径18.2cm　八王子市教育委員会

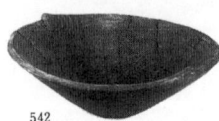

540　深鉢　北裏CⅠ式土器　静岡県河津町段間遺跡出土　高25.0cm　河津町教育委員会

541　深鉢　北裏CⅠ式土器　長野県原村大石遺跡出土　高17.0cm　原村教育委員会

542　浅鉢　五領ヶ台様式　長野県原村大石遺跡出土　口径32.0cm　原村教育委員会

図12　型式の実態（10）（山本1988より）

第Ⅰ章　五領ケ台式土器様式の編年と系統

　次に様式の変遷に関しては、型式変遷の細かな動きを伝える細線文系土器群を基準に、六つの段階を設定できる。以下、集合沈線文系、細線文系といった系列毎に型式学的な変遷過程を辿ることにする。

＜細線文系土器群第Ⅰ段階（型式1・2・3）＞

　Ⅰ-2文様帯に平行沈線で斜状、渦巻状、三角形状のモチーフを描いた後に、短沈線、印刻文をその沿線ないし隙間に充填し、四単位の橋状把手を配する。胴部では縄文帯を主として、Ｖ字状、Ｙ字状の文様モチーフが、口頸部と同様に平行沈線や印刻文などの文様要素を組み合わせることによって表出される。また、特にＨ型式系統は、前期末十三菩提式土器様式からスムーズに変遷を辿って成立することがわかる。すなわち、口縁部や胴部の文様構図は変わらず、文様要素をソーメン状浮線から沈線に置き換えるのである。東京都郷田原遺跡のＪ-18号大型住居址や通常の竪穴住居址の資料が纏まっている（戸田・吉田　1996）。

＜細線文系土器群第Ⅱ段階（型式10・11・12・13）＞

　短沈線を細線に変えると共に地文へと置換せしめる。口頸部の文様構図は第Ⅰ段階のそれと類似するが、新たにⅠ-1文様帯に円形・三角形の印刻文が進出することも特徴である。胴部は依然として縄文帯が中心だが、Ｙ字状文の縦方向への拡張が目立つようになる。第Ⅳ章で取り上げた異系列文様・文様帯の同一個体内共存例、及び東京都明神社北遺跡第1号住居址の床面出土例（椚・佐々木　1976）から、型式5に代表される集合沈線文系土器群との時間的な併行関係を立証できる。

＜細線文系土器群第Ⅲ段階（型式15・16・17・18）＞

　口縁部の地文が縄文に変換され、橋状把手、印刻文が各々瘤状突起、刺突文へと変化する。しかし、地文が縄文に変わっても橋状把手が残存する（図7-515・516）など、これらの要素の変化が一斉に起こったわけではない。その一方で、胴部では縦位区画が定着する。このように、各要素が共変動性をもたない現象は、長野県林山腰遺跡土壙51の出土土器群（竹原他1988b）、山梨県上の平遺跡12号住居址における第Ⅱ段階との共伴関係（中山他　1987）としても表れている。また、住居址間の切り合いによって、上の平遺跡の12号住居址は第Ⅰ段階と第Ⅱ段階の土器が出土する19号住居址より新しいことが判明した。それ故、12号住居址と19号住居址の新旧関係は、第Ⅰ段階から第Ⅲ段階への時間的変化を推定する上で重要な意味をもっている。また、Ｇ・Ｈ型式系統は、Ｄ型式系統と型式変化の内容が異なり、Ⅰ文様帯が縄文帯、無文帯と連続刺突文のみで簡略化し、文様の主流が胴部へと移行していく。

＜細線文系土器群第Ⅳ段階（型式25・26・27・28・29・30・31）＞

　口頸部文様帯の構成には単沈線による弧線文、同心円文などの組み合わせで四単位構成をとるものと、縄文帯や無文帯だけのものがある。胴部はＹ字状隆起線及び沈線の使用によって、

縦位四分割を遵守している。更に、Y字状隆起線が拡大して逆三角形・楕円形の区画を呈する多様性も内包している。尚、図6-511は口縁部が縄文帯で、胴部が平行沈線による縦位区画と集合沈線文の区画内施文を特徴としており、第Ⅳ段階の集合沈線文系土器群との時間的な共時性を示す資料である。このような異系列文様・文様帯が同一個体内で共存するといった事例以外に、第Ⅳ段階の集合沈線文系土器群との時間的な併行関係を示す事例として、遺跡・遺構内ないし同一層でのセット関係を示すものがある。例えば、山梨県下向山遺跡住居址（吉田1963）、東京都椚田第Ⅳ遺跡住居SB13（戸井他　1979）、後述する東京都武蔵台遺跡（山本1994）などが相当する。

　ところで、型式30（図10-530）の文様要素を角押文に置換した型式31は、五領ケ台式直後型式（佐藤　1974）、竹ノ下式（今村　1985）などと呼称された一群で、型式25や型式30との時間的な前後関係が常に懸案となっている。ちなみに、東京都御伊勢前遺跡では破片ながら型式25と型式31が同一層中から纏まって出土した（高橋他　1981）。角押文を文様要素にもつ土器でも、型式31のように第Ⅳ段階に含まれる型式が存在することは型式学的にみて重要である。

＜細線文系土器群第Ⅴ段階（型式32・33・34・35・36）＞

　沈線や隆起線で四単位に分割した口縁部と胴部の区画内を、複数の小規模な弧線文で細分している。下総や霞ヶ浦などの地域では、未だ検出例がない代わりに角押文の多様化が際立ってくる。このように、地域間で型式系統の変化内容が異なっていることは、次段階、更には狢沢式土器様式と阿玉台式土器様式の地域別の成立過程を推考する上で、非常に重要な意味をもつ。また、口頸部文様帯と胴部文様帯の間に装飾帯が認められる。装飾帯内は隆線ないし単沈線による楕円区画モチーフを基本単位とし、三角形を呈した抉入文がしばしば付随している。例えば東京都武蔵台遺跡の41類と42類がこれに該当する。しかも、武蔵台遺跡の41類と42類の分布状況が第Ⅳ段階土器群の分布域と若干異なっているため（図17～26）、このような装飾帯の出現は第Ⅴ段階の大きな特徴の一つといえる。

＜細線文系土器群第Ⅵ段階（型式37・38）＞

　中部から西関東にかけての地域で、Ⅰ-2文様帯において文様構図はそのままに、文様要素を沈線からY字状印刻に変化させる漸移的な方向をもち、胴部において隆帯によるクランク文をもつ型式37（図12-536）が展開する。これと対照的に、西関東から東・北関東では型式38（図11-535）のように、文様要素は角押文のままでⅠ-2文様帯が崩壊していく方向に進む。つまり、Ⅰ文様帯が狭小化すると共に、左右非対称化に向かうということである。尚、千葉県白井雷貝塚第八類土器（西村　1954）の一部はこの段階に相当している。

＜集合沈線文系土器群第Ⅰ段階＞

　長野県松原遺跡（三上・上田　1995）、同古神遺跡（赤松他　1991）、東京都落越遺跡（高梨

第Ⅰ章　五領ケ台式土器様式の編年と系統

他　1992)、神奈川県向丘中学校遺跡と同西耕地遺跡（村田　1970)、図3－491～493、495などは、くの字状に屈曲した口縁部形態と、口頸部或いは胴部の一部に三角形ないし曲線的なモチーフをもち、そのモチーフを集合沈線で構成する点を特徴としたタイプである。これらの事例の中には浮線文を貼付したり、モチーフ作出に削り取り手法を援用しているもの（図3－493）が含まれており、十三菩提式土器様式との強い関連性を示唆する要素も認められる。つまり、これらの土器群は型式学的にみて第Ⅱ段階の型式5、型式6よりも時間的に古く、十三菩提式土器様式の集合沈線文を多用する一群から変化したものといえる。しかしながら、削り取り手法をもつ土器が前期末に位置づけられる可能性があること、型式5や型式6との時間的前後関係を示すような出土状況が未だ確認されていないことなど、今後の課題も多い。このような状況の中で、東京都郷田原遺跡の住居址資料は、細線文系土器群との共伴などから注目すべきものである（戸田・吉田　1996）。

＜集合沈線文系土器群第Ⅱ段階（型式5・6・7）＞

器形、文様帯構成規則に拘らず、横位区画を遵守することに最大の特徴がある。型式5（図3－497、図4－498・499）はⅠ－2、Ⅰ－3、Ⅱの各文様帯内を斜状、山形状などの直線的な構図で表現する。Ⅰ－1文様帯には爪形施文例が多く、撚糸圧痕文（図4－499）、更には前期末十三菩提式土器様式の残影である浮線文の貼付例も稀に認められる。型式6（図4－500）は、Ⅰ－3文様帯或いはⅡ文様帯に半円状や連続弧状の曲線的モチーフを併用するものである。

＜集合沈線文系土器群第Ⅲ段階＞

胴部の横帯区画を保持する第Ⅱ段階と、四単位の縦位区画文を胴部に配置する第Ⅳ段階の間には型式学的な不連続性がある。それ故、集合沈線文系土器群を内的に比較するよりも、型式学的な連続性をスムーズに辿れる細線文系土器群第Ⅲ段階の各型式との共伴関係によって、先ず集合沈線文系土器群第Ⅲ段階の土器群を措定した方が今後の系統研究に適していると判断した。その結果、長野県松本市林山腰遺跡（竹原他　1988b）と同箕輪町中道遺跡66号土壙（赤松他　1989）において細線文系土器群に共伴する土器を抽出できた。

中道遺跡66号土壙（図13－上）からは、細線文系土器群第Ⅲ段階の特徴的な文様構成をもつ土器（図13－64）が、口縁部に平行沈線を有する土器（図13－60）と共に出土している。細線文系に相当する土器は、縄文地に単沈線を施し、それに沿って刺突を施したものである。口縁部のみが残存しているが、恐らく円筒形の器形を呈するのであろう。これに伴って出土した土器は、口縁部に平行沈線を施している。その特徴から集合沈線文系土器群に含まれるのではないだろうか。キャリパー形を呈し、口縁部文様帯は二帯で構成される。口縁部には地文として結節縄文がみられ、平行沈線が縦位と横位に施文されている。また、四単位の隆帯が縦方向に貼付される。胴部には、口縁部文様帯と同じ原体の結節縄文が縦位に施されている。このよう

な特徴は、結果的に第Ⅱ段階の型式5や型式7などの集合沈線文系土器群と大きく異なっており、型式系統としての連続性に疑問を投げかけると共に、他様式からの影響関係を推測させることになる。

　また、85号土壙から出土した口縁部文様帯に平行沈線を施した土器（図13－下）は、胴部文様帯の構成内容に、集合沈線文系土器群第Ⅰ段階の胴部文様帯と系統的に類似する可能性を内包する一方で、石川県徳前C遺跡第3群1B類（西野他　1983）の胴部文様帯との類縁性も推測させる資料である。いずれにせよ、この段階の集合沈線文系土器群には、器形や文様構成などの変異、第Ⅱ段階からの各属性及び型式の系統性について不明瞭な点が多い。

＜集合沈線文系土器群第Ⅳ段階（型式20・21・22）＞

　平行沈線或いは隆起線を用いたⅡ文様帯の縦位区画、Ⅰ－2文様帯や縦位区画文内へ充填した交互刺突などが新たに出現する。これらの萌芽は細線文系土器群に内在しているため、型式5と型式20、型式6と型式21、型式7と型式22を各々同一の型式系統とすることについては疑問視されている（今村　1983・1985）。

　神奈川県宮の原貝塚（今村他　1972）において、貝層上では型式22に比定できる第8群a類、縦位区画と交互刺突を特徴とする第9群a類が、第Ⅱ段階の型式5に比定できる第5群a類や、型式10に相当する土器を含む第6群に比べて高い占有率を示している。その一方で、貝層中からは第5群a類や第6群が、第8群a類及び第9群a類よりも高い割合で出土していた（図14）。厳密な状況とは言えないものの、宮の原貝塚例は、第Ⅳ段階が第Ⅱ段階よりも時間的に新しい可能性を示す数少ない層位事例である。ただし、貝層下で第6群が出土せず、第5群a類が高い頻度で出土していること、貝層中及び貝層上で第5群a類、第6群と第8群a類、第9群a類が共存していることなどに関して課題も残っている。

　図5－506は、交互刺突などを口縁部に加える反面、平行沈線による横位の文様帯区画の構図が前代から継承されるタイプである。図5－503や505などのⅠ－3文様帯、及びⅡ文様帯の縦位の集合沈線や格子目文といった文様モチーフにも前代からの継承が見受けられる。また、図6－507～510は同一型式で、長野県大石遺跡第1号住居址床面のセット関係（伴他　1976）、後述する東京都武蔵台遺跡の一括資料（山本　1994）などから型式20と同段階に属する可能性が高い。しかしながら、どの型式系統に所属するかについては明確でない。

　尚、集合沈線文系土器群第Ⅴ・第Ⅵ段階について現状では良くわかっていない。ただし、この段階に平出第三類A（八幡・永峯他　1955）は、限定した地域に既に成立していた可能性をもっている。

第Ⅰ章　五領ケ台式土器様式の編年と系統

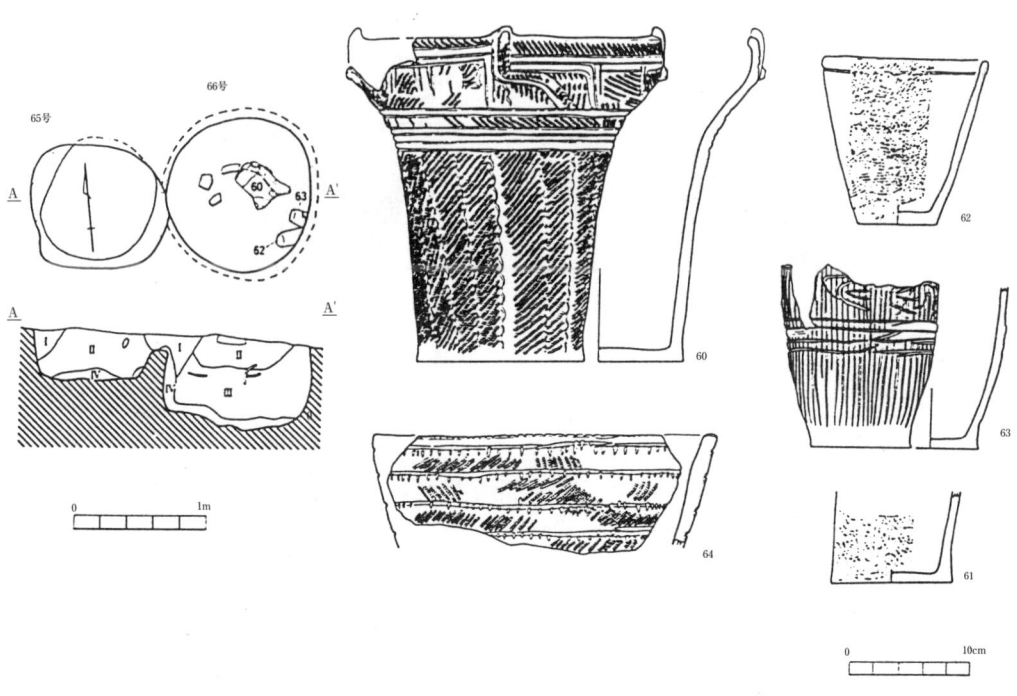

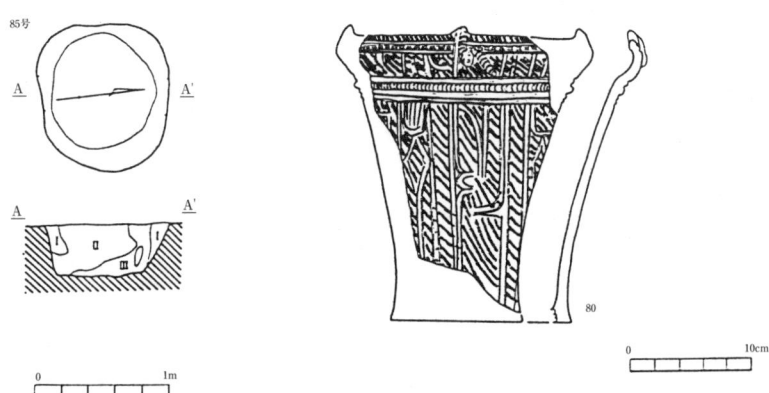

図13　長野県中道遺跡の第Ⅲ段階の土器
（上：66号土壙、下：85号土壙）

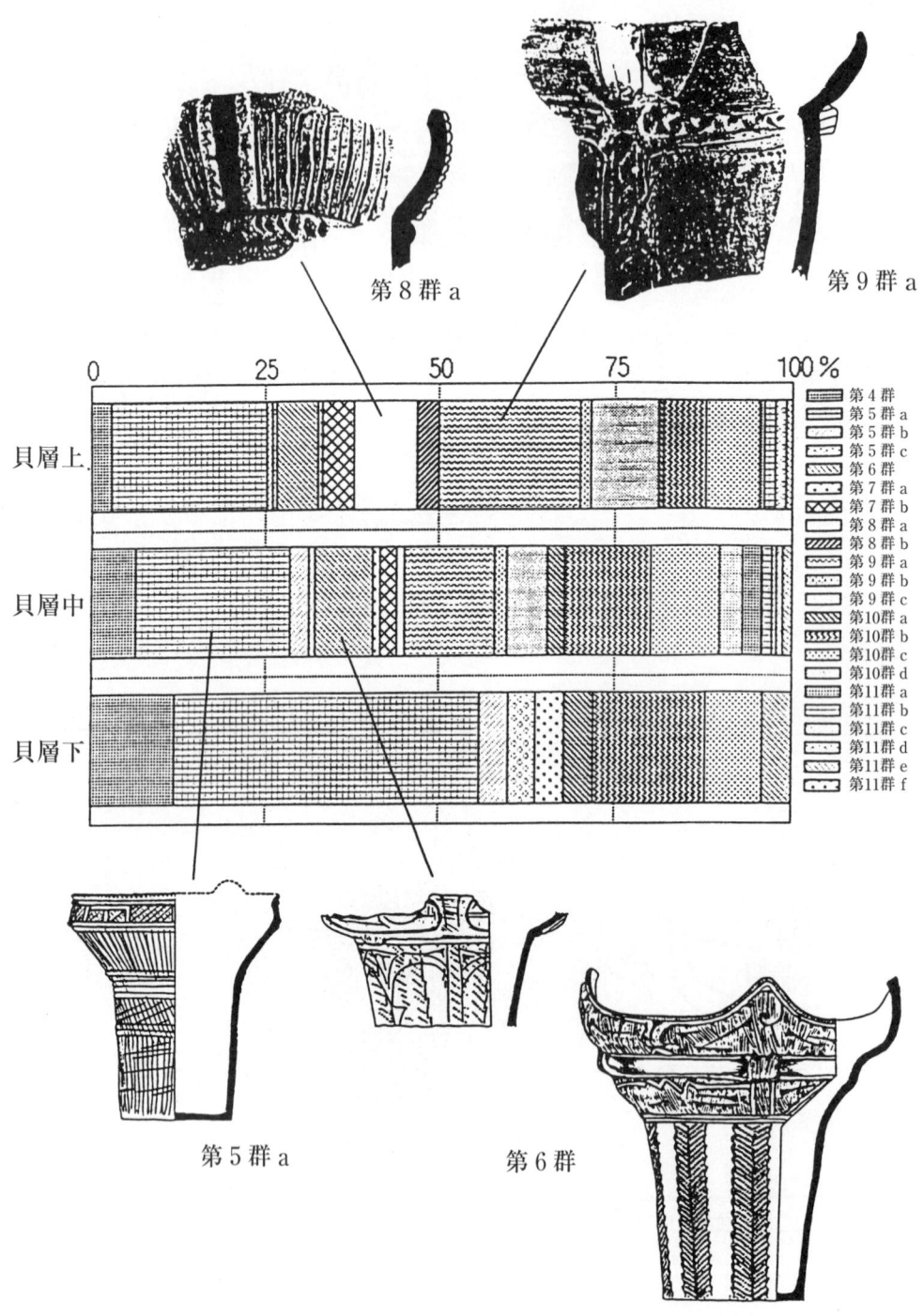

図14　神奈川県宮の原貝塚における出土状況

第Ⅰ章　五領ケ台式土器様式の編年と系統

3　第Ⅳ段階における集合沈線文系土器群と細線文系土器群の共伴関係
武蔵台遺跡の事例

　東京都府中市武蔵台遺跡は都立府中病院の敷地内に位置する。その中で、五領ケ台式土器様式期の遺構・遺物は、1986年から1990年にかけて調査された範囲に集中している。調査面積は5,660㎡である（坂詰・早川他　1994）。その範囲から、該期の遺構として17基の集石が検出され、集石を中心に約15,000点の五領ケ台式が出土した。そのうち、2,352点を抽出したが、完形土器は見当たらず殆どが破片であった。また、2,352点で接合作業を実施した結果、1,355点になった。正確な個体数を算定することは非常に難しい（Orton　1980、小沢・及川訳　1987）が、口縁部破片を対象にすると1,355点の半数近くになるであろうか。

　深鉢と浅鉢の両器種が認められ、口縁部破片のみを対象にすると9対1の割合になる。浅鉢は口縁部外面が無文で内面に装飾帯をもつ類が比率的に多くを占め、それに無文のもの、外面のみに文様施文が認められるもの、内外面に文様が施されるものが加わっている。文様には刺突・爪形といった文様要素を用い、連続的に押し引く文様を主体とする。このような内容は第Ⅳ段階に伴う浅鉢の特徴を良く示しているため、その比率は第Ⅳ段階の器種組成の特徴と考えられる。深鉢においては、第Ⅰ・Ⅱ・Ⅳ・Ⅴ・Ⅵ段階の有文土器（集合沈線文系土器群と細線文系土器群）を確認できた。特に第Ⅳ段階のものが全体の8割を占めている。続いて、第Ⅴ・Ⅵ段階のものが2割近くを占有し、第Ⅰ・Ⅱ段階は僅か数点に過ぎない。ところで、第Ⅴ・Ⅵ段階の土器は第Ⅳ段階に比べて少ないが、千葉県白井雷貝塚第八類土器（西村　1954）の一部に類似した文様構成をもつ一群が出土するなど、阿玉台Ⅰa式の成立過程を推察する上で興味深い。型式レベルでは型式5（第Ⅱ段階）、型式20・22・25・27・28・29・30（第Ⅳ段階）、型式32・34（第Ⅴ・Ⅵ段階）が出土している。その他に、明瞭に型式系統を辿ることができない類もかなり出土しており、その傾向は第Ⅴ・Ⅵ段階に特徴的である。

　最も出土量の多い第Ⅳ段階を中心にみていくと、集合沈線文系土器群が6割近くを占め、細線文系土器群を凌駕している。異系列文様・文様帯を同一個体内で共存する事例は1割にも満たないが、文様要素、文様モチーフ、文様帯に関する限り複雑な系統性を内包していることがわかる。このような第Ⅳ段階の型式系統の組成は、武蔵野台地に位置しながら下総台地方面の様相と異なり、多摩地域の一部や甲信越方面に近い傾向を示している。その一方で、下総方面から豊富に出土する口縁部ないし胴部に交互刺突をもつ一群がかなり認められるため、このような型式組成の空間的な差異を、遺跡構造や居住システムに組み込む形で認識できるだろう。また、当遺跡の第Ⅳ段階は、系列間における文様区画や文様要素の移入・移出が第Ⅲ段階までに比べて活発化しており、他遺跡と類似した傾向を示している。

　次に、装飾の少ない土器に焦点を当ててみると、縄文施文・無文・擦痕土器は有文土器に対

して2割程度の出土であった。この中では、荒い整形痕を残す無文・擦痕土器の多量の出土、段状口縁や結節縄文の減少、口縁部内面の稜の形成などが型式学的な特徴として認められる。分布に関しては、縄文施文土器と無文・擦痕土器で分布域が異なると同時に、無文・擦痕土器の分布範囲が縄文施文土器の分布範囲に比べて西側に移動し、第Ⅳ段階の細線文系土器群（後述する分類の20類～23類）及び第Ⅴ・Ⅵ段階の土器群の分布状況に近くなっていた。

　中期初頭期における無文・擦痕土器の編年的な研究、及び組成面での検討は、千葉県下小野貝塚の調査成果（江森・岡田・篠遠　1950）を始めとして、千葉県内の前期後半から中期初頭に比定される「縄文施文土器」や「無文土器」の資料的な提示、「粟島台式」（安藤　1977）、「古和田台式」（小林　1991）の提唱などによって活発化している。その反面、根拠に乏しい細分が進んでおり、セットとして認識する以外に対処方法が見当たらない一群を分けてしまっているのが現状ではないだろうか。一括資料に乏しい該期の土器研究において、数少ない遺構・包含層の一括資料の提示は勿論のこと、遺跡毎に有文・無文土器で分布・接合図を作成すること、出土量の多い特定段階の有文土器と型式組成の可能性を探るために正確な数量を把握すること、有文土器の整形・調整技術との間で型式学的な比較を行なうなどのように、着実な研究姿勢が求められている。それ故、当遺跡における縄文施文・無文・擦痕土器の調査成果は、当遺跡を利用した集団の第Ⅳ段階以降の型式組成の一端を示唆すると同時に、周辺地域の住居址をもつような居住地遺跡（residential base）に対して、遺跡間の連鎖関係を推論するための技術的・組成的な基礎データを提示したことになる。

　次に、第Ⅳ段階土器群の構造性について詳しくみていく。報告（山本　1994）では、器形、文様帯構成規則、文様モチーフ、文様要素に加えてⅠ・Ⅱ分帯文様の有無と各文様帯間及び文様帯内の施文順位といった基準から、深鉢の有文土器を52類に細分した。このうち、第Ⅳ段階に相当する429点を取り上げた。尚、類番号は報告のままである（図15・16）。

＜4類＞
　口縁部がS字状（S字状に近い形態）を呈し、三帯の口縁部文様帯で構成され、集合沈線文に加えて新たに刺突・爪形といった文様要素が加わる。Ⅰ・Ⅱ分帯文様をもち、胴部文様帯に縦位区画を採用する。縦位区画文は、分帯文様施文の後、先ず最初に施文される。第Ⅳ段階集合沈線文系土器群型式20に相当する。4点出土。

＜5類＞
　口縁部がS字状（S字状に近い形態）を呈し、三帯の口縁部文様帯で構成され、集合沈線文に加えて新たに刺突・爪形といった文様要素が加わる。Ⅰ・Ⅱ分帯文様をもたず、胴部文様帯に縦位区画を採用する。縦位区画文は、胴部文様帯内で先ず最初に施文される。第Ⅳ段階集合沈線文系土器群型式20に相当する。1点出土。

第Ⅰ章　五領ケ台式土器様式の編年と系統

＜6類＞

　口縁部がS字状（S字状に近い形態）を呈し、三帯の口縁部文様帯で構成され、集合沈線文に加えて新たに刺突・爪形といった文様要素が加わる。Ⅰ・Ⅱ分帯文様をもち、胴部文様帯に縦位区画を採用する。縦位区画文は、分帯文様、胴部文様帯の（突起）、横平行沈線、交互刺突などの文様・文様モチーフ施文後に施される。第Ⅳ段階集合沈線文系土器群型式20に相当する。1点出土。

＜7類＞

　口縁部がS字状（S字状に近い形態）を呈し、三帯の口縁部文様帯で構成され、集合沈線文に加えて新たに刺突・爪形といった文様要素が加わる。Ⅰ・Ⅱ分帯文様をもたず、胴部文様帯に縦位区画を採用する。縦位区画文は、胴部文様帯の（突起）、横平行沈線、交互刺突などの文様・文様モチーフ施文後に施される。第Ⅳ段階集合沈線文系土器群型式20に相当する。1点出土。

＜8類＞

　口縁部がS字状（S字状に近い形態）を呈し、三帯の口縁部文様帯で構成され、集合沈線文に加えて新たに刺突・爪形といった文様要素が加わる。Ⅰ・Ⅱ分帯文様をもち、胴部文様帯に縦位区画を採用する。縦位区画文は、胴部文様帯の横帯区画施文後に施される。第Ⅳ段階集合沈線文系土器群型式20に相当する。1点出土。

＜9類＞

　口縁部がS字状（S字状に近い形態）を呈し、三帯の口縁部文様帯で構成され、集合沈線文に加えて新たに刺突・爪形といった文様要素が加わる。しかし、Ⅰ・Ⅱ分帯文様の有無、胴部文様帯内での縦位区画文の施文順位が不明のもの。第Ⅳ段階集合沈線文系土器群型式20に相当する。3点出土。

＜10類＞

　口縁部が外反しながら立ち上がり、二帯の口縁部文様帯で構成され、集合沈線文に加えて時折刺突・爪形が加わる。Ⅰ・Ⅱ分帯文様をもち、胴部文様帯に縦位区画を採用する。縦位区画文は、分帯文様施文の後、先ず最初に施文される。第Ⅳ段階集合沈線文系土器群型式22に相当する。2点出土。

＜11類＞

　口縁部が外反しながら立ち上がり、二帯の口縁部文様帯で構成され、集合沈線文に加えて時折刺突・爪形が加わる。Ⅰ・Ⅱ分帯文様をもたず、胴部文様帯に縦位区画を採用する。縦位区画文は、胴部文様帯内で先ず最初に施文される。第Ⅳ段階集合沈線文系土器群型式22に相当する。1点出土。

＜12類＞
　口縁部が外反しながら立ち上がり、二帯の口縁部文様帯で構成され、集合沈線文に加えて時折刺突・爪形が加わる。しかし、Ⅰ・Ⅱ分帯文様の有無、胴部文様帯内での縦位区画文の施文順位が不明のもの。第Ⅳ段階集合沈線文系土器群型式22に相当する。3点出土。

＜13類＞
　第Ⅳ段階集合沈線文系土器群に相当し、型式22の波状口縁型である。細片のため、Ⅰ・Ⅱ分帯文様の有無、胴部文様帯内での縦位区画文の施文順位は不明である。6点出土。

＜14類＞
　口縁部が緩やかに立ち上がり、口縁部文様帯は無文帯を基本とする。時折、口唇部に刺突・爪形が加わる。Ⅰ・Ⅱ分帯文様をもち、胴部文様帯に縦位区画を採用する。縦位区画文は、分帯文様施文の後、先ず最初に施文される。第Ⅳ段階集合沈線文系土器群に相当し、型式20・22に併行するが型式系統の不明なものである。2点出土。

＜15類＞
　口縁部が緩やかに立ち上がり、口縁部文様帯は無文帯を基本とする。時折、口唇部に刺突・爪形が加わる。Ⅰ・Ⅱ分帯文様をもたず、胴部文様帯に縦位区画を採用する。縦位区画文は、胴部文様帯内で先ず最初に施文される。第Ⅳ段階集合沈線文系土器群に相当し、型式20・22に併行するが型式系統の不明なものである。2点出土。

＜16類＞
　口縁部が緩やかに立ち上がり、口縁部文様帯は無文帯を基本とする。時折、口唇部に刺突・爪形が加わる。Ⅰ・Ⅱ分帯文様をもち、胴部文様帯に縦位区画を採用する。縦位区画文は、分帯文様、胴部文様帯の（突起）、横平行沈線、交互刺突などの文様・文様モチーフ施文後に施される。第Ⅳ段階集合沈線文系土器群に相当し、型式20・22に併行するが型式系統の不明なものである。1点出土。

＜17類＞
　口縁部が緩やかに立ち上がり、口縁部文様帯は無文帯を基本とする。時折、口唇部に刺突・爪形が加わる。Ⅰ・Ⅱ分帯文様をもたず、胴部文様帯に縦位区画を採用する。縦位区画文は、胴部文様帯の（突起）、横平行沈線、交互刺突などの文様・文様モチーフ施文後に施される。第Ⅳ段階集合沈線文系土器群に相当し、型式20・22に併行するが型式系統の不明なものである。3点出土。

＜18類＞
　口縁部が緩やかに立ち上がり、口縁部文様帯は無文帯を基本とする。時折、口唇部に刺突・爪形が加わる。しかし、Ⅰ・Ⅱ分帯文様の有無、胴部文様帯内での縦位区画文の施文順位が不

第Ⅰ章　五領ケ台式土器様式の編年と系統

明のもの。第Ⅳ段階集合沈線文系土器群に相当し、型式20・22に併行するが型式系統の不明なものである。1点出土。

＜19類＞

　口縁部が緩やかに立ち上がり、口縁部文様帯は無文帯を基本とする。時折、口唇部に刺突・爪形が加わる。Ⅰ・Ⅱ分帯文様をもたず、胴部文様帯にも縦位区画を採用しない。型式21の胴部文様帯に内容が類似するといえる。第Ⅳ段階集合沈線文系土器群に相当し、型式20・22に併行するが型式系統の不明なものである。2点出土。

＜20類＞

　口縁部が外反もしくは内湾しながら立ち上がり、口縁部文様帯では縄文地に単沈線、交互刺突、抉入文が加わってモチーフを構成する。Ⅰ・Ⅱ分帯文様をもち、胴部文様帯に縦位区画を採用する。縦位区画文は、分帯文様施文の後、先ず最初に施文される。第Ⅳ段階細線文系土器群型式25に相当する。5点出土。

＜21類＞

　口縁部が外反もしくは内湾しながら立ち上がり、口縁部文様帯は縄文帯を基本とする。時折、口唇部に刺突・爪形が加わる。Ⅰ・Ⅱ分帯文様をもち、胴部文様帯に縦位区画を採用する。縦位区画文は、分帯文様施文の後、先ず最初に施文される。第Ⅳ段階細線文系土器群型式27に相当する。1点出土。

＜22類＞

　口縁部が緩やかに立ち上がり、口縁部文様帯は縄文帯もしくは無文帯を基本とする。時折、口唇部に刺突・爪形が加わる。Ⅰ・Ⅱ分帯文様をもち、胴部文様帯に縦位区画を採用する。縦位区画文は、分帯文様施文の後、先ず最初に施文される。第Ⅳ段階細線文系土器群型式28に相当する。12点出土。

＜23類＞

　口縁部が緩やかに立ち上がり、口縁部文様帯は縄文帯もしくは無文帯を基本とする。時折、口唇部に刺突・爪形が加わる。Ⅰ・Ⅱ分帯文様をもち、胴部文様帯に縦位区画を採用する。縦位区画文は、胴部文様帯の横帯区画施文後に施される。第Ⅳ段階細線文系土器群型式28に相当する。1点出土。

＜24類＞

　20類（型式25）の波状口縁型である。Ⅰ・Ⅱ分帯文様をもち、胴部文様帯に縦位区画を採用する。縦位区画文は、分帯文様施文の後、先ず最初に施文される。第Ⅳ段階細線文系土器群型式30に相当する。16点出土。

＜25類＞

口縁部が緩やかに立ち上がり、口縁部文様帯は幅狭で、認められないか刺突・爪形が加わるのみである。Ⅰ・Ⅱ分帯文様をもち、胴部文様帯に縦位区画を採用する。縦位区画文は、分帯文様施文の後、先ず最初に施文される。第Ⅳ段階細線文系土器群に相当し、型式25・27・28・29・30に併行するが型式系統の不明なものである。尚、25類から29類は同一型式と認識できる。1点出土。

<26類>
　口縁部が緩やかに立ち上がり、口縁部文様帯は幅狭で、認められないか刺突が加わるのみである。Ⅰ・Ⅱ分帯文様をもたず、胴部文様帯に縦位区画を採用する。縦位区画文は、胴部文様帯内で先ず最初に施文される。第Ⅳ段階細線文系土器群に相当し、型式25・27・28・29・30に併行するが型式系統の不明なものである。4点出土。

<27類>
　口縁部が緩やかに立ち上がり、口縁部文様帯は幅狭で認められないか、刺突が加わるのみである。Ⅰ・Ⅱ分帯文様をもち、胴部文様帯に縦位区画を採用する。縦位区画文は、分帯文様、胴部文様帯の（突起）、横平行沈線、交互刺突などの文様・文様モチーフ施文後に施される。第Ⅳ段階細線文系土器群に相当し、型式25・27・28・29・30に併行するが型式系統の不明なものである。1点出土。

<28類>
　口縁部が緩やかに立ち上がり、口縁部文様帯は幅狭で、認められない（無文）か刺突・爪形が加わるのみである。Ⅰ・Ⅱ分帯文様をもたず、胴部文様帯に縦位区画を採用する。縦位区画文は、胴部文様帯の（突起）、横平行沈線、交互刺突などの文様・文様モチーフ施文後に施される。第Ⅳ段階細線文系土器群に相当し、型式25・27・28・29・30に併行するが型式系統の不明なものである。2点出土。

<29類>
　胴部文様帯内での縦位区画文の施文順位が不明のものを一括する。文様要素・文様・文様モチーフは25～28類に類似する。5点出土。

<30類>
　器形に関しては不明な点が多いが、Ⅰ・Ⅱ分帯文様をもたず、胴部文様帯に縦位区画を採用する。縦位区画文は横沈線施文後に施される。28類とは交互刺突の有無で分けることができる。第Ⅳ段階細線文系土器群に相当し、型式25・27・28・29・30に併行する型式系統の不明な一群か、型式27に含まれる可能性があるだろう。1点出土。

<31類>
　胴部に一段の屈曲をもち、球状の上半部と円筒状の下半部を構成する。Ⅰ・Ⅱ分帯文様をも

第Ⅰ章　五領ケ台式土器様式の編年と系統

たず、胴部文様帯にも縦位区画を採用しない。口縁部文様帯は概して無文帯で、胴部には突起、単沈線、交互刺突などの文様・文様モチーフが加わる。2点出土。

＜32類＞

31類の波状口縁型で、口縁部文様帯は二帯で構成され、二帯めは20類（型式25）、24類（型式30）に類似する。胴部文様帯は31類と同様の構成である。型式3の口縁部無文型が未検出であるため、口縁部文様帯に交互刺突、玉抱き三叉文を省略したものもこの類に含めておく。第Ⅳ段階細線文系土器群型式29に相当する。5点出土。

＜33類＞

口縁部が外反もしくは内湾しながら立ち上がり、口縁部文様帯は幅狭で、認められないか刺突・爪形が加わるのみである。Ⅰ・Ⅱ分帯文様をもたない。胴部文様帯には縦位区画を採用せず、無文地に交互刺突、沈線などで文様モチーフを構成する。第Ⅳ段階細線文系土器群に相当するが型式系統の不明なものである。5点出土。

＜34類＞

口縁部が緩やかに立ち上がり、口縁部文様帯は幅狭で認められないか、刺突・爪形が加わるのみである。Ⅰ・Ⅱ分帯文様をもたない。胴部文様帯には縦位区画を採用せず、無文地に交互刺突、沈線などで文様モチーフを構成する。第Ⅳ段階細線文系土器群に相当するが型式系統の不明なものである。2点出土。

＜35類＞

同一個体内において、施文工具とその手法によって醸し出される文様要素や文様モチーフ（単位文様）、文様帯の各々異なるもの同志が共存する土器を一括した。この場合、集合沈線文系土器群と細線文系土器群の同一個体内における共存だけでなく、各系列内での型式系統間の共存も射程に入れている。22点出土。

尚、集合沈線文系土器群に相当する4類～19類は総計で34点であるが、この他に複数の類に該当する集合沈線文系土器群の破片資料が多くあり、それらを含めると233点になる。一方、細線文系土器群に相当する20類～34類は総計で63点であるが、集合沈線文系土器群と同様に、複数の類に該当する破片資料をあわせると174点になる。

以上に示した各類相互の関係性を模式化したものが図15と16である。そして、このような第Ⅳ段階の有文土器の構造と別構造を呈する土器も僅かながら出土している。それは、近畿・中国地方に分布の中心をもつ船元Ⅰ式と、東海地方西部に主に分布する北裏ＣⅠ式である。船元Ⅰ式は1点のみで、文様要素の組み合わせからみて、Ⅰ式Ａ類ないしＢ類に相当すると考える。泉拓良は、両者を時間差としている（泉　1988）。尚、Ⅰ式Ａ類ならば五領ケ台式土器後半期に比定されるだろう。北裏ＣⅠ式は器壁が非常に薄く、器形・文様・色調などの特徴と併せて、

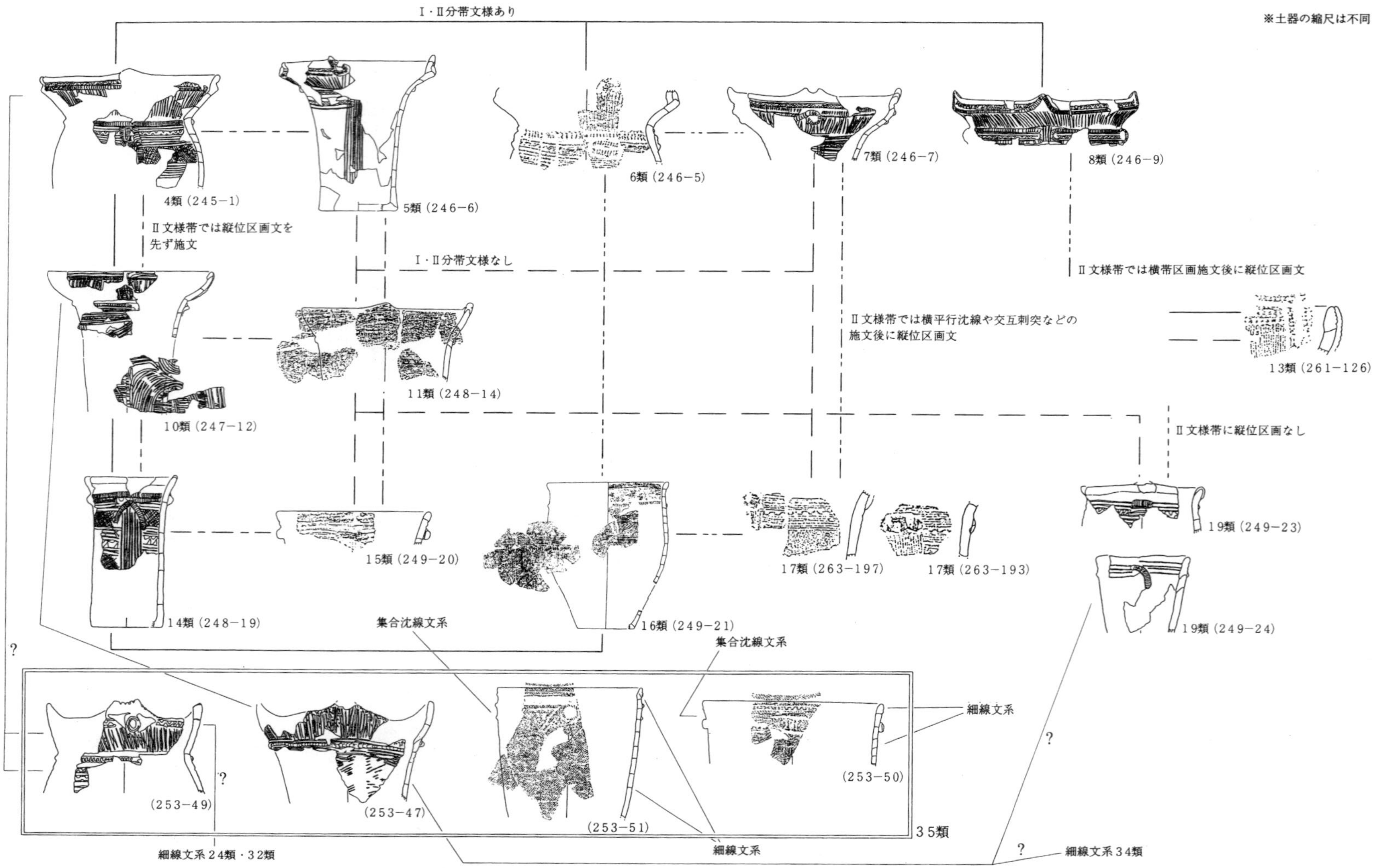

図15 東京都武蔵台遺跡の五領ヶ台式（Ⅷ群）土器第Ⅳ段階集合沈線文系土器群の構造と35類の系統（山本1994より転載、遺物番号は報告書のものである）

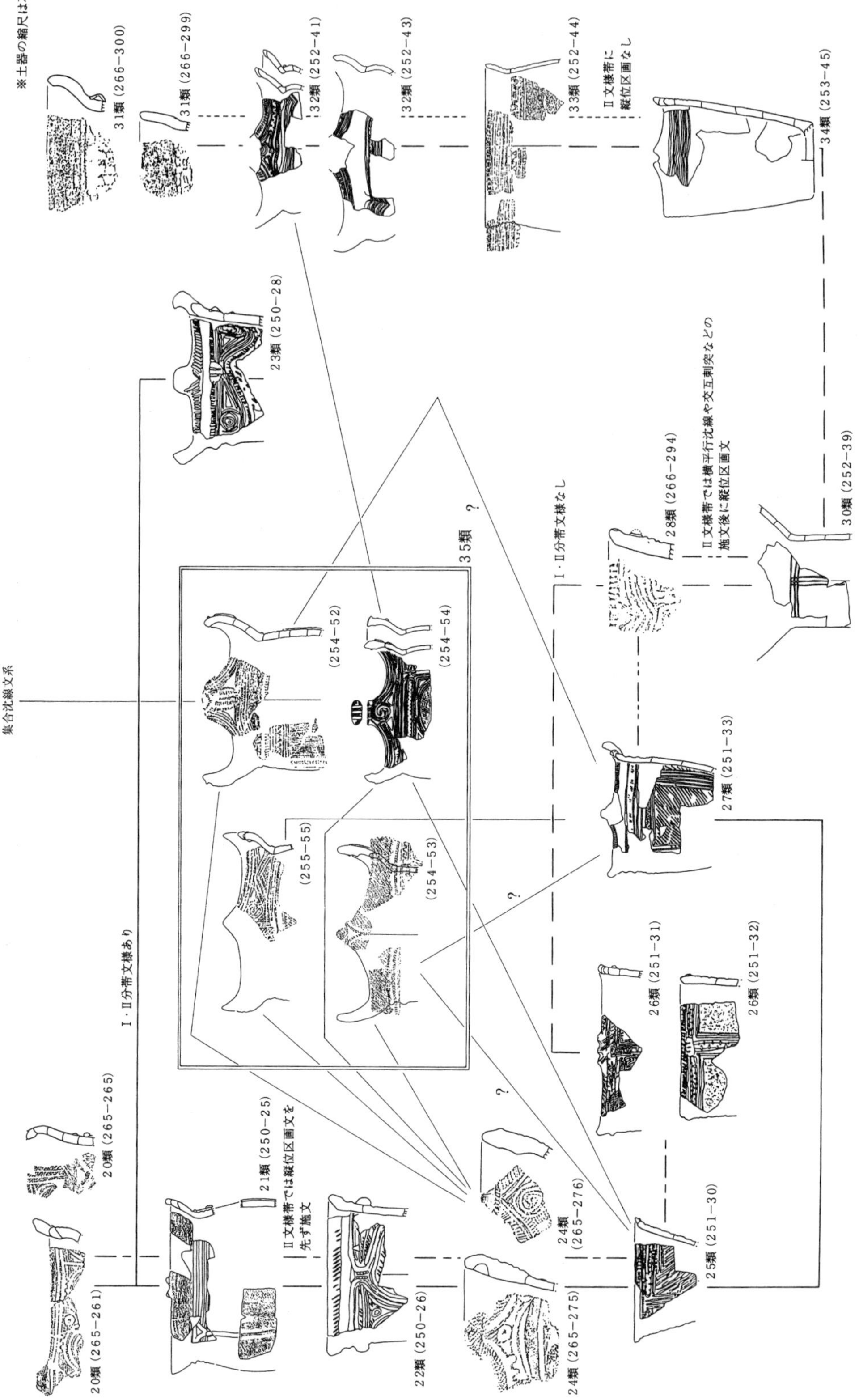

第Ⅰ章 五領ケ台式土器様式の編年と系統

図16 東京都武蔵台遺跡の五領ヶ台式（Ⅷ群）土器第Ⅳ段階粗細線文系土器群の構造と35類の系統（山本1994より転載、遺物番号は報告書のものである）

東海地方西部方面からの搬入品と考えられる。東京都神谷原遺跡（中西他　1982）、椚田第Ⅳ遺跡（戸井他　1979）と同様に、五領ケ台式土器後半期に伴う可能性が高い。

　また、第Ⅳ段階の土器群（4類～35類）の分布は、集石を中心に北、南、西方向に若干広がっている。このうち、集合沈線文系土器群（4類～19類）の接合個体を含んだ分布は、南北208ラインより東側で集石周辺に纏まる傾向が強い（図17～19）。細線文系土器群（20類～34類）の分布状況も集石付近に纏まるといった基本を崩していないが、細線文系土器群のうち20類と21類～23類、25類～29類はより広い分布傾向を示している。つまり、南北208ラインより西側、更に集石の北・東側にも分布するようになったわけである（図20～24）。その上、35類の分布も集石周辺に纏まるだけでなく、相対的に南北208ラインの西側及び集石の北側に延びている（図25）。

　一方、第Ⅴ・Ⅵ段階の土器分布は、中心を第Ⅳ段階土器群の分布範囲よりも相対的に西側に移動させると共に、集石空間から離れるといった傾向をもつ（図26）。しかも、縄文施文土器（図27）よりも無文土器の分布状況（図28）に類似している。この点は、第Ⅳ段階以降の広い範囲における接合状況とその形成過程を示唆するだけでなく、無文土器の時間的位置付けを想定する上でも注目されるだろう。

　最後に、武蔵台遺跡出土の五領ケ台式土器様式が該期の研究に寄与する点を述べておく。
①当遺跡の資料は纏まった資料の少ない武蔵野台地の基礎資料になる。
②中部地方から東関東地方にかけて確認される型式系統及び型式が出土している。
③当遺跡では住居址が検出されておらず、集石が確認されている。
④五領ケ台式土器様式の中でも中心時期をかなり限定できる。
⑤当遺跡と同一段階に比定される土器群が纏まって出土した遺跡として、1km周辺には恋ケ窪南遺跡（小菅他　1987）、日影山遺跡（福田・広瀬　1986）、武蔵国分寺跡南方地区（岡崎他　1985）が点在し、多摩川を挟むと椚田第Ⅳ遺跡（戸井他　1979）、神谷原遺跡（中西他　1982）、前田耕地遺跡（橋口他　1979・1981）などが存在する。
⑥①から⑤を考慮した場合、当遺跡の土器様相の提示と把握は、社会的・生態的な遺跡間関係を共時的な視野から解釈する上で必要不可欠な作業であるといえる。

4　型式系統の組成からみた地域性の把握と空間分析の課題

　型式系統の組み合わせから、少なくとも三つの独自性を有する地域を認識し得る。つまり、A・B・D・E・F・G・Hの各型式系統が展開する松本・諏訪・天竜川流域から八ケ岳山麓を経て甲府盆地に至る地帯（中部地帯）、A・C・D・E・F・G・H・J・Kの各型式系統を保有する多摩川・相模川流域などを含む地帯（西南関東地帯）、I・J・Kの各型式系統をもつ武蔵野台地から霞ヶ浦周辺に至る地帯（東関東地帯）である。しかも、東関東地帯に展開する

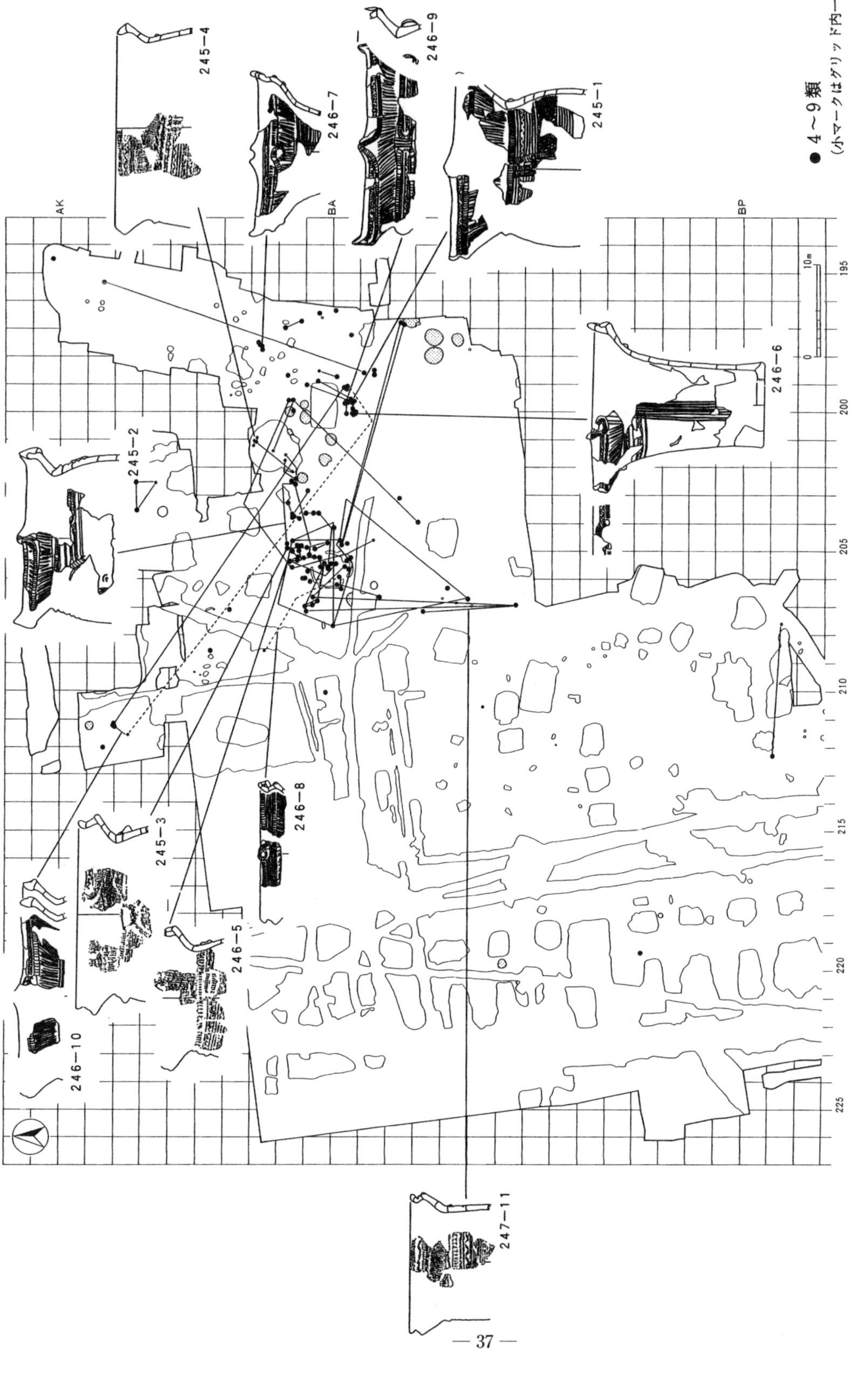

第Ⅰ章 五領ケ台式土器様式の編年と系統

図17 東京都武蔵台遺跡の五領ヶ台式（Ⅷ群）土器分布図・接合図（1）
（山本1994より転載、遺物番号は報告書のものである）

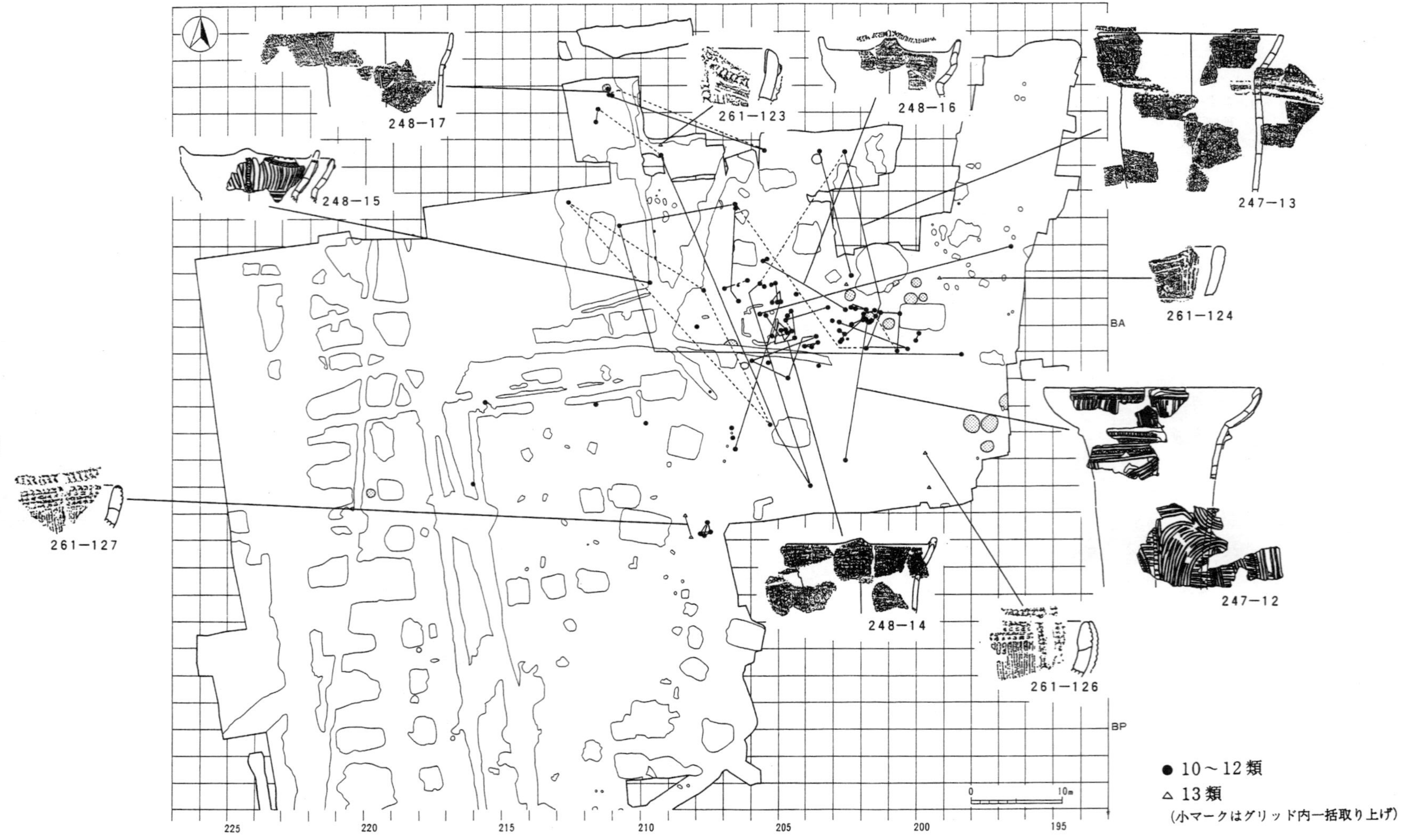

図18 東京都武蔵台遺跡の五領ヶ台式（Ⅷ群）土器分布図・接合図（2）
（山本1994より転載、遺物番号は報告書のものである）

第Ⅰ章 五領ケ台式土器様式の編年と系統

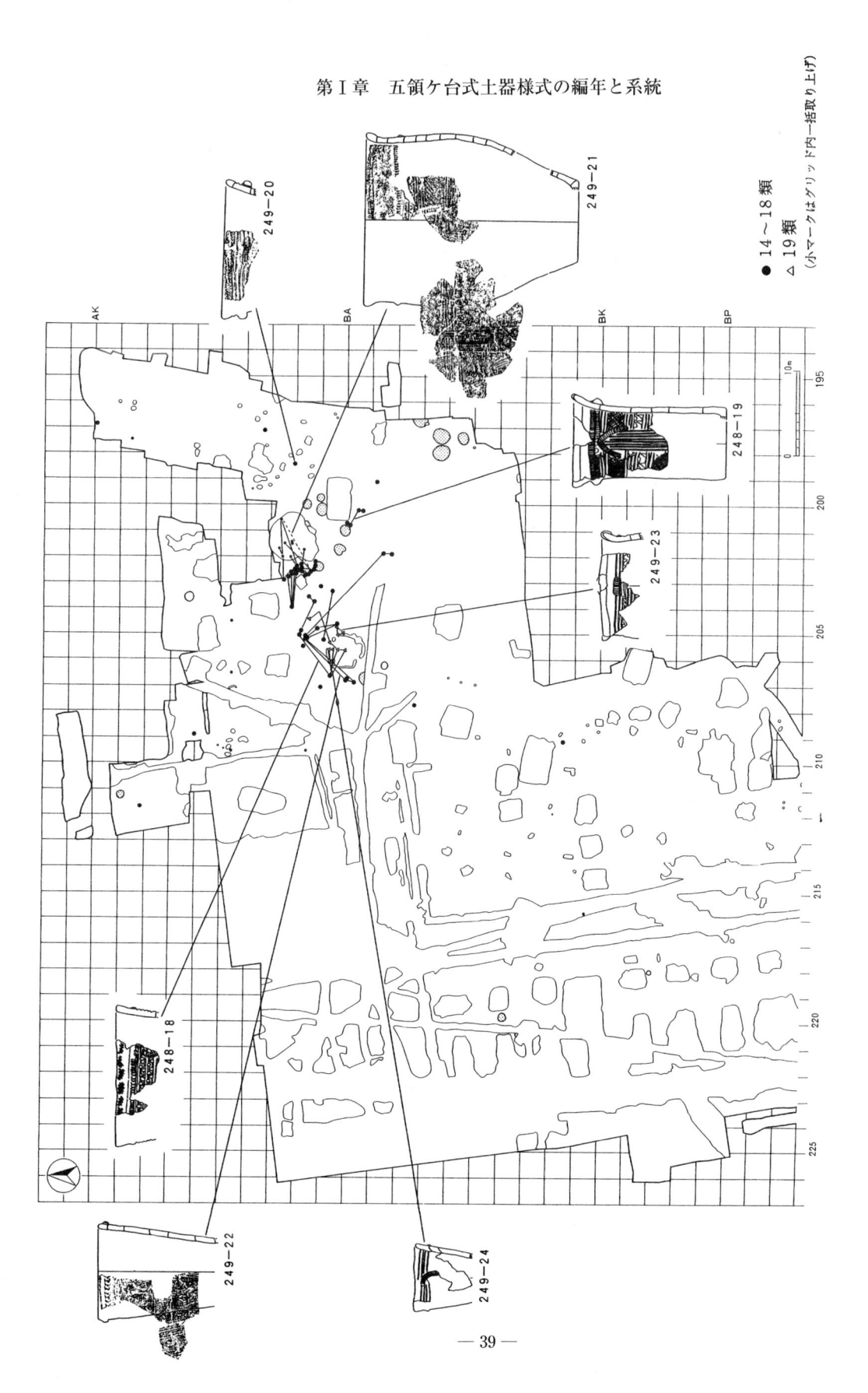

図19 東京都武蔵合遺跡の五領ヶ台式（Ⅷ群）土器分布図・接合図（3）
（山本1994より転載、遺物番号は報告書のものである）

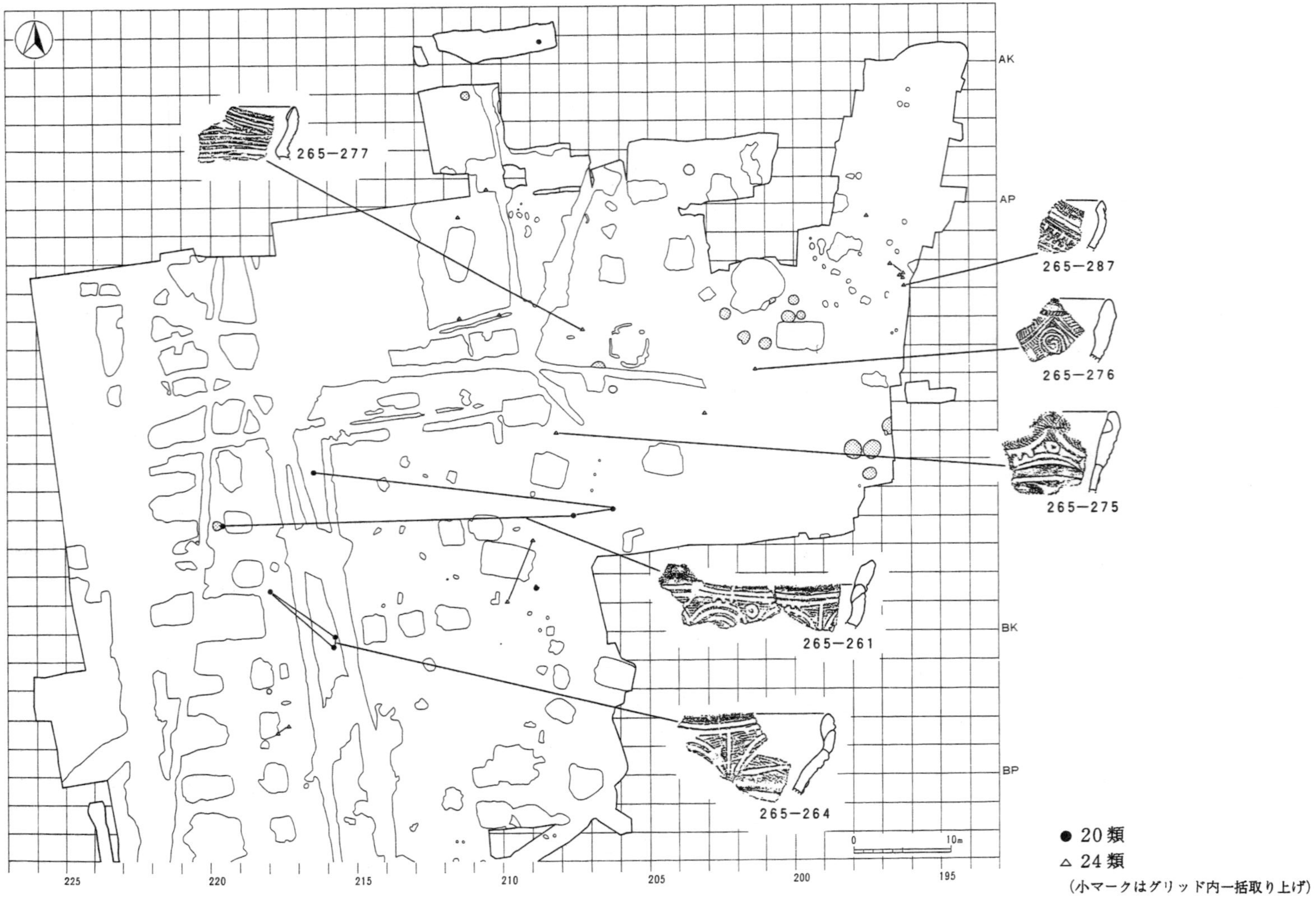

図20 東京都武蔵台遺跡の五領ヶ台式(Ⅷ群)土器分布図・接合図(4)
(山本1994より転載、遺物番号は報告書のものである)

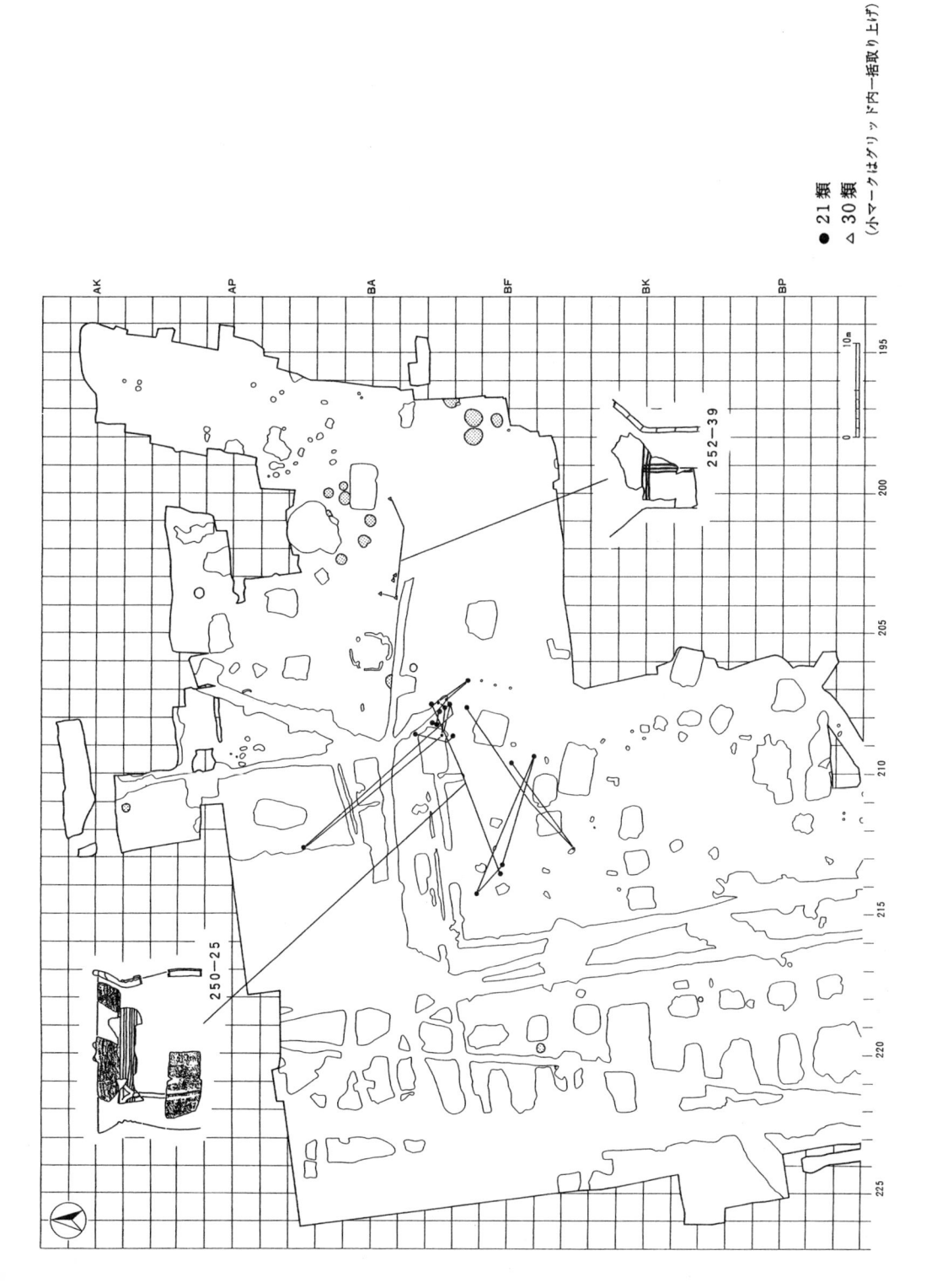

第Ⅰ章　五領ケ台式土器様式の編年と系統

● 21類
△ 30類
(小マークはグリッド内一括取り上げ)

図21　東京都武蔵台遺跡の五領ヶ台式（Ⅷ群）土器分布図・接合図 (5)
(山本1994より転載、遺物番号は報告書のものである)

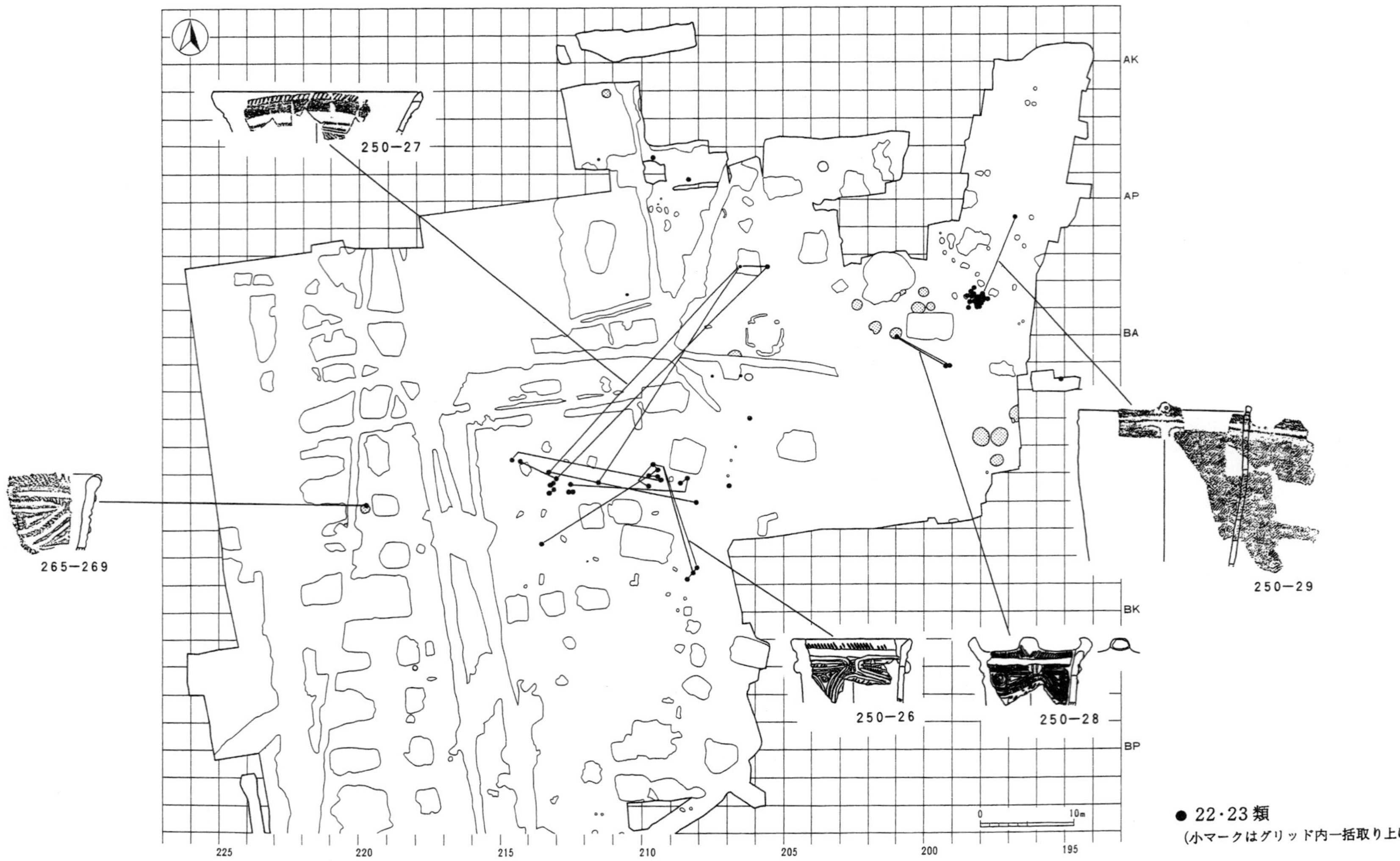

図22 東京都武蔵台遺跡の五領ヶ台式（Ⅲ群）土器分布図・接合図（6）
（山本1994より転載、遺物番号は報告書のものである）

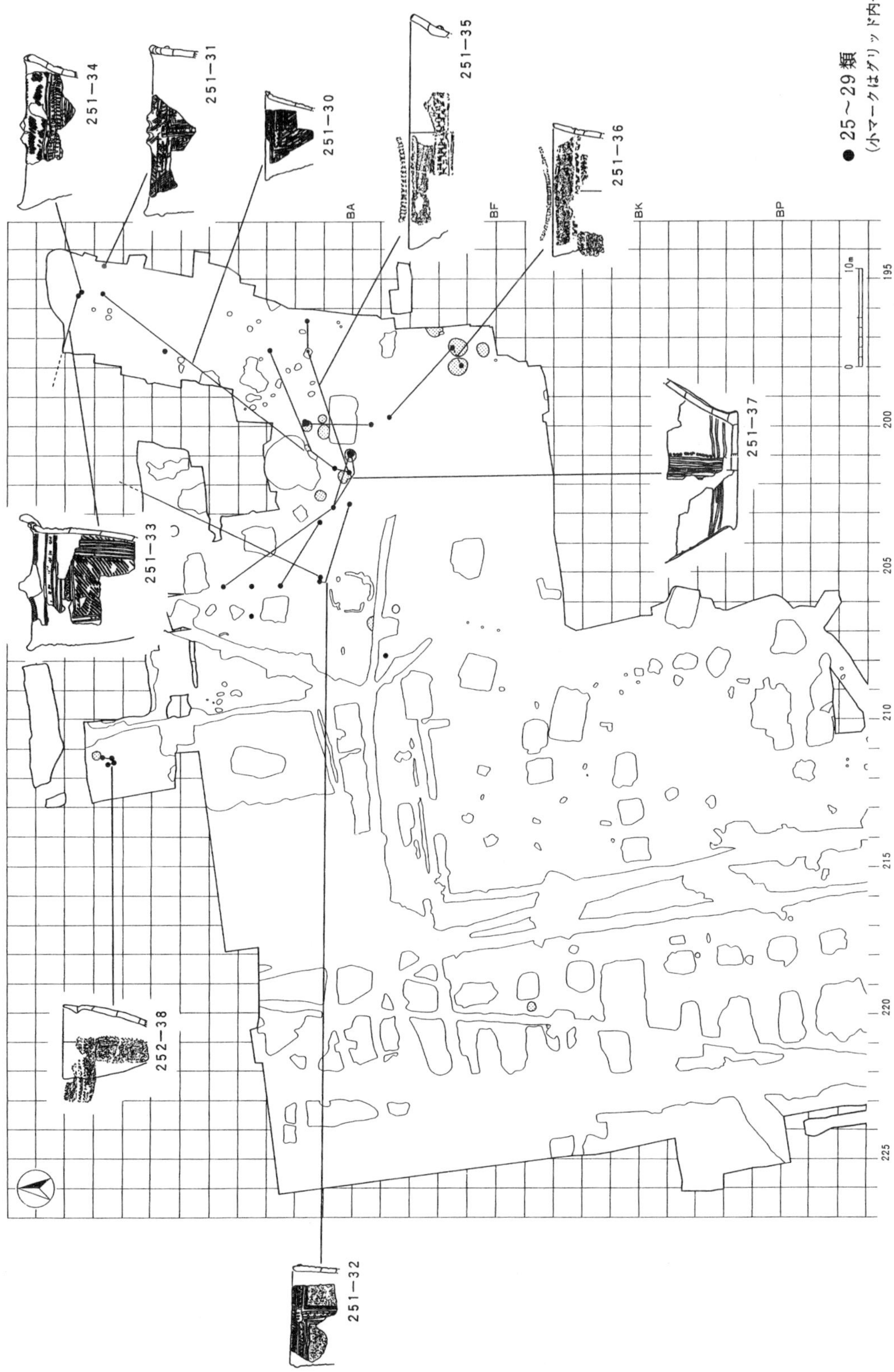

第Ⅰ章 五領ヶ台式土器様式の編年と系統

図23 東京都武蔵合遺跡の五領ヶ台式（Ⅷ群）土器分布図・接合図 (7)
(山本1994より転載、遺物番号は報告書のものである)

図24 東京都武蔵台遺跡の五領ヶ台式（Ⅷ群）土器分布図・接合図（8）
（山本1994より転載、遺物番号は報告書のものである）

第Ⅰ章 五領ケ台式土器様式の編年と系統

●35類

(小マークはグリッド内一括取り上げ)

図25 東京都武蔵台遺跡の五領ヶ台式 (Ⅷ群) 土器分布図・接合図 (9)
(山本1994より転載、遺物番号は報告書のものである)

― 45 ―

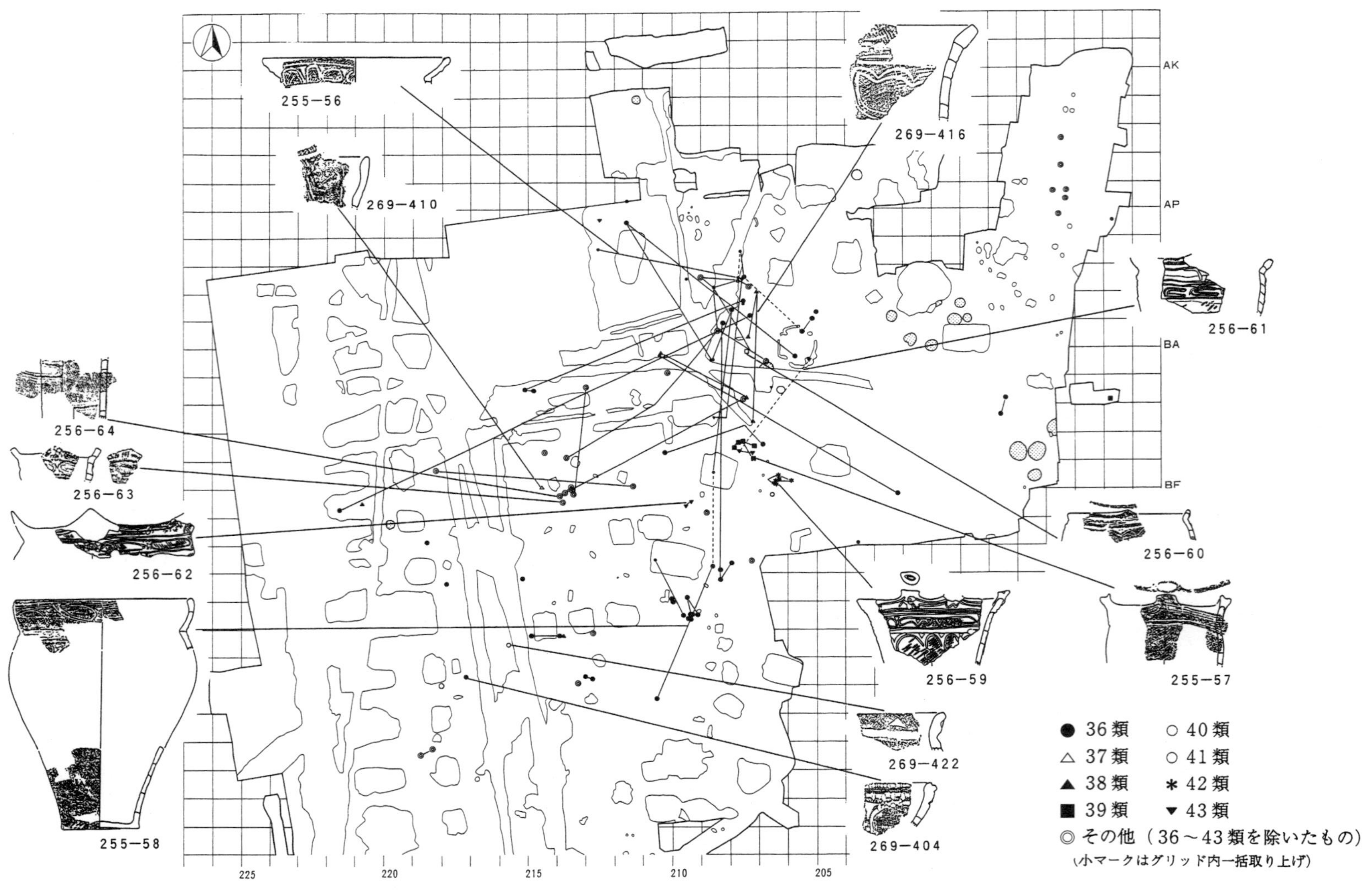

図26 東京都武蔵台遺跡の五領ヶ台式（Ⅷ群）土器分布図・接合図（10）
（山本1994より転載、遺物番号は報告書のものである）

第Ⅰ章 五領ケ台式土器様式の編年と系統

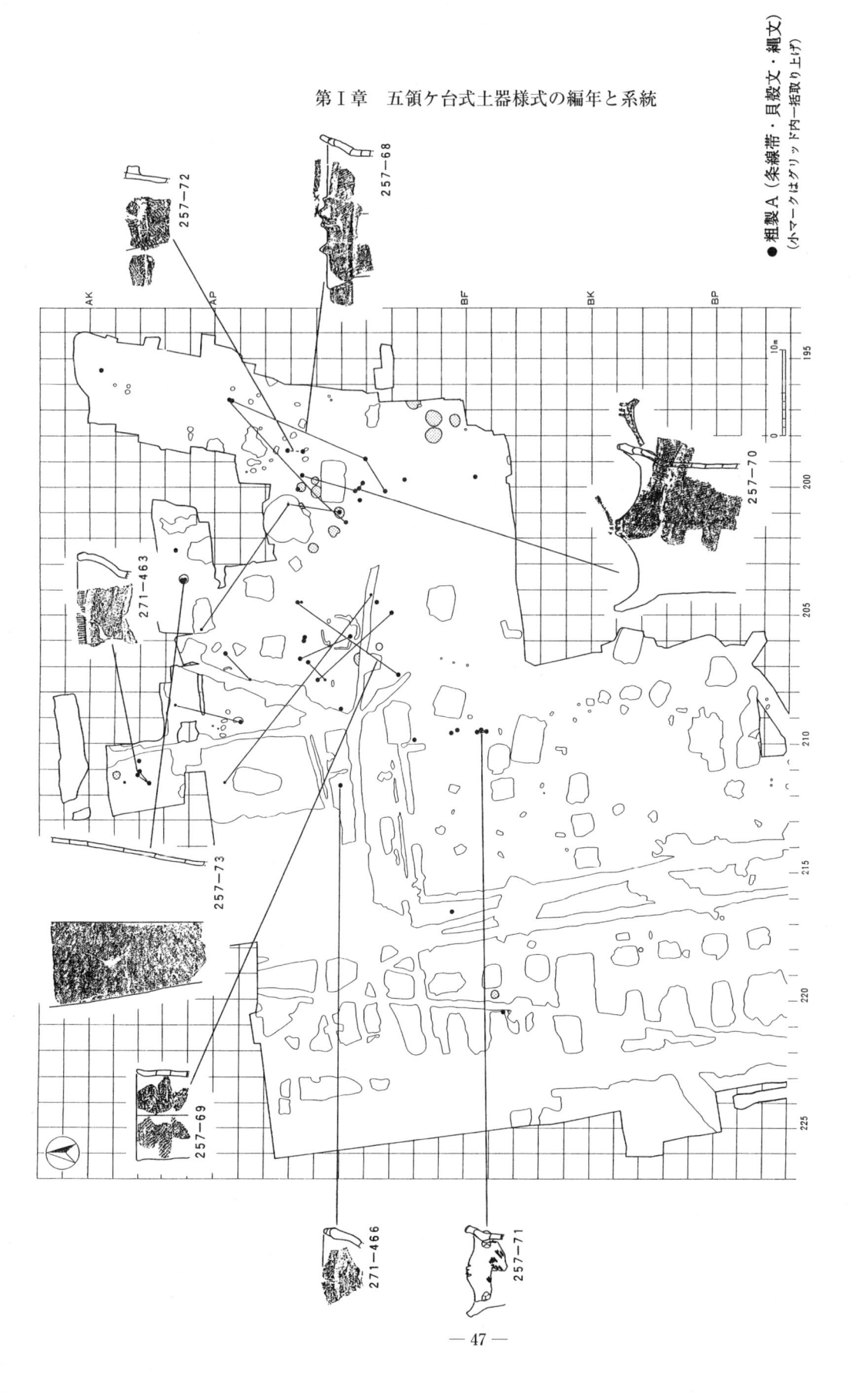

● 粗製A（条線帯・貝殻文・縄文）
（小マークはグリッド内一括取り上げ）

図27 東京都武蔵台遺跡の五領ヶ台式（Ⅷ群）土器分布図・接合図（11）
（山本1994より転載、遺物番号は報告書のものである）

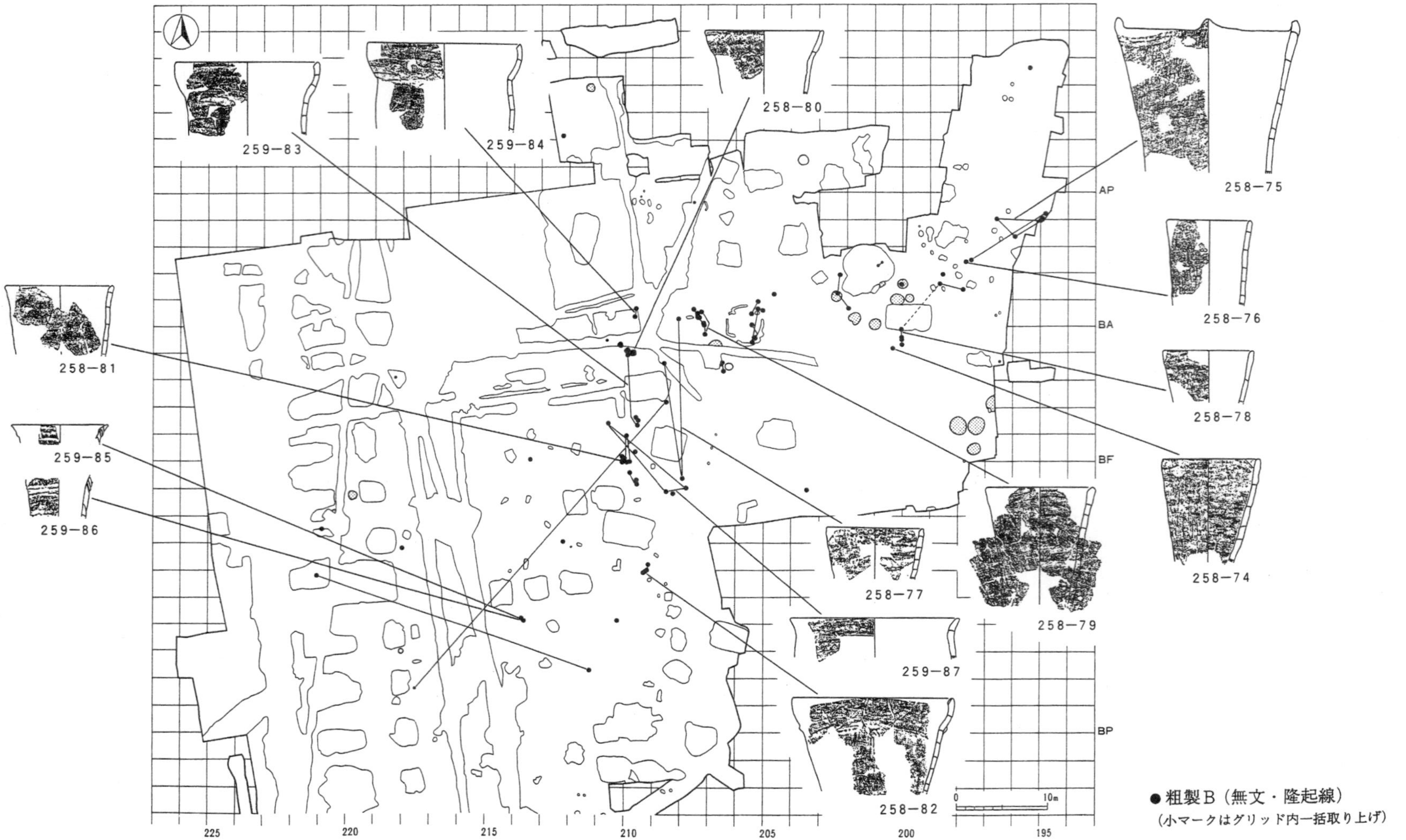

図28 東京都武蔵台遺跡の五領ヶ台式（Ⅷ群）土器分布図・接合図（12）
（山本1994より転載、遺物番号は報告書のものである）

第Ⅰ章　五領ケ台式土器様式の編年と系統

Ｉ・Ｊ・Ｋの各型式系統は中部地帯では認められず、西南関東地帯は中部地帯と東関東地帯に みられる型式系統の大半を併せもつといった特徴がある。その他、静岡県沼津周辺、千曲川流 域、利根川中・上流を含む北関東方面にも若干の集中した分布を示しているが、住居址などの 検出例が少なく資料も断片的で、現状では型式系統の組み合わせの実態を他地帯との比較の中 で正確に把握することは困難である。

　また、空間的差異を意識した土器型式の設定では、今村の「神谷原式」及び「大石式」の提 唱（今村　1985）、三上の「梨久保式」の再考（三上　1988）、小林の「八辺式」の提唱（小林　 1991）が注目される。ただし、限定された資料のみを取り上げて空間性を論ずるのではなく、 「場」の機能に関連させた形での資料の質的・量的な提示、技術的側面を分析方法に取り入れた 詳細な観察などが必要となるだろう。これらの点に関連して、筆者は「踊場式」（藤森　1934） の一部に組み込まれ、神奈川県宮の原貝塚で第５群ａ類と分類された「集合平行線文」土器 （今村他　1972）を対象に、中部から西南関東にかけての「地域差」とその社会的背景について、 第Ⅲ章で考察している。

5　五領ケ台式土器様式と共伴する他地域の土器様式

　五領ケ台式土器様式圏内には、他地域の土器様式が搬入品として散見されている。特に鷹島 式と北裏ＣⅠ式（図12－539～541）の大部分は、胎土、器壁の薄さ、色調などによって明確に 搬入品であると判断されるため、広域編年の構築や異様式土器の共伴に関する社会的解釈の視 点で注目される。

　出土遺跡数からみると、鷹島式は五領ケ台式土器様式が出土した遺跡の僅か４％にあたる25 遺跡から出土したに過ぎない。同様に、北裏ＣⅠ式も五領ケ台式土器様式が出土した遺跡のう ち、約５％にあたる33遺跡から確認されたのみである。また、分布は伊豆諸島に広がっている 反面、古鬼怒川を越えた千葉県方面や北関東方面、及び中部でも千曲川流域に広がりをもたな いといった共通の特徴を有している（図29）。つまり、鷹島式と北裏ＣⅠ式は特定の時期に特徴 的な空間分布を示すと共に、出土遺跡をかなり限定していたといえる。今後は、鷹島式や北裏 ＣⅠ式が出土した遺跡に、他の遺跡と異なる社会的・生態的・儀礼的な機能が付帯していたか 否かについて、集落類型と関連させながら考えていく必要がある。

　ところで、地域を限定して微視的に、鷹島式と北裏ＣⅠ式の時間的・空間的な関係をみてみ ると、興味深い点が判明する。例えば、西南関東地帯の港北ニュータウン方面と多摩地域にお いて、両者の搬入時期と分布濃度には有意な相関性が認められている。鷹島式土器は第Ⅰ段階 から第Ⅱ段階にかけて港北ニュータウン方面の遺跡から確認され、その一方で北裏ＣⅠ式土器 は第Ⅳ段階以降の多摩地域の遺跡に纏まって出土している。要するに、鷹島式と北裏ＣⅠ式は

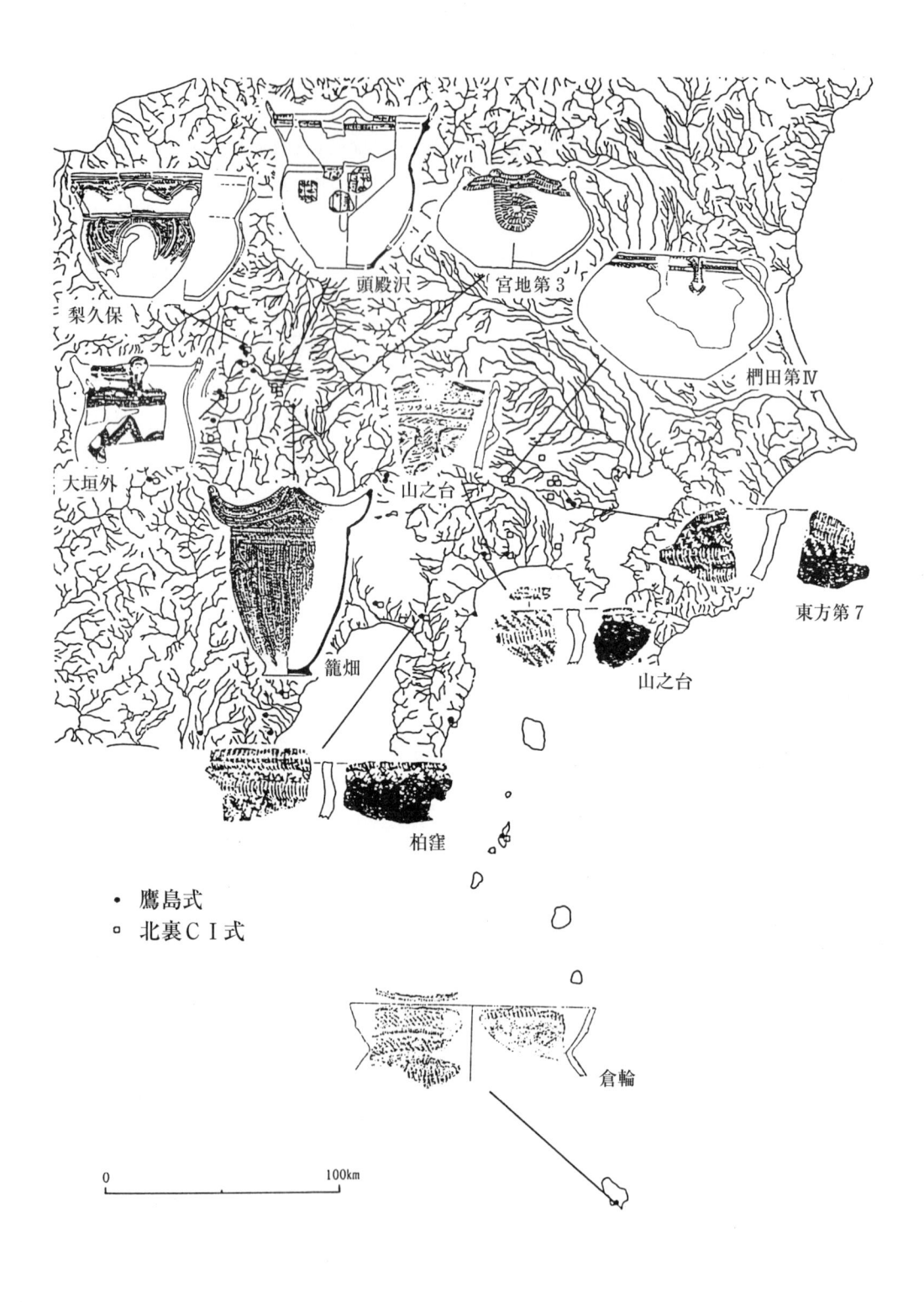

図29 五領ヶ台式土器様式圏における鷹島式と北裏CⅠ式の分布
（土器の縮尺は不同）

第Ⅰ章 五領ケ台式土器様式の編年と系統

搬入時期に時間的な前後関係をもつだけでなく、地域を限定してみてみると分布濃度にも差異を有していたわけである。この差異は、両者の五領ケ台式土器様式圏への流通ルートの違いや、両者と五領ケ台式土器様式との社会的な交渉関係の違いなどを予測させる。

また、越後・北陸地方に展開する新保・新崎式土器様式に特徴的に認められる木目状撚糸文、及び胴部の入組状隆起線文などは五領ケ台式土器様式の一部に用いられている。これによって両様式の密接な関係の一端を窺い知ることができる。最近の信濃川・千曲川流域の研究動向に注視すべきである。

註
(註1) ここで、「系統」ではなく「系列」を用いる理由は以下の通りである。異系統土器の同一個体内共存例に注目した佐藤達夫（佐藤 1974）、寺内隆夫（寺内 1989）、大塚達朗（大塚 1995a・1995b）などの研究者は、「系統」を勝坂式、阿玉台式、狢沢式、安行3a式、大洞B1式のように異なる土器様式（小林 1977）レベルで用いるからである。そこで、このような研究の経緯を踏まえるならば、五領ケ台式土器様式内を分析する場合において、集合沈線文系土器群と細線文系土器群との差異を「系統」差と見なすことはできない。それ故、「系列」といった用語を使って、集合沈線文系土器群と細線文系土器群といった各「系列」の構造性を抽出し、その上で異系列文様・文様帯の同一個体内共存例の分析などを行なう（第Ⅳ章を参照）。

　尚、鈴木正博は加曽利B1-2式期の精製土器に大森系列と中妻系列といった違いを見いだすと同時に、茨城・千葉方面に分布の中心をもつ粗製土器の「微隆帯文土器」が大森貝塚から出土することによって、東部関東の中妻系列の女性が西部関東の大森貝塚に嫁いだ可能性を推測している（鈴木 1980）。この中で用いた「系列」は、結果的に同一土器型式内部の「地方差」を意味することにもなっている。ただし、第Ⅱ段階の集合沈線文系土器群と細線文系土器群の二つの系列は、分布の中心に違いがあるものの、明瞭な地域差を内包していた可能性は低い。

第Ⅱ章　縄文土器の類似性とコミュニケーションシステム

1　問題提起

　縄文土器には時間的・空間的な変異性が認められる。また、同一時期に類似性の高い土器が広範囲に亘って検出されたり、広い地域で時間的変化に沿って、同一の変遷過程を辿る型式系統もある。このような性質に焦点を当てて縄文土器の編年を確立することができる。一方、類似土器の地理的分布や地域差などを惹き起こした要因について、しばしば婚姻、交易などの社会的側面と関連付けて説明することがあり、この研究態度は現在にまで続いている（石毛1975、上野　1986、谷口　1986・1987など）。しかしながら、世界の諸民族を見渡すと、ある特定の社会的行動がおこってもそれが直ちに物質文化を構成する要素の一部に反映されているとは限らず、単純に両者を結び付けることはできないのである（Hodder　1982）。

　それ故、本章はこれらに対する一種のアンチテーゼという形で、考古学的な同一時期に、遺跡内及び遺跡間で類似土器を生み出すシステムを象徴的かつ記号論的な側面から仮説提示する。このようにして提示された仮説は、類似土器の分布圏の境界認定やその意義について問い直す契機になる。更に、同一時期における空間的変異の関係を集団相互の問題にまで止揚してみたい。

2　研究史からみた類似土器の分布に関する解釈・方法と問題点の摘出

　縄文土器研究では、「土器型式」の時間的変遷に基づく年代編成と同様に、空間分布に関しても強い関心が寄せられていた（山内　1932・1934）。

　向坂鋼二は、後期初頭から晩期初頭の東海地方を対象に、土器型式の分布域の実態、隣接する土器型式との関係、時間的変化に基づく分布圏の動態などについて言及している（向坂1958）。その結果、土器型式は昔の「国」二つ位の範囲に分布すること、その範囲において複数の集落を包括する形で、有機的関係をもつ集団が存在することなどを指摘した。これは、一つの地域に分布した同一の土器型式が、社会的な繋がりをもつ集団を意味しているのではないかとする高橋護の解釈（高橋　1958）に近い。向坂と高橋の両者に共通することは、土器型式が人間集団を意味する（杉原　1943）という漠然とした理解を通して、同一土器型式の広がりを社会的な繋がりをもった集団の広がりと仮定した点である。このような研究の風潮は、山内清男の論攷（山内　1969a）にも見受けられる。山内は、北アメリカのカリフォルニア・インディアンとの比較から、一定の時代と地域を表現する一つの土器型式の存在状態を、ある民族の中で固有のことばをもつ一部族の生活範囲ないし文化圏として結論付けている。

第Ⅱ章　縄文土器の類似性とコミュニケーションシステム

　しかしながら、これらの論攷は、一定の地域に同一の土器型式が広がるといった現象を惹き起こした具体的な社会的要因について殆ど触れておらず、その意味から石毛直道の論攷（石毛1975）は評価される。石毛は、土器作りが女性の仕事であったという前提に立って、同一土器型式の分布圏を通婚圏の最大の範囲と考えた。しかも、山内と同様に、その地域を席捲した集団を一部族と見なしている。

　このような同一土器型式の複数遺跡間での視点とは別に、異なる土器型式の一遺跡における共伴、或いは一個体の土器に異系統文様が共存するといった状況に着目した研究例に、佐藤達夫の論攷がある（佐藤　1974）。佐藤は、これらの状況を惹き起こした要因について、阿玉台Ⅰb式新段階に相当する群馬県新巻遺跡、長野県後田原遺跡、東京都楢原遺跡の各出土土器を取り上げた上で、婚姻その他の事情による人間の移動と、単なる異系統文様の伝習といった二つの要因の組み合わせから説明を加えた。石毛と違って、遺物の分析から出発している点は評価されるが、婚姻などの社会的行動における具体的な体系ないし構造、異系統文様の受容に至るプロセスなどに触れておらず、系統の認識と共に多くの問題点を残している。

　このような問題点は今までに挙げた論攷にも当てはまる。しかしながら、向坂や石毛などが複数遺跡に認められる土器の類似性に注目していた反面、一遺跡内でも、類似性と共に差異を有する土器が検出されることを実践的に体系付けようと試みた佐藤の論攷は、それまでの「土器型式」に対して研究者間の認識を改めさせる一つの契機になったのではないだろうか。

　そして、この間の事情を最も端的にあらわしたのが小林達雄の一連の仕事である。小林は、「実体のあいまいな型式をそのままにして、型式とそれがもつ意味（人間集団）との関係の把握に重点が置かれすぎている点」（括弧内は筆者註）に警句を発し、範型論を導入した型式概念の理論的構築や、型式認定の方法論的手続きの必要性などを説いた（小林　1975）。その上で、縄文土器の構造は、山内が概念提起した土器型式だけで解明するには余りにも複雑であるという理由から、型式、様式、形式の三つの概念を導入した（小林　1977・1989・1994）。尚、山内の土器型式は、各型式の組み合わせといった実践上の意味をもち、弥生土器の様式に近いと理解されている（須藤　1986）。

　また、小林は同一型式がある地域に分布することに関して、範型が「コミュニケーションのネットワークにのって速やかに、遠隔の地まで広がって型式として顕現」するといったプロセスを示し、その範型を等しく所有する集団の存在を指摘した（小林　1977）。しかも、岐阜県村山遺跡で北白川下層様式が全体の八割を占める一方、諸磯様式も二割を示すといった事象に対して、「北白川下層様式の流儀を主流とする村山遺跡の集落にやってきた嫁が、実家で身につけた諸磯様式を作り続けた」という社会的背景を推測している（小林　1979）。最近、小林は同じ事象を取り上げて、「対立的な関係を示す二つの集団」が同居・共存していたと考えている（小

林　1993)。

　このような一遺跡内の類似と差異に注目した研究視点には、その遺跡が「土器様式」(小林　1977・1989・1994)圏の境界付近に所在するか、その内部に位置しているかの違いはあるものの、佐藤の論攷(佐藤　1974)と相通ずるものがあるだろう。

　このように、各研究者が援用していた山内並びに杉原以来の土器型式に対して、理論的な見直しが進行する過程で、方法論的にもミクロないしマクロな分析視点が要求されるようになってきた。その中で、鈴木公雄の論攷(鈴木　1969)は大きな意義をもっている。鈴木は後期安行Ⅱ式粗製土器を取り上げ、口縁部の紐線文と文様モチーフとの施文順位の分析を通して、細かな時間差と地域差を抽出すると共に、安行Ⅱ式粗製土器の分布圏を支えた人間集団を、「大略同一の土器を使用することを共通の意志とする集団」と認識し、その内部において細かな地域差を支えた人間集団について、一つの共通の「意志に包まれつつも、その中の一部に独自の意志を持ち得た集団」と捉えた。そして、時間的変化に基づく地域差の変動を集団間の意志の変容と見なす解釈を提出した。

　特に、安行Ⅱ式粗製土器としての地域差、及び施文順位の違いからみたその内部における地域差といった、レベルを異にする二つの地域差を各々異なる意味あいをもつ集団として理解しようとしていること、婚姻などの社会的要因というよりも、シンボリックな面からの分布圏の意味追求が見受けられることは看過すべきでない。しかしながら、土器型式ないし細分された型式に対する理論面での議論や、集団の意志に関する説明などに依然として不十分さが残っている。

　鈴木の論攷以後、一つの土器様式(小林　1977・1989・1994)ないし土器型式(山内　1932)内で、共時的或いは通時的に細かい地域差を抽出しようとする試みは頻繁である。ところが、有意な地域差を抽出すべき分析方法となると、型式の組み合わせ(谷口　1987)、各型式の属性間の相関性(田中　1982、田中・松永　1984)、特定型式を対象とした文様別の出現頻度率(都出　1983・1989)など多様な状況を呈している。このように、地域差を認定するために種々の方法論が模索されている中で、それらの作業と並行して、同一型式の分布圏を婚姻といった一元的なモデルで解釈する論理過程に対しても反論が提出され始めた(佐々木　1981、上野　1983・1986、羽生　1984・1986)。それは、各遺跡毎に土器分析が精緻を極めてきた当然の帰結のように思える。

　上野佳也は、特に土器文様に焦点を当て、その伝播と変遷を情報の流れとして把握しようとした。その上で、情報の種類と伝達形態、伝達手段の差異から、土器型式圏を通婚と土器自体の直接的ないし連鎖的な交易による範囲と考えた(上野　1983・1986)。

　一方、羽生淳子は、遺跡間で出土した土器に類似が認められるということは、何らかのイン

第Ⅱ章　縄文土器の類似性とコミュニケーションシステム

ターアクションの存在を予想できるとした上で、それらの類似度を比較することが遺跡間の関係に検討を加えたり、意味のある遺跡群のあり方を考える際に役立つと述べている。そして、前期諸磯ｂ式期を具体的に取り上げ、施文技法や文様構成などの出現頻度の算定などから大きく三つの地域的纏まりが存在すること、各地域内で類似度と遺跡間距離との間に明瞭な結びつきが認められないことなどを明らかにした。また、類似度を醸し出した要因として、集団間の交流というよりも集団の移動を想定した（羽生　1984・1986）。上野と同様に、類似土器の出土に社会的な背景を考えているが、その内容はやや異なっているといえる。

　上野や羽生と同じく、類似土器の出土や地域差の具現化に集団間の社会関係が反映されているのではないかと推測しつつ、広域に類似土器を創出させたシステムに焦点を当てたのが田中良之である。田中は、類似土器の分布圏を「土器の製作にかかわる情報と観念が及び、かつ受容されることが保障されたコミュニケーション・システムの範囲」と推定している。更に、土器様式におけるレベルとその意味について言及している点は注目される。つまり、「全く異なった規格・構造をもった土器様式間で、別様式の存在は知りつつも、自らの自律性は全く損なわれず、別様式からの情報はほとんど導入されず拒絶される」「ハイレベルの様式」と、「類似した規格・構造をもった様式間で、類似する他様式からの情報には比較的寛容な」「ローレベルの様式」といった二者を認め、前者には小林達雄の「様式」と重なる縁帯文土器を、後者には北白川上層式、津雲Ａ式、彦崎ＫⅠ式、平城式、鐘崎Ⅰ式などの地域的に漸移的変化をもつ「土器型式」を各々対応させた（田中　1982、田中・松永　1984）。地域差のレベル認識において、後述する都出比呂志の見解に近いものがある。

　しかしながら、田中はコミュニケーション・システムを構成する要素並びにその仕組みに関して、殆ど触れていない。このような理論的な欠点は、中島庄一が用いるコミュニケーション（中島　1985）、小薬らが提起する型式の伝播過程（小薬・小島・丹野　1987）にも見受けられる。このように、各自が使用する概念や解釈過程に疑問が残る反面、単一のモデルに固執しない点、土器の類似性を認定する際に類似レベルを設定している点、及び土器の類似度を地域に還元した際に複数の地域レベルを設けている点などは特筆されるだろう。

　そして、上野や都出は、これらの諸特徴を積極的に結び付けて理解しようと試みている。上野は、先ず文様要素やその構造パターンに関するものをデジタル型の情報、ムードのようなものをアナログ型の情報と区別した。その上で、それぞれの伝達に関して、前者は言語の媒介が必要で、「婚姻関係のある所では伝わりやすいが、婚姻関係の切れている所では脱落しやす」く、後者は「必ずしも言語を必要とせず、心像によって処理されるから、婚姻関係のない遠隔地にまで複製をくり返しながら交易ルートに乗って伝わ」るため、「婚姻関係のある所では、デジタル型・アナログ型の二つの情報が流れていき、婚姻関係の切れている所では、アナログ型情報

のみが伝わっていった」と考える（上野　1983・1986）。
　しかしながら、縄文中期の繁縟化の傾向（ムード）が北海道東部の北筒式から西九州の阿高式にまで浸透し、その背景にアナログ型の情報伝達を想定するならば、それを裏付けるような詳細な土器分析を実践すべきであろう。つまり、田中がハイレベルの様式、ローレベルの様式を用いたように、土器のミクロな相関分析を行なった上でマクロな視点を導入すべきではないだろうか。この意味から、対象とする時代は異なるものの都出の論攷に注目しなければならない。
　都出は、畿内地方の弥生時代中期第二様式から第四様式の壺形土器を分析対象に、頸腹部における櫛描文様の種類別出現率を遺跡間で比較した結果、畿内地方に山城、摂津、河内、大和、山城地域南部といった小さな地域色を抽出した。そして、各地域間は「土器の製作技法や施文原理などにおいて、ある一本の境界線を境にしてお互い排他的に拮抗する関係」にはなく、櫛描文様の出現頻度の多寡によって表現された「量的な差」として認識されている。要するに、畿内地方を「土器製作技法の接触・伝播があり得た」地域で「技術伝統を共通にする社会」、畿内地方内部の各地域を「土器製作技法の接触・伝播が、日常的にたえず、くり返された」地域で「通婚圏の主要な範囲」とそれぞれ解釈して、畿内地方レベルと山城、摂津、河内、大和、山城地域南部レベルに各々異なる社会的背景を想定したわけである（都出　1983・1989）。このような研究視点は、鈴木（1969）や田中（1982）、田中・松永（1984）の論攷にも認められたものであった。
　その一方で、谷口康浩の論攷は、早期初頭の撚糸文系土器様式第一・第二様式の分布圏の成立、及び型式組成のあり方から抽出した三つの「地域相」の成立を、「父系出自・父処居住規則に基づく親族関係と組織的な外婚制」（谷口　1987）といった同一レベルの社会的背景、しかも単一のモデルに依拠しつつ解釈している点で問題がある。
　また、今福利恵は、勝坂式土器様式成立期の土器群を対象に、個体内での各文様の組み合わせに関する変異を抽出し、それを遺跡間における緊密度の指標にしている（今福　1993・1994）。類似した組み合わせを、「情報ネットワーク」の存在として解釈する枠組みは評価できるが、組み合わせの違いを遺跡間の緊密度の指標にするには、資料操作と分析方法において課題が多いといえる。なぜならば、かなり厳密に遺跡間の関係を把握しようとするならば、破片資料や報告書未掲載資料を取り扱わなければならないし、形態的な類似が簡単な接触で起こり得ることを加味するならば、鈴木が試みたような緻密な技術分析（鈴木　1969）を行わなければならないからである。筆者が第Ⅲ章で展開する分析方法は、今福が用いる分析方法と大きく異なっている。
　1950年から1970年代前半頃は、土器型式の分布圏を漠然と何らかの集団に結び付けたり、通

第Ⅱ章　縄文土器の類似性とコミュニケーションシステム

婚圏と解釈していたことが多かった。ところが、型式概念の理論的な再検討、製作技術に関する分析方法の導入、各遺跡毎の量的な資料提示などが推し進められてきた現在では、類似土器の分布やその背景の究明に関して、先ず類似の認定方法を通して土器の類似性にレベルを見つけ出し、その差異を地域に還元するとき、地域間で境界が明瞭に認められる地域とそうでない地域といったレベル差をもつ有意な地域差を抽出することが、必要不可欠な作業として認識され始めている。そして、各々の地域差がいかなるシステムで生じ、どのような社会的意味を有しているのかを理論的に推測した研究成果が徐々に提出されてきた。このような研究視座をもって、以下に論を展開していく。

3　象徴表現としての縄文土器
（1）　土器属性と象徴性

　縄文土器の形態や文様には、実用的、経済的な側面と共に精神的側面が秘められている。世界の民族事例を見渡すと、北アメリカ南西部のズニ族は、土器文様に世界観ないしイデオロギーといった特定の観念を反映させている（Bunzel 1929、小林　1978、佐原　1979・1986）。また、ホピ族も文様と意味との間に弱い対応関係をもっている。更に、ナバホ族が使用する調理用土器（cooking pot）の口縁部内側には二本の黒色帯（black band）が施され、それらは全周するといった性格をもっておらず、必ず一か所で途切れている。これは土器製作者の人生を表現すると言われる（Tschopik 1941）。アリゾナ北東部のシキャトキ（Sikyatki）村出土の土器（Fewkes 1898）や、西アフリカドゴン族の土器（Griavle 1948、坂井・竹沢訳 1985）などにも象徴的意味が隠されている。また、マンローは亀ケ岡式土器様式の浅鉢にみられる「T」の文様が「とかげ」を意味すると指摘した（Munro 1911）。つまり、土器属性やそれらの有機的複合体である土器に、象徴的かつ心理的な意味が備わり、土器自体がシンボル化されていた可能性はかなり高いのではなかろうか。

　縄文土器のうち、特に前期以降の各様式を一瞥してみると、シンプルな器形や簡素な文様で構成されている様式は少ない。このことは、ズニ族やナバホ族の例のように、実用性は勿論のこと、象徴性を土器属性として表現していたということを間接的に物語っているのかもしれない。しかしながら、象徴の実際や動機づけを知る直接的な方法は殆どなく、その隠された意味内容は必ず解き明かされなければならないというものでもない。むしろ、その前提として、このような象徴的意味がいかなる仕組みのもと土器属性に表現され、維持されていったかという問題が重要になるだろう。ここでは、この点について、土器製作者の土器実体化過程並びにその反復行為、これらの行為の単位集団（註1）内におけるあり方を体系的に捉えることから解明の緒を探ろうとするものである。

（2） 縄文土器と土器製作者（図30）

　土器製作者が一個の土器を造型する場合、先ずイメージ段階として全体像を意識する。そのとき、彼（彼女）の頭の中には生理的・社会的欲求はもとより、彼（彼女）が所属する単位集団の伝統や慣習、信念や個人的経験などに基づいて、実用性、社会性、精神性を折り込んだ心像が出来上がっている。これは製作者個人がもつ精神的範型（Deetz　1967、関訳　1988）であり、完成土器の元型或いは設計図（小林　1967）のようなものである。この元型的心像は、機能・用途、装飾、象徴的意味の少なくともいずれかを反映する器形にはじまり、単位文様、文様要素、文様の割り付け、施文順位から混和材の調合率、磨きの程度、タイミングなど細部に亘って意識されていたのであろうか。ズニ族などのプエブロ・インディアンは、土器に文様を施す前、既に文様のイメージ像を頭の中で完成させているといわれている（Bunzel　1929、小林　1978、佐原　1979）。

　その後、元型的心像に沿って土器の製作行為が開始される。そこでは材料や技術上の問題などが関連してくる。イメージされたかたちが現前しないといった性質をもっているため、土器製作者は、個々の要素並びに全体のかたちを瞬時にして展開させながら想像できる。その反面、材料としての粘土にそれを実現する際には、彼（彼女）は常に部分的かつ個別的な知覚に終始してしまう。それ故、材料との対話形式を採用する製作工程において、元型的心像から削除されたり、心像に加えられたりする要素が認められることになる。同様に、かたちをイメージする際において、無意識的に蓄積された「イメージ・ファイル」（中沢　1979）の中から一定の価値基準、つまり集団規範（註2）を通してイメージの選別や削除、入れ替え操作などが行われる。この指摘は、一人の土器製作者が製作行為に向かう以前のイメージ段階において、ある種の価値判断を通した「土器」が、既に頭の中で完成していると考えることへの傍証になり得るかもしれない。しかも、製作工程における規制とイメージ段階に至るそれとは、必然的にその内容や性質を異にしている。

　続いて、完成段階として完成された土器が出来上がる。そのとき、粘土に対する造形作用としての完成土器は、元型的心像がイメージ作用であるが故に異なるかたちを呈している。恐らく、材料の質的問題、個人の技術的課題などが主要な原因であると考えられるが、実体化されたかたち、ないしそのかたち同志の相互関係から、具体的にいかなる制約を受けていたか、どのような偶然的契機に出会ったかなどについて推測することは、元型的心像の特質を考えるならば不可能に近い。それにも拘らず焼成作業を経て、その土器が使われていることは重要である。ここに至って、土器製作者だけでなく、全ての集団構成員と土器の意味的世界、特に象徴性との係わり方を読みとることができる。

　一人の土器製作者によって一回の土器製作が終了した後、再び土器の製作行為に移行する場

第Ⅱ章　縄文土器の類似性とコミュニケーションシステム

〈蓄積〉　　　　　　　　　　　　　　　　　〈蓄積〉

　　　　伝統　慣習　　　　　　　　　　　　　　　　　　伝統　慣習
　　　　　　　　　　　　各情報の削除
→ 完成土器 　観察・思考　元型的心像 　・加入など　　完成土器　観察・思考　元型的心像 ──
　　　　　　　　　　　　　↓
　　　　経験　欲求など　　　　　　　　　　　　　　　　経験　欲求など
　完成段階　　　　　　　イメージ段階　　　　完成段階　　　　　　　イメージ段階

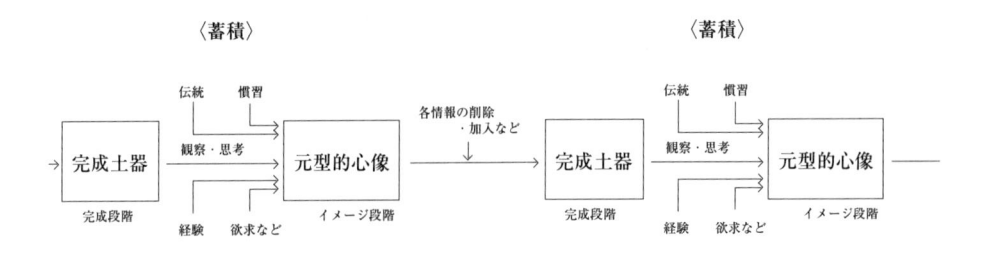

図30　土器製作者の土器実体化過程

合には、それまでの伝統、慣習などに加えて自分が作り上げた土器の観察や思考、それらの経験などが密接に絡みあって、元型的心像を再構築していくケースもあり得る。しかしながら、その過程はあくまでも意識段階におけるものであり、再構築された心像は、既に「イメージ・ファイル」に納められていたかもしれない。つまり、完成段階での土器は、常に「イメージ・ファイル」を掘りおこすといった機能・役割を含んでいた可能性をもっている（註3）。そして新たなかたちのイメージへと歩み出していく。この場合、新規のイメージ段階は前回と僅かに異なる場合の他に、殆ど変化のないケース、変化の激しいケースもあっただろう。完成段階はイメージ段階に依存していると考えられる（Boulding 1956、大川訳 1970）ため、イメージするかたちが前回と異なっているならば、完成土器は程度の差こそあれ変化しているといえる。

　このように、伝統や慣習、経験、欲求などによって無意識的に蓄積された「イメージ・ファイル」から、対象ないし対象を志向する仕方を集団規範に則って意識の中に思い浮かべ、その心像を具体的に粘土の上にデザインするといった一回性の土器実体化過程を通して、土器製作者は複数の土器を製作する。そして、この行為の繰り返しによって、僅かな差異をもつが親縁性の強い土器群を作り続けることが可能になる。このモデルは、他の単位集団構成員との社会的な接触や、製作者側の意味的な想像などを介在させておらず、帰属の単位集団の伝統や信念などを背景とした土器製作過程であるといえる。当然のように、社会的接触などによるイメージ段階の大幅な変更も考えられるだろう（Friedrich 1970）。その反面、ペルーのプノ（Puno）地域のアイマラ（Aymara）土器は他社会との植民地統合などを経験したにも拘らず、現在まで500年間、製作技法、容器の形態、多くの装飾が殆ど変わらず伝統的に引き継がれていた（Tschopik 1950）。

（3）　土器製作者と土器非製作者

　土器製作者は他の単位集団構成員との社会的な相互関係や個人的創造、緊張緩和（小林 1975）などが介在しない限り、各単位集団毎の伝統や慣習に基づいて土器を作り続けることができる。その結果、僅かな差異をもちつつ類似性の強い土器が彼（彼女）らの手によって作ら

れることになる。

　その一方で、各単位集団内において、土器を製作しない諸個人との間の土器を媒介とした技術的、心理的なあり方はどうであろうか。

　彼（彼女）らは、常に土器製作者と面接関係を維持していたり、完成した土器を知覚できる距離を保っており、知識の交換やイメージの交流、土器情報の共有化は可能であっただろう（註4）。しかも、土器製作に関しては土器製作者がその道の専門家で、土器作りに携わらないものは、彼（彼女）らに任せておけば間違いないと期待を込めて従うといった心理的な態度をもっている。このような同調性は、各自の信念や意見などの内面的変化を惹き起こしていたかもしれない。要するに、土器製作者はそうでない者に影響を及ぼす専門的勢力（佐々木　1979）をもつ反面、態度変化が期待される同調行動を受け取り、両者間にイメージ交流などを容易にさせる調和関係が認められるということである。両者は土器を作るか否かを最大の違いとするのみで、土器製作に関する知識や伝統性は、専門的勢力関係と同調性といった心理的態度、及びイメージ交流などによって共有化されていたといえる。これは、一定の土器実体化過程を意識した土器製作者と非製作者との諸関係であると共に、土器製作者が単位集団内で社会的な優位性を保っているということを相対的に示唆している。

　実際には、プエブロ族のある者のように、元型としてのイメージ像は他者からの借り物で、土器を造形する行動のみを責務とした上で、製作行為のみが期待される土器製作の担い手も存在していただろう（小林　1986a）。このような民族誌的な事例のように、各土器属性ないし総体としての土器の意味を知らない状況で粘土を造形し、器面に加飾するケースは、土器製作者の専門的勢力や集団内の優位性を否定することになる。

（4）　単位集団と象徴性

　土器製作者と土器非製作者は、専門的勢力関係やイメージ交流などによって、各個人の枠を越えて単位集団構成員間に潜在する、土器製作に関する「集団の元型的心像」とも言うべき集団規範を自覚的に認識している。しかも、土器実体化過程の反復行為は、集団構成員間に秩序の維持、明識化、補正化などをもたらすことになる。それ故、単位集団の規範は、全構成員を拘束するような固定的で閉鎖的なものでなく、逸脱してはいけないほど決して同調圧の大きく激しいものでもなかったといえる。動的かつ解放的で、簡単には捉えられない多様体なのである。

　単位集団の規範がこのような脱中心的な特質をもつにも拘らず、その規範には、集団構成員にとって共有化を示すと共に他者から弁別されていると思い込むような観念が潜在している。土器実体化原理において、土器製作の一回性を超越した状態で、無意識的ないし潜意識的に象徴性が土器に備わると共に受け継がれていったと考えられる。これによって、土器実体化過程

第Ⅱ章　縄文土器の類似性とコミュニケーションシステム

のイメージ段階と完成段階にかたちの相違が生起していたとしても、土器は焼成行為を経て一定の使用状況に供されたのであろう。

　岩手県大曲南遺跡の「大木式土器様式」（小林　1978）や埼玉県雅楽谷遺跡の堀之内式土器様式（埼玉県　1980、橋本他　1990）などは、あまり出来ばえの良くない作品である（小林1988）。しかしながら、これらにも他の典型的な土器と共通した象徴性が潜在していた可能性が高く、実体化されたかたち同志の差異を生み出していったと考えられる。大曲南遺跡と雅楽谷遺跡の例は、この間の事情を端的に物語っているのかもしれない。要するに、他者と弁別され得る潜在的な象徴性によって特定の単位集団の規範が規定・決定された結果、その集団の構成員は土器製作といった行為を通じて、規範を維持するだけでなく改変することが可能になったわけである。

4　土器の機能
（1）　土器実体化過程と土器の機能論的側面（図31）

　イメージ段階において既に実用性、社会性に加えて象徴性が意識され、完成土器がそれらの産物と見なされるならば、土器実体化過程の原理は土器の機能的側面を考察する上で非常に重大な意義をもっている。土器属性やそれらの有機的複合体である土器は、象徴的な意味＝共示義（池上・山中・唐須　1983）（註5）が表現されたシンボルとしての性格の他に、実用性や本来的かつ第一義的な意味＝表示義（池上・山中・唐須　1983）（註6）を表現する、いわゆる記号としての性質を保有している。また、形態・文様などの構造的世界に対応して表示義・共示義といった意味的世界を具有することは、各土器属性並びに土器総体の機能（註7）だけでなく、類似性の実態（類似レベル）や広い地域で類似土器が生成する仕組みなどを考察していく上で極めて重要なファクターになる。

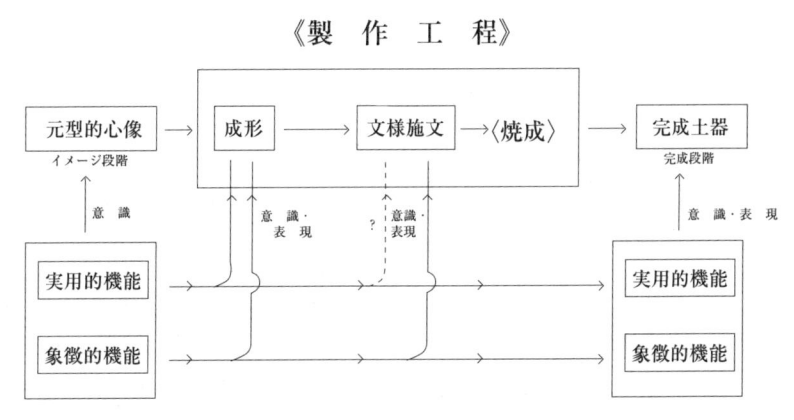

図31　土器実体化過程と土器機能との関係

土器は数多くの属性や情報の有意な纏まりで、種々の機能を具備していると考えられるが、全ての形態的属性が何らかの機能と関連しているとは当然の如く断言できない。しかしながら、単純な器形から屈曲の激しい複雑な器形までを幅広く含んでいること、簡素な文様・装飾から施文技術を駆使した隙間ない文様構成までが存在することなどによって、これらの諸属性は少なくとも実用的機能と象徴的機能といった二つの機能を備えていると推測できる。しかも、ここでいう機能（実用的機能・象徴的機能）は、土器実体化過程モデルとの関係から、製作コンテクストにおいて意識ないし意図された役割・働きとして規定される。このような定義は、あくまでも製作時のみに関わるものであることは言うまでもない。

(2)　実用的機能と象徴的機能
A　実用的機能
　土器が具有する代表的な実用的機能は、何か（内容物）を煮沸する（土器に対する働きかけの方法）ということである。環境への適応や生活の安定化、生計維持などの目的に沿って作られた煮沸、貯蔵、供献、運搬用などの各土器は、ある程度の大きさとプロポーションをもった容れ物の形を呈しており、その形態的特徴は実用性を最も鋭敏に反映しているといえる。

　ところが、実際に形態部門にしても単一な様相を呈しているとは限らない。例えば器形の細部に至るまで、実用的機能が具体的に意識・表現されているわけではないということである。勝坂式土器様式、後期安行式土器様式などに認められる屈曲の強いプロポーションや口縁部の大波状形態などはその良い例であろう。また、五領ケ台式土器様式の細線文系土器群第Ⅱ段階の型式において、顕著にみられる胴部下半から底部にかけての張り出しは、熱伝導などを加味した使いやすさを考えるならば、必ずしも実用に適しているとは言い難い。

　しかも、使用コンテクストとして日常的か儀礼的かを判別することは、それらの土器自体を技術形態的な視点のみで観察する限り不可能である。ただし、煮沸に供されていたことを裏付けるコゲ痕やススが内外面に残っていることは、製作、使用といったプロセスを通して一定の機能的な連続性（日常の場か儀礼の場で何かを煮沸する機能）が、ある土器に付与されていたことに対する傍証になり得るだろう。

　その反面、「土器使用実験や民族考古学的な観察は、たった1回の煮沸により外面に顕著な炭化物（スス）付着が形成されることを明らかにしているので、外面の炭化物の存在はその土器が「主として」煮沸に用いられたことを必ずしも意味しない」とする小林正史の見解（小林1989）によって、機能転換の可能性は十分に考慮されるべきである。いずれにしても、器形を構成する各部位ないし器厚において、実用性というより象徴表現に比重が置かれた機能・役割が意図されていたり、はたまた両者が相互依存的な関係を保有していた可能性も考えられるだろう。

第Ⅱ章　縄文土器の類似性とコミュニケーションシステム

　結果として、深鉢形式の全て或いは大半において、器形、大きさ、器厚、突起などの複合体としての形態的次元は、実用的機能面により多くの比重がかけられ、細部に対応する各々の象徴性はその陰に隠れていたのではなかろうか。この形勢が逆転する例として、後・晩期に発達する双口土器や異形台付土器などが挙げられる。

　このように、深鉢形式の形態レベルと実用的機能、更に各部位レベルと実用的・象徴的機能には各々で相関関係が認められると共に、両者は重層的な構造を呈しているといえるかもしれない。特に、各部位と実用的・象徴的機能とのあり方について、器形の僅かな差異を作り分けないし使い分けと推測する視点（甲野　1953、桐原　1987）ではなく、共通する象徴的秩序に基づく形態上の転化と関係付けることは、遺跡内及び遺跡間を対象に、器種内、器種間での型式組成の実態や構造的差異などを社会的・象徴的に解釈する上で非常に興味深い。例えば、五領ケ台式土器様式第Ⅱ段階の型式5と型式7の共伴関係などが論議の対象になっていく。

　その一方で、文様・装飾部門の実用的機能として、縄文を粘土の密着の増加、滑り止め（中村　1966）、更に器面の空気に触れる面積（気触面）の増大から熱吸収率を促進した結果、内容物を能率良く煮たたせる目的で説明する向きがある（新井　1973、後藤　1980）。その上、撚糸文系土器様式の縄文について、器面を硬くしめることを第一義的な目的とするといった指摘がある（岡本・戸沢　1965）が、現在では否定的見解も多く提出されている（佐原　1956、小林　1967・1988など）。また、縄文以外では、後期堀之内式の壺、鉢、注口土器などの口縁部や体部に貼付された環状把手及び突起に、「運搬や懸垂のための紐通しの孔」としての働きを想定したり（磯崎　1964）、隆帯を伴う口縁部文様帯に、アク抜きのときにアクを含んだ湯が溢れても胴部に垂れることを滞らせ、なおかつ胴部の破損を防止するといった機能を推定した研究例（渡辺　1992）などが含まれる。しかしながら、ウォブストが述べているように（Wobst　1977）、文様・装飾は実用的機能とは別の独立した働きをもっていた可能性の方が強いのではないだろうか。

B　象徴的機能

　実用的機能の他に、土器製作者と使用者のアイデンティティーや彼らが所属する集団の価値や地位、イデオロギーについての情報を暗号として書き記したり、社会性を意味する働きをもつ（Plog　1980）などの象徴的機能が重要になってくる。両者は、形態的側面からみると排他的関係というわけではないが、土器文様・装飾面では器形の各部位と同等か、それ以上に象徴的機能が強く意識されていたといえないだろうか。この傾向は、土器製作工程における文様施文の性質や位置付けなどから説明されている（小林　1983b）。そして、象徴的機能はその性格上、表出機能（Wiessner　1983）と伝達機能（Wobst　1977、上野　1980、松本　1986）に大きく分けることができるだろう（註8）。

(a) 表出機能

　表出機能には、表示義、共示義を形態や文様などで表出するといった働きがある一方で、他者からはその意味が何物であるのかを隠し、閉じこめるといった性質も具備されている（註9）。形態部門は、器形、大きさが何を意味するのか、どういう場で何のためにどのような方法によって使用されるのか、各屈曲や立体的で大仰な突起にどのような意味内容が込められているのかなどのように、製作コンテクストに応じて実用的な内容や特定の観念などを表出する役割を果たしている。松本完が言及した「実用的機能を表現する機能」（松本　1986）は、まさに表出機能の一部に含まれることになる。また、口縁部の波形単位の数に特別な意味や価値観が指摘されたり、具体的に3や5のような奇数に象徴的意味を推測する見解がある（小林　1986a、鈴木　1985）。

　他方、文様・装飾部門は、各単位文様や文様帯などが社会的に決まっていると思われる信号的な意味だけでなく、その根底に潜在した象徴的意味も表出する働きを具有している。また、「土器の機能・用途（実用的機能）が器形の選択によって決定する」（括弧内筆者註）だけでなく、「文様と深く係わる」といった指摘（植田　1986）も、文様と表出機能との関連性を示す。深澤芳樹は、前期弥生社会の木葉紋と流水紋に「一定の意味」を与え、「紋様の使い分け」の可能性を論じている（深澤　1989）。その方法論的手続きは注目に値する。

　以上のように、各土器属性の中で、少なくとも形態及び文様・装飾の各部門において、実用的機能の他に表示義ないし共示義を表出する機能が意識されていた蓋然性が高いといえる。しかしながら、器形の各部位や全ての文様は、実用的機能と表示機能の固定的な均衡関係の中で表現されていたわけではない。当然のように両機能の比重の割合によって、特定のかたちや文様の表現形は微妙に変化していただろう。例えば、文様の装飾性や目立ちやすさなどによって、表出機能の差異が生じるといわれているため（Wiessner　1983）、装飾的に豊かで人目につきやすい文様は、社会性が高いと共に表示義、共示義を表出する能力に優れていたかもしれない。

(b) 伝達機能とその意義

　松本は、「何か（メッセージ）を表現し、伝える道具（メディア）としての機能」を「伝達の機能」と呼称している（松本　1986）。彼の定義に従えば、「伝達の機能」に筆者の言及するところの表出機能が含まれることになる。

　ところで、何かを表現することと伝えることを同一レベルの問題として考えてよいのであろうか。特定の形態、文様などに表出機能を推定するように、それらの諸属性に伝達機能を措定できるだろうか。否ではないだろうか。伝達することは常に表現することを前提としている。つまり、伝達機能は表出機能を踏まえた上で作動すると同時に、伝達行為の必要条件として表現・表出行為を伴わなければならない。しかしながら、その逆は必ずしも真とは限らず、何か

第Ⅱ章　縄文土器の類似性とコミュニケーションシステム

を表出したからといってそれを伝達する必然性はない。少なくとも、表出機能の強いスタイル（装飾）に高いメッセージ伝達機能を仮説推論するモデル（Wobst　1977）が提起されているように、メッセージを伝達する時点において、常に伝達機能は表出機能から一種の制約を受けているといえる。

　更に、松本は表現する何かをメッセージと規定しているが、この点に関して筆者は大いに違和感を受けている。情報の表現化ないし記号化されたかたちが、メッセージとして認定されるのではないだろうか。

　このように、松本が説明する「伝達の機能」に幾つかの疑問点を見い出すと共に、伝達機能と表出機能が象徴的機能の構成因子である一方で、それらを両極と見なすことが厳密には不可能であることに気付くだろう。松本の論攷（1986）を批判的に検討することによって、筆者は松本と語形は同じくするものの、伝達機能を「伝達したい内容を記号化したメッセージ、そしてそれを伝える手段としての役割・働き」と捉え直した。そして、記号論の観点から、土器並びに形態や文様などの諸属性が伝達機能を担っていたと推定する。

　相手に何かを伝えようとする際、メッセージに記号化する表現手段として、ことばやジェスチャー、ブロックサインなどがある。そして、表現されたメッセージは送り手と受け手の間で、人間の知覚に刺激を与え得る範囲でのみしか有効性をもたない。このような性質を考慮に入れるならば、土器並びに形態、文様・装飾などに伝達機能を措定した場合、土器自体が能動的に移動することはその性質上あり得ないため、各土器属性ないしメッセージを識別したり、純粋に相手側が受信できる距離・範囲はかなり狭い空間領域に限定されてくる。

　しかしながら、ある形態、文様が広い地域に亘って認められたり、直線で数百キロ離れた遠隔地域にまで確認された現象が頻繁に指摘されている。そこで、このような広域分布の背後に人間の移動、社会的な交流、物体（ここでは土器）を伴った交渉関係などを考えなければならない。しかも、類似土器や類似した土器属性の空間分布を論理的に解釈するために、理論的な素地が必要になってくる。つまり、実用性や象徴性などが表現された総体としての土器や形態、文様・装飾などに、記号化されたメッセージや伝達手段としての役割を想定したり、伝達機能の概念や性質、表出機能との諸関係などを考察することが、類似した土器ないし土器属性の空間的広がりを、記号論の視点に基づいた「コミュニケーションシステム」仮説として体系化していく上で理論的な意義をもっているといえる。ここでは、土器をことばや物、身振りと同様に、記号表現と記号内容（池上・山中・唐須　1983）との結びつきから成り立つ記号として捉えることによって、関連する幾つかの理論的ないし概念上の課題を取り上げたわけである。

5　コミュニケーションシステムとその仕組み

（1）　視座の設定

　土器を目の前にした時、我々が知覚できるのは形態、文様・装飾など構造上のかたちであり、意味的世界ではない。しかしながら、少なくとも特定の形態や文様は他の形態、文様と弁別される何かしらの意味をもち、その意味を表出する働きを備えていただろう。つまり、土器製作工程を経て完成した土器、ないし形態、文様・装飾などの土器属性は、表示義、共示義といった意味的世界が指示されたかたちで、この二つの性質を具備していることから一種の記号、しかも「ものいわぬ」非言語記号と考えられる。

　では、このような記号的特質と、考古学的同一時期に類似した土器属性や総体としての土器が広範囲の分布域を占めるということには、どのような連関性が想定され得るのだろうか。

　先ず、記号による表現体系、すなわち言語や非言語を利用した記号化が、かたち、意味の思考、伝達の必要条件であり、尚かつ目的達成手段と見なされることを認識しなければならない。そして、何かを思考したり、それを相手に伝えるために、ことばやブロックサインといった記号に表わすことが期待される。ここで、表示義、共示義を表出する機能を形態や文様・装飾部門に具備させることから一歩進んで、表現手段としての記号化に注意を向けなければならない。これは、類似土器、類似した土器属性の問題を土器の機能論的側面と密接に結び付けるだけでなく、記号論的にアプローチすることの重要性を示唆している。しかも、特定の社会的行動が直接的に物質文化を構成する要素の一部に反映されていないことを考慮すると（佐々木　1981、Hodder　1982）、類似土器ないし類似した土器属性の広域分布現象、及び類似レベルの問題は婚姻や移動といった単純なモデルでなく、人間或いは集団間でのコミュニケーション行為、しかも共通した象徴的秩序に基づくコミュニケーションシステムとして体系付けられる。このような仮説を提示することによって、以下でシステム内容の実際を記号論的視点から確認しておく。

（2）　コミュニケーションシステムの基本形（図32）

　コミュニケーションの概念は、研究対象領域の拡大に伴ない多義性を帯びてきた。そのため、コミュニケーション研究の多様性や増大した領域を統括する絶対的な概念を求めることは殆ど不可能に近い（岡部　1973）。本章では、相対的にコミュニケーションシステムを以下のように考える。

　一般的にコミュニケーションといえば、送り手から受け手へのメッセージの伝達を指すケースが多い。しかしながら、正確に伝達が行われるには両者がコードを共通し、送り手はそのコードに従って伝達したい情報や内容などをメッセージに記号化しなければならない。このような過程で形成されたメッセージは、何らかの伝達手段によって受け手に送られる。受け手は送信されたメッセージを送り手と同一のコードに基づいて解読し、それが何であるのかを知る。

第Ⅱ章　縄文土器の類似性とコミュニケーションシステム

つまり了解する。その結果、メッセージや情報、伝達内容は共有される。しかも、その内容が受け手によって形態や文様などに採用されると、類似土器の遠隔地域における出土や類似レベルをもった土器の出現などが引き起こされる。

　このように、コミュニケーションシステムは単にメッセージの伝達行為を意味するだけでなく、受け手のメッセージの了解、了解に至るプロセスを内包しているといえる。図32は、その経路と構成要素を抽象的に模式化したモデルである。しかしながら、このような単純な流れとして人間のコミュニケーションシステムを捉えることは多くの問題を暗示している。異種の伝達表現手段や伝達手段が存在する以外に、送り手と受け手の間のコードのずれ、伝達経路における雑音、受け手側の主体性などを加味した場合、必ずしも受け手が額面通りにメッセージを了解するとは限らないからである。

　このような諸要因の展開と介入が考えられるにも拘らず、類似性を備えた土器が一定の空間領域に確認されるのは何故だろうか。この問題提起に関連して、先ずコミュニケーションシステムに欠かすことのできない要素を一つずつ取り上げてみたい。

（３）　送り手と受け手

　コミュニケーションシステムにおける送り手と受け手の問題に触れることは、システムを多次元的かつ立体的に捉えようとする上で、極めて重要な意味をもっている。社会の構成員である諸個人は、土器製作に関して集団規範に沿って基本的に行動しているため（第Ⅱ章3を参照）、独立した思考・信念をもつ個人が存在する可能性は低い。それ故、彼らは独自のメッセージを作成できない。必ずその背後に集団が介在していたといえる。従って、コミュニケーションシステムにおける送り手と受け手は、何らかの集団に所属しており、基本的に単位集団に置換さ

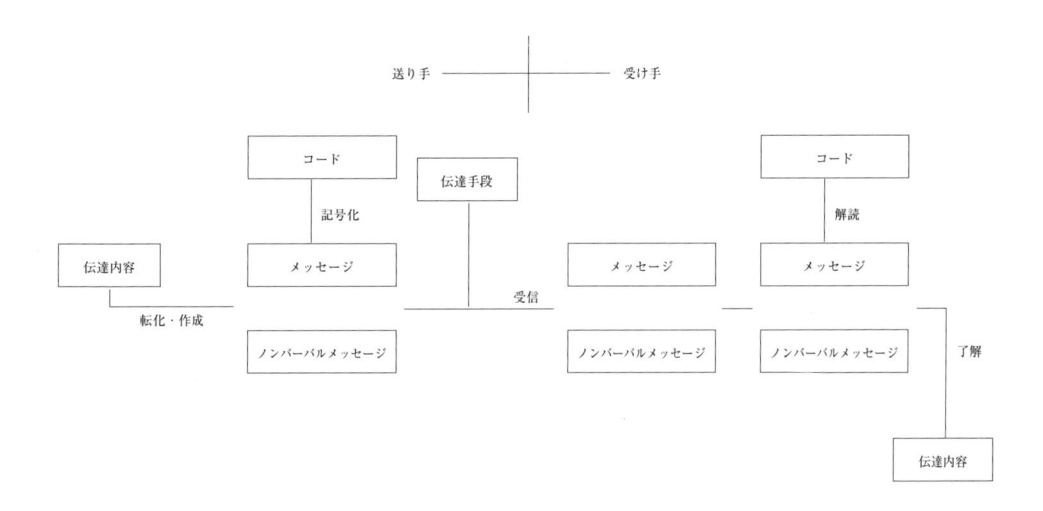

図32　コミュニケーションシステムの基本形

れる蓋然性が高い。更に、単位集団群（小林　1986b）、部族機構（春成　1987）などといった集団の各段階を設定する（註10）ことによって、コミュニケーションシステムの多層的な広がりやその内部構造の質的な違いなどが予想される。しかも、具体的に考古学上の同時性に基づいて、遺跡内及び遺跡間（地域間）の分析を行なうことで、土器にみられる類似性を集団レベルとの相対的関係に止揚することが可能になるだろう。

　また、土器型式伝達の形態の一つに「一つの集団の地理的移動」を考えた場合、受け手は存在していない（上野　1986）。そのため、コミュニケーションシステムの成立条件に、両者が併存しないといったケースも考えられる。

（4）　伝達内容とその表現手段

　例えば、この土器はどういう場面に使用されるのか、この文様モチーフには○○○のような意味が含まれているなど、土器実体化過程を経て形態、文様などに意識された何かを異なる単位集団の相手に伝えるために、先ずその内容を表現しなければならない。音声によってつくり出される口頭的なことばは代表的な表現手段である。人間は、土器の形態や文様などの意味内容を、ことばを用いて文章や物語（メッセージ）に代替させることができる。この場合、無秩序であるかのようにこれらを組み合わせているのではない。そこには、文法に対応するコードが常に潜在していたはずである。

　コードは、人間がメッセージを転写もしくは解説するために取り決められたきまりのことである（Mounin 1970、福井・伊藤・丸山訳　1973）。しかしながら、ことば・言語のコードはメッセージを完全に支配するほど厳格なものではない。主語、述語、目的語などの使い方が中途半端なケースであっても、表現されたメッセージは大筋として相手に容易に解釈される。コードは人間同志の共通理解を可能にするだけの束縛力を具備しているが、人間の主体的行為から生成される創造性を全く許さないような絶対的なものではないといえる（池上・山中・唐須1983）。このように考えると、送り手と受け手との間のメッセージの伝達と解釈、解読との関係は必ずしも一対一と限らないため、同一のメッセージに複数の解釈が対応する可能性も示唆している。

　一方、土器及び形態、文様などの土器属性が言語に変換されることなく、それ自体で非言語的メッセージとしての役割を担っていた可能性があるため、一定のコードのもとに形態、文様モチーフ、文様などが伝達内容の表現手段として作用していたともいえる。受け手が共通したコードを有していれば、ことばによる表現化を介在しないでメッセージ並びに伝達内容は送り手と受け手の間で共有化されるだろう。しかし、類似土器が単位集団内だけでなく複数の単位集団に跨って遠隔地域にまで広く認められるならば、伝達手段としての人間の介在及びことばを用いた記号化や説明行為などは必要不可欠である。

第Ⅱ章 縄文土器の類似性とコミュニケーションシステム

　また、明確なコードをもたない記号は少なからず存在している。例えば、礼儀、自然な身振りないし話ぶりといった動作、相手との間合のとり方、広告ポスターなどである。ヴァーガスは九種類に分類し（Vargas 1987、石丸訳 1987）、ビュイサンスはこれらの構造化の規則が認められない記号を無体系的なコミュニケーションの手段と呼称している（Mounin 1970、福井・伊藤・丸山訳 1973）。これは、コードに基づくメッセージに対して「ノンバーバルメッセージ」（Vargas 1987、石丸訳 1987）と呼ばれ、メッセージと共に伝達内容を構成している（池上・山中・唐須 1983）。メッセージとノンバーバルメッセージは人間のあらゆるコミュニケーションに寄与するが、ノンバーバルメッセージのみで伝達行為を遂行することは極めて困難である。それ故、ノンバーバルメッセージは一定のコードに基づく記号に付随したり、それを修飾する形で頻繁に表現されている。

　また、メッセージの受信・解読において、受け手はノンバーバルメッセージに依存している場合が少なくない。例えば、ことばがわからなくても顔の表情や仕草、声質などを手掛かりに送り手が発信するメッセージの一部を読み取ることができるからである。このように、メッセージの作成時だけでなく、送り手と受け手の間のコミュニケーション行為において、ノンバーバルメッセージは重要な役割を占めているといえる。ちなみに、石丸正はノンバーバルメッセージを非言語メッセージと訳しているが、本章で土器や土器属性をコードに基づく非言語メッセージとして用いているため、明確なコードをもたない動作や身振り、声質などはそのままノンバーバルメッセージと定義した。

（5）　記号化と意味作用関係

　土器ないし形態、文様は、ことばに変換されているか否かに関係なく、表層上のかたちと深層的な意味的世界の統合体といった理由から記号として概念化される。ただし、かたちと意味の結びつきは恣意的であり、二つの性質の間に何ら必然的な理由は認められない。それにも拘らず、一定のかたちが安定した状態を示すと共に広い地域に亘って認められることは、その要因の一つとして、コミュニケーションシステム内において両者の間に慣習的な意味作用関係が介在していたからではないだろうか。その意味で、意味的世界を表示義と共示義の二重構造として捉えて、両者の相互関係に触れることは十分な意義をもっている。

　表示義は、ある脈絡のもとに規定された辞書的な意味とか社会的に習慣として決まっている一義的な意味のことである。そのため、表層上のかたちと表示義の間において相対的な意味作用関係が認められることになる。しかしながら、異なる文様の一つ一つにまで異なる表示義が付されているとは限らない。例えばことばにおいて、かたちは異なるが意味の類似するケース、かたちが類似する反面意味が全く異なるケース、一つの語に複数の意味を有している場合などを含んでいるからである（池上 1978）。複数の文様に唯一の意味を有するいわゆる「類義」文

様だけでなく、例えば大木 8 b 式に特徴的な剣先文が口縁部や胴部において縦位・横位・斜位に施されるように多義的な文様も考えられる。ただし、かたちと表示義はそれぞれ別次元に所属しているため、厳密な意味作用関係は当然のように求められないといえる。

その一方、共示義は表示義の背後に潜む象徴的意味のことである。例えば、「ねこ」は「幸運」、「死」、「呪い」などの種々の共示義を様々な状況下で具備している（水之江　1985）。このレベルにおける記号体系をバルドは「神話」と呼んでいる（Barthes　1957、篠沢訳　1967）。このように、かたちと共示義の間には特定かつ明示的な意味作用関係が介在しておらず、社会的・文化的脈絡に応じて異なる様相を呈しているため、表示義の意味作用関係と比べて対照的であるといえる。更に、共示義は表示義を踏まえた上で初めて意味作用するといった性格を考慮してみると、少なくとも類似した表示義を具備していない限り、多義的といった特質をもつ共示義の共通性はあり得ないだろう。別言すれば、共通した象徴的意味、更にその意味の差異が組織化された体系としての象徴的秩序（註11）を地域間で共有していれば、具体的な意味内容はわからないまでも、かたちと表示義の間に明瞭な意味作用関係が働いていた蓋然性は高いということである。

（6）　伝達手段としての三者と伝達内容の表現体系との関係

相対的に、メッセージの伝達手段として

Ⅰ　人間。
Ⅱ　人間で土器を伴なう場合。
Ⅲ　土器以外の物質系やその性質の場合。

の三要素を想起できる（図33）。

そして、ⅠとⅡは土器を具有するか否かを最大の違いとする。また、ⅠとⅢにおいて、Ⅰは土器情報を主体的に具備している人間が伝達手段としての役割を担っているのに対して、Ⅲは人間の介在が認められない場合、或いは人間を介しているが土器以外の物質に従属的に付髄するケースなどを含んでいる点を最大の相違としている。

しかしながら、三者はお互いに排他的側面のみをもつとは限らない。福田友之は、青森県を対象に北海道系縄文土器や東北地方南部以南に分布する縄文土器などの「外来系土器の出土数は他の地元の土器数に比して極端に少ない」ことについて、「土器自体が交易の対象として持ち込まれた結果と考えるよりは主に他の交易活動や人の移住などに付随した結果起こった現象」であると述べている（福田　1990）。尚、人間の移動については、土器の顔付きなどを分析することによって既に明治時代から言われている（羽柴　1889、八木・下村　1894）。

Ⅱのケースの土器は、メッセージを内包したメディアとしての役割、すなわち伝達機能をもつ記号としての意味だけでなく、威信財（小杉　1985・1988）、交換財（都出　1974、西田

第Ⅱ章　縄文土器の類似性とコミュニケーションシステム

1988・1992)、交易物資を入れる容器（佐原　1970、都出　1974、堀越　1980、山内　1964bなど）、彼地での生活必需品（佐原　1970、都出　1974、西田　1987）、財貨・主要な婚資や嫁入り道具（小林繁　1978、福本　1994a・1994b）としての働きを付帯していたかもしれない。そして、Ⅰ、Ⅱに土器の作り手か否かの差異（①、②）、更に性別、年齢、人数などの諸点が加味されると、「人が土器をもっていって定住して伝える」、「人が行って定住して、口頭で製作法を伝える」（上野　1986）などの伝達形態に代表されるように、社会的次元を背景とした多層的なコミュニケーションシステムが浮彫化してくる。それにも拘らず、佐藤（1974）、谷口（1986）、羽生（1984）の論攷には多層的なコミュニケーションシステムの実相は見当たらず、類似土器の分布や異系統土器の共伴などに対する解釈は一般論や経験的次元に留まっている。

　このようにしてみると、メッセージを受け手に送る段階になって、集団関係や特定の社会的背景などがクローズアップされるわけである。ところが、象徴表現としての土器がもつ機能的な側面を加味するならば、人間同志の簡単なコミュニケーションによってさえ、土器作りに関する情報伝達が可能になる。その結果、土器に類似性が認められるといったことも当然あり得る。つまり、類似土器の広域分布が、必ずしも婚姻や交易といった特定の社会交流によって解釈できるとは限らないわけである。この意味で、田中・松永が土器の類似現象を一般論的かつ限定的な社会的側面と解釈上切り離して、コミュニケーションシステムの類似によって理解しようとしている点は評価される（田中・松永　1984）。

　このように、類似土器の広域分布現象を惹起させた要因を婚姻、交易といった抽象的な社会交流によって説明しようとする向きとは別に、送り手と受け手の間の情報伝達と了解過程であるコミュニケーションシステムとして包括的に仮説提示し、システム成立の基盤、つまり共通した象徴的秩序にも目を向ける必要性を説いたわけである。この点は、型式ないし土器型式の分布圏や、その分布圏の境界の意義を問い直すことに繋がっていく。しかも、コミュニケーションシステムの中で、婚姻や交易などの特定の社会的背景を推測するには別視点の方法論的展開が必要であることを意味している。これに関しては第Ⅳ章で詳述する。

　では、コミュニケーションシステムにおいて、メッセージが受信されるまでの過程を振り返る意味で、伝達内容の表現体系と伝達手段との諸関係をみてみよう（図33・34）。伝達内容の表現体系は伝達手段の各要素に従って限定され、両者の関係は少なくとも五つのケースに識別されるだろう。すなわち、

(a) ことばによって表現された土器に関するメッセージを人間、しかも土器製作者が伝えるケース。
(b) ことばによって表現された土器に関するメッセージを人間、しかも土器非製作者（土器を作らない人）が伝えるケース。

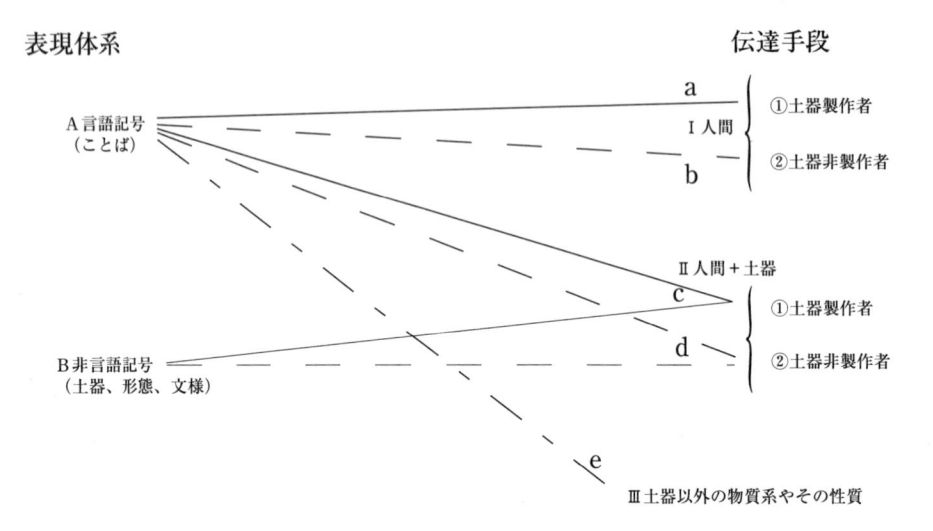

```
表現体系                                    伝達手段
                                        ─────── a
        A言語記号 ─────────              Ⅰ人間    } ①土器製作者
         (ことば)    ─ ─ ─ ─ ─ ─ ─       ─ ─ ─ ─ b        ②土器非製作者

                                        Ⅱ人間+土器
                                   ─── c
                                        } ①土器製作者
                                   ─ ─ d         ②土器非製作者
        B非言語記号 ─────────
        (土器、形態、文様)
                                ─ e
                                   Ⅲ土器以外の物質系やその性質
```

図33 伝達内容の表現体系と伝達手段との関係（1）

（c）ことばによって表現された土器に関するメッセージとメッセージを内蔵した土器を人間、しかも土器製作者が伝えるケース。

（d）ことばによって表現された土器に関するメッセージとメッセージを内蔵した土器を人間、しかも土器非製作者（土器を作らない人）が伝えるケース。

（e）ことばによって表現された土器に関するメッセージが、土器以外の物質やその性質に付随して伝わるケース。

である。そして、各々にノンバーバルメッセージを伴なうが、特に（e）ではそれに頼る比重は高かっただろう。なぜならば、伝達手段Ⅲでは、他の物質に付随して土器そのものに関するメッセージが伝わるなどのため、明確なコードに基づく記号化をそれ程期待できないからである。

　以上、受け手側にメッセージを送信するまでを五つのケースに纏めた。それらは相互に排他性をもつというよりも、相互に複合したり、組み合わさることによって広い地域にまで浸透していったといえる。しかも、この傾向が類似した土器・土器属性の出現を促すと共に、類似レベルを惹起させることによってコミュニケーション行為のずれを生み出す一つの引き金になったかもしれない。

（7）　メッセージの了解と受け手の選択性

　伝達内容の表現体系と伝達手段との関係から、少なくとも五通りの経路に沿ってメッセージ及びノンバーバルメッセージが受け手に伝達されると、受け手はそれらを土器ないし土器属性

第Ⅱ章　縄文土器の類似性とコミュニケーションシステム

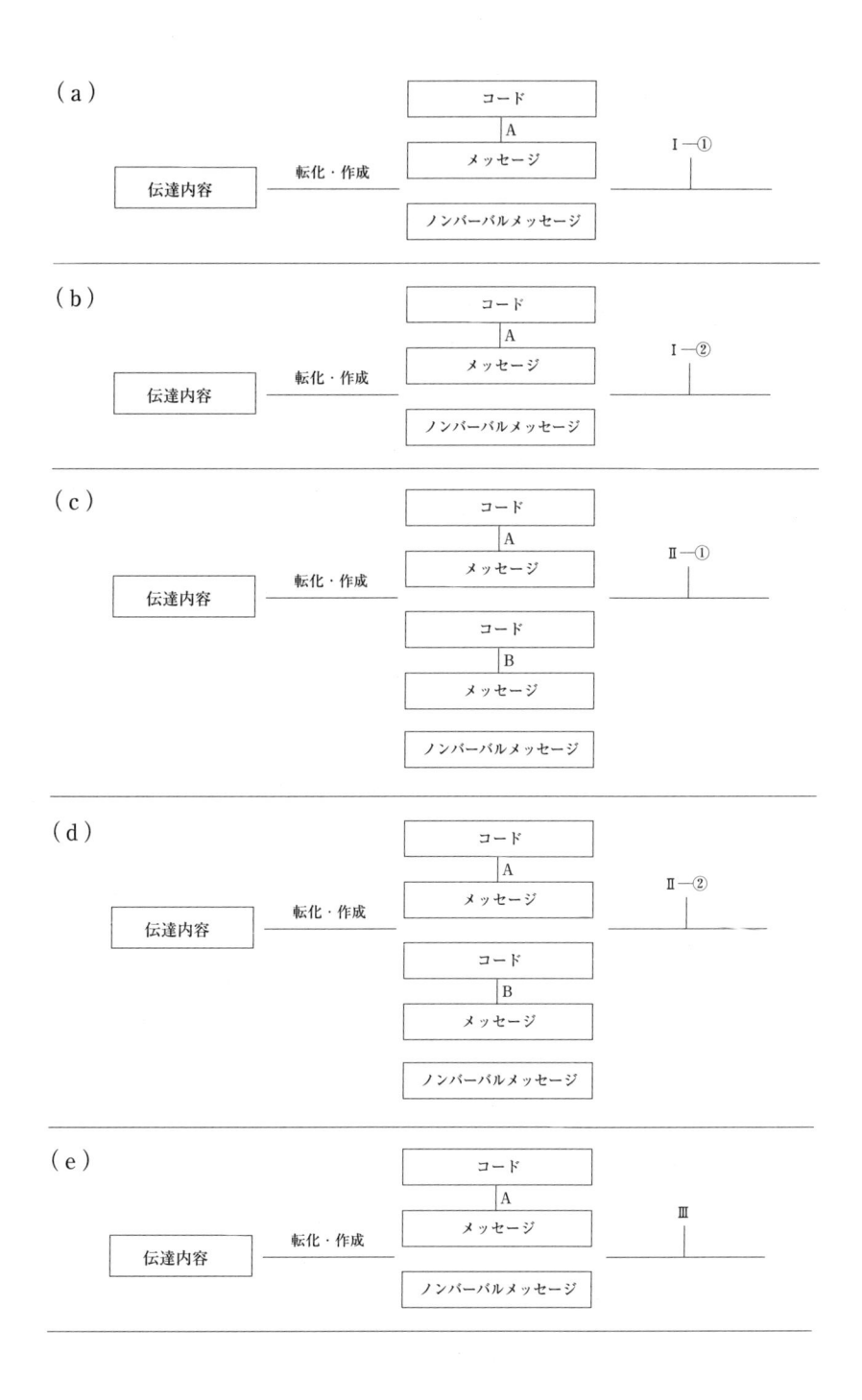

(a)

伝達内容 ── 転化・作成 ── コード │ A │ メッセージ │ ノンバーバルメッセージ　　Ⅰ─①

(b)

伝達内容 ── 転化・作成 ── コード │ A │ メッセージ │ ノンバーバルメッセージ　　Ⅰ─②

(c)

伝達内容 ── 転化・作成 ── コード │ A │ メッセージ ／ コード │ B │ メッセージ │ ノンバーバルメッセージ　　Ⅱ─①

(d)

伝達内容 ── 転化・作成 ── コード │ A │ メッセージ ／ コード │ B │ メッセージ │ ノンバーバルメッセージ　　Ⅱ─②

(e)

伝達内容 ── 転化・作成 ── コード │ A │ メッセージ │ ノンバーバルメッセージ　　Ⅲ

図34　伝達内容の表現体系と伝達手段との関係 (2)

として採用する前に、解読ないし了解作業を行なわなければならない。この段階は、送り手が伝達したい内容をコードに基づいて作成した後に送信する行為と反対の方向性をもつ。要するに、受け手は、記号化されたメッセージとノンバーバルメッセージをコードに基づいて解読することによって、送り手が意図した内容を汲み取るからである。この結果、意味的世界を含めた上で了解過程としてのコミュニケーションシステムが成立し、メッセージを共有した証拠である類似土器の実体化を可能にする。

　そして、了解した内容を何の障害もなく土器や土器属性として採用することを前提とするならば、解読行為は受け手が土器製作にあたる場合（X）のみ必要となり、送り手が直接土器作りに向かうケース（Y）では不必要といえる。つまり、受け手側における土器製作者の系譜が、メッセージの解読操作の必要性と関連するわけである。このように、伝達内容の表現体系と伝達手段との諸関係に受け手側における土器製作者の系譜問題を統合させてみると、送り手と受け手の間のコミュニケーションシステムの成立とメッセージを土器ないし土器属性として採用する過程は、少なくとも九つに類型化される（図35～37）。これは、「共通要素の他地域への波及の状況（傍点筆者註）」（林　1964）を追求することに繋がっている。しかしながら、この類型化は一つの集団から他の一つの集団への土器情報の伝達といった観点から妥当性をもつが、多くの集団間の関係においては複雑性を帯びてくる（上野　1990）。

（a）−（ア）
　　（a）ケースによって送信された言語メッセージを受け手がコードに基づいて解読、了解した後、受け手がそのメッセージを土器ないし土器属性として採用するケース。

（a）−（イ）
　　（a）ケースによって送信された言語メッセージを送り手である土器製作者が受け手側の遺跡で、保有していたメッセージを土器ないし土器属性に採用するケース。

（b）−（ア）
　　（b）ケースによって送信された言語メッセージを受け手がコードに基づいて解読、了解した後、受け手がそのメッセージを土器ないし土器属性として採用するケース。

（b）−（イ）
　　（b）ケースによって送信された言語メッセージを送り手である土器非製作者（土器を作らない人）が受け手側の遺跡で、保有していたメッセージを土器ないし土器属性に採用するケース。

（c）−（ア）
　　（c）ケースによって送信された言語ないし非言語メッセージを受け手がコードに基づいて解読、了解した後、受け手がそのメッセージを土器ないし土器属性として採用するケース。

第Ⅱ章　縄文土器の類似性とコミュニケーションシステム

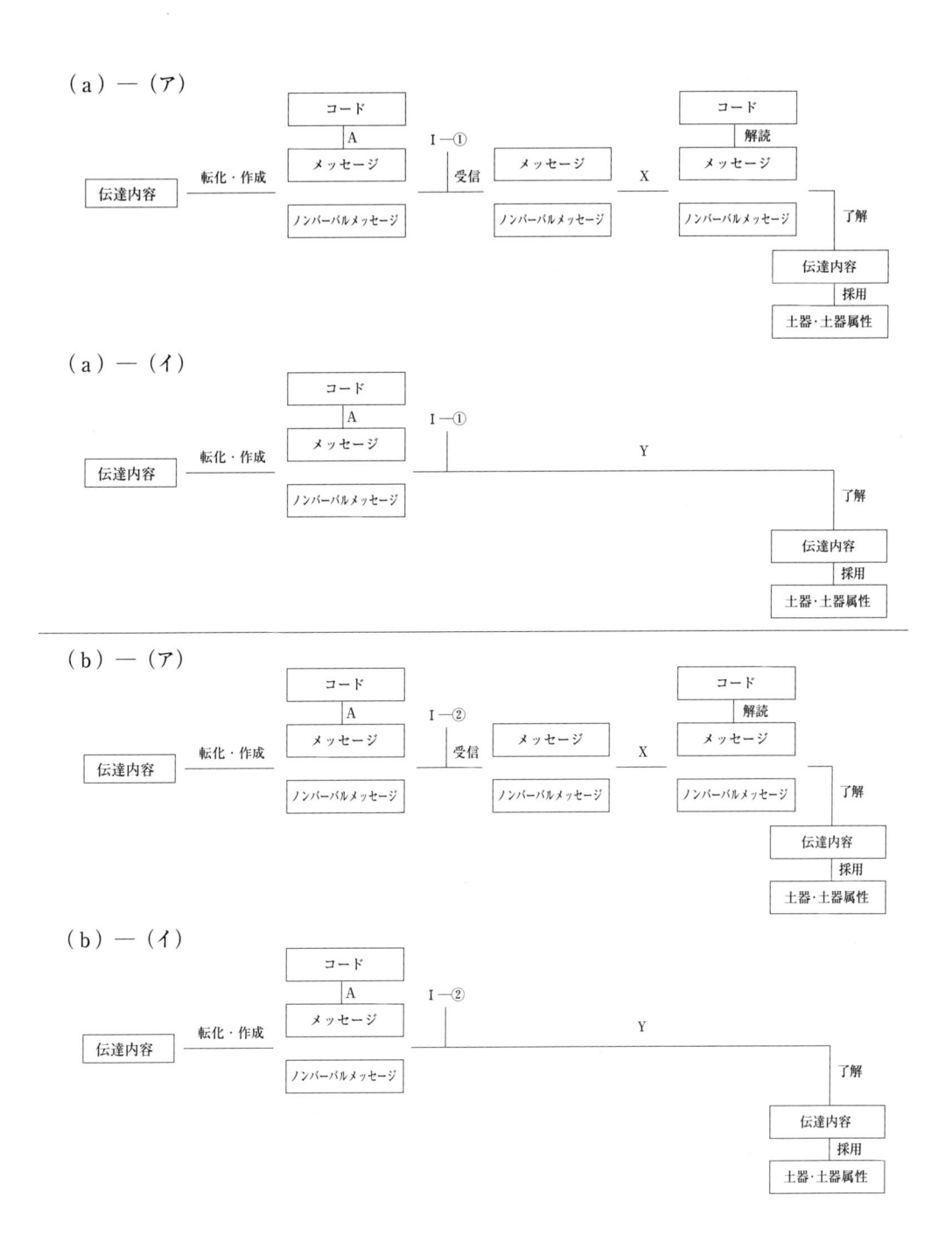

図35　コミュニケーションシステムと類似土器、類似土器属性の製作（1）

(c)—(ア)

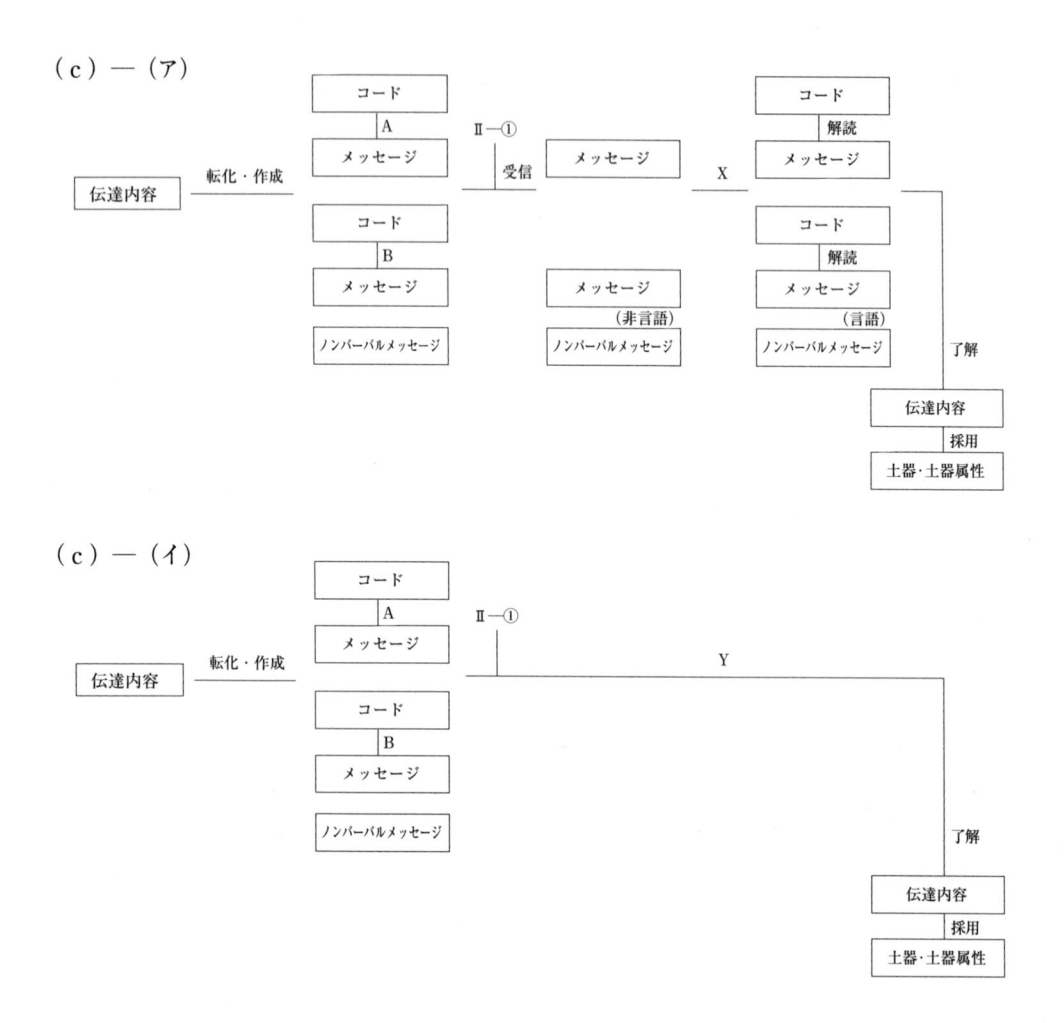

(c)—(イ)

図36　コミュニケーションシステムと類似土器、類似土器属性の製作 (2)

第Ⅱ章　縄文土器の類似性とコミュニケーションシステム

　この場合、受け手は非言語メッセージを一旦ことばに変換する必要がある。つまり、一つの有意味な非言語メッセージを理解するには、それに意味を与えているコードによって決定される言語行為を遂行しなければならないということである。
（c）−（イ）
　　（c）ケースによって送信された言語ないし非言語メッセージを送り手である土器製作者が受け手側の遺跡で、保有していたメッセージを土器ないし土器属性に採用するケース。
（d）−（ア）
　　（d）ケースによって送信された言語ないし非言語メッセージを受け手がコードに基づいて解読、了解した後、受け手がそのメッセージを土器ないし土器属性として採用するケース。
　この場合、受け手は非言語メッセージを一旦言葉に変換する必要がある。つまり、一つの有意味な非言語メッセージを理解するには、それに意味を与えているコードによって決定される言語行為を遂行しなければならないということである。
（d）−（イ）
　　（d）ケースによって送信された言語ないし非言語メッセージを送り手である土器非製作者（土器を作らない人）が受け手側の遺跡で、保有していたメッセージを土器ないし土器属性に採用するケース。
（e）−（ア）
　　（e）ケースによって送信された言語メッセージを受け手がコードに基づいて解読、了解した後、受け手がそのメッセージを土器ないし土器属性として採用するケース。
　特に、（e）−（ア）ではメッセージの解読が他類型と比較して、ノンバーバルメッセージに多くの比重をおいていた蓋然性が高い。また（a）−（ア）と（b）−（ア）、更に（c）−（ア）と（d）−（ア）では、コミュニケーション行為の当事者である送り手に土器製作者と非製作者の違いがあり、各々製作された土器にどのような差異が認められるのだろうか。（a）−（イ）と（b）−（イ）、（c）−（イ）と（d）−（イ）も、出自集団（註12）における土器製作行為の有無が、受け手側の遺跡で製作される土器にどのようなかたちで反映するのであろうか。文様などの「じかに目で見える要素　overt elements」と、素地の調製といった「じかに目には見えない要素　novert elements」を区別した林謙作の研究（林　1990）、器形、装飾といった模倣し易い属性と文様施文のタイミングや調整方法、混和物などの模倣しにくい属性を対象に遺跡内及び遺跡間で比較検討した小林正史の研究例（小林　1988）などは、土器の伝播メカニズムやその背景を究明するための一つの分析方法として注目される。ちなみに、第Ⅲ章で分析を行なったが、大半の資料に関して素地の問題、成形手法、調整の程度、施文のタイミングなどは不明瞭であった。それ故、このような属性レベルにおける異同が九つのうちのどの類型と相関関係を有しているの

(d) — (ア)

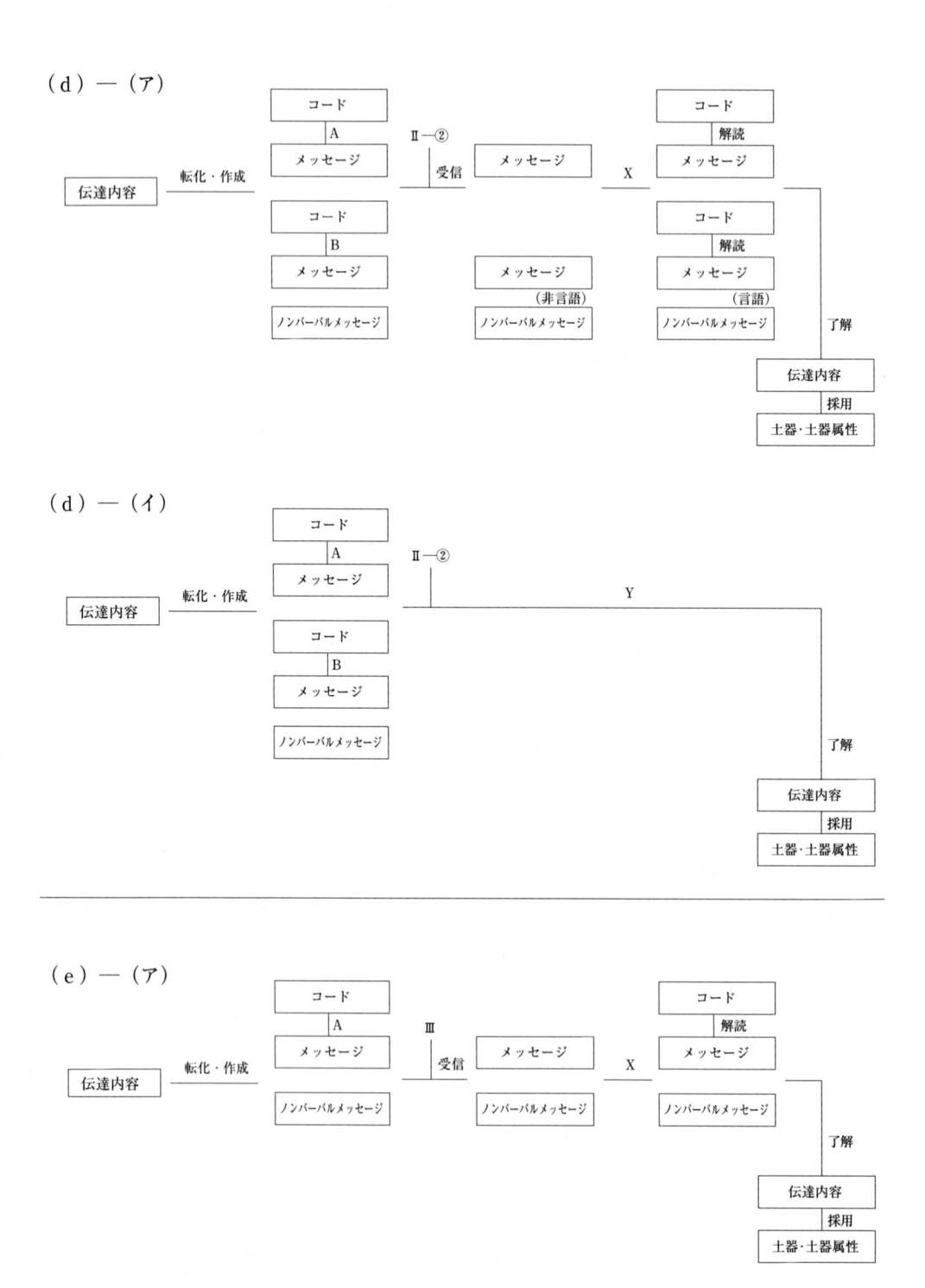

(d) — (イ)

(e) — (ア)

図37　コミュニケーションシステムと類似土器、類似土器属性の製作 (3)

第Ⅱ章　縄文土器の類似性とコミュニケーションシステム

かについて、現状では明言できない。

　また、了解したメッセージを土器ないし土器属性として採用する過程において、受け手側の集団規範や規制の問題を考慮すると共に、受け手が主体的に行動する可能性を秘めていることから種々の選択性を加味しなければならない。例えば、コミュニケーションシステムが成立した上で意識的に手を抜いたり、意味転換や別解釈などの創造性をもつケース、送り手からのメッセージを了解してもそれを土器や土器属性に採用しないケース、受け手が理解していながら知らないふりをするケース（加藤　1973）などを列挙できる。そして、受け手がメッセージを解読する段階において、送り手のコードとの相違から異なった解読を行なう場合もある。

　このように考えると、コミュニケーションシステムの成立と類似土器、及び類似した土器属性の製作を単純に一連の関係として見なすことはできない（岩永　1989）。その上、メッセージを了解する行為は、土器や土器属性といった可視的な姿としてあらわれない限り把握が困難であり、そこに一種の限界を認めざるを得ない。

　しかしながら、類似土器や類似した土器属性を作り出す上で、メッセージの伝達から了解に至る過程としてのコミュニケーションシステムは不可欠な前提条件の一つである。了解過程において、受け手がノンバーバルメッセージを参照することや、解読段階における多少のずれと創造性の介入などが類似レベルをもつ土器・土器属性を生み出した要因の一つになっていたかもしれない。これは、記号に既成のコードからずれた表現をメッセージとして受信し、解釈できるといった性質が備わっていた（池上・山中・唐須　1983）ことを示すと共に、コードを越えたコミュニケーション行為を許容できる基盤の存在を説くことに繋がっている。そのため、各遺跡内及び遺跡間で類似度が認められるということは、コミュニケーションシステムの不成立を積極的に推し進めることにならない。あくまでもコミュニケーションシステムは、受け手における意味的世界を含めたメッセージの解読と了解に至る過程のことで、類似土器及び類似した土器属性を生み出す条件の一つに過ぎないわけである。

（8）　コミュニケーション行動における意味の伝達

　しかも、コミュニケーションは、記号を媒介とした意味媒介の関係行為であると言われている（佐藤　1985）ため、意味伝達は重要な要素である。形態、文様などの表層上のかたちの伝達に対応する意味伝達において、5－（5）で述べたように、相対的にかたちと意味作用関係を保つ表示義の伝達は可能である反面、共示義は常に表示義の伝達を踏襲した上で連動するといった性質をもっているため、それ自体が表立ってあらわれたり、能動的に伝わるといったものではない。このような伝達行為が繰り返されていくと、次第に一定の時空間に共通性の強い象徴的秩序（註11を参照）が根ざすようになり、その上でスムーズな表示義の伝達を可能にする。

　しかしながら、コミュニケーションシステムでは受け手が存在しており、受け手側がメッセ

ージを素直に解読しないケースや解読しても創造性を加える場合などがあるため、送り手と受け手の間でかたち及び意味の伝達、意味の解読とその了解行為、かたちへの投下関係などが規則的に成立していたか否かは、厳密に言うと明らかでない。ただし、少なくとも受け手側に送り手側と共通する形で、意味の解読、了解を可能にするだけのコードを越えたコミュニケーション行為を許容できた基盤－象徴的秩序－が潜在していたといえるだろう。そうでなければ、表層上のかたちの類似さえ表われないからである。そして、この仮説モデルは、同じ様式内における各遺跡毎ないし遺跡間での土器分析、及び異なる様式間の土器分析によって検証されていく。

註
(註1) 近藤義郎は、岡山県沼遺跡例を取り上げて、生産、経営、消費単位として自立性を帯びた一つの集落遺跡、そしてその遺跡を残した親子を基軸とする近親集団を単位集団と考えている。また、福岡県比恵遺跡についても触れ、生産単位としての自立性には疑問を投げかけている（近藤 1959）。近藤の言及する単位集団は「作業上の概念として妥当性を持」（酒井 1976）つ。都出比呂志は、生産と消費両面の有機的共同性を重視した上で、私、兄弟、父母などの血縁関係の強い複数世帯を世帯共同体と呼称している（都出 1979）。また、小林達雄は単位集団を一つのセトルメントに居住し、緊密な面接関係を結んでいる居住集団ないし生活集団と規定し、血縁的集団の可能性が高いことを指摘している（小林 1986b）。三者の見解によれば、一つの集落で、同時期に生活していた数世帯の血縁的関係の強い集団を単位集団として定義できるだろう。
(註2) 3－（4）を参照。
(註3) この問題は「無意識」、「潜意識」と「意識」との関係、「イメージ・ファイル」と「集団規範」との関係などの認識論にかかわってくる。しかも、スタティックな捉え方ではなく、どのような生成過程を以って深層から表層の意識へと引き上げられていったのか、その間にはいかなる吸収、統御の運動や相互作用が介在していたかなどについてダイナミックに再構築していく必要があるだろう。言うまでもなく、これらに対する理論は考古学だけで単独に形成されるものでない。
(註4) 単位集団内において、土器製作者と土器非製作者との間の土器情報の共有化に至る情報交換構造はわからない。心理学で、車輪型、Y型、円型、風車型などにコミュニケーション・ネットワークの構造を類型化し、それらの類型と集団内の各種の課題遂行との諸関係を体系化しようとする研究分野がある（Davis 1969、永田訳 1982）。また、特別の伝達様式や空間領域が実際の情報交換に存在したか否かについても未だわかっていない。ちなみに、オーストラリア・中央砂漠アボリジニにおいて、彼らの宇宙観は神話、唄、踊り、儀礼などによって集団構成員に共有されると共に、次世代へ受け継がれていくと言われている（窪田 1988a）。
(註5) 共示義が強調された文様は、勝坂式土器様式や火炎土器様式などにみられる山椒魚文やトンボ眼鏡状文、S字状文などに代表される物語性文様（小林 1979）に近い。
(註6) 表示義をもつ文様は、辞書的な意義、「語彙的」意味を担う（松本 1986）文様である。
(註7) この場合の機能は、用途までを包括した意味で使用する（岡村 1985）。

第Ⅱ章　縄文土器の類似性とコミュニケーションシステム

(註8)　ボガトゥイリョフは、モラヴィア＝スロヴァキアの民俗衣裳について、実用的機能以外に美的機能、社会的地位や階級を示す機能、地域を示す機能などの多くの機能を挙げている（Bogatyrev 1937、松枝・中沢訳　1984）。

(註9)　仮面舞踏会やカーニバルでの仮面の着用が良い例である。仮面は、それ自体を身につけることによってその人間のアイデンティティーを隠す機能をもつ反面、仮面の着装行為が強烈な自己表現になるからである（村上　1984）。

(註10)　御堂島正は、ボツワナに住むサン語族が言語集団、方言集団、バンド群、バンド、核家族の五つの集団レベルに峻別されるというウィスナーの言を紹介・引用している（御堂島　1985）。

(註11)　象徴的秩序に似た表現でイデオロギーとか世界観、価値観、神話などが良く使われる。これらは常に曖昧な用語・概念である反面、必然的に棄却できるものでない。しかしながら、これらの用語・概念を適用するとき、時間的・空間的な厳密性に関する議論だけでなく、これらが単なる送り手からの能動的な意味付与によって現出するものか否か、縄文時代全体を通して動態的・静態的にどのように位置付けられるのか、人間の意識及び潜意識・無意識の中のいかなる部分にどの程度対応するのか、イデオロギーや世界観を規定する生態的・社会的要素は何かなどについて、数多くの未解決な課題を含んでいる。ちなみに、マッデンは社会ネットワークシステムを規定する要素として、人口密度、不足資源の争い、地域集団間の距離などを挙げている（Madden　1983）。

(註12)　第Ⅳ章を参照。

第Ⅲ章　考古学的同一時期における縄文土器の空間変異のあり方について

1　縄文土器「型式」の理論的意味と実践的意味

　単位集団内の土器製作者は、「集団の元型的心像」に沿った形で親縁性の強い土器を作り続けることができる。しかも、それらの土器には各集団が独自と思いこむような象徴性が備わっている（第Ⅱ章を参照）。このような理論的な根拠によって、我々は実体化された土器群を共通性の強い纏まりとして認識できると共に、各単位集団に独特なものであると推論する。しかしながら、実際に遺物の属性分析を通して型式設定を行なってみると、その認定方法や型式理論が各研究者間で異なっているわけである。このような論理過程は、「土器の型式から「人間の集団」をひきだそうとするのは誤りであるし、また土器の研究のみによってそのような試みは達成できるものでもない」（岡本　1959）とする見識を導くことになる。

　縄文時代研究における山内清男の土器編年の体系化は、同じ遺跡ないし地点、或いは同一地点の異なる層位から出土する土器の形態や装飾などを比較した結果、抽象化された「土器型式」に時間的・空間的な意味を付した顕著な例である。その上、具体的な分析の後に抽象化した型式に、時間的・空間的な単位以外に、理論的に仮説化した単位集団のような社会性を直ちに意味付けることは難しいといえる。それは、「社会集団」の概念に対して、社会学や人類学などの諸成果を援用するといった方法論的な課題だけでなく、縄文時代が一般的に早期以来、定住性を基本に居住システムを確立していたとするならば（渡辺　1966、Watanabe　1986）、集団が広域に亘って積極的に移住した可能性が低いため、同一時期に類似性の強い土器群（同一型式）が広範囲に分布しないといった考古学的な側面からである。

　そこで筆者は、記号論的な観点から同一型式の広域分布現象を、各単位集団が独自だと思っていた象徴性の基盤として象徴的秩序が広い地域に潜在し、それを維持した上で集団間におけるコミュニケーションシステムが成立していたからであると考えた。その結果、土器の属性分析によって抽象された型式は、共通の象徴的秩序を維持した複数の単位集団群を意味することになる。しかも、その分布圏は複数の単位集団群が共通の象徴的秩序を維持した上でコミュニケーションシステムを成立させた範囲に相当するだろう。

　このように、理論的に求めた型式と実践作業の中から導き出された型式は意味内容を異にしているといえる。これは、現段階における考古学上の限界の一つで、土器の属性分析から単位集団レベルの型式を抽出することの難しさを暗示している。また、土器の機能・用途別の作り分け及び使い分けを考慮すると、ある単位集団は同一時期に複数の型式を保有していた蓋然性

第Ⅲ章　考古学的同一時期における縄文土器の空間変異のあり方について

が高い。そのため、単一の型式は単位集団ないし単位集団群の一側面を反映しているといえるが、集団全体を意味するわけではない。

2　五領ケ台式土器様式集合沈線文系土器群とコミュニケーションシステム

　第Ⅱ章で、土器を一定のコードに則した意味表現体として捉えた。そして、このような土器のもつ記号論的性質を踏まえた上で、考古学的な同一時期に遺跡内及び遺跡間で類似レベルをもつ土器・土器属性が生み出された必要不可欠な要因として、象徴的かつ記号論的な視点から「共通した象徴的秩序に基づくコミュニケーションシステムの成立」を仮説提示した。この仮説を承けて、ここでは五領ケ台式土器様式第Ⅱ段階の集合沈線文系土器群型式5を対象に、「編年小期ごとの地域色を追求する」（都出　1974）意味を含めて、各遺跡内及び遺跡間で具体的な類似レベルを抽出すると共に、その変異幅を第Ⅱ章5（7）で示した九類型、及び受け手の創造性などと関連付けて解釈する。

（1）　集合沈線文系土器群の系統変遷

　五領ケ台式土器様式集合沈線文系土器群は、土器型式の設定当初から注目されており、当様式の中心的存在であった。山内清男が標式に用いた神奈川県五領ケ台東貝塚の出土資料の中にも認められ（註1）、土器型式の設定（山内　1936・1937）の際に指標として用いていたと推測できる。その後、五領ケ台貝塚で纏まって出土したが（江坂　1949）、具体的かつ詳細な編年的位置付けや系統性などに関する議論は、神奈川県宮の原貝塚における今村啓爾の見解（今村　1972）を待たねばならなかった。

　今村は、層位学的見地を援用しながら五領ケ台式の二細分を提唱し、宮の原貝塚第8群a類土器や山梨県下向山遺跡出土土器（吉田　1963）のように、器面を集合沈線文や交互刺突文などで飾る一群を五領ケ台Ⅱ式として包括した。これらは、土器型式の設定時から五領ケ台式として把握されていたものである。

　その一方で、五領ケ台Ⅰ式には宮の原貝塚第6群土器、第7群a類土器に代表される細線文を主文様としたり、橋状把手の貼付や細線文の代わりに縄文を施すことなどを特徴とした一群を充てている。しかしながら、この時点で第5群土器として識別され、踊場式b種（藤森　1934）に近い「平行沈線文の一群」の編年的立場は微妙な状況であった。その理由として、今村は第6群土器を包含する層だけでなく、それよりも上位から出土すること、先行型式である十三菩提式が量的に僅少であることなどを挙げている。更に、関東地方から纏まった出土が認められず、中部地方の踊場式との対比に頼らざるを得なかった点が、第5群土器の時間的な位置付けを不安定にさせる要因の一つになっていたかもしれない。つまり、踊場式はa種、c種のように十三菩提式を含んでおり、年代学上の単位としての機能を純粋に果たさなかったから

— 83 —

である。

　このような状況の中で、今村は東京都とけっぱら遺跡の調査を通じて、宮の原貝塚第5群土器の大半を五領ケ台Ⅰ式とする考えを提示した（今村　1974）。それは、諸磯ｃ式からの文様要素や文様モチーフの系統性、並びに十三菩提式の細分案から論じられている。今村は、とけっぱら遺跡第2群土器を十三菩提式第1段階に対比させ、その段階に横帯区画の先駆的な出現経緯を認めると共に、第3・第4段階に至って集合沈線文にソウメン状浮線文をもつ文様モチーフが流行したと述べる。その後、浮線文の消失をもって、スムーズに宮の原貝塚第5群土器に型式変遷するといったものである。しかしながら、既に五領ケ台Ⅰ式と見なされていた宮の原貝塚第6群土器や第7群ａ類土器と、宮の原貝塚第5群土器の大半との編年的な対比、及び系統的な関係については詳述されていない。

　その後、山口明は既存の五領ケ台式を始めとして、梨久保式、踊場式、九兵衛尾根式などの土器型式が年代学的、地域的単位として不適当であると指摘した上で、中部及び関東地方を対象に、「中期初頭土器群」の型式変化の過程を辿っている（山口　1980）。その結果、「集合沈線文土器系統」と「細線文土器系統」の二「系統」に峻別し、両者の併行関係を基に四段階に細分している。そして、第一段階に集合沈線文土器系統Ａ型式と細線文土器系統Ｂ型式を含め、それぞれ宮の原貝塚第5群土器と第6群土器を対応させている。ここに至って、初めて両者の併行関係が推測された。現在において、東京都明神社北遺跡の住居址からの出土状況（椚・佐々木　1976）、長野県向畑遺跡（竹原他　1990）や神奈川県宮の原貝塚（今村他　1972）などから出土した集合沈線文系と細線文系の同一個体内共存例の提示（第Ⅳ章を参照）などから、山口の推測は妥当なものといえる。

　三上徹也も同様に、山口が提示した二「系統」の識別、並びにそれらの変遷観を基軸にした上で、器形別に文様帯構成及び文様モチーフの型式学的な連続性を説いている（三上　1988）。しかしながら、細線文系土器群における「Ⅱｂ段階」の成立過程、及び集合沈線文系土器群の系統性などにおいて、第Ⅰ章で示した筆者の見解との間に重大な差異がある。例えば、集合沈線文系土器群の系統性を例示してみよう。筆者と山口及び三上との違いは、筆者のいう型式20（山口のＥⅠ型式、三上の沈線文系Ⅱｂ段階、Ⅱｃ段階の一部）を型式5（山口のＡⅠ型式、三上の沈線文系Ⅰ段階、Ⅱａ段階の一部）からの型式学的な連続性として理解するか否かといった点である。

　型式20の胴部に加入する四単位の縦位区画や、口縁部ないし縦位区画内などに施される交互刺突文、しばしば縦位区画の上端に接するかのように貼付される瘤状突起などの文様・文様要素の萌芽は、細線文系土器群にのみ見いだすことができる。器形ないし頸部の集合沈線文は、依然として前代から遵守される傾向にあるものの、一つの型式系統内における上記した文様や

第Ⅲ章　考古学的同一時期における縄文土器の空間変異のあり方について

　文様要素の変化に関する不連続性を考慮すると、型式5からの型式学的な変化を想定できない。換言すると、型式5と型式20は、「半截竹管などの腹面を利用した平行沈線文を集合させる集合沈線文」（第Ⅰ章を参照）を主文様とする同一系列に含まれる反面、同一の型式系統に配列される可能性は低いということである（図38）。この見解は、型式5と型式20を同一の型式系統上に位置付ける山口や三上の系統観と異なっている。

　このような差異は、型式系統及び系列をいかに社会的・生態的に認識していくか、どのような要因が型式変化を惹き起こしたのかなどについて考えるとき有意性をもつだろう。少なくとも、このような思考性は、山口と三上の系統分類から系統変遷に至るまでの論理過程の中に認められない。尚、筆者は第Ⅳ章で集合沈線文系、細線文系といった系列の社会的意味について述べている。

（2）　分析に要する前提条件

　同一時間帯で、同一空間ないし空間変異に基づく土器変化の実態を把握するためには、幾つかの前提作業並びに前提条件が必要となる。

　先ず第一に、時間的変数をできる限り除去した上で同一時期の認定を行わなければならない。筆者は第Ⅰ章の中で、五領ケ台式土器様式の深鉢形式を器形、文様帯構成規則、単位文様、文様要素などの規点から31の型式に類型化し、それらを11の型式系統として組列化した。そして、その変化の方向性を層位学的見地及び遺構内の一括資料などから6段階に区分している。このように型式学的方法、層位学的方法を用いて抽象された型式、土器型式や各段階は、さしあたって時間的指標としての性格を有する。型式或いは土器型式の細分化は、一つに時間幅の縮小

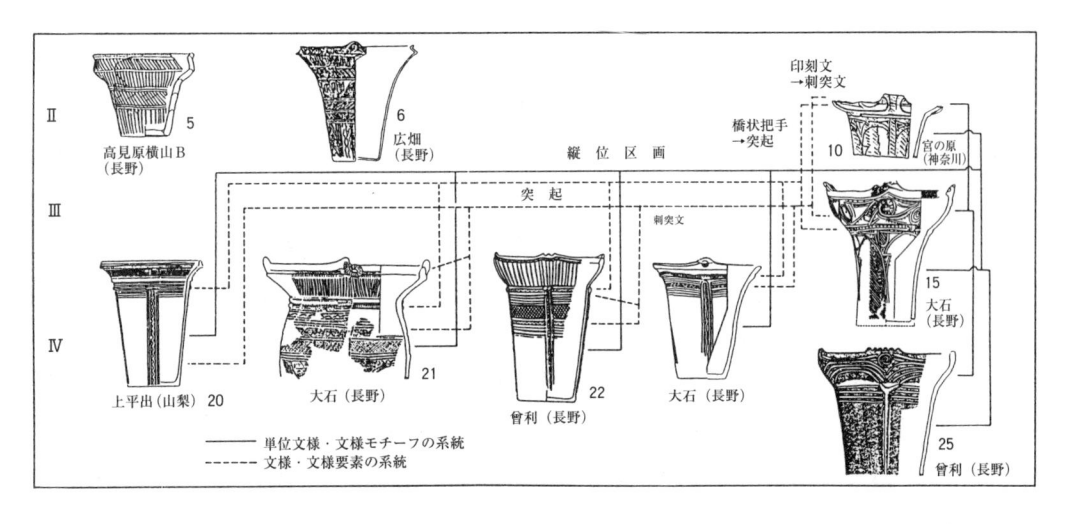

図38　中部地帯における集合沈線文系土器群の型式変遷
　　　（細線文系土器群第Ⅱ段階の土器は西南関東地帯からの代用）

化を招き、類似土器の広域分布現象をより細かい時間帯の中で解釈する上で必要不可欠な研究手段となる。ただし、無意味な細分作業は差し控えるべきである。そのため、型式或いは土器型式の細分作業は、良好な層位学的事例や一括資料の増加などをまって行なっても遅くはなく、今後の課題の一つといえる。

　その一方で、「過去に同時にもちいられた状態をよく残す一括土器群があっても、ある一形式についてみた場合、一型式しか含まれていないとは限らず、その時期の主体をなす型式に新古の型式が加わることがあり」えたり、「形式によって、型式変化速度や系統分化の仕方が異なるので、別の形式に属す型式どうしの横の関係について、各型式の存続年代幅を一律に揃える形に抽象化しておいてから現実の資料に向かうことは、誤謬である」（岩永　1989）など、細分された型式或いは土器型式がタイムスケールとしての性格を忠実に保っているとは限らない。それ故、現状で導き出された考古学上の時間的併行関係を指し示す型式或いは土器型式は、未だ「未検証仮説に基づいているものが多く」（岩永　前掲論文）、常に仮説的なものといえる。

　続いて第二の条件として、遺跡規模が類似し、遺物の数量がある程度保証されている遺跡を広い地域において分析対象として取り扱わなければならない。それは、それらの遺跡を残した集団同志を構造的に比較することに繋がっていくからである。

　更に第三の条件として、この時期は遺物の一括性を捉え難いため、各型式の統計処理は遺構単位や層単位ではなく遺跡単位で行わなければならない。また、遺跡出土の全土器の観察は、代表的な土器やその数量で遺跡の性格及び内容を一義的に決定してしまうことへの対策と、情報の共有化に結び付いていく。

　そして、第四の前提条件として、分析資料は完形、半完形の土器だけでなく細片までも対象としなければならない。その上、口縁部が残存している破片が望ましい。それは、特に五領ケ台式土器様式集合沈線文系土器群に関して、口縁部が残存していないと頸部片なのか胴部片なのか判別できないものが少なくないからである。しかしながら、口縁部が残っている破片に関しても少なからず問題点がある。例えば、接合しない複数の破片を同一個体と認定するか否かといった点である。これは、形態や文様といった可視的に分析できる属性の比較検討のみで解決できないため（Orton　1980、小沢・及川訳　1987）、本章において明瞭に接合関係が認められない限り、各々1点として扱った。

　以上、大きく四つの前提条件とその条件を抽出する方法・必要性について述べてみた。遺跡ないし遺跡間の性格・機能の認識とその方法論、一括遺物の捉え方、破片数と個体数との相関性などに問題点を残すが、このような前提条件を考慮した上で、同一時期における各遺跡内並びに遺跡間の分析段階へ移行できるだろう。

第Ⅲ章　考古学的同一時期における縄文土器の空間変異のあり方について

（3）　型式5の分析方法と各遺跡での検討
A　型式5の内容と遺跡の選定

　型式5（図39）は時間的指標としての意味を内包している反面、その内容は単位文様の種類や施文方法、文様帯間の相関性、単位文様と分帯文様との施文順位などにおいて多様である。

　器形は口縁部がS字状を呈するものを典型として、口唇部上に1～2単位を基本とする突起が施される。器表面は、口縁部と平行した沈線によって三帯の口頸部文様帯（Ⅰ-1、Ⅰ-2、Ⅰ-3）と、一帯から数帯の胴部文様帯（Ⅱ-1、Ⅱ-2、・・・）に分帯される。そして、Ⅰ-1文様帯とⅠ-2文様帯を分帯する文様はⅠ-1・Ⅰ-2分帯文様、Ⅰ-2文様帯とⅠ-3文様帯を分帯する文様はⅠ-2・Ⅰ-3分帯文様、Ⅰ-3文様帯とⅡ文様帯を分帯する文様はⅠ-3・Ⅱ分帯文様と各々呼称できる（図40）。このような文様帯の命名法は、「ひとつの型式に属する一群の土器の文様帯の配置の一般的な規則を把握したうえで、対応する部分に共通の記号を与えた」（今村　1983）ものに相応するだろう。また、分帯文様として平行沈線の代わりに爪形文をもつ隆帯が使用されるケースがある。この場合、単位文様や他の分帯文様との切り合い関係から、隆帯は成形直後に施された可能性が強く、稀にⅠ-1ないしⅠ-2文様帯を縦に分割している。

　続いて各文様帯の特徴を概観する。Ⅰ-1文様帯内の文様は、半截竹管などの施文工具の他に撚糸や浮線文作出用の工具（チューブ状のものか）によって描かれている。その一方で、施文工具の器面への角度、施文に際しての工具の向きなどといった施文方法に関して、各施文工具を包括した共通性が認められる。そして、直線的な文様構図をもつⅠ-2文様帯とⅠ-3文様帯には、施文工具に半截竹管、多截竹管などの細部に至る違いはあるものの、一般的に一回の器面への接触で2本一対の平行沈線を作出させるような工具が利用されている。筆者が実見した限りでも、Ⅰ-2文様帯に格子目文を施す場合の一方の集合沈線以外、文様帯全体を棒状工具や背面を利用した半截竹管などの工具で1本ずつ充填していくケースは認められなかった。一方で、Ⅰ-1文様帯に比べて、施文工具の器面への角度、接触の程度、施文に際しての工具の向きなどといった施文方法は多様である。Ⅰ-2、Ⅰ-3の各文様帯内で、これらの技術的差異に特別な意味が付与されていたか否かはわからないが、少なくとも施文具と施文手法との関係がⅠ-1文様帯と対照的であるといえる。

　また、型式5が少量ながら出土している遺跡は長野県諏訪湖・天竜川流域、松本盆地、笛吹川・釜無川流域、多摩川・鶴見川流域、相模川流域、更には武蔵野台地から下総台地、千曲川流域、北関東まで点在し、五領ケ台式土器様式の分布圏にほぼ重複する傾向にある。その中で、型式5をもつ住居址が検出された遺跡、型式5が纏まって出土した遺跡は少ない。そのため、両者ないしいずれかの条件を充たしている長野県高見原横山B（林・気賀沢　1979）、同大洞

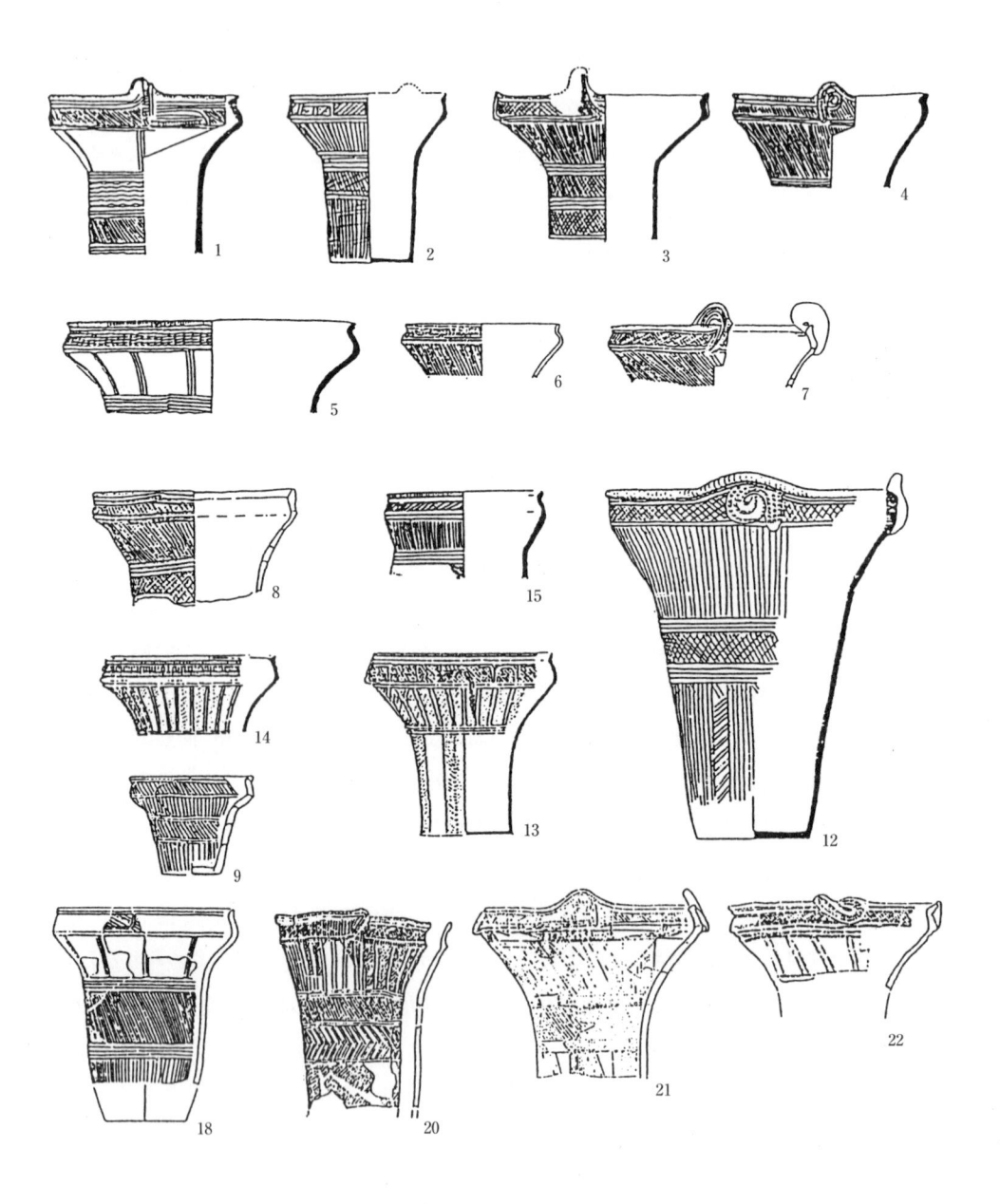

図39　型式5の内容（1〜5：宮の原貝塚（今村他1972）、6：東方第7（坂上他1974）、7・8：池辺第4（今井他1974）、9：高見原横山B（林・気賀沢1979）、12：籠畑（武藤1968）、13・14：梨久保（宮坂1965）、15：大芝東（丸山他1973）、18：宇津木台A（戸井他1982）、20・22：大洞（三上他1987）、21：多摩ニュータウンNo.352・353（今井他1986））　S＝1／10

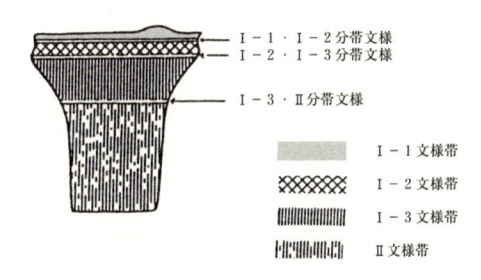

第Ⅲ章　考古学的同一時期における縄文土器の空間変異のあり方について

図40　型式5の文様帯と分帯文様の命名について

(三上他　1987)、神奈川県東方第7（坂上他　1974)、同宮の原貝塚（今村他　1972)の4遺跡を対象に分析する。ここで型式5の分布で注意しておきたい点は、器形、口頸部文様帯の構成規則、各文様帯内の単位文様などにおいて、型式5と類似性を見い出し得る土器が宮城県糠塚貝塚（興野　1981)、山形県吹浦遺跡（黒坂・渋谷他　1988)、石川県真脇遺跡（加藤　1986)など、更に広い分布域を形成していることである。これらの土器は大木7式に比定されたり（興野　1981)、「中部、北陸に出自が求められ」（黒坂・渋谷他　1988)るとしながら、「大木7a式に比定」（佐藤・渋谷他　1984)されたりしている。今後は、これらの土器群も射程に入れ、胴部文様帯を含めてどの属性にどの程度の差異が認められ、その差異が東北地方中・南部、北陸地方といった各地域の共伴する他の型式或いは土器型式、更に土器様式（小林　1977)の空間分布構造の中でいかなる空間的位置を占めているのか（佐藤　1985)について検討していく。その上で、型式・土器型式の構造の認識、及びそれらの分布域の境界認定（地域性）とそれを醸し出した要因（共通した象徴的秩序に基づくコミュニケーションシステムの成立）仮説に再検討を加えていくつもりである。

B　分析方法と分析項目

例えば単位文様一つを取り上げてみても、施文工具の種類、施文方法、施文順序、施文のタイミング、単位文様を構成する各文様要素の施文間隔などを詳細に観察していくと無数の分析すべき属性項目に分かれてしまう。しかしながら、際限のない分類作業を行なうことは、いくら客観的な分析結果を引き出すといった謳い文句を言い放ったとしても殆ど無意味に近い。それ故、分類作業に対する合理的な説明を加える観点から、意味のある基本単位の設定に努めなければならない。ところが、この作業は非常に困難である。その理由は、形態、文様などに意味があったのかといった単純かつ根本的な命題以外に、仮に意味が付与されていたとしても、

外形上の分類が意味レベルのそれと１：１の対応関係にあるとは必ずしも限らないということ（Bunzel　1929）、たとえ意味作用関係が介在するとしても、それがかたちの上で単位文様レベルなのか、文様要素レベルなのか、施文工具の器面への角度や接触の程度などのレベルなのかを具体的に探ることができないからである。
　このような問題点を指摘する一方で、土器が成形、文様施文、調整、焼成などの一連の製作工程の連続性によって作り出された有機的複合体であると同時に、各作業内容がそれ自体で独立した性格を有していることに注意しなければならない。これは、各段階内における情勢にも当てはまる。例えば、文様・装飾部門で文様帯構成、文様帯、単位文様、文様、文様要素といった不連続的な単位に分節できるからである。要するに、土器がこのような二面性を具備しているからこそ、意味のある基本単位を仮説的に設定できるのではないだろうか。
　実際に、意味のある基本単位を設定する上で、かたちを最小単位にまで分節していく以外に方法はない。しかしながら、例えば形態部門における口縁部の張りや文様・装飾部門の文様要素といった外形上の最小単位を、正当な根拠を提示しないで直ちに意味のある基本単位として比定できない。これは、ことばに関して意味のある基本単位が音素ではなく形態素や語彙素に求められていること（Eco　1976、池上訳　1980）に近い。
　以上のことを念頭において、型式５を観察してみると、前後の文様帯と分節された一つの文様帯は、一つの単位文様が連続的な展開でもって構造化されている可能性が高いといえる。このような特徴から、型式５に限っていえば、文様・装飾部門における意味のある基本単位を単位文様レベルとして仮定できるだろう。また、かたちと意味はあくまでも恣意的な関係であるため（丸山　1983）、時間的変化を伴わなくても類似した単位文様が各々異なる文様帯に加わっていれば、文様帯前後の関係に対応して意味転換する可能性をもっている。ただし、特定の施文順位関係をもっていずれかの文様帯に加わった単位文様は、必然的な関係を内包するようになる。つまり、丸山圭三郎の記号論研究などを援用することによって、意味のある基本単位の設定を介した文様帯相互の意味論的な脈絡分析に対する方向性が見えてくるのではないだろうか。
　ところで、意味のある基本単位を設ける上で、各属性が個人の選択性に依拠するのか、集団ないし村レベルの共有化に規制されるのかが重要な問題になっている。スタニスラウスキーは、ホピ族の例を取り上げて、土器の口縁部形態や装飾内容は個人の選択幅であると述べている。その一方で、装飾型や装飾施文技術、主要な形態などは集団ないし村レベルで決まっているという（Stanislawski　1978）。この見解は分析視点の取り方によって目的が異なっているため、意味のある基本単位を仮説的に設定したとはいえ、その基準を固定化させるのではなく常に階層的な分類を心掛ける発端になる。ブンゼルは、ホピ族において土器の文様パターンが個人的

第Ⅲ章　考古学的同一時期における縄文土器の空間変異のあり方について

特性を認識させる要素であると述べているが、サン＝イルデフォンソ族では磨きの程度が個人差を示すと論及している（Bunzel　1929）。

　このように、分類の基準と目的に関する記号論と民族誌的事例の諸成果を勘案した上で、抽象した分析項目は以下の通りである。大きく形態部門と文様・装飾部門を取り上げる。

　形態部門では
①器形
②大きさ
　文様・装飾部門で
③Ⅰ－1文様帯の内容
④Ⅰ－2文様帯の内容
⑤Ⅰ－3文様帯の内容
⑥Ⅰ－1文様帯とⅠ－2文様帯との相関関係
⑦Ⅰ－1文様帯とⅠ－3文様帯との相関関係
⑧Ⅰ－2文様帯とⅠ－3文様帯との相関関係
⑨Ⅰ－1文様帯と施文順位
⑩Ⅰ－1・Ⅰ－2分帯文様とⅠ－2文様帯との施文順位関係
⑪Ⅰ－2文様帯とⅠ－2・Ⅰ－3分帯文様との施文順位関係
⑫Ⅰ－3文様帯と施文順位
⑬口頸部文様帯（Ⅰ文様帯）の関係復元

の以上13項目について分析する。

　尚、型式5について各遺跡で1点ずつ観察を行なったが、大半の資料に関して素地土の状態（林　1990）、成形手法、器面調整の程度、文様施文のタイミングなどは不明瞭であった。そのため、今回の分析項目からこれらの属性分析を捨象せざるを得なかった。しかしながら、「土器製作者の地域的伝統の差異」（佐藤　1988）の可能性、情報交換のあり方（伝達表現手段及び伝達手段の違い）やそれを成立させた基盤を探り、新たな解釈の糸口を見つけ出すといった意味から、クセと認識される属性レベル（藤本　1983）や「土器の外面的観察のみでは模倣しにくい属性」（小林　1988）レベル、土器そのものが動いたり、土器を見た人が動くことによって容易に伝わる「紋様」に対して、実際に土器を作る人が移動しないと伝わらない「調整方法」（深澤　1986）レベルでの比較分析は、更に重要な基礎作業の一つになっていくことだろう。

　ところで破片資料も取り扱うため、形態部門①、②の分析方法並びに分析項目としての有意性については、「D　遺跡間での分析」のところで完形に近い資料を対象に検討する。また、口頸部との接合資料が認められない限り、破片の反り具合や文様などの観察のみで、その破片が

頸部辺りなのか、胴部上半部なのか、底部付近なのかについて正確に判別できない。そのため、今回取り扱う4遺跡の遺跡内及び遺跡間の検討において、胴部以下に関する文様帯の内容や施文順位関係などの分析項目は捨象せざるを得なかった。ただし、観察した資料から判断すると、Ⅰ－3・Ⅱ分帯文様→Ⅱ－1文様帯→Ⅱ－1・Ⅱ－2分帯文様といった施文順位が認められると共に、各文様帯の内容はⅠ－2文様帯の内容から逸脱していない。

引き続き、各分析項目について、技術的側面から具体的な分析要素を抽出すると共に分析視点を述べておく。

③Ⅰ－1文様帯の内容（図41）
 a 爪形文
 b 撚糸圧痕文
 c 無文
 d 浮線文

④Ⅰ－2文様帯の内容（図41）
 a 山形文
 b 右下がりの斜位文
 c 左下がりの斜位文
 d 縦位文
 e 押引文
 f 横位文
 g 羽状文
 h 右下がり、左下がりの斜位文を組み合わせた格子目文
 i 斜位文と浮線文を組み合わせた格子目文
 j 右下がり、左下がりの斜位文を組み合わせた格子目文にクランク文や縦位文などの二次文が加わったもの
 k 右下がりの斜位文にクランク文や縦位文などの二次文が加わったもの
 l 縦位文と横位文の組み合わさったもの
 m 縦位文と横位文の組み合わさったものにクランク文や縦位文などの二次文が加わったもの

更に、文様の重畳がないものとあるものによって分類できる。前者を一次的文様、後者を二次的文様と仮称すると、一次的文様にはa～g、二次的文様にはh～mが各々該当するだろう。意味のある基本単位を単位文様レベルとした上で、a～mの単位文様を更にある基準のもと階層的に類別することは、かたち（一次的文様、二次的文様）と意味との意味作用関係に対する

第Ⅲ章　考古学的同一時期における縄文土器の空間変異のあり方について

一つのアプローチの仕方と考えられる。しかしながら、このような階層的な類別操作はⅠ-1文様帯の分析に適用できない。

⑤Ⅰ-3文様帯の内容（図41）
　　a　縄文地に縦位文
　　b　縦位文
　　c　縄文地に間隔のあいた縦位文
　　d　間隔のあいた縦位文
　　e　右下がりの斜位文
　　f　右下がりの間隔のあいた斜位文
　　g　左下がりの斜位文
　　h　左下がりの間隔のあいた斜位文
　　i　右下がり、左下がりの斜位文を組み合わせた格子目文
　　j　横位文と縦位文の組み合わさったもの

⑥Ⅰ-1文様帯とⅠ-2文様帯との相関関係

⑦Ⅰ-1文様帯とⅠ-3文様帯との相関関係
　特に、Ⅰ-1文様帯bとⅠ-3文様帯a、cとの間に縄文原体を介した相関性が認められるかどうかについて検討を加える。

⑧Ⅰ-2文様帯とⅠ-3文様帯との相関関係
　特に、文様帯を越えて類似した単位文様間に相関性が認められるかどうかについて検討を加える。

⑨Ⅰ-1文様帯と施文順位
　Ⅰ-1文様帯のa～dが成形段階後の文様施文段階において、いかなる施文位置を占めているのかをⅠ-1・Ⅰ-2分帯文様との先後関係から検討する。

⑩Ⅰ-1・Ⅰ-2分帯文様とⅠ-2文様帯との施文順位関係
　Ⅰ-1・Ⅰ-2分帯文様とⅠ-2文様帯との先後関係を検討する。しかも、Ⅰ-2文様帯a～mの単位文様別に検討する。

⑪Ⅰ-2文様帯とⅠ-2・Ⅰ-3分帯文様との施文順位関係
　⑩のⅠ-1・Ⅰ-2分帯文様が先の施文であるケースを承けて、Ⅰ-1・Ⅰ-2分帯文様施文後のⅠ-2文様帯とⅠ-2・Ⅰ-3分帯文様との先後関係を検討する。しかも、Ⅰ-2文様帯a～mの単位文様別に検討する。

⑫Ⅰ-3文様帯と施文順位
　Ⅰ-3文様帯のa～jが文様施文段階において、いかなる施文位置を占めているのかをⅠ-

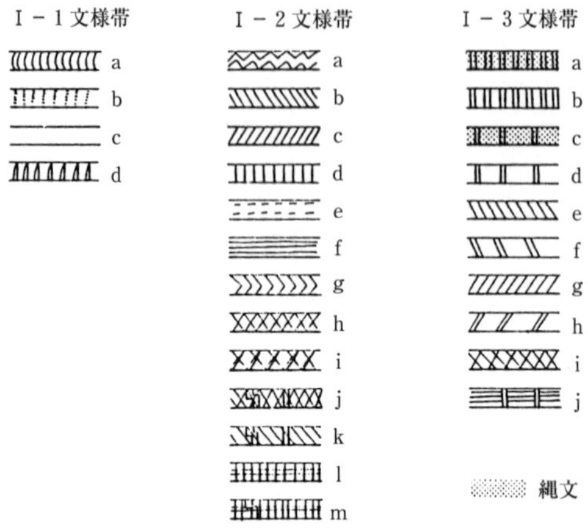

```
       Ⅰ-1文様帯        Ⅰ-2文様帯        Ⅰ-3文様帯
      ▨▨▨ a          ∧∧∧ a          ▨▨▨ a
      ▨▨▨ b          ▨▨▨ b          ▨▨▨ b
      ─── c           ▨▨▨ c           ▨▨ c
      ▨▨▨ d           ▨▨▨ d           ▨▨ d
                     ─── e           ▨▨▨ e
                     ─── f            ▨▨▨ f
                     ∧∧∧ g           ▨▨ g
                     ∞∞∞ h           ▨▨ h
                     ×××× i          ×××× i
                     ∨∨∨ j            ═══ j
                     ∨∨∨ k
                     ▨▨▨ l                  縄文
                     ▨▨▨ m
```

図41　単位文様の分類

2・Ⅰ-3分帯文様、Ⅰ-3・Ⅱ分帯文様との先後関係から検討する。

⑬口頸部文様帯（Ⅰ文様帯）の関係復元

　このようにみてくると、③〜⑤は概して単位文様の種類別出現頻度の算定及び占有率の傾向分析に、⑥〜⑧は文様帯を越えた単位文様間の相関分析に、⑨〜⑫は文様帯と分帯文様との施文順位関係にみる分析にそれぞれ役立つだろう。図42は、各文様帯の内容にかかわりなく施文順位関係を模式化したもので、S1〜S4の4通りに分類できる。そして、③〜⑫の分析項目を相互に対比、統合させながら体系化したのが⑬といえよう。従って、①〜⑬の分析によって、同一空間ないし空間変異に基づく型式の変異幅を抽出できるわけである。

C　各遺跡内での分析

［高見原横山B遺跡］

　遺跡は長野県駒ケ根市中沢菅沼横山2405番地に所在する。五領ケ台式土器様式の住居址は数軒検出されており、他にも該期の土坑が見つかっている。復元実測できた型式5は少なくとも2点以上ある。

③Ⅰ-1文様帯の内容（図43、表2）

　Ⅰ-1文様帯の存在が確認できたのは81点を数える。そのうちaは62点で全体の80％近くを占め、以下ｃ、ｂの順となる。ｄは1点も見当たらなかった。

④Ⅰ-2文様帯の内容（図44、表3）

　Ⅰ-2文様帯の存在が確認できたのは94点を数える。内訳としては、ｈが最も出現頻度が高く、31点で全体の33.1％を占め、以下ｂ、ｅ、ｌの順に低くなる。ｆ、ｉの施文例は含まれてい

第Ⅲ章　考古学的同一時期における縄文土器の空間変異のあり方について

ない。また、一次的文様の割合は全量の46.7％で、二次的文様の占有率の方がやや上回っている。

⑤Ⅰ－3文様帯の内容（図45、表4）

　明らかにⅠ－3文様帯として残存するのは69点を数える。内訳としては、bが最も出現頻度が高く、33点で47.8％を占め、以下c、dの順に低くなる。h、jの施文例は認められない。縄文を有する類（a、c）は27.5％を占めている。また、器形は不明であるが、頸部片と推定される破片にcが多い。

⑥Ⅰ－1文様帯とⅠ－2文様帯との相関関係（図46）

　分析対象として可能な資料は81点を数える。Ⅰ－1文様帯aのように数量的に纏まっている場合は、Ⅰ－2文様帯a、b、e、h、lに視覚的な纏まりを感じる。これは、④のⅠ－2文様帯の内容別出現頻度の傾向にほぼ対応している。また、Ⅰ－2文様帯がh、lのケースでは、Ⅰ－1文様帯a、b、c全てが揃っている。

⑦Ⅰ－1文様帯とⅠ－3文様帯との相関関係

　Ⅰ－1文様帯がbである場合は3点を数えるが、いずれもⅠ－3文様帯に縄文施文がない。

⑧Ⅰ－2文様帯とⅠ－3文様帯との相関関係

　Ⅰ－2文様帯からⅠ－3文様帯が残存するのは28点であるが、いずれも類似する単位文様の

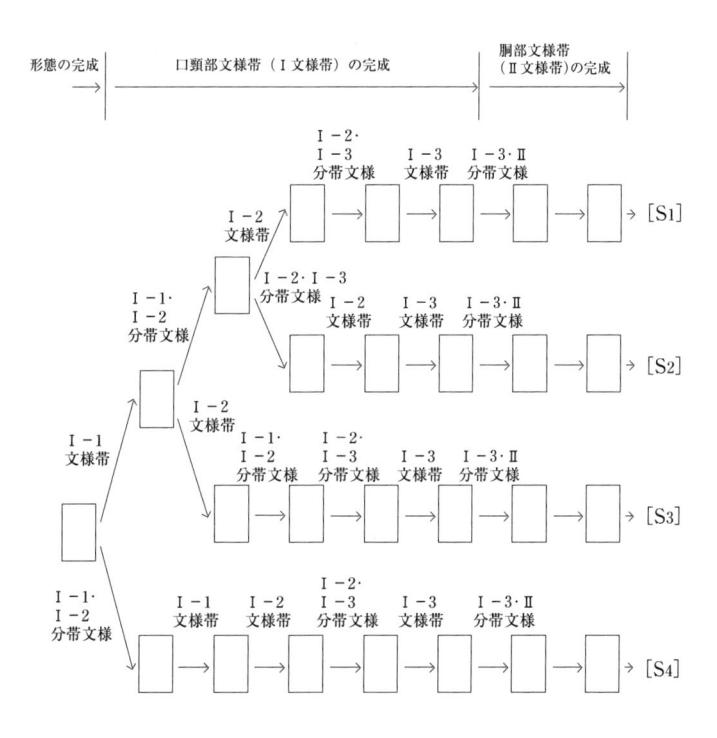

図42　型式5の施文順位関係

繰り返しは認められない。

⑨Ⅰ－1文様帯と施文順位（図47）

　Ⅰ－1文様帯の内容を読み取れる81点のうち、Ⅰ－1・Ⅰ－2分帯文様との切り合いが判明できたのは20点で、全量の24.7％に過ぎない。そのうち19点（95.0％）に、Ⅰ－1文様帯がⅠ－1・Ⅰ－2分帯文様に先行することが認められた。

⑩Ⅰ－1・Ⅰ－2分帯文様とⅠ－2文様帯との施文順位関係（図48）

　分析対象として可能な資料は76点を数える。Ⅰ－1・Ⅰ－2分帯文様が先行するケースをA、後続するケースをBとすると（以下の遺跡も同様に仮定する）、70.0％がAで、Bは30.0％であった。特に、Ⅰ－2文様帯がjの場合にAのみが認められ、Bのみが認められるkと対照的である。また、Ⅰ－2文様帯がa、b、d、e、h、lでは、AないしBは同程度か、Aが多い出現傾向を示すが、gではBが多くを占めている。

⑪Ⅰ－2文様帯とⅠ－2・Ⅰ－3分帯文様との施文順位関係（図49）

　⑩のⅠ－1・Ⅰ－2分帯文様を先に施文するケース（A）を承けて検討する。それは、⑩によって抽出されたBケースは次項の⑫での分析結果を加味すると、後続の施文順位及び内容は分帯文様、Ⅰ－3文様帯の施文といった単系的な性格しか考えられないからである。以下の3遺跡も同様な理由で、Aを承けて検討を加える。Ⅰ－2・Ⅰ－3分帯文様まで残っている36点を対象とすると、34点（94.4％）までがⅠ－2文様帯を先に施文するケースであった。

⑫Ⅰ－3文様帯と施文順位

　Ⅰ－3文様帯として確実に認定できる69点全ては、Ⅰ－3文様帯がⅠ－2・Ⅰ－3分帯文様より新しく、Ⅰ－3・Ⅱ分帯文様以前の施文と考えられる。

⑬口頸部文様帯（Ⅰ文様帯）の関係復元（図50～52）

　Ⅰ文様帯の施文順位関係と各文様帯との内容を関係付けると1～20に類別できる。施文順位関係という動的な視点のみではS1～S4まで認められ、S1が最も一般的である。1～11がS1、12、13がS2、14～17がS3、18がS4を示す。19、20はS1の変形で、Ⅰ－2文様帯での右下がりの斜位文と左下がりの斜位文（h）、格子目文と二次文（j）のそれぞれの施文の間にⅠ－2・Ⅰ－3分帯文様を施している。一方、各文様帯間の単位文様の組み合わせという静的な視点のみでは、例えばⅠ－3文様帯を施す前の段階までの2・3・4・13と18、1と12のように同じ組み合わせ結果を呈することになる。

［大洞遺跡］

　遺跡は長野県岡谷市2075番地に所在する。五領ケ台式土器様式の住居址は2軒検出され、他にも該期の集石炉が数基見つかっている。復元実測できた型式5は少なくとも3点を数える。

③Ⅰ－1文様帯の内容（図43、表2）

第Ⅲ章　考古学的同一時期における縄文土器の空間変異のあり方について

　Ⅰ－1文様帯の存在が確認できたのは37点を数える。そのうちaは23点で全体の60％余りを占め、以下b、c、dの順となる。bがやや高い割合を占めていることが特徴である。

④Ⅰ－2文様帯の内容（図44、表3）

　Ⅰ－2文様帯の存在が確認できたのは39点を数える。内訳としては、hが最も出現頻度が高く、17点で全体の43.6％を占め、以下b、e、iの順に低くなる。a、d、f、g、j、k、l、mの施文例は含まれていない。また、一次的文様の割合は全量の43.6％で、二次的文様の占有率の方がやや高い。

⑤Ⅰ－3文様帯の内容（図45、表4）

　明らかにⅠ－3文様帯として残存するのは10点に過ぎない。数量的な僅少性も手伝ってか、c、d、e、fの施文のみが認められる。そのうちcが最も多く、5点で50.0％を占めている。また、縄文を有する類（a、c）が50.0％を占めることが注目される。器形は不明であるが、頸部片と推定される破片にも縄文を施すものが多く、大半はcであった。

⑥Ⅰ－1文様帯とⅠ－2文様帯との相関関係（図46）

　分析対象として可能な資料は35点を数える。Ⅰ－1文様帯aのように数量的に纏まっている場合は、Ⅰ－2文様帯b、e、hに視覚的纏まりを感じる。これは、④のⅠ－2文様帯の内容別出現頻度の傾向とほぼ対応している。また、Ⅰ－2文様帯がhのケースではⅠ－1文様帯a、b、c、d全てが揃っており、bがaを凌駕している。対照的にⅠ－2文様帯がeのケースではⅠ－1文様帯はaのみである。

⑦Ⅰ－1文様帯とⅠ－3文様帯との相関関係

　Ⅰ－1文様帯にbを施す場合は9点を数える。そのうちⅠ－3文様帯まで残存しているものは1点のみであり、それには縄文が施されている。

⑧Ⅰ－2文様帯とⅠ－3文様帯との相関関係

　Ⅰ－2文様帯からⅠ－3文様帯が残存するのは10点であるが、いずれも類似する単位文様の繰り返しは認められない。

⑨Ⅰ－1文様帯と施文順位（図47）

　Ⅰ－1文様帯の内容を読み取れる37点のうち、Ⅰ－1・Ⅰ－2分帯文様との切り合いが判明できたのは8点で、全量の21.7に過ぎない。そして、8点全てはⅠ－1文様帯がⅠ－1・Ⅰ－2分帯文様に先行する施文である。

⑩Ⅰ－1・Ⅰ－2分帯文様とⅠ－2文様帯との施文順位関係（図48）

　分析対象として可能な資料は32点を数え、62.5％がAで、Bは37.5％であった。特にⅠ－2文様帯がcの場合にAのみが認められる。Ⅰ－2文様帯がb、e、hでは、AないしBは同程度か、Aが多い出現傾向を示すが、iではBが多くを占めている。

⑪Ⅰ-2文様帯とⅠ-2・Ⅰ-3分帯文様との施文順位関係（図49）

　Ⅰ-2・Ⅰ-3分帯文様まで残っている21点を対象とすると、全てⅠ-2文様帯を先に施文するケースであった。

⑫Ⅰ-3文様帯と施文順位

　Ⅰ-3文様帯として確実に認定できる10点全てはⅠ-3文様帯がⅠ-2・Ⅰ-3分帯文様より新しく、Ⅰ-3・Ⅱ分帯文様以前の施文と考えられる。

⑬口頸部文様帯（Ⅰ文様帯）の関係復元（図53・54）

　Ⅰ文様帯の施文順位関係と各文様帯との内容を関係付けると1～9に類別できる。施文順位関係という動的な視点のみではS1～S3まで認められ、S1が最も一般的で、S4の存在は確認できなかった。1～6がS1、7がS2、8、9がS3を示す。一方、各文様帯間の単位文様の組み合わせという静的な視点のみでは、例えばⅠ-3文様帯を施す前の段階までの3・4と8、5と9のように同じ組み合わせ結果を呈することになる。

［東方第7遺跡］

　遺跡は神奈川県緑区東方町1936～1948、1991～1994番地に所在する。五領ケ台式土器様式の住居址は3軒検出され、他にも該期の土坑が見つかっている。土器は台地のほぼ全域から出土しているが、復元実測できた型式5は1点のみである。

③Ⅰ-1文様帯の内容（図43、表2）

　Ⅰ-1文様帯の存在が確認できたのは65点を数える。そのうちaは43点で全体の70%近くを占め、以下c、b、dの順となる。十三菩提式土器様式の終末に盛行したdが、6点で10%にも満たないが認められたことは一つの特徴である。

④Ⅰ-2文様帯の内容（図44、表3）

　Ⅰ-2文様帯の存在が確認できたのは68点を数える。内訳としては、bが最も出現頻度が高く、21点で全体の30.9%を占め、以下g、h、aの順となる。c、d、j、k、l、mの施文例は含まれていない。また、一次的文様の割合が全量の76.5%に達することが特筆されよう。

⑤Ⅰ-3文様帯の内容（図45、表4）

　明らかにⅠ-3文様帯として残存するのは14点に過ぎない。数量的な僅少性も手伝ってか、b、e、jの施文のみが認められる。そのうちeが最も多く、9点で64.3%を占めている。縄文を有する類（a、c）が1点も確認されなかったことは注目される。また、bで異なる直線文が加入するケースも認められるため、今後の資料の増加によって、Ⅰ-3文様帯の単位文様の分類に注意を促すことになるだろう。

⑥Ⅰ-1文様帯とⅠ-2文様帯との相関関係（図46）

　分析対象として可能な資料は53点を数える。Ⅰ-1文様帯aのように数量的に纏まっている

第Ⅲ章　考古学的同一時期における縄文土器の空間変異のあり方について

場合は、Ⅰ－2文様帯もfを除いて出揃っており、a、b、g、hに視覚的纏まりを感じる。これは、④のⅠ－2文様帯の内容別出現頻度の傾向と対応している。それと共に、Ⅰ－2文様帯がa、b、g、hのケースでは、Ⅰ－1文様帯b、c、dのうちの2種類以上がaに代わって施されている。また、Ⅰ－1文様帯がdの時、6点中3点はⅠ－2文様帯も浮線文の貼付をもつiで、hと対照的なあり方を示す。

⑦Ⅰ－1文様帯とⅠ－3文様帯との相関関係

　Ⅰ－1文様帯にbが施される場合、Ⅰ－3文様帯まで残存するものはなく、この分析項目に対する説明は不可能であった。

⑧Ⅰ－2文様帯とⅠ－3文様帯との相関関係

　Ⅰ－2文様帯からⅠ－3文様帯が残存するのは14点である。そのうち3点のみに右下がりの斜位文を両文様帯にもつケースが認められ、左下がりの斜位文、縦位文、格子目文、縦位文と横位文の組み合わさったものは見当たらなかった。

⑨Ⅰ－1文様帯と施文順位（図47）

　Ⅰ－1文様帯の内容を読み取れる65点のうち、Ⅰ－1・Ⅰ－2分帯文様との切り合いが判明できたのは19点で、全量の29.2％に過ぎない。そして、19点全てはⅠ－1文様帯がⅠ－1・Ⅰ－2分帯文様に先行する施文である。

⑩Ⅰ－1・Ⅰ－2分帯文様とⅠ－2文様帯との施文順位関係（図48）

　分析対象として可能な資料は56点を数え、そのうち89.3％がAで、Bは僅かに10.7％であった。特にⅠ－2文様帯がa、e、fの場合にAのみが認められる。b、g、hにおいてもAが多いという出現傾向を示す。

⑪Ⅰ－2文様帯とⅠ－2・Ⅰ－3分帯文様との施文順位関係（図49）

　Ⅰ－2・Ⅰ－3分帯文様まで残っている28点を対象とすると、27点（96.4％）までがⅠ－2文様帯を先に施文するケースであった。

⑫Ⅰ－3文様帯と施文順位

　Ⅰ－3文様帯として確実に認定できる14点全ては、Ⅰ－3文様帯がⅠ－2・Ⅰ－3分帯文様より新しく、Ⅰ－3・Ⅱ分帯文様以前の施文と考えられる。

⑬口頸部文様帯（Ⅰ文様帯）の関係復元（図55・56）

　Ⅰ文様帯の施文順位関係と各文様帯との内容を関係付けると1～12に類別できる。施文順位関係という動的な視点のみではS1～S3まで認められ、S1が最も一般的で、S4の存在は確認できなかった。1～6がS1、7がS2、8～12がS3を示す。報告書の第8図－34（坂上他　1974）は、施文順位に関して不明であった。一方、各文様帯間の単位文様の組み合わせという静的な視点のみでは、例えばⅠ－3文様帯を施す前の段階までの3と7と9のように、同じ組み合わせ結果を

— 99 —

呈することになる。

[宮の原貝塚]

　遺跡は神奈川県横浜市港北区新吉田町宮の原に所在する。五領ケ台式土器様式の住居址は検出されておらず、型式5に類する一群は第2層周辺から多く出土している。復元実測できた型式5は5点を数える。

③Ⅰ－1文様帯の内容（図43、表2）

　Ⅰ－1文様帯の存在が確認できたのは53点を数える。そのうちaは35点で全体の70％近く占め、以下c、bの順となる。dは1点も見当たらなかった。

④Ⅰ－2文様帯の内容（図44、表3）

　Ⅰ－2文様帯の存在が確認できたのは67点を数える。内訳としては、bが最も出現頻度が高く、15点で全体の22.4％を占め、以下g、e、h、jの順に低くなる。c、f、i、l、mの施文例は含まれていない。また、一次的文様の割合が全量の68.7％に達している。

⑤Ⅰ－3文様帯の内容（図45、表4）

　明らかにⅠ－3文様帯として残存するのは13点に過ぎない。数量的な僅少性も手伝ってか、b、d、eの施文のみが認められる。そのうちdが最も多く、9点で69.0％を占めている。縄文を有する類（a、c）が1点も確認されなかったことは注自される。器形は不明であるが、頸部片で、a～jのいずれかの単位文様が施されているもの（54点）の中にも縄文施文例はない。しかしながら、Ⅰ－1・Ⅰ－2分帯文様に縄の痕跡をもつ土器があることは注意されるだろう。

⑥Ⅰ－1文様帯とⅠ－2文様帯との相関関係（図46）

　分析対象として可能な資料は51点を数える。Ⅰ－1文様帯aのように数量的に纏まっている場合は、Ⅰ－2文様帯b、e、h、jに視覚的纏まりを感じる。これは、④のⅠ－2文様帯の内容別出現頻度の傾向とほぼ対応している。また、Ⅰ－2文様帯がh、jのケースではⅠ－1文様帯a、b、c全てが揃っている。

⑦Ⅰ－1文様帯とⅠ－3文様帯との相関関係

　Ⅰ－1文様帯にbを施す場合は3点を数えるが、いずれもⅠ－3文様帯に縄文施文がない。

⑧Ⅰ－2文様帯とⅠ－3文様帯との相関関係

　Ⅰ－2文様帯からⅠ－3文様帯が残存するのは11点である。そのうち1点に右下がりの斜位文を両文様帯にもつケースが認められ、左下がりの斜位文、縦位文、格子目文、縦位文と横位文の組み合わさったものは見当たらなかった。

⑨Ⅰ－1文様帯と施文順位（図47）

　Ⅰ－1文様帯の内容を読み取れる53点のうち、Ⅰ－1・Ⅰ－2分帯文様との切り合いが判明できたのは24点で、全量の45.3％であった。そのうち23点（96.0％）に、Ⅰ－1文様帯がⅠ－

第Ⅲ章　考古学的同一時期における縄文土器の空間変異のあり方について

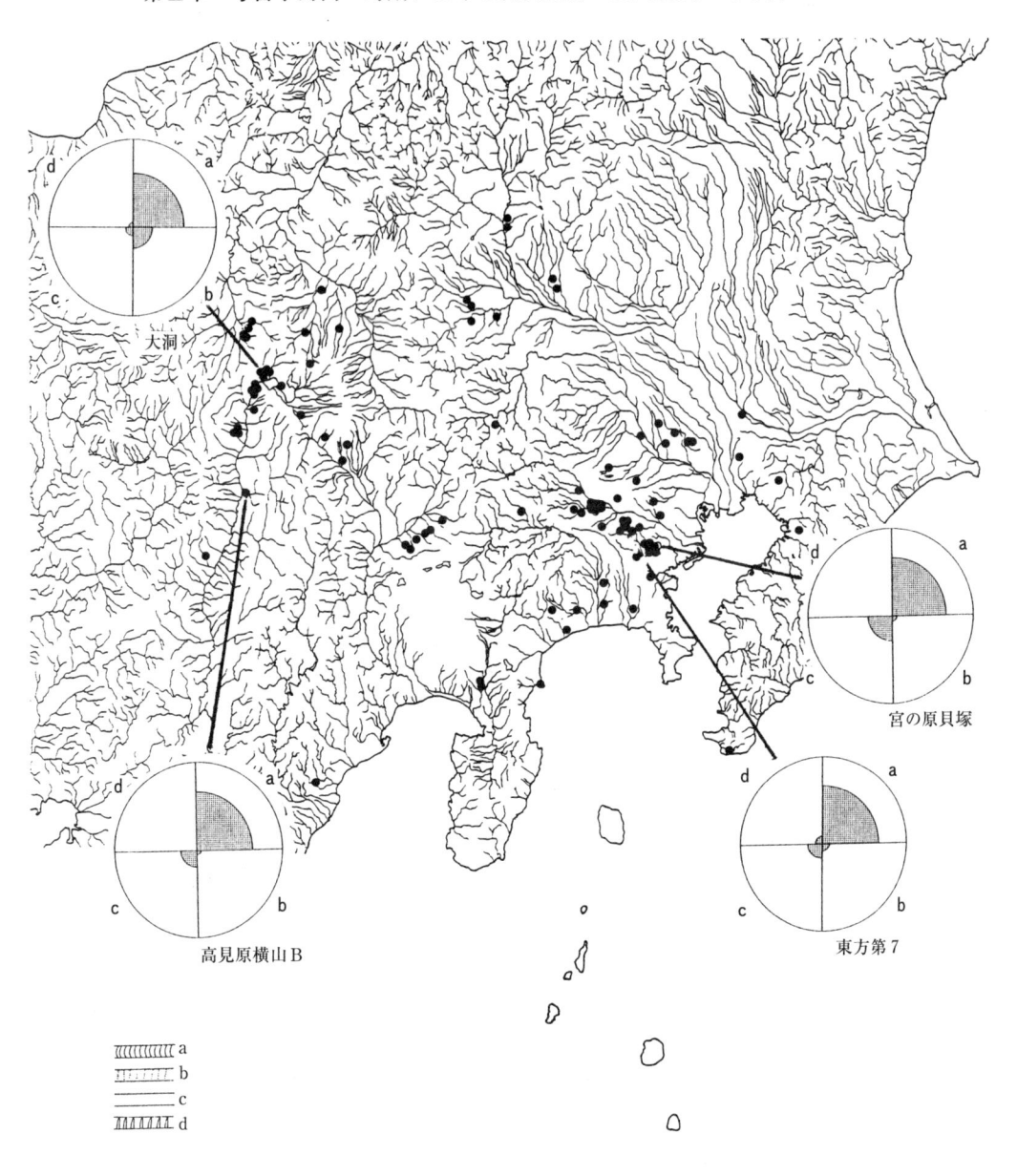

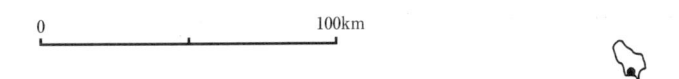

図43　型式5の分布とⅠ-1文様帯の内容別出現頻度

— 101 —

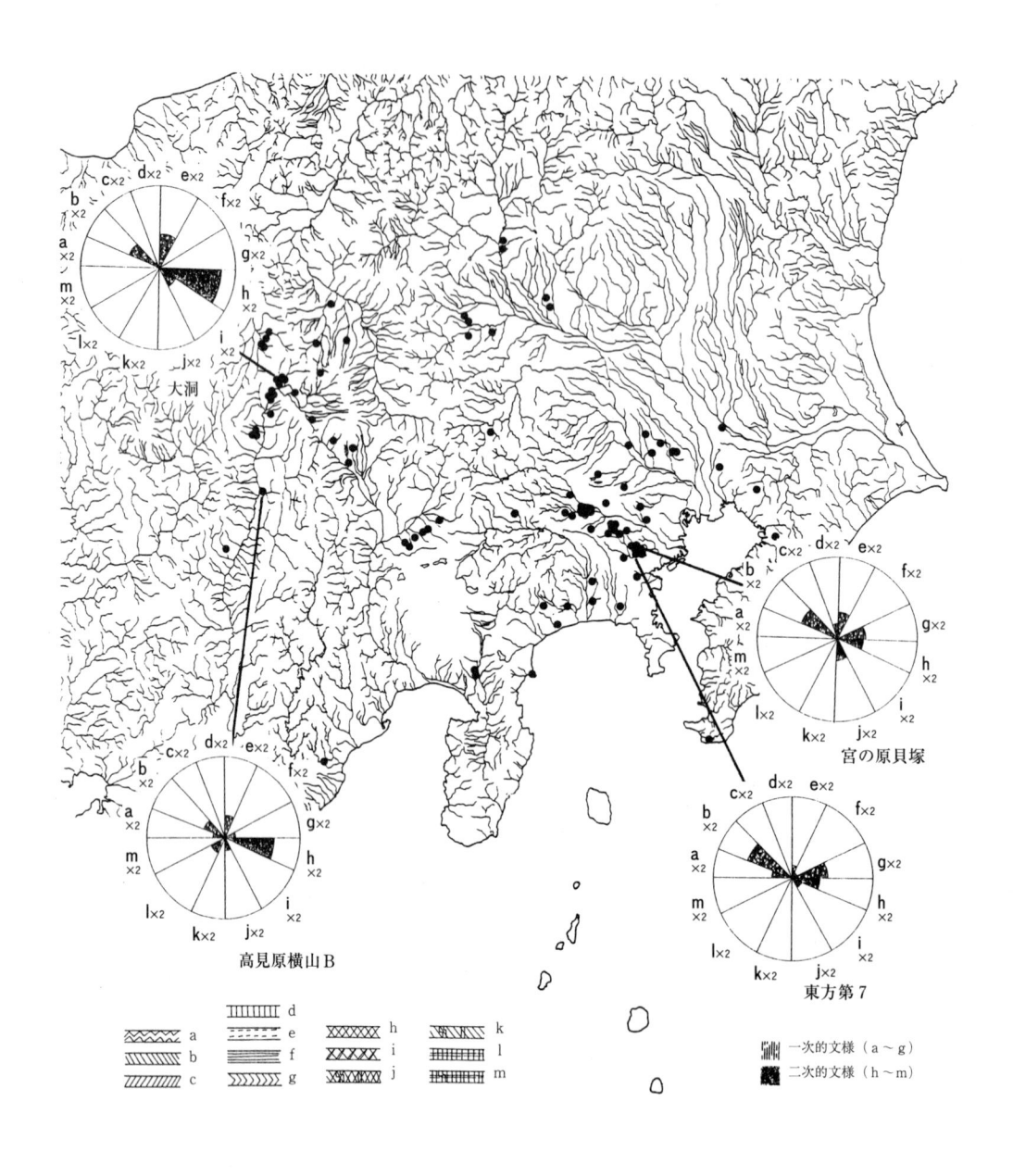

図44 型式5の分布とⅠ-2文様帯の内容別出現頻度

— 102 —

第Ⅲ章　考古学的同一時期における縄文土器の空間変異のあり方について

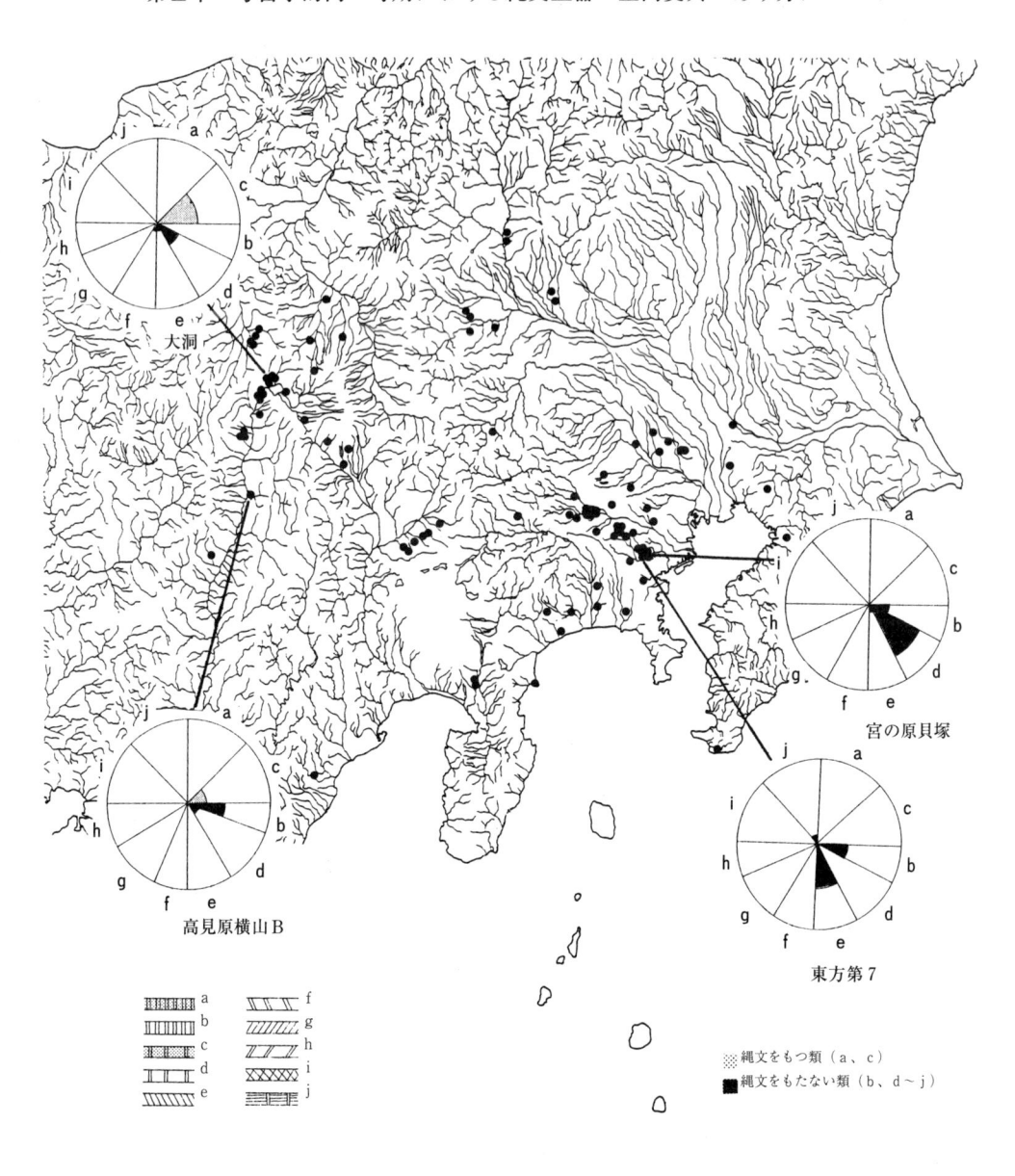

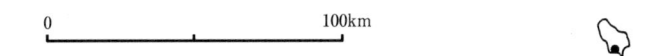

図45　型式5の分布とⅠ-3文様帯の内容別出現頻度

I-1文様帯 \ 遺跡	高見原横山B	大　洞	東　方　第　7	宮の原貝塚
a　爪形文	62 (76.5)	23 (62.2)	43 (66.2)	35 (66.0)
b　撚糸圧痕文	3 (3.7)	9 (24.3)	6 (9.2)	3 (5.7)
c　無　　文	16 (19.8)	3 (8.1)	10 (15.4)	15 (28.3)
d　浮線文		2 (5.4)	6 (9.2)	
計	81 (100)	37 (100)	65 (100)	53 (100)

（　）内は％

表2　I-1文様帯の内容別出現頻度

I-2文様帯 \ 遺跡	高見原横山B	大　洞	東　方　第　7	宮の原貝塚
a　山形文	7 (7.4)		9 (13.2)	2 (3.0)
b　右下がりの斜位文	13 (13.8)	8 (20.5)	21 (30.9)	15 (22.4)
c　左下がりの斜位文	1 (1.1)	1 (2.6)		
d　縦位文	3 (3.2)			6 (9.0)
e　押引文	13 (13.8)	8 (20.5)	5 (7.4)	11 (16.4)
f　横位文			2 (2.9)	
g　羽状文	7 (7.4)		15 (22.1)	12 (17.9)
h　右下がり・左下がりの斜位文を組み合わせた格子目文	31 (33.1)	17 (43.6)	12 (17.6)	11 (16.4)
i　斜位文と浮線文を組み合わせた格子目文		5 (12.8)	4 (5.9)	
j　hにクランク文や縦位文などの二次文が加わったもの	7 (7.4)			9 (13.4)
k　bにクランク文や縦位文などの二次文が加わったもの	2 (2.1)			1 (1.5)
l　縦位文と横位文の組み合わさったもの	9 (9.6)			
m　lにクランク文や縦位文などの二次文が加わったもの	1 (1.1)			
計	94 (100)	39 (100)	68 (100)	67 (100)

（　）内は％

表3　I-2文様帯の内容別出現頻度

I-3文様帯 \ 遺跡	高見原横山B	大　洞	東　方　第　7	宮の原貝塚
a　縄文地に縦位文	2 (2.9)			
b　縦位文	33 (47.8)		4 (28.6)	3 (23.0)
c　縄文地に間隔のあいた縦位文	17 (24.6)	5 (50.0)		
d　間隔のあいた縦位文	10 (14.5)	3 (30.0)		9 (69.0)
e　右下がりの斜位文	3 (4.3)	1 (10.0)	9 (64.3)	1 (8.0)
f　右下がりの間隔のあいた斜位文	2 (2.9)	1 (10.0)		
g　左下がりの斜位文	1 (1.5)			
h　左下がりの間隔のあいた斜位文				
i　右下がり・左下がりの斜位文を組み合わせた格子目文	1 (1.5)			
j　横位文と縦位文の組み合わさったもの			1 (7.1)	
計	69 (100)	10 (100)	14 (100)	13 (100)

（　）内は％

表4　I-3文様帯の内容別出現頻度

第Ⅲ章　考古学的同一時期における縄文土器の空間変異のあり方について

1・Ⅰ－2分帯文様に先行することが認められた。

⑩Ⅰ－1・Ⅰ－2分帯文様とⅠ－2文様帯との施文順位関係（図48）

　分析対象として可能な資料は51点を数え、そのうち90.2％がAで、Bは僅かに9.8％であった。特に、Ⅰ－2文様帯がa、e、h、jの場合にAのみが認められ、Bのみが認められるkと対照的である。b、d、gにおいて、A、Bは同程度かAが多い出現傾向を示す。

⑪Ⅰ－2文様帯とⅠ－2・Ⅰ－3分帯文様との施文順位関係（図49）

　Ⅰ－2・Ⅰ－3分帯文様まで残っている19点を対象とすると、18点（94.7％）までがⅠ－2文様帯を先に施文するケースであった。

⑫Ⅰ－3文様帯と施文順位

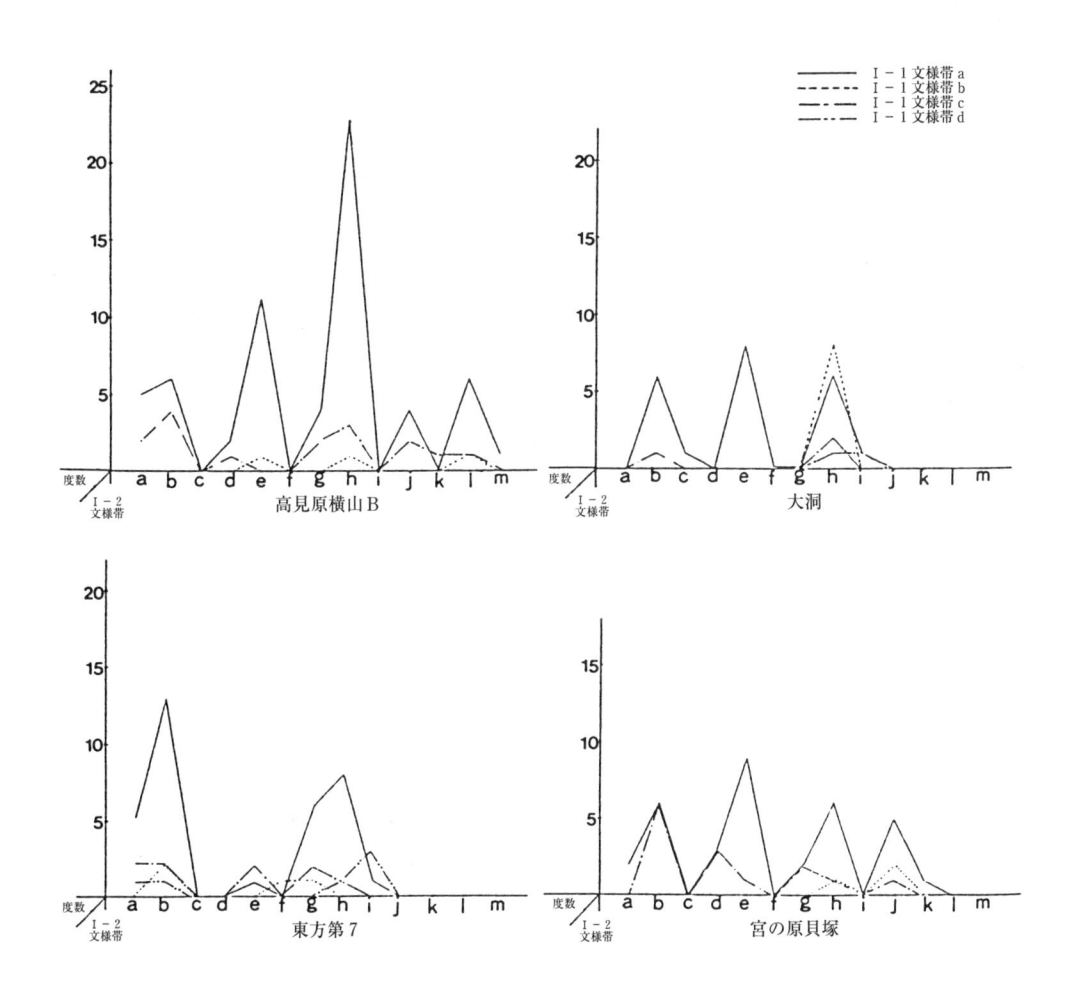

図46　Ⅰ－1文様帯とⅠ－2文様帯との相関

Ⅰ－3文様帯として確実に認定できる13点全ては、Ⅰ－3文様帯がⅠ－2・Ⅰ－3分帯文様より新しく、Ⅰ－3・Ⅱ分帯文様以前の施文と考えられる。
⑬口頸部文様帯（Ⅰ文様帯）の関係復元（図57～59）
　Ⅰ文様帯の施文順位関係と各文様帯との内容を関係付けると1～16に類別できる。施文順位関係という動的な視点のみではS1～S4まで認められ、S1が最も一般的である。1～11がS1、12がS2、13、14がS3、15がS4を示す。16はS1の変形で、Ⅰ－2文様帯での格子目文と二次文（ｊ）との施文の間に、Ⅰ－2・Ⅰ－3分帯文様を施している。一方、各文様帯間の単位文様の組み合わせという静的な視点のみでは、例えばⅠ－3文様帯を施す前の段階までの1と12、そして2と15のように、同じ組み合わせ結果を呈することになる。

D　遺跡間での分析
形態部門
①器形
　図39の資料を対象に、型式5の器形の上での相関性（岩永　1989、深澤　1985、溝口　1988）について分析する（図60）。成形してから文様・装飾部門の各要素を施文する前に、突起を口唇部辺りに加えることがあるが、資料が少ないため突起の形態、施文位置と各文様帯との関係などについては省略した。
　型式5は口縁部がS字状を呈し、頸部で一旦括れた後、直線的に底部へ至る器形を典型としている。先ず、頸部まで残存している個体に比べて、底部まで残る個体が少ないため、分析は頸部に至る輪郭に絞った。このように分析する部位を限定するには、器高に対する頸部高がある程度一定でなければならない。そこで、ｆ／ｅを算出してみた。その結果、0.30～0.40に纏まる傾向を示したため（図63）、以下に分析するB、Cの位置はｆを基準にできる。
　Bの括れの程度（ｂ／ａ）とその位置（ｈ／ｆ）との相関性をグラフ化することによって、AからBにかけての輪郭を理解できる（図61）。ｂ／ａは0.96～1.00の間に集中する傾向を示すため、各個体はBの括れ具合にそれ程の変動をもたない。Bの位置について、0.06以下、0.08～0.14、0.19以上の三箇所に視覚的な纏まりがあり、0.09ないし0.13辺りに出現度数のピークを看取できる。また、14、21のBはAの近くに位置し、20と対照的である。それ故、相関グラフにおいて両者はやや離れた関係を示している。
　次に、14、21と20との間に認められる変異が、Cの張り出しの程度（ｂ／ｃ）とその位置（ｇ／ｆ）との相関グラフ（図62）からも窺えるか否かについて検討する。ｂ／ｃはｂ／ａと同様に、ある範囲に集中する傾向があり、その数値は0.93～1.00を示す。CはBより外側へ張るかたちになると共に、Aより外方へ張り出すものが多い。Cの位置については、0.40以下、0.58～0.62、0.65～0.71、0.75以上の四箇所に視覚的な纏まりが認められ、0.65～0.68付近でピークを迎

第Ⅲ章　考古学的同一時期における縄文土器の空間変異のあり方について

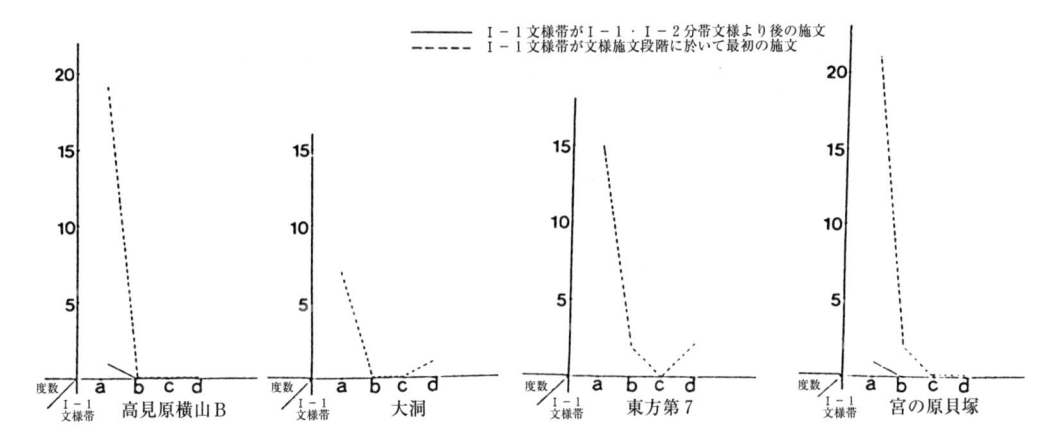

図47　Ⅰ－1文様帯と施文順位

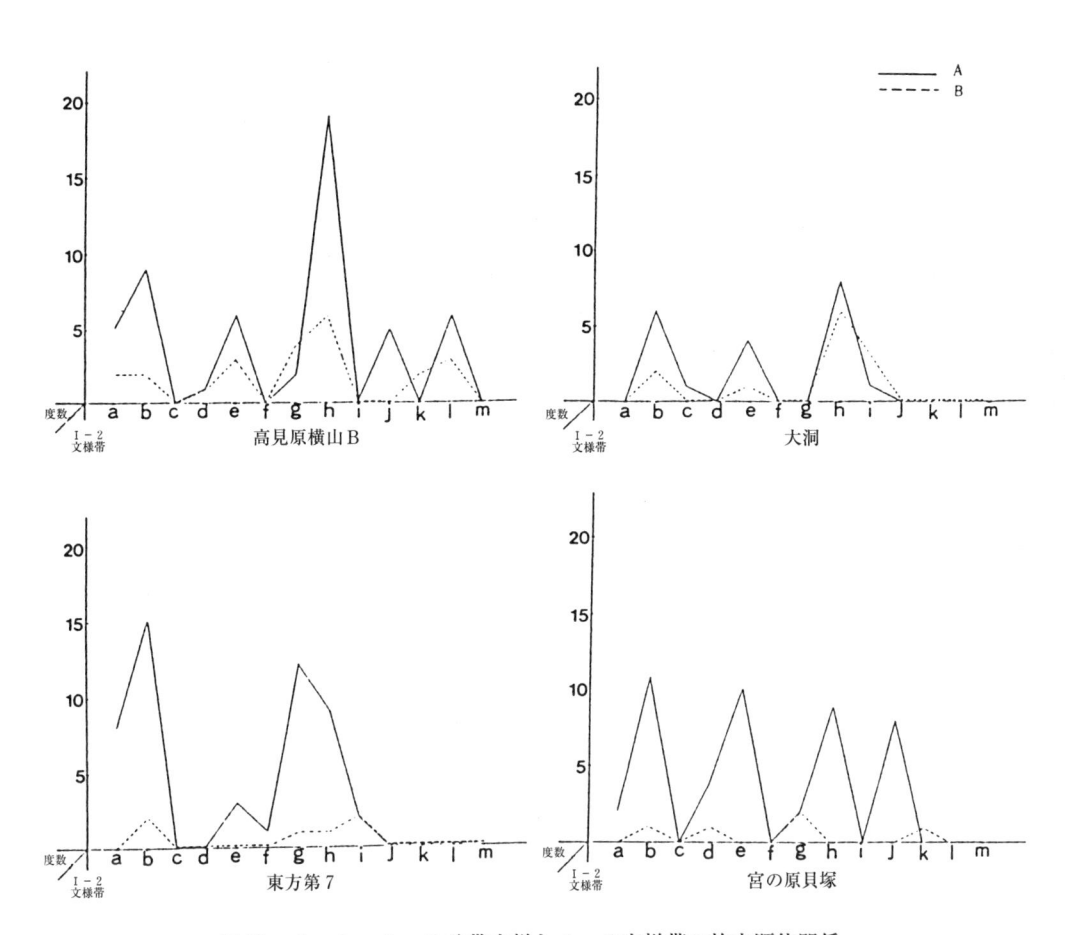

図48　Ⅰ－1・Ⅰ－2分帯文様とⅠ－2文様帯の施文順位関係

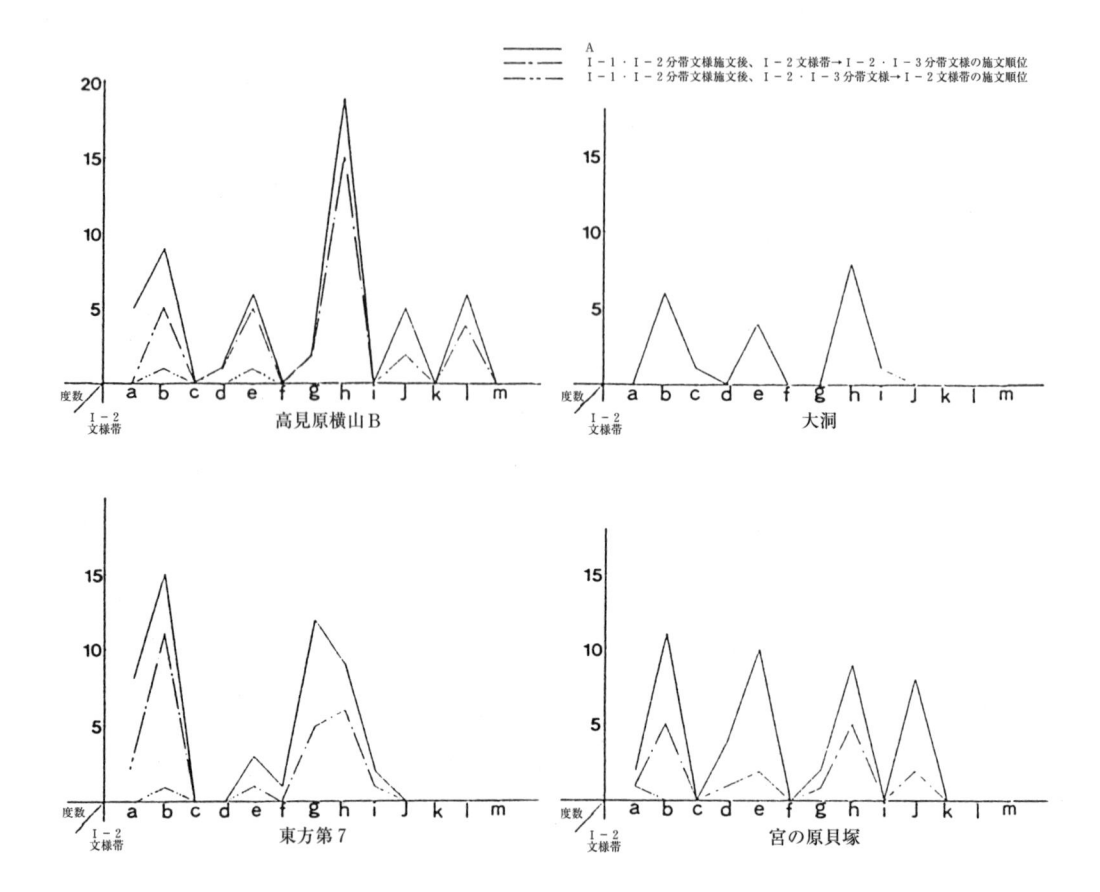

図49　I-2文様帯とI-2・I-3分帯文様との施文順位関係

第Ⅲ章　考古学的同一時期における縄文土器の空間変異のあり方について

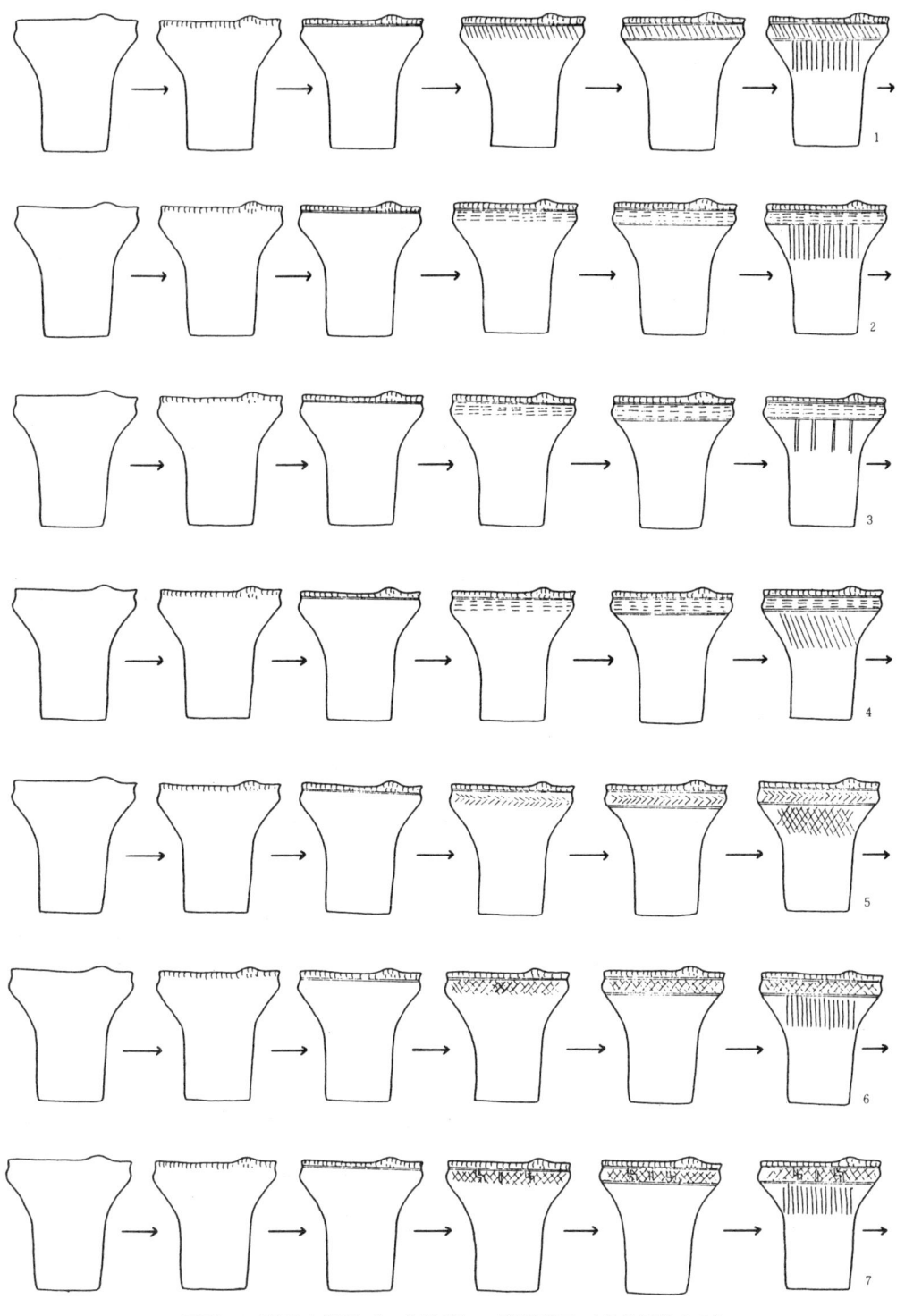

図50　口頸部文様帯（Ⅰ文様帯）の関係復元（高見原横山B）

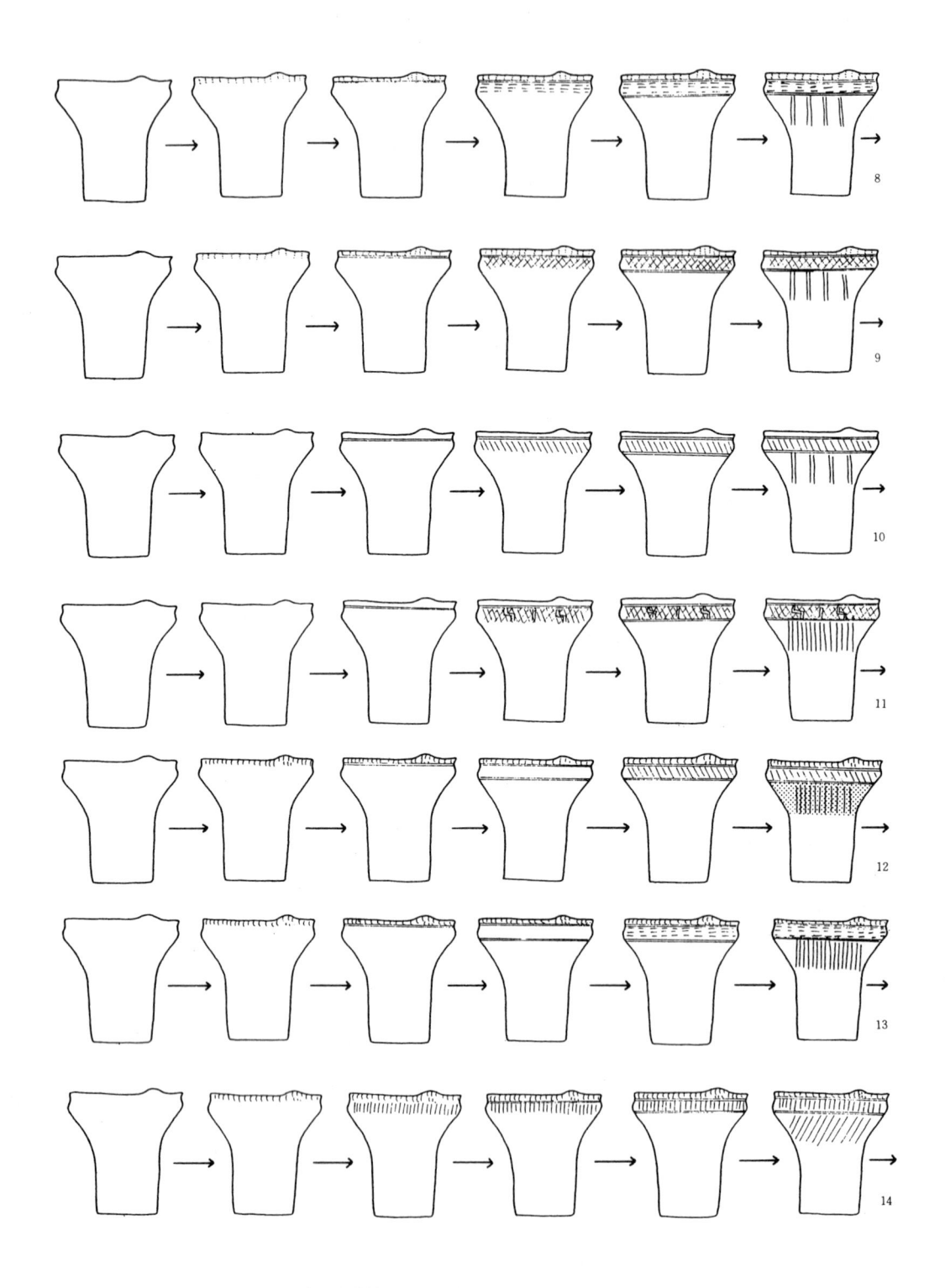

図51　口頸部文様帯（Ⅰ文様帯）の関係復元（高見原横山Ｂ）

第Ⅲ章　考古学的同一時期における縄文土器の空間変異のあり方について

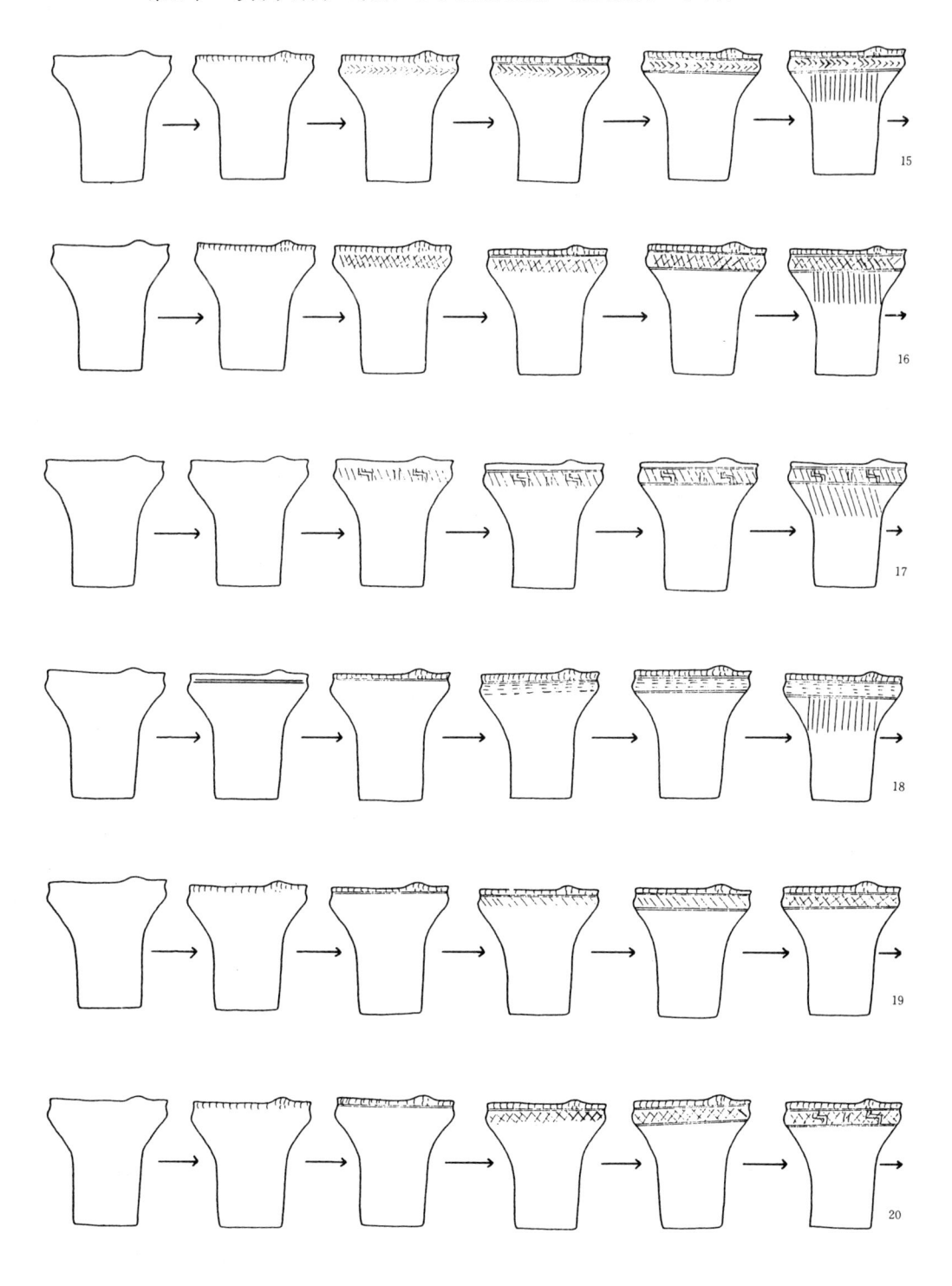

図52　口頸部文様帯（Ⅰ文様帯）の関係復元（高見原横山Ｂ）

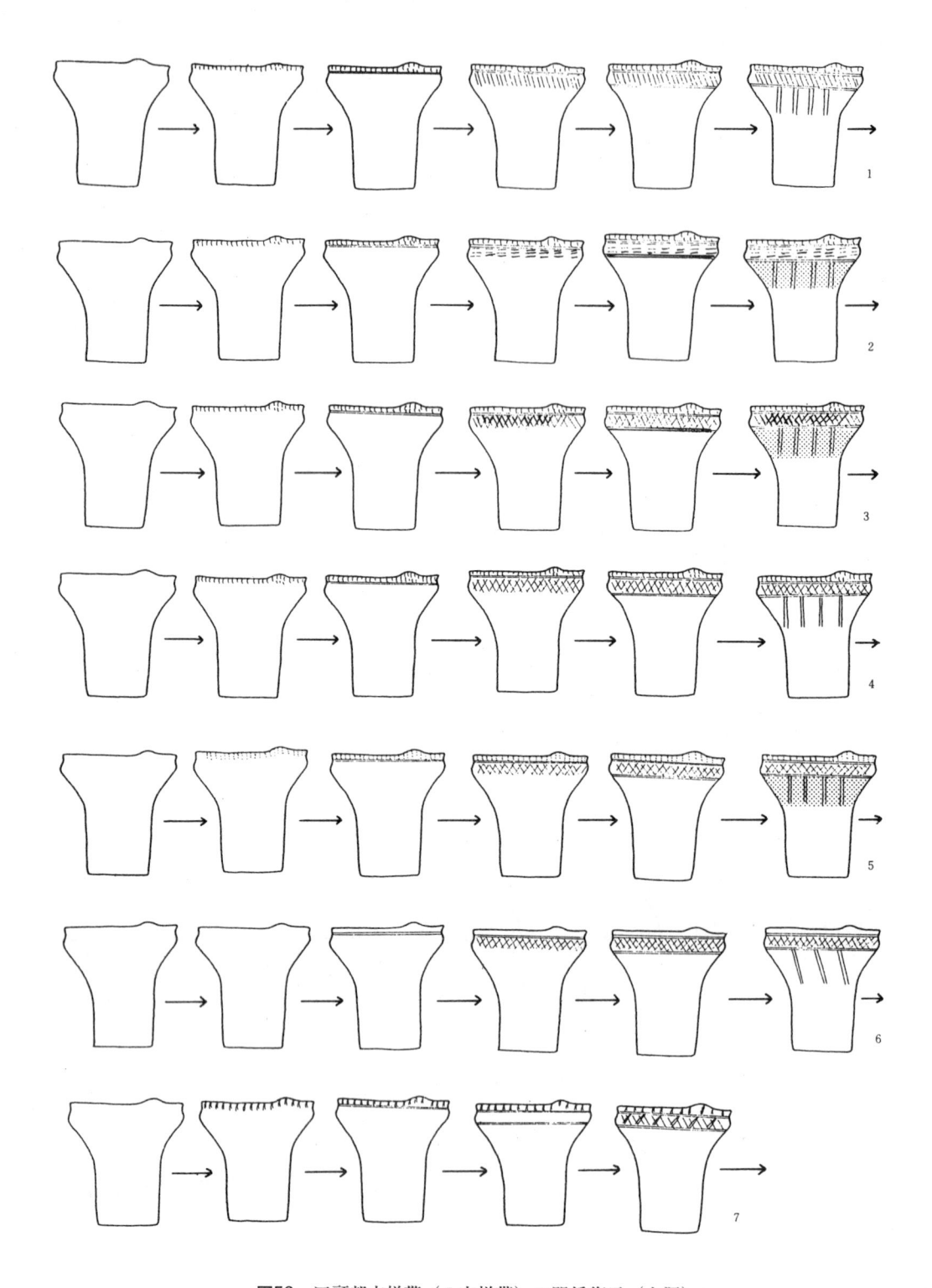

図53　口頸部文様帯（Ⅰ文様帯）の関係復元（大洞）

― 112 ―

第Ⅲ章　考古学的同一時期における縄文土器の空間変異のあり方について

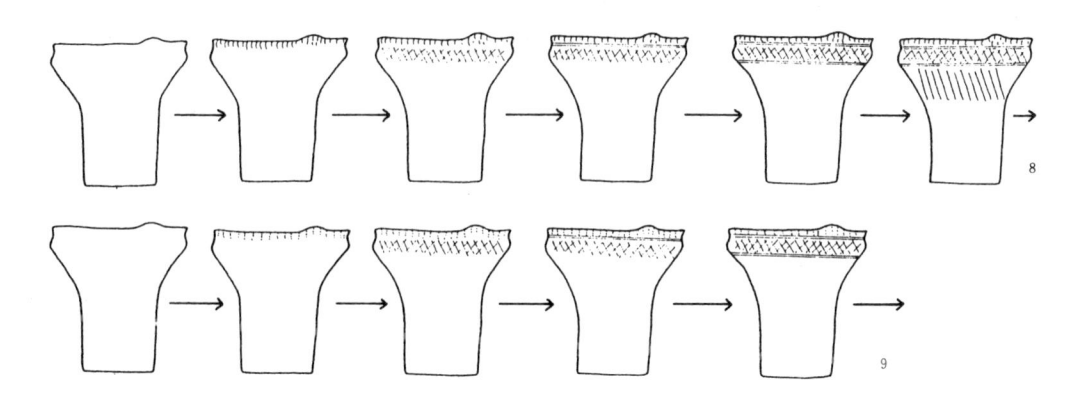

図54　口頸部文様帯（Ⅰ文様帯）の関係復元（大洞）

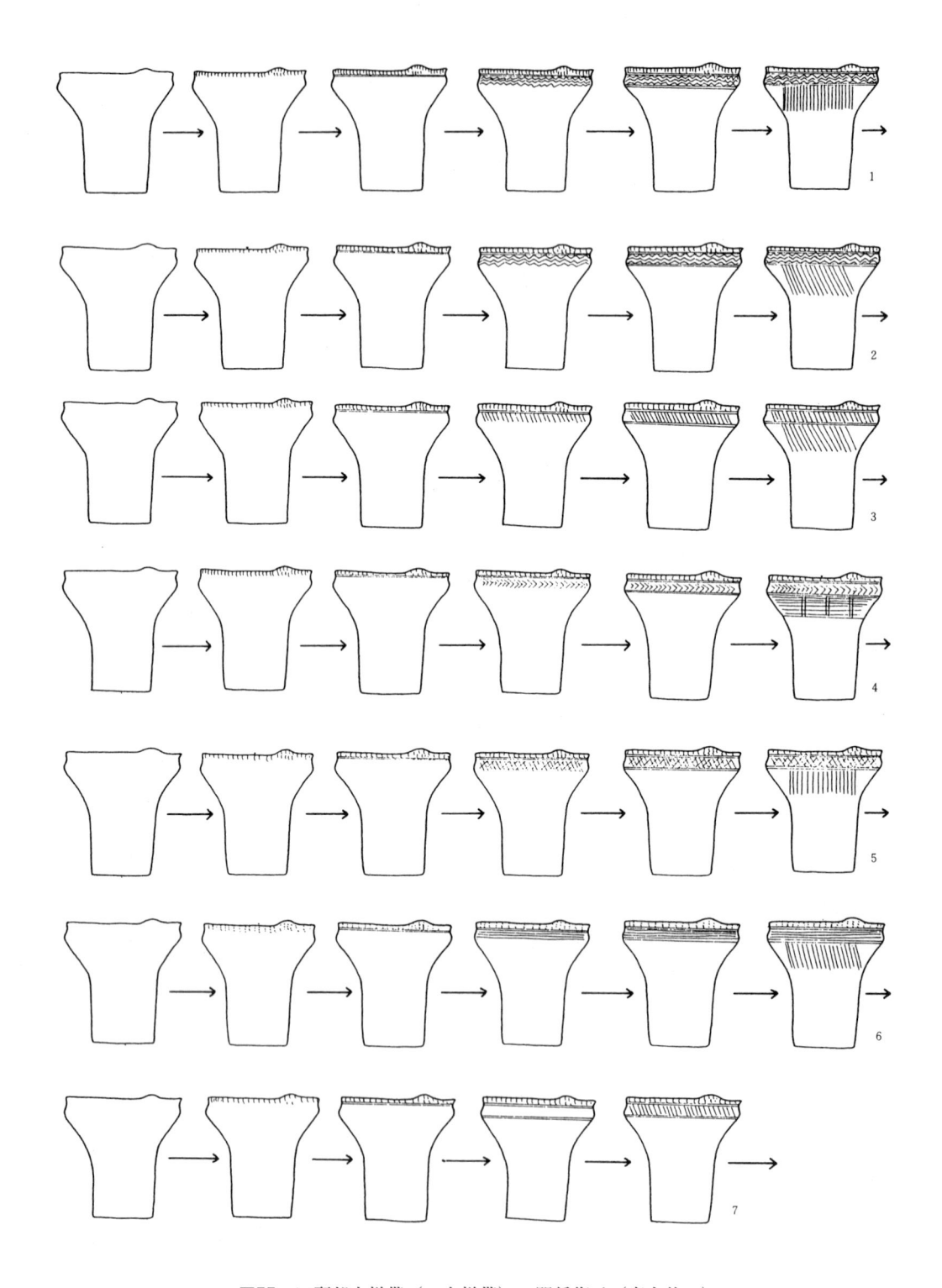

図55　口頸部文様帯（Ⅰ文様帯）の関係復元（東方第7）

― 114 ―

第Ⅲ章　考古学的同一時期における縄文土器の空間変異のあり方について

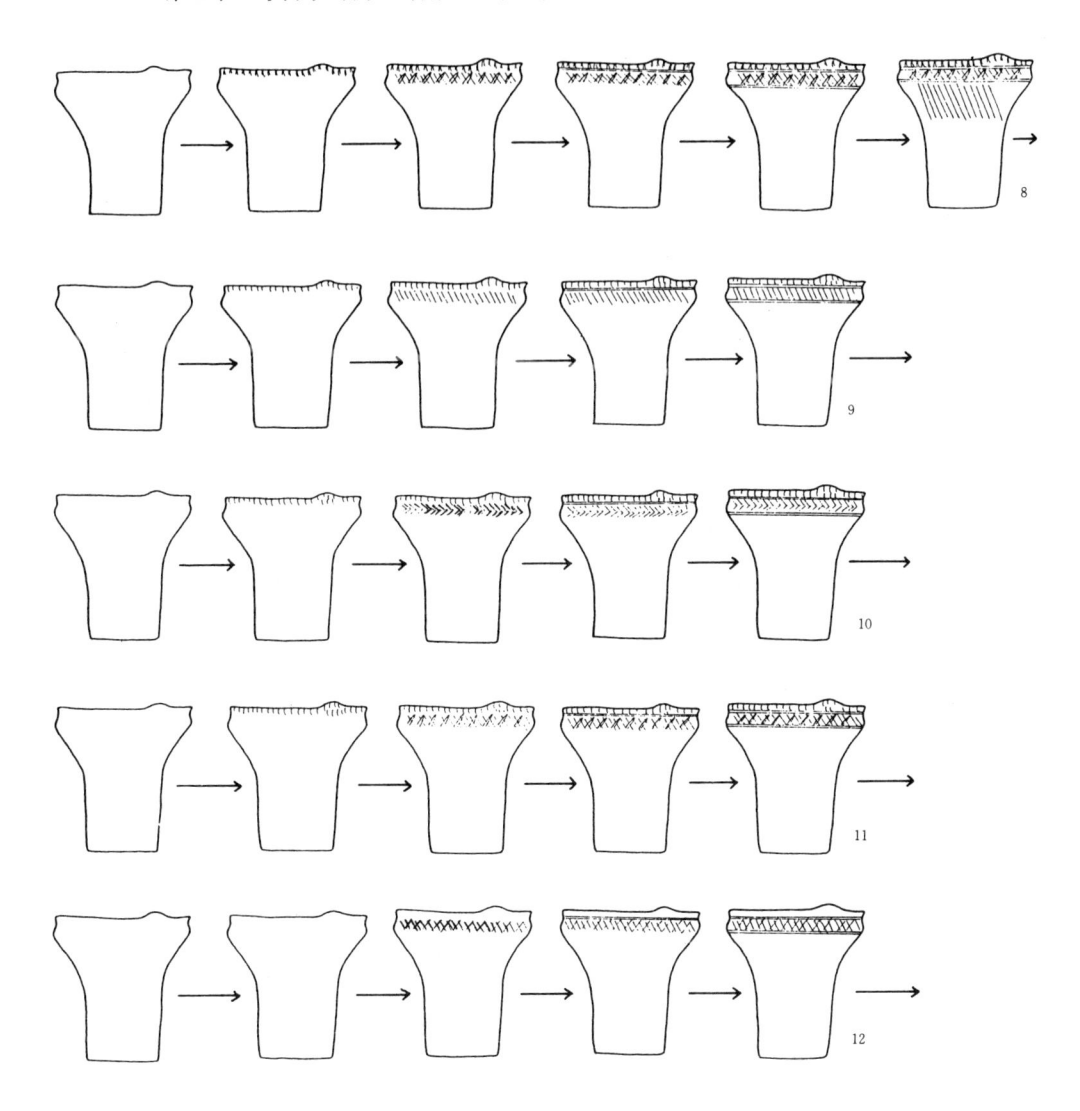

図56　口頸部文様帯（Ⅰ文様帯）の関係復元（東方第7）

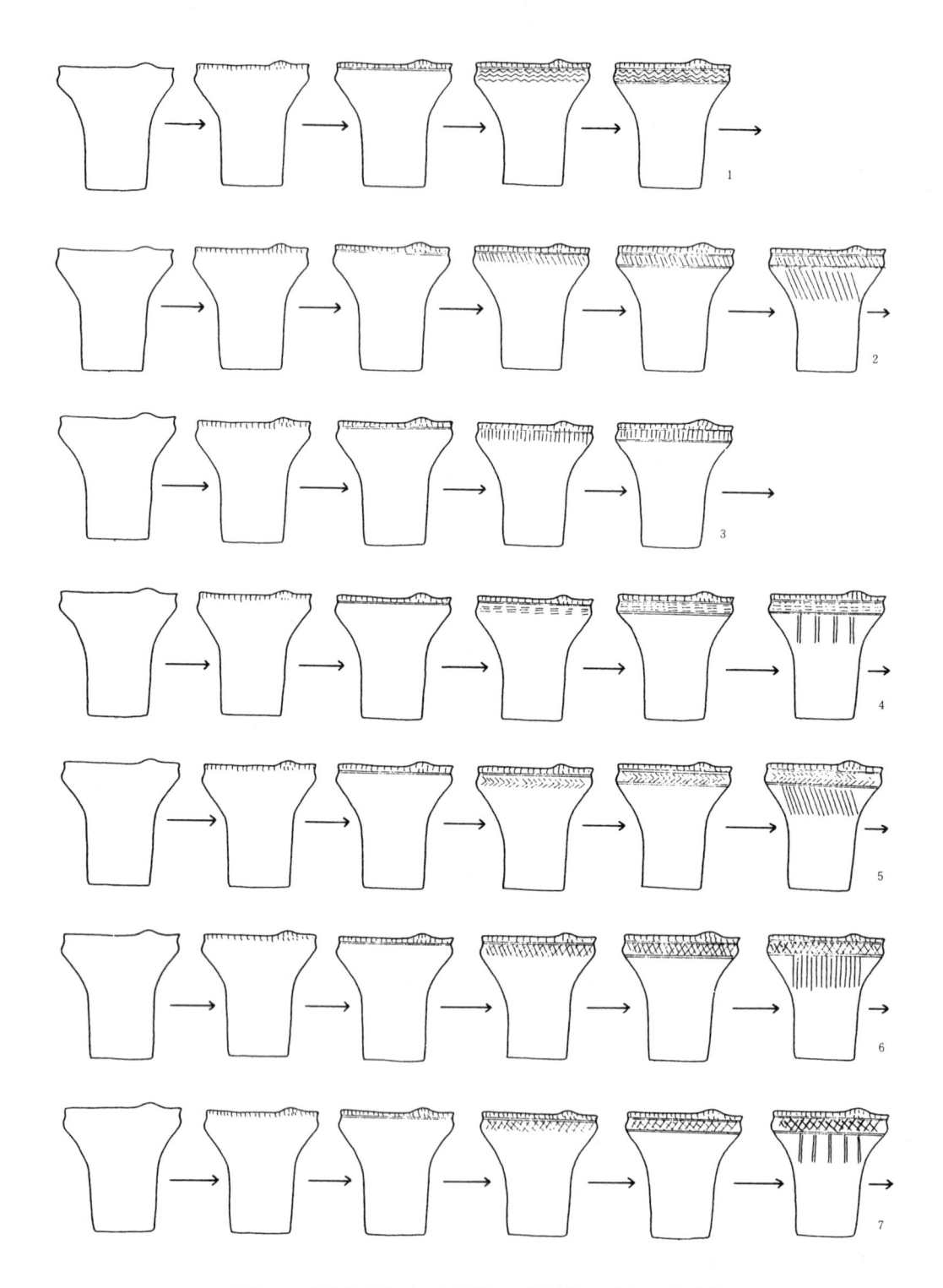

図57　口頸部文様帯（Ⅰ文様帯）の関係復元（宮の原貝塚）

第Ⅲ章　考古学的同一時期における縄文土器の空間変異のあり方について

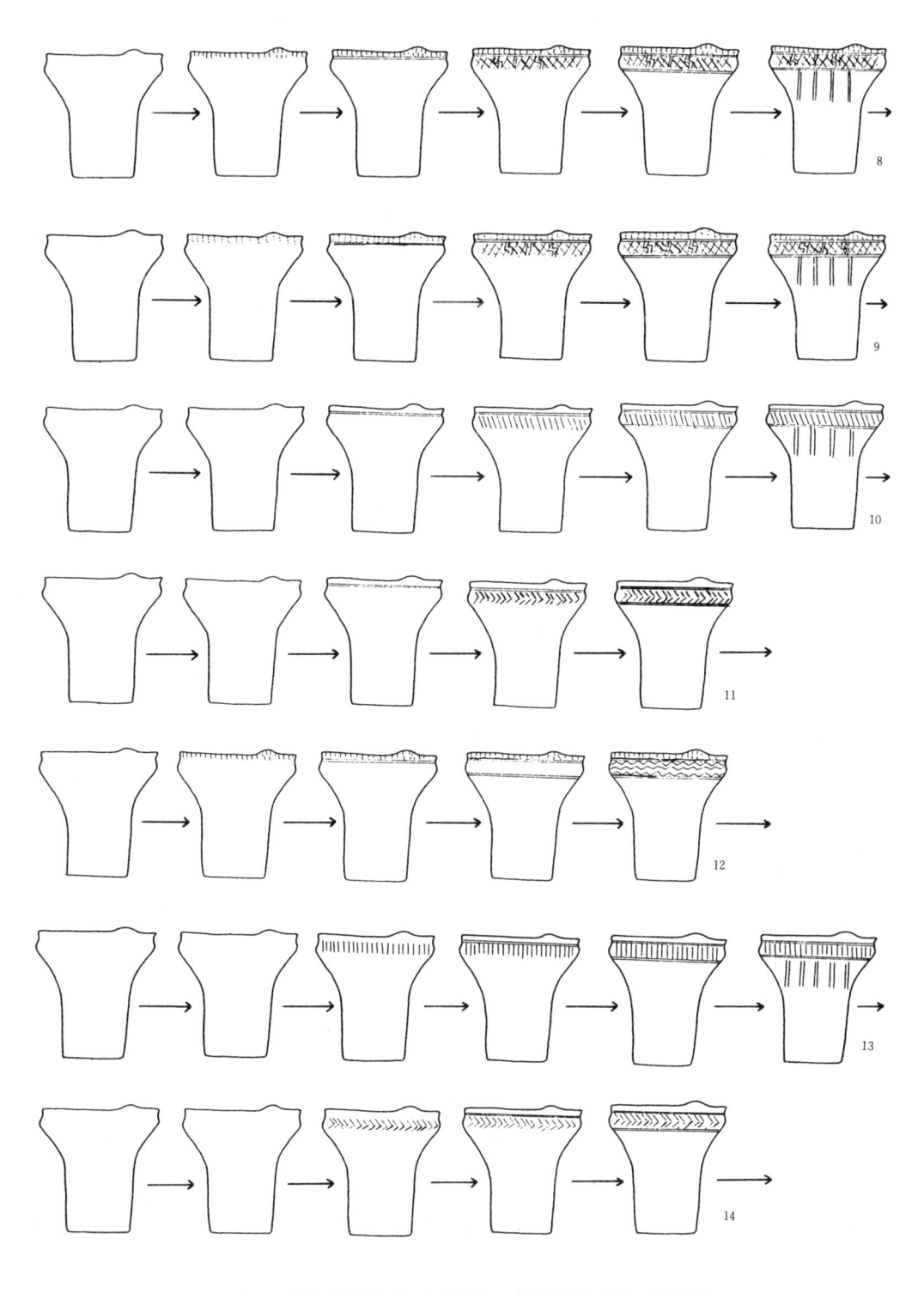

図58　口頸部文様帯（Ⅰ文様帯）の関係復元（宮の原貝塚）

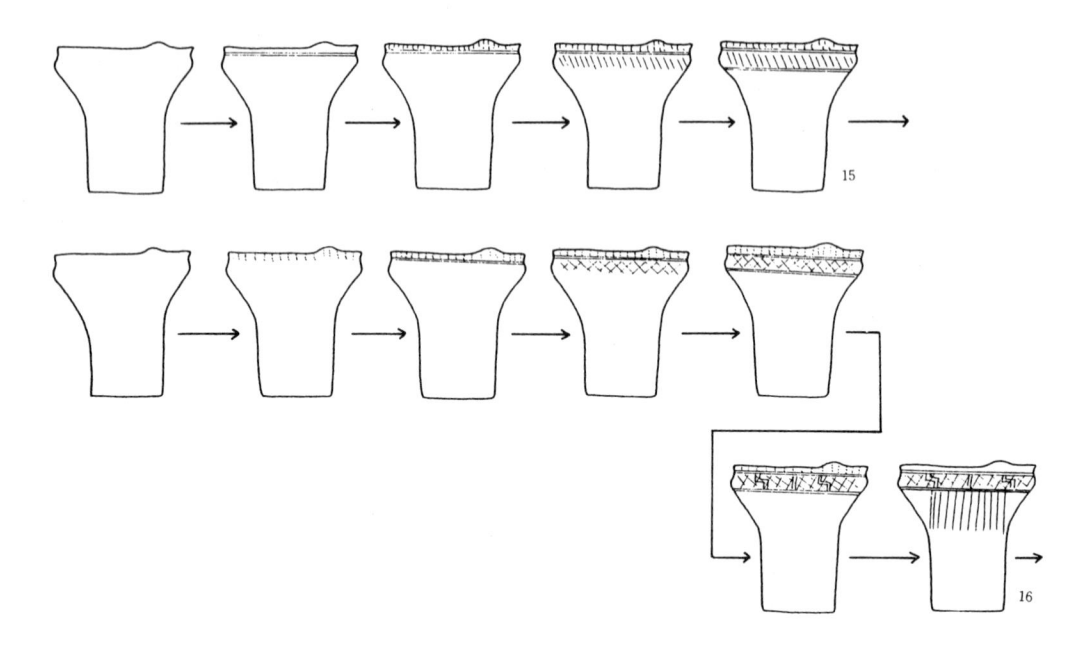

図59　口頸部文様帯（Ⅰ文様帯）の関係復元（宮の原貝塚）

　える。特に9のCの位置はDに近く、21、4、12と対照的である。それ故、相関グラフにおいて両者は離れた関係を示している。ただし、b／aとh／fの相関グラフで指摘した14、21と20について、21は相変わらず20と離れた位置関係を示すのに対して、14とは近い関係を示すようになっている。
　そして、全形からみたDの括れの程度（d／a）とその位置（f／e）との相関グラフは、底部まで復元できた資料が少ないといった問題を含みながら、相対的にある範囲に纏まる傾向をもつのではないだろうか（図63）。このように推定すると、Cから緩やかなカーブを描きながらやや口縁部寄りでDに到達し、底部へ移行する器形となるだろう。また、3のようにDにかけてやや急角度に傾斜するかたちにおいては、他の復元個体の口径と器高との対比関係から、グラフの2、9の左寄りに位置する可能性が高いといえる。
　このように分析していくと、次のことが判明した。
・各相関グラフ毎に変異幅が認められるものの、相対的に纏まる傾向をもつ。
・各相関グラフを通して他と弁別される関係を示す土器が認められないため、更に細かい相関性を指摘できない。
・同じ遺跡内だけでなく、広域に亘って相関関係がある。

第Ⅲ章　考古学的同一時期における縄文土器の空間変異のあり方について

　要するに、型式5の器形を更に細分することは、現在の限定された資料の比較から無意味に近いといえる。しかしながら、これは器形の検討内容が無意味な分析項目であるということを意図していない。そこで、後続する型式20（図64）との間の器形に関する比較検討が重要になってくる。なぜならば、型式5に特徴的な器形が後続するタイプに認められないか、時間的な変異に従って器形の変化の方向性が確認されるならば、型式5の構造的性質、他のタイプと弁別し得る属性としての役割、意味のある分類単位としての資格などを器形項目に付与できるからである。そして、器形が型式変化の指標として有意な分析項目となり得るか否かを通時的な視点から検討してみる。

　口縁部がS字状を呈するということは、図64－1～9の型式20と共通している。先行する型式5との違いは胴部に縦位区画が加わったり、新たに口縁部ないし胴部に交互刺突が施されることなどである。しかも、これらの単位文様や文様要素が時間的変化を最も敏感に反映していると考えられていた（山口　1980）。そのため、型式学的変化といった視点において、形態部門の分析はとかく見過ごされがちであった。

　しかしながら、型式5と同様の分析基準に則して相関グラフを作成してみると、有意な差や変化の方向を認めることができた。特に、d／aとf／eの相関グラフでその差が明瞭にあらわれ、頸部の位置（D）が口縁部側へ移行すると同時に、頸部径（d）の口径（a）に対する割合が増すといった共変動的な傾向を指摘できた（図65）。つまり、ここに形態部門の器形を分析項目の一つに組み込む意図がある。

②大きさ

　底部まで復元可能な個体が少ないため、型式5の全体の大きさは不明であるが、口径の比較から18cm以下、20～30cm、36cm以上の三つのグループに分けられる。特に9と5・12の間に大きな開きがある（図66）。そのため、器形は高い類似度をもつが、大きさに関する変異幅は大きいといえる。このような差異は、器形や器形を構成する各部位以上に、実用的機能が大きさに強く意識・表現されていた（黒岩　1987、藤村　1981、村石　1985など）ことに起因するかもしれない。その上、9は器形のb／cとg／fとの相関グラフにおいても、他の個体と離れた位置を占めており注目される。

　今後は、器形細部と大きさとの相関関係を地域別に比較すると共に、炭化物の付着状況、内面の剥離状態の分析、出土状況などの脈絡を通した比較検討などについて相互補完的に研究していく必要がある（佐川　1979、藤村　1981・1986）。

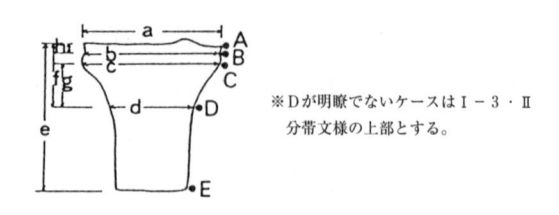

※Dが明瞭でないケースはⅠ-3・Ⅱ
　分帯文様の上部とする。

図60　型式5の計測点模式図

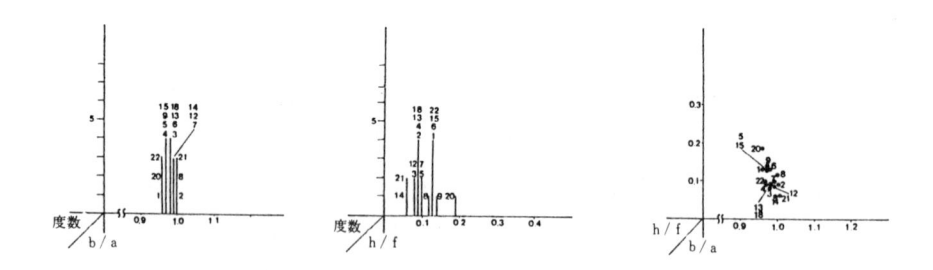

図61　Bの括れの程度と位置の相関

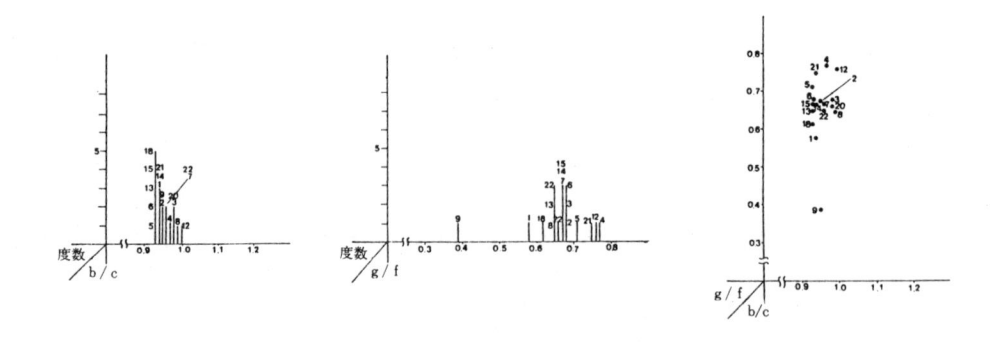

図62　Cの張り出しの程度と位置の相関

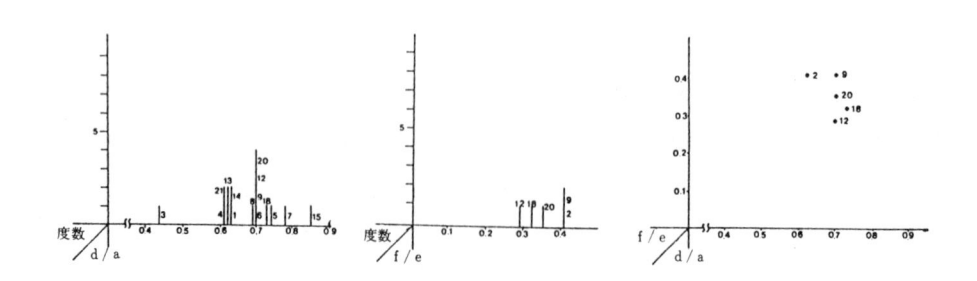

図63　Dの括れの程度と位置の相関

― 120 ―

第Ⅲ章　考古学的同一時期における縄文土器の空間変異のあり方について

文様・装飾部門

③Ⅰ－1文様帯の内容

　四遺跡に共通していえることは、ａが全体の60～80％という最も高い出現頻度を示し、ｄが最も低い傾向を示すということである。また、微視的な差異として、ａの占有率が最も高い高見原横山Ｂ遺跡でｂがさほど高くないことに対して、大洞遺跡でａが四遺跡の中で最低の数値を示しているにも拘らず、ｂの出現頻度が他の三遺跡に比べて高めであるということが挙げられる（図43）。

④Ⅰ－2文様帯の内容

　四遺跡に共通していえることは、ｂ、ｅ、ｈの施文例が比較的多いということである。しかしながら、各遺跡は単位文様の内容の組み合わせや割合などに対して、全くの同一性をもっていない。概して、高見原横山Ｂ遺跡が最大公約数的な傾向を示しているといえるかもしれない（図44）。その一方で、一次的文様と二次的文様との割合比に、興味深い見解が認められた。つまり、高見原横山Ｂ遺跡と大洞遺跡は、二次的文様の出現頻度が一次的文様を僅かに上回っており、一次的文様が全体の約7～8割を占める東方第7遺跡や宮の原貝塚と対照的な傾向を示すということである（図67）。これは、遺跡間距離が近いほど類似性が高いといった状況を示している。

⑤Ⅰ－3文様帯の内容

　高見原横山Ｂ遺跡を除いて満足し得る数量が確保されていないため、四遺跡に共通する単位文様はｅのみである。ところが、ｅは量的に少ない。そこで、縄文を有する類（ａ、ｃ）と縄文を有さない類（ｂ、ｄ～ｊ）の割合を比較してみた。その結果、遺跡間で有意な差が認められた。つまり、縄文をもつ類（ａ、ｃ）は東方第7遺跡と宮の原貝塚で確認されていない反面、占有率の多寡はあるものの、高見原横山Ｂ遺跡と大洞遺跡にある程度認められているということである（図45）。これは、分析項目の④で指摘したように、遺跡間距離と類似度の関係を裏付けているのかもしれない。

　ところで、いつ縄文を施文するのであろうか。大洞遺跡の図70－23や25（三上他　1987）などの観察から、縦位文より確実に古い。しかも、宮の原貝塚の図版1－3（今村他　1972）のⅠ－1・Ⅰ－2分帯文様に、撚糸圧痕文ではなく回転縄文の痕跡が残っているため、文様施文段階の初期にまで遡る可能性が強いといえる。

⑥Ⅰ－1文様帯とⅠ－2文様帯との相関関係

　出土量の多寡はあるものの、Ⅰ－1文様帯がａとｃで、Ⅰ－2文様帯がｂ、ｈといった単位文様の組み合わせ関係が相対的に四遺跡に共通する。一方で、Ⅰ－1文様帯がｂ、ｄでは四遺跡間に共通する傾向が認められない。このような事象から、Ⅰ－1文様帯とⅠ－2文様帯の間

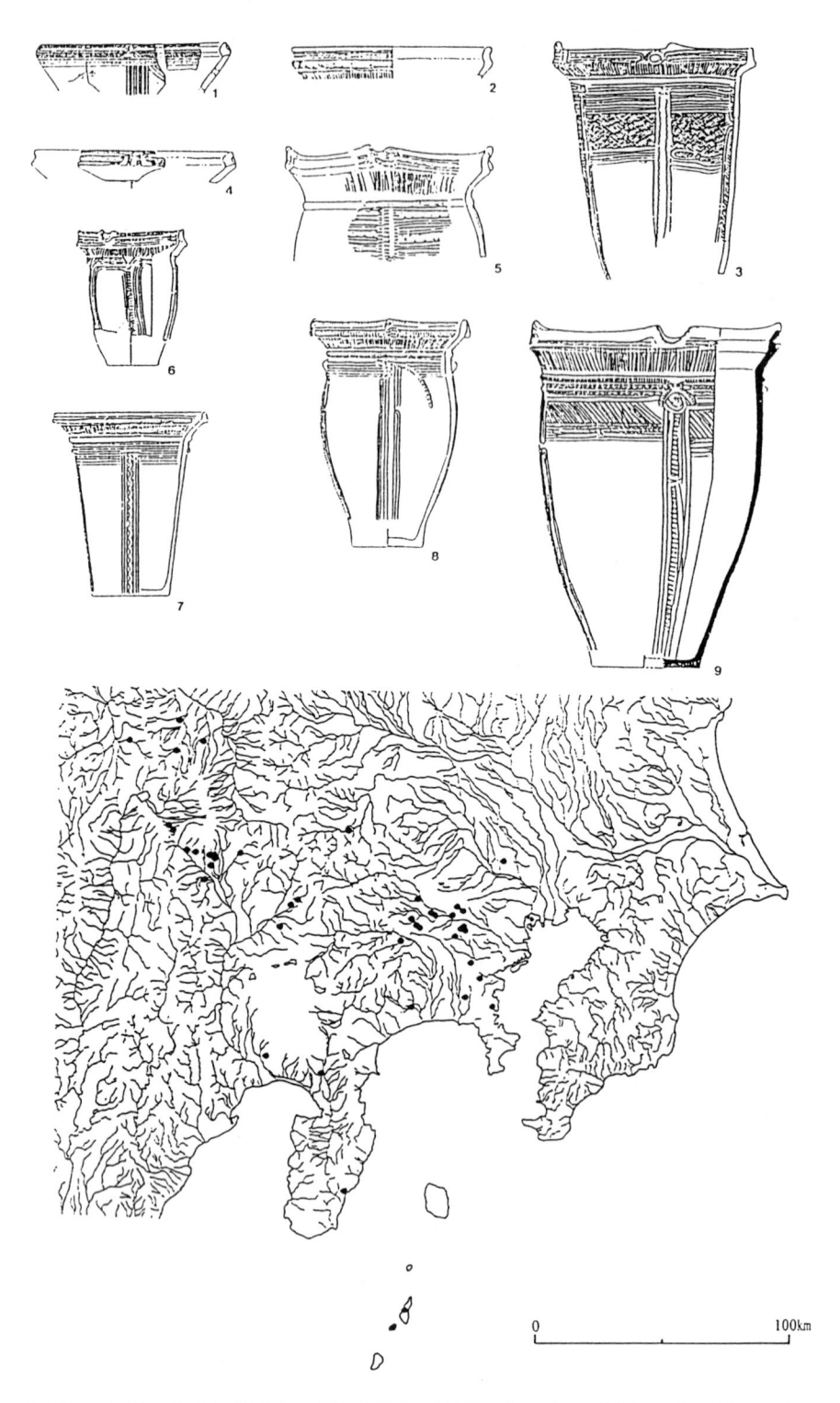

図64　型式20の内容とその分布（1：小池（國平他1984）、2・4：桐田第Ⅳ（戸井他1979）、3：細田（白石他1981）、5・7・8：上平出（末木他1974）、6：西野（安孫子・中島1974）、9：大石（伴他1976））S＝1／10

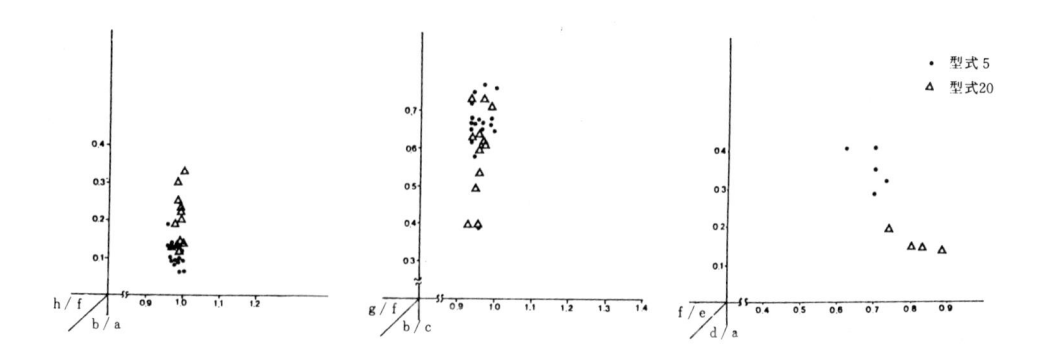

第Ⅲ章　考古学的同一時期における縄文土器の空間変異のあり方について

図65　型式5と型式20の器形の比較

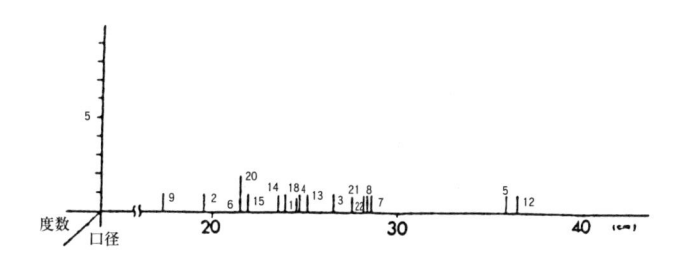

図66　型式5の口径分布図

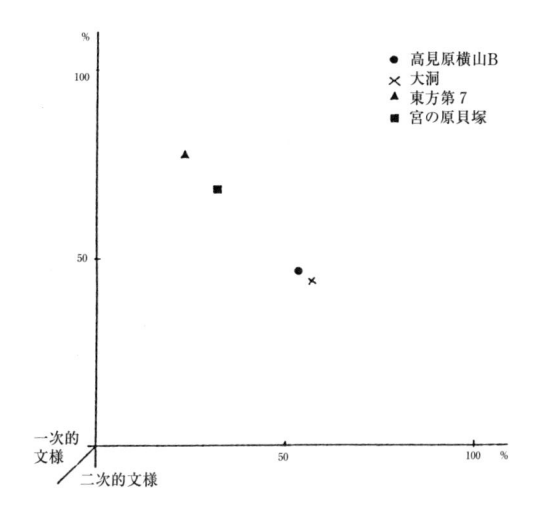

図67　Ⅰ-2文様帯での一次的文様（a～g）と二次的文様（h～m）との相関

— 123 —

に、単位文様の組み合わせに関する絶対的なコードは介在していなかったといえる。大洞遺跡において、Ⅰ－1文様帯がaでⅠ－2文様帯が必ずeを採用している例は、同一個体の可能性を示唆しているかもしれない。

東方第7遺跡で、Ⅰ－1文様帯がdのとき、6点のうち3点に浮線文の貼付をもつiがⅠ－2文様帯に採用されており、類似した文様構図のhにおけるⅠ－1文様帯の単位文様の種類別出現頻度と対照的である。これは、浮線文といった文様要素を介して、Ⅰ－1文様帯とⅠ－2文様帯の相対的な関係を予想させる。尚、大洞遺跡で、Ⅰ－1文様帯がdの2例のうち、Ⅰ－2文様帯は1例ずつhとiであった（図46）。

⑦Ⅰ－1文様帯とⅠ－3文様帯との相関関係

Ⅰ－1文様帯がbで、Ⅰ－3文様帯に縄文を有する類は大洞遺跡の1点のみであり、その割合は14.3%を示す。当遺跡で、Ⅰ－3文様帯に縄文を有する類が高い割合を占めることから、両文様帯の間で縄を介した関係が存在していたかもしれない。また、宮の原貝塚の図版1－5（今村他　1972）を始めとして幾つかの例は、Ⅰ－3文様帯において単位文様を施す前に何かを磨消した痕跡を残している。このような特徴は、縄文の残影が認められないため調整痕の可能性があるが、今後の詳細な観察によって、縄文施文の時間的な問題と共に土器製作の技術体系の復元に向けて解明されなければならない。

⑧Ⅰ－2文様帯とⅠ－3文様帯との相関関係

類似する単位文様が異なる文様帯に配置された例は、東方第7遺跡、宮の原貝塚といった南関東地方の近接した遺跡に認められた。しかも、右下がりの斜位文を両文様帯にもつケースのみで、その割合は6.3%に過ぎない。左下がりの斜位文、縦位文、格子目文、縦位文と横位文の組み合わさったものは、四遺跡を通して皆無であった。これらの現象から、文様帯を越えて類似した単位文様は普遍的に施文されないといえる。つまり、脈絡に応じて異なる単位文様が施されると共に、各文様帯で各々の単位文様の意味が決定されていたと推測できる。例えば、格子目文は右下がりの斜位文と違って二次的文様であり、それがⅠ－2文様帯に加わる頻度はb、gに次いで高かったにも拘らず、Ⅰ－3文様帯に加えられていない。この事象は、土器製作上の技術的側面とは別に意味の問題に関連して注意すべき点である。

また、Ⅰ－2文様帯とⅠ－3文様帯で同じ単位文様が繰り返される例が、僅かに南関東地方で認められ、中部地域で確認されていないことにも注視しておかなければならない。なぜならば、異なる脈絡で類似した単位文様が施される場合、記号論的観点から脈絡に応じて意味内容が異なっていた可能性が高いことと、Ⅰ－2・Ⅰ－3分帯文様を軸に同じ単位文様が縦に移動するといった構造的な性質を帯びているからである。

⑨Ⅰ－1文様帯と施文順位

第Ⅲ章　考古学的同一時期における縄文土器の空間変異のあり方について

　Ⅰ－1文様帯の施文順位は、高見原横山Ｂ遺跡と宮の原貝塚でⅠ－1・Ⅰ－2分帯文様より後続するケースが各1例ずつ認められる以外、四遺跡とも相対的にⅠ－1・Ⅰ－2分帯文様に先行する形をとっている。その割合は全体の97.2％を占めている（図47）。つまり、成形行為ないし口唇部上に突起を貼付した後、文様施文段階において、Ⅰ－1文様帯を先ず最初に施文した蓋然性が高いということである。

⑩Ⅰ－1・Ⅰ－2分帯文様とⅠ－2文様帯との施文順位関係

　四遺跡ともⅠ－1・Ⅰ－2分帯文様が先行するケース（Ａ）が高い割合を占めている。特に、東方第7遺跡と宮の原貝塚におけるＡの出現頻度率は約90％に達しており、高見原横山Ｂ遺跡や大洞遺跡の比率（約60～70％）と異なっている。

　その上、Ⅰ－2文様帯の内容と施文順位の関係に、両地域で相対的な差異が介在している。それは、高見原横山Ｂ遺跡と宮の原貝塚の比較検討によってかなり顕在化する。要するに、高見原横山Ｂ遺跡はⅠ－2文様帯の内容に関係なく、Ⅰ－1・Ⅰ－2分帯文様が先行するケース（Ａ）以外に、後続するケース（Ｂ）を採用している場合が多く、宮の原貝塚はⅠ－2文様帯の単位文様とⅠ－1・Ⅰ－2分帯文様との施文順位との間に排他的関係が成立しているのである。このような相対的な差異関係は、分析項目④、⑤での比較検討から導き出された見解に相通じている。

　ところで、大洞遺跡はⅠ－2文様帯の内容に関係なくＡ、Ｂ両方を採り入れているという点において、高見原横山Ｂ遺跡と緊密な関係をもつ反面、その点にⅠ－2文様帯における単位文様の種類を加味すると特殊な傾向を示していた（図48）。これらを総合してみると、空間変異に伴う土器属性の漸移的変化の一側面を窺い知ることができるだろう。

　また、Ⅰ－1・Ⅰ－2分帯文様に通常2～4本の平行沈線を用いているが、稀に分帯文様が省略されたり、成形痕で代用されている。

⑪Ⅰ－2文様帯とⅠ－2・Ⅰ－3分帯文様との施文順位関係

　Ⅰ－2文様帯を先に施文するケースが四遺跡で大半を占めており、その割合は全体の96.0％に達している。Ⅰ－2・Ⅰ－3分帯文様に後続してⅠ－2文様帯を施すケースは、高見原横山Ｂ遺跡で2例、東方第7遺跡と宮の原貝塚で各1例ずつ認められるに過ぎない（図49）。

　また、Ⅰ－2・Ⅰ－3分帯文様に通常2～4本の平行沈線を用いているが、稀に平行沈線と複合する形或いは単独の状態で、爪形文ないし刻み目をもつ隆帯が導入されている。大洞遺跡の報告書の図122－639（三上他　1987）は、Ⅰ－2・Ⅰ－3分帯文様としての刻み目をもつ隆帯がⅠ－2文様帯を縦断してⅠ－1文様帯に到達したものである。このような加入は四遺跡を通して確認されたが、その施文順位は注意を必要とする。

　例えば、大洞遺跡の報告書の図70－25は本書の図53－5に近いが、Ⅰ－2・Ⅰ－3分帯文様

に平行沈線と共に刻み目をもつ隆帯が加わっているものである。隆帯は成形直後に貼り付けられていることが、単位文様との切り合い関係から容認されるため、平行沈線との間に施文順位の不連続性が起こっている。このように、Ⅰ－2・Ⅰ－3分帯文様における隆帯の有無によって、分帯文様内の施文順位過程や各文様帯との施文順位が変化していたといえる。このようなⅠ－2・Ⅰ－3分帯文様の不連続的な施文順位関係は、大洞遺跡の報告書の図70－23にもあてはまる。

⑫Ⅰ－3文様帯と施文順位

　Ⅰ－3文様帯の施文順位は、四遺跡の全ての分析対象資料において、Ⅰ－2・Ⅰ－3分帯文様より新しくⅠ－3・Ⅱ分帯文様に先行する形をとっている。

⑬口頸部文様帯（Ⅰ文様帯）の関係復元

　施文順位関係（図42）のみに焦点をあてると、四遺跡を通じてＳ１が多くを占め、以下Ｓ３、Ｓ２、Ｓ４の順に少なくなる。ただし、大洞遺跡と東方第7遺跡においてＳ４は確認されていない。また、分析項目⑩の分析結果と関連して、高見原横山Ｂ遺跡と大洞遺跡では他の二遺跡に比べてＳ３の占有率が相対的に高くなっている。更に、各文様帯の単位文様を組み合わせた関係を各遺跡間で比較してみると、高見原横山Ｂ遺跡の図50－6と宮の原貝塚の図57－6、東方第7遺跡の図55－3と宮の原貝塚の図57－2などのように、遺跡間距離に関係なく二遺跡間で共通するものがある。ただし、四遺跡において合同的に同一なものは認められない。また、Ⅰ－2文様帯における一次的文様、二次的文様の類別を加味しても、四遺跡間の普遍性を指摘できない。

　このような口頸部文様帯の関係復元から抽象された各遺跡間の相対的な差異は、遺跡単位の特殊性として理解されるかもしれない。都出比呂志は弥生土器の地域性研究を行なう過程で、この差異を「小さい地域単位の地域色」と捉えた（都出　1983）。しかしながら、口頸部文様帯の関係復元から各遺跡毎の特殊性が認められる一方で、各文様帯の内容、施文順位などといった個別的な分析結果を通して、遺跡間に普遍性が認められていることも事実である。これらの事象を総合すると、各遺跡間の類似レベルはあくまでも量的なものに過ぎず、考古学上の同一時間帯において型式5が遺跡間で漸移的に変化する様相を如実にあらわしているといえる。

（4）　型式5とコミュニケーションシステム

　各遺跡内及び遺跡間における型式5の分析結果を纏めると以下の通りである。

①各遺跡内で、形態部門に関しては分析に堪え得る資料の僅少性から具体性に乏しい。その一方で、文様・装飾部門の大半の分析項目には変異幅が認められる。

②遺跡間で、形態部門に関しては分析に堪え得る資料の僅少性から具体性に乏しいが、完形土器や復元実測された土器を対象に分析してみると、器形は相対的に類似し、大きさは器形よりも変異幅が大きいといえる。

第Ⅲ章　考古学的同一時期における縄文土器の空間変異のあり方について

　その一方で、文様・装飾部門の口頸部文様帯（Ⅰ文様帯）の関係復元から各遺跡毎に特殊性を指摘できると同時に、個別に抽出した他の分析項目から遺跡間における普遍性を確認した。その中で、Ⅰ-2文様帯における一次的文様と二次的文様との出現頻度率、Ⅰ-3文様帯の縄文の占有率、Ⅰ-1・Ⅰ-2分帯文様とⅠ-2文様帯との施文順位関係などの分析結果から、高見原横山B遺跡と大洞遺跡の間、東方第7遺跡と宮の原貝塚の間に各々相対的な類似を看取できた。つまり、中部地方特に諏訪湖・天竜川流域の遺跡群と、南関東地方の遺跡群との間に施文技術に関する相対的な差異が認められると共に、遺跡間距離が近いほど型式5の変異幅が類似する傾向を示すということである。更に、変異幅の程度は、高見原横山B遺跡と大洞遺跡の方が東方第7遺跡と宮の原貝塚に比べて大きいといえる。ただし、土器の類似レベルと遺跡間距離との関係が、全ての分析項目に関して一致しているわけではない。

　以上の①、②の低位理論に基づくと、空間変異に伴う型式5の動態はあくまでも量的な同一と差異の関係であり、分析項目の選び方によって空間分布のパターンが漸移的に変化していると推測できる。つまり、各遺跡出土の型式5には質的に連続した関係があり、遺跡間に有意な境界を明示できないわけである。しかしながら、その中で、中部地方特に諏訪湖・天竜川流域の遺跡群と南関東地方の遺跡群との間の相対的な差異は評価できるかもしれない。

　では、なぜ型式5に各遺跡を通して質的に連続した関係、及び空間変異に伴う漸移的な変化ないし地域的な差異が認められたのであろうか。第Ⅱ章で、記号論的観点から類似土器や類似した土器属性の広域分布を惹き起こした要因として、遺跡間に共通した象徴的秩序の介在とその秩序に基づくコミュニケーションシステムの成立を仮説提示しておいた。そして、各遺跡間で形態・文様に関する地域的な変異を惹き起こした要因を、コミュニケーションシステムの成立に至る過程と、そのシステム成立後に送信されたメッセージを土器に採用する過程の違いとして仮定した。具体的に九つの類型を設定している。そこで、これらのモデルを基に、各遺跡に特徴的な文様施文技術の変異幅を演繹的に推論してみたい。

　中期初頭期において、各遺跡単位で土器作りを行なうと同時に、特定の専業集団や土器供給センターが存在する可能性が低いとするならば、先ず遺跡間におけるコミュニケーションシステムが問題になってくる。更に、型式5の時間幅が複数世代に相当するならば、世代間のコミュニケーションシステムも射程に入る。しかしながら、コミュニケーションシステム自体は不可視的な伝達と了解の過程であり、仮に受け手が送り手側の伝達内容を了解したとしても、土器ないし土器属性として採用しないケースや創造性、選択性をもつ場合などを否定できないため、具体的な事例との整合性は相対的な把握に留まってしまうだろう。

　こうした論理過程の限界の中で、器形細部に象徴的機能が意識・表現されていたとするならば、器形細部の内容は、世代間ないし遺跡間で正確に伝達、了解された後に、スムーズに土器

属性として取り入れられていたといえるかもしれない。その一方で、文様・装飾部門では各遺跡間に量的な同一と差異の関係が認められるため、器形細部に比べてコミュニケーションシステムの成立、及び土器・土器属性への採用に際して、世代間ないし遺跡間で規範の強弱（岩永 1989）と関係した多少のずれや意味転換などの創造、並びに受け手の選択性が生じていたのではないだろうか。その上、これら以外に変異幅を惹き起こした要因として、伝達表現手段や伝達手段、それら両者の関係の相違などが考えられる。

そこで、高見原横山B遺跡、大洞遺跡のように変異幅の程度が東方第7遺跡、宮の原貝塚に比較して大きい場合は、（b）-（ア）、（b）-（イ）、（e）-（ア）の各類型が他類型に比べ主流を占めていた可能性がある。要するに、「ことばによって表現された土器に関するメッセージを、土器を作らない人が送信し、受け手がその言語化されたメッセージをコードに基づいて解読、了解した後、受け手がそのメッセージを土器ないし土器属性として採用するか、送り手である土器を作らない人が受け手側の遺跡で、保有していたメッセージを土器ないし土器属性に採用するケース」、「ことばによって表現された土器に関するメッセージが、土器以外の物質やその性質に付随して伝わり、受け手がその言語化されたメッセージをコードに基づいて解読、了解した後、受け手がそのメッセージを土器ないし土器属性として採用するケース」が主流を占めていたと解釈できる。

そして、変異幅の程度の小さい東方第7遺跡と宮の原貝塚は、（a）-（ア）、（a）-（イ）類型が主流であったといえる。つまり、「ことばによって表現された土器に関するメッセージを土器製作者が送信し、受け手がその言語化されたメッセージをコードに基づいて解読、了解した後、受け手がそのメッセージを土器ないし土器属性として採用するか、送り手である土器製作者が受け手側の遺跡で、保有していたメッセージを土器ないし土器属性に採用するケース」を推定できる。

尚、伝達手段として土器を伴う（c）-（ア）、（c）-（イ）、（d）-（ア）、（d）-（イ）の各類型に関しては、胎土分析を行なっていないため今後の課題である。胎土分析は、各遺跡で使用に供する土器群全てを製作しているのか、ある特定の型式に別の供給地や製作集団を推測できるのかといった問題と関連して、遺跡間及び遺跡群間における情報交換のあり方を理解することに役立つと言われている（井川　1986、石川　1989、小薬・石川　1990、後藤　1980、佐原　1972、清水　1973、瀬川　1985など）。ただし、胎土分析を実施するときには、考古学者による型式学的な操作の精緻性が問われることになる。この点を疎かにして、既存の土器型式名を無批判的に踏襲したままで胎土分析を行なうならば、意味のない結果に陥ってしまうだろう。考古学者は土器分類の方法と目的設定に神経を使うべきである。

第Ⅲ章　考古学的同一時期における縄文土器の空間変異のあり方について

3　五領ケ台式土器様式期の地域単位－特に西南関東地域の設定－

　五領ケ台式土器様式第Ⅱ段階に比定される型式5の分析で、住居址が検出された遺跡、ないし住居址は確認されていないが数量的に型式5が纏まって出土した遺跡を対象に、土器の文様施文技術を中心とした分析から質的に連続した空間的な普遍性、中部の遺跡群と南関東の遺跡群との相対的差異、各遺跡毎の特殊性などを抽出した。特に、文様形態の比較に加えて、施文順位のように模倣しにくいと推定できる属性に着目した結果、今まで中部地方から関東地方までの広い地域の指標になっていた型式が、地域的に細分される可能性を内包することになった点は注目される。

　では、中部と南関東の中間に位置する西関東及び甲府方面は、どのような状況を呈しているのだろうか。この方面において、数量的に纏まった出土をもつ遺跡が見当たらないのが現状である。その中で、住居址が検出されている東京都八王子市明神社北遺跡（椚・佐々木　1976、金子　1990）の型式5は、神奈川県東方第7遺跡（坂上他　1974）や同宮の原貝塚（今村他　1972）に近い関係を示していた。数量的に少ないため、前節で提示した全ての項目に対して分析できなかったが、特にⅠ－1・Ⅰ－2分帯文様とⅠ－2文様帯との施文順位関係で、Ⅰ－2文様帯の単位文様が特定の施文順位と強い相関を示すこと、Ⅰ－2文様帯において一次的文様が二次的文様に比べて多くを占めていることによって、明神社北遺跡の型式5が南関東の遺跡群に類似することが裏付けられた（図68）。しかしながら、山梨県の釜無川や笛吹川流域、東海地方で纏まった資料は見当たらない。

　このようにして、未だ数量化に耐え得るような型式5の出土例は不十分であるものの、各文様帯内の単位文様の内容はもとより、文様帯を分帯する文様と単位文様との施文順位、特定の施文順位と文様帯内の単位文様との相関性などの分析結果から、鶴見川流域に位置する宮の原貝塚、その支流の大熊川に面した東方第7遺跡、浅川の支流の川口川に立地する明神社北遺跡など、幾つかの河川を含めた地域がスムーズなコミュニケーションシステムを成立させる基本的単位として認識される見通しを得ることになった。そして、多摩川、鶴見川など幾つかの河川を含む地域を西南関東地域とひとまず呼称しておく。つまり、西南関東地域はコミュニケーションシステムの成立に至る過程と、そのシステム成立後に送信されたメッセージを土器に採用する過程において、中部と異なった様相を呈していたということである。

　このように考えるならば、多摩川や鶴見川などの複数の河川を含む西南関東地域は、複数の単位集団が日周期から年周期、更には世代周期にかけて、生活を維持するための食料調達と、婚姻システムを介しての社会的再生産、共通の儀礼的行為の遂行義務など（Donald and Mitchell　1975、渡辺　1964b）を可能にする単位として意味を有することになるかもしれない。彼らの研究成果を参考に、西南関東地域は中部地域と常にオープンな形でありながら、社会

的・生態的な生産を維持する最低限の地域的単位としての意味を有していると仮定できる。

　五領ケ台式土器様式期、特に第Ⅱ段階を中心とした時期において、西南関東地域は小林達雄が想定する核領域の典型的な広さ（小林　1984）より狭い。しかしながら、この地域は土器の技術分析を介した地域差の抽出作業によって、社会的・生態的な生産を維持する最低限の地域的単位に該当する蓋然性が高いと考えたい。特定の技術的特徴をもった型式5の地域的広がりを社会的・生態的に解釈するには、土器の技術分析の結果と社会的・生態的システムを架橋するモデル構築といった点で大いに問題が残っているが、少なくとも言えることは、土器研究によって抽出された地域単位を対象に他の物質文化要素の分析を行うことは、任意に設定した地域内で分析するよりも、親族組織論（第Ⅳ章）、石器組成論及び生業・居住システム論（第Ⅴ章）

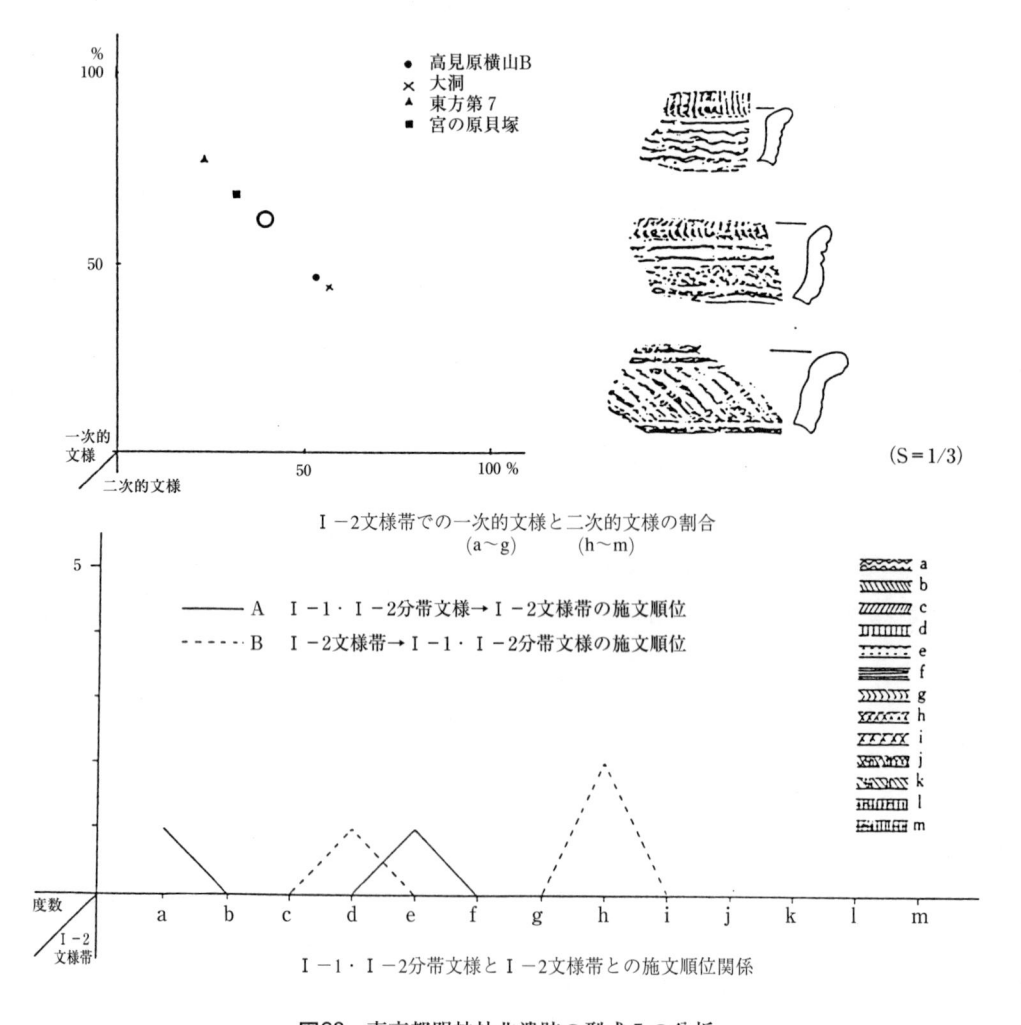

図68　東京都明神社北遺跡の型式5の分析

第Ⅲ章　考古学的同一時期における縄文土器の空間変異のあり方について

などを展開する上でかなり実相に近いということである。

このような論理過程を経ることによって、対自然的関係のみに固執して地域設定された小林康男の論攷（小林　1975b）において、複数に分けられしまった地域がシステム的に統合される可能性を示唆できる（註2）。つまり、西南関東地域は小林のいうB地域の一部、C地域、D地域の一部を含んだ地域なのである。

また、これ以上の細かい地域レベルとして、河川や盆地などを単位とした地縁的居住集団の領域（泉　1952、林　1992、宮崎　1986、向坂　1970・1981）、単位集団の日常生活領域（谷口　1993、林　1971、宮崎　前掲論文、向坂　前掲論文）などがある。ただし、宮崎や谷口の論攷には生態学的な批判（小池　1987、西本　1994a・1994b）が多い。

4　隣接地帯の土器様式とコミュニケーションシステム
（1）　問題提起

型式5の空間変異の実態について、高見原横山B遺跡、大洞遺跡、東方第7遺跡、宮の原貝塚の四遺跡間には質的に連続した関係が潜在していた。それでは、このような斉一性が地域的にどの辺りまで認められるのであろうか。これを検討することは、単に同一時間帯における遺跡間のコミュニケーションシステムの成立と不成立を論ずるといった側面だけでなく、そのシステムを生成させた基盤を具体的に究明し、更にそこから派生する課題を追求していくことに繋がっていく。

ここでは、新潟県西蒲原郡巻町の豊原遺跡出土土器（小野・前山他　1988）を取り上げて、中部から越後地方にかけての空間変異に注目する。縄文時代中期初頭において、新潟県地方は本来的に新保式土器様式に含まれているが、五領ケ台式土器様式との型式学的或いは分布論的な差異について、必ずしも明確な説明が加えられているとはいえない。

（2）　豊原遺跡の検討

遺跡は、新潟県西蒲原郡巻町大字福井字堰場クリヤ潟池内に所在する。住居址などは検出されていないが、試掘調査によって多量の遺物が出土し、層位的変化に基づく型式の変遷過程を辿ることができる。

このような調査成果の中で、第Ⅴ群6類土器が、破片ながら纏まって出土したⅡc層②〜Ⅲ層①にかけての土器様相は注目に値する。それは、6類土器が東京都明神社北遺跡（椚・佐々木　1976）、神奈川県宮の原貝塚（今村他　1972）などから出土する五領ケ台式土器様式第Ⅱ段階の細線文系土器群と、器形、文様モチーフなどにおいて類似すると共に、同一層から6類土器と一緒に出土した土器群を第Ⅱ段階の型式5と比較検討できるからである。また、この層で大半を占める2B類土器は、新保式土器様式Ⅱ期に位置付けられる石川県真脇遺跡第8群Ⅱ期

（加藤　1986）の一部に、形態・文様が類似することから、五領ケ台式土器様式との時間的併行関係を示唆する資料になるだろう。

　第Ⅴ群6類土器が出土するⅡc層②～Ⅲ層①から、第Ⅴ群2Ａ、2Ｂ、3、4、5の各類が出土した。これらは時間的同時性として取り扱われる。しかしながら、このような出土状況は、2Ａ、2Ｂ、3、4、5類を直ちに同一型式として把握することを意味するものではない。

　分析対象資料は6類土器を除いた19点である。五領ケ台式土器様式型式5を分析したときの方法と分析項目を利用するが、頸胴部以下まで残存する資料、及び施文順位関係を明確に把握できる資料が殆どないため、かなり限定した分析内容になっている。このような点を勘案した上で、抽出した分析項目及び分析視点は以下の通りである。また、文様帯の命名については、五領ケ台式土器様式のそれに準拠した（図69）。

形態部門
①器形（図70）
　　a　口縁部が胴部から直線的ないしやや外反気味に立ち上がる円筒形
　　b　口縁部が緩やかに内湾しながら立ち上がるキャリパー形
　　c　口縁部が一度外傾した後に、口縁上端付近で内屈する形

文様・装飾部門
②Ⅰ－1文様帯の内容（図71）
　　a　爪形文（刺突も含む）
　　b　撚糸圧痕文
　　c　縄文
　　d　無文
③Ⅰ－2文様帯の内容（図71）
　　a　右下がりの斜位文
　　b　縄文地に間隔のあいた縦位文
　　c　横位文
　　d　右下がり、左下がりの斜位文を組み合わせた格子目文
　　e　撚糸圧痕文
　　f　縄文
　　g　交互刺突文ないし鋸歯状印刻文
④Ⅰ－1文様帯とⅠ－2文様帯との相関関係
⑤器形とⅠ－1文様帯、Ⅰ－2文様帯との相関関係

第Ⅲ章　考古学的同一時期における縄文土器の空間変異のあり方について

```
I-1・I-2分帯文様                                    I-1・I-2分帯文様
I-2・Ⅱ分帯文様                                      I-2・I-3分帯文様
                                                    I-3・Ⅱ分帯文様
```

　　　　　Ⅰ-1文様帯
　　　　　Ⅰ-2文様帯
　　　　　Ⅰ-3文様帯
　　　　　Ⅱ文様帯

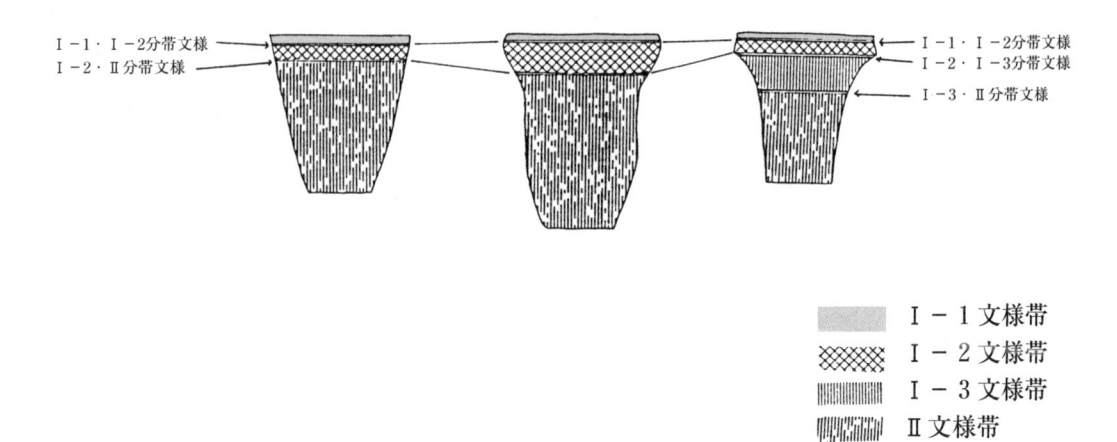

図69　文様帯と分帯文様の命名について（新潟県豊原遺跡）

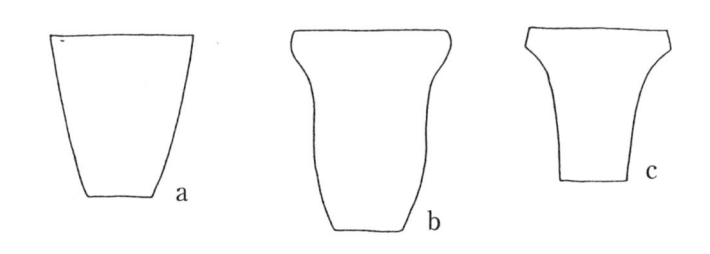

a　　　b　　　c

図70　新潟県豊原遺跡における器形の分類（小島1977を再トレース）

Ⅰ-1文様帯　　　Ⅰ-2文様帯
a　　　　　　　　a
b　　　　　　　　b
c　　　　　　　　c
d　　　　　　　　d
　　　　　　　　 e
　　　　　　　　 f
　　　　　　　　 g

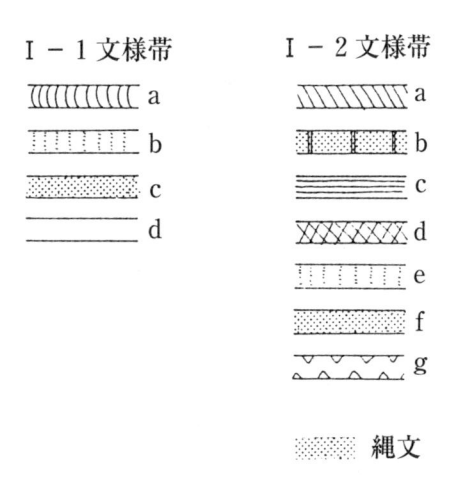

縄文

図71　新潟県豊原遺跡における単位文様の分類

— 133 —

形態部門

①器形（図72、表5）

　19点のうちaが最も高い出現頻度を示している。aは14点で全体の73.7％を占め、以下c、bの順に低くなる。波状口縁や小波状口縁のもの、口唇部上に一から二単位を基本にする突起が施されるものがある。

　尚、大きさに関する分析は、容量を推定できるだけの資料が殆ど見つかっていないため省略した。

文様・装飾部門

②Ⅰ－1文様帯の内容（図73、表6）

　19点のうち、bが11点で全体の約6割（57.9％）を占め、以下c、a、dの順になる。

③Ⅰ－2文様帯の内容（図74、表7）

　19点のうちdが最も高い出現頻度を示している。dは8点で全体の42.0％を占め、以下c、eの順に低くなる。

④Ⅰ－1文様帯とⅠ－2文様帯との相関関係（図75）

　横軸にⅠ－2文様帯の内容をとり、Ⅰ－1文様帯a～dの出現頻度を折れ線グラフで表してみると、Ⅰ－2文様帯がdのケースでⅠ－1文様帯a～dの全てが揃っている。また、Ⅰ－2文様帯がcのとき、Ⅰ－1文様帯はbが多くを占めている。他のケースでは、数量が少ないため詳細は不明である。

⑤器形とⅠ－1文様帯、Ⅰ－2文様帯との相関関係（図76）

　先ず、器形とⅠ－2文様帯との相関について分析すると、a～cの全ての器形と関係したⅠ－2文様帯は見当たらない。ただし、Ⅰ－2文様帯がcのとき、器形はaのみ該当する。数量的に少ないが、Ⅰ－2文様帯eのケースも同様の傾向を示している。その一方で、dの場合は器形aがやや多いといえる。

　そして、この傾向にⅠ－1文様帯とⅠ－2文様帯との相関グラフ（図75）を照応させてみると、器形aでⅠ－1文様帯b或いはc、Ⅰ－2文様帯c或いはdといった関係（図76－1・2）を看取できる。更に、器形bでⅠ－1文様帯c、Ⅰ－2文様帯b（図76－3）、器形cでⅠ－1文様帯a、Ⅰ－2文様帯d（図76－4）などの少数例は注目される。また、Ⅰ－2・Ⅱ分帯文様に撚糸文や縄文などをもつ隆帯が器形aに多く用いられ、器形bに認められない。これは、器形とⅠ－2文様帯の相関性と共に重要である。

　次に、このような属性間の関係から復元し得る豊原遺跡の土器様相を、新潟県剣野E遺跡出土土器（金子　1967・1987）と比較してみる。そうすると、図76－1・3のような土器は剣野E遺跡から出土しておらず、僅かに（金子　1987）の第21図39に類似の一端を見い出すのみで

第Ⅲ章　考古学的同一時期における縄文土器の空間変異のあり方について

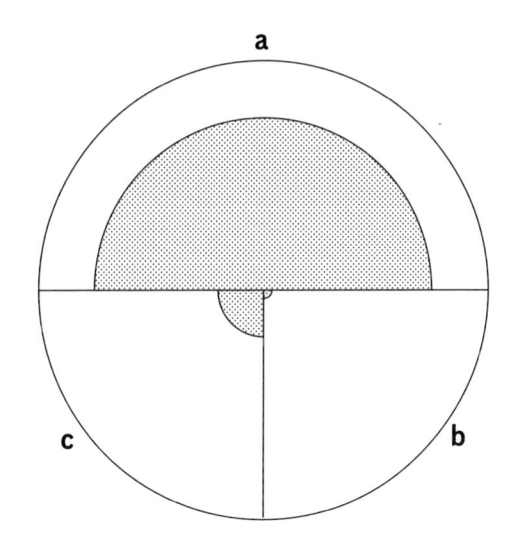

図72　器形の内容別出現頻度（新潟県豊原遺跡）

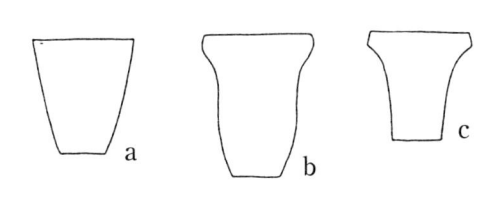

器形＼遺跡	豊原
a	14 (73.7)
b	1 (5.3)
c	4 (21.0)
計	19 (100)

（　）内は％

表5　器形の内容別出現頻度

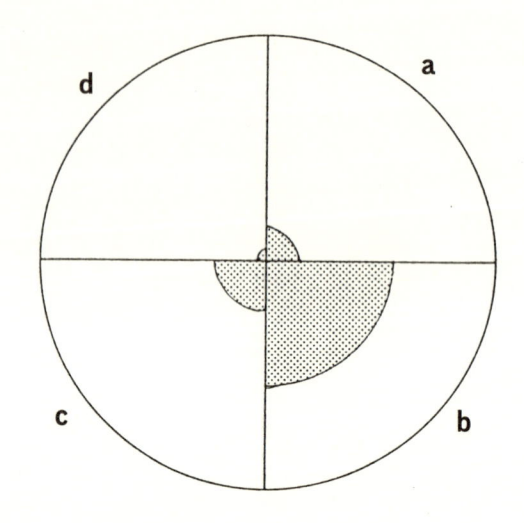

図73　Ⅰ−1文様帯の内容別出現頻度（新潟県豊原遺跡）

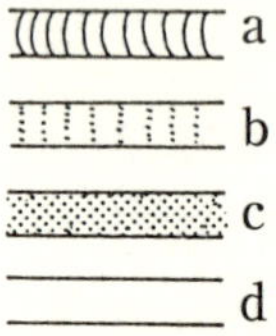

Ⅰ−1文様帯　遺跡	豊原
a　爪形文	3(15.8)
b　撚糸圧痕文	11(57.9)
c　縄文	4(21.0)
d　無文	1(5.3)
計	19(100)

(　)内は%

表6　Ⅰ−1文様帯の内容別出現頻度

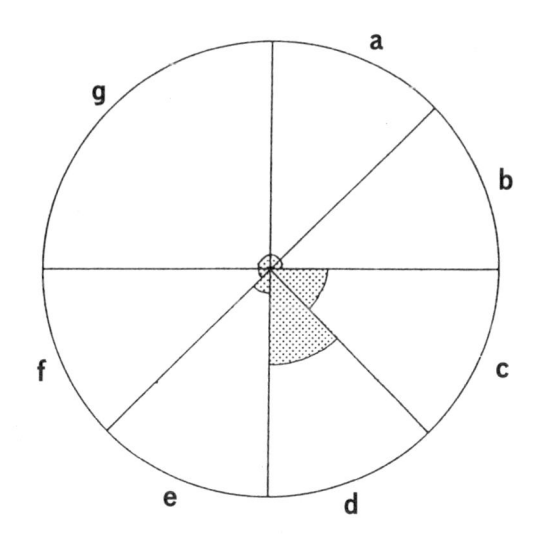

第Ⅲ章　考古学的同一時期における縄文土器の空間変異のあり方について

図74　Ⅰ-2文様帯の内容別出現頻度（新潟県豊原遺跡）

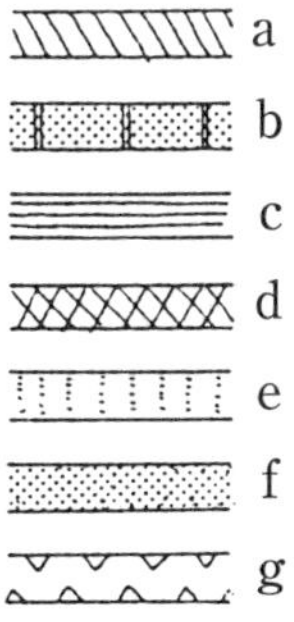

Ⅰ-2文様帯 遺跡	豊原
a 右下がりの斜位文	1(5.3)
b 縄文地に間隔のあいた縦位文	1(5.3)
c 横位文	5(26.3)
d 右下がり・左下がりの斜位文を組み合わせた格子目文	8(42.0)
e 撚糸圧痕文	2(10.5)
f 縄文	1(5.3)
g 鋸歯状印刻文	1(5.3)
計	19(100)

(　)内は％

表7　Ⅰ-2文様帯の内容別出現頻度

I-1 \ I-2	a	b	c	d	e	f	g
a				○	○		
b	○		○	○			○
c		○	○	○		○	
d				○			

○は、同一個体内共存を示す

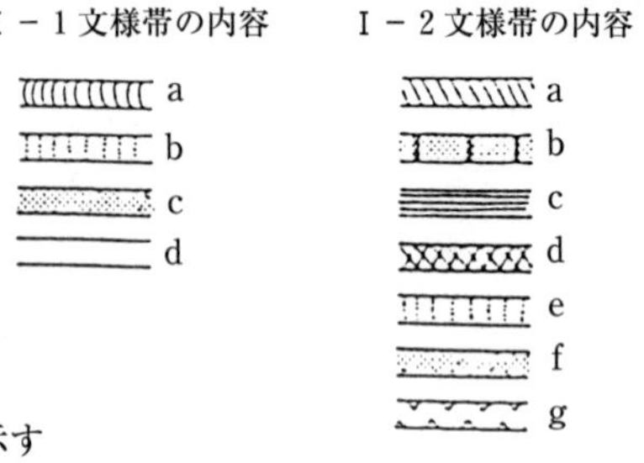

I-1文様帯の内容: a, b, c, d
I-2文様帯の内容: a, b, c, d, e, f, g

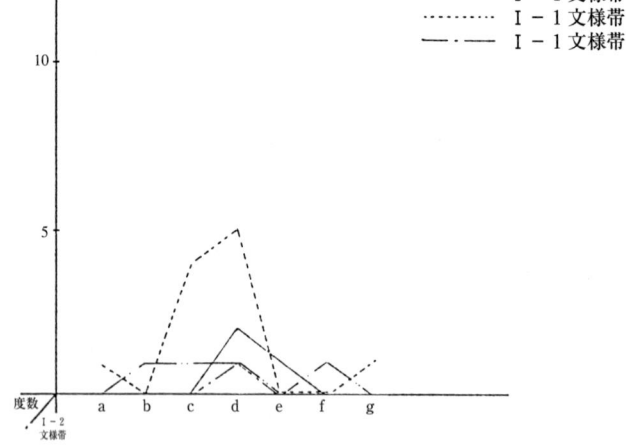

―――― I-1文様帯 a
……… I-1文様帯 b
—・— I-1文様帯 c

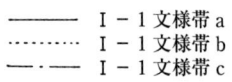

図75　I-1文様帯とI-2文様帯との相関（新潟県豊原遺跡）

第Ⅲ章　考古学的同一時期における縄文土器の空間変異のあり方について

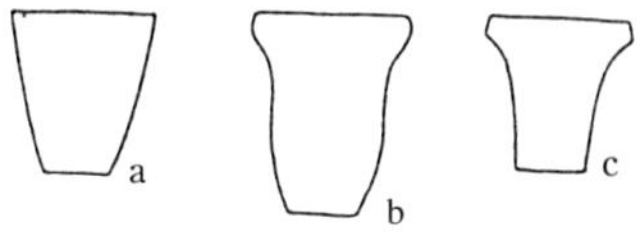

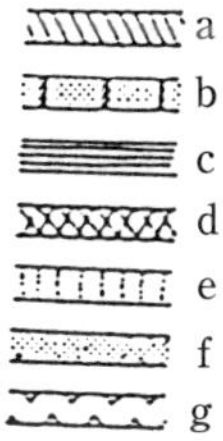

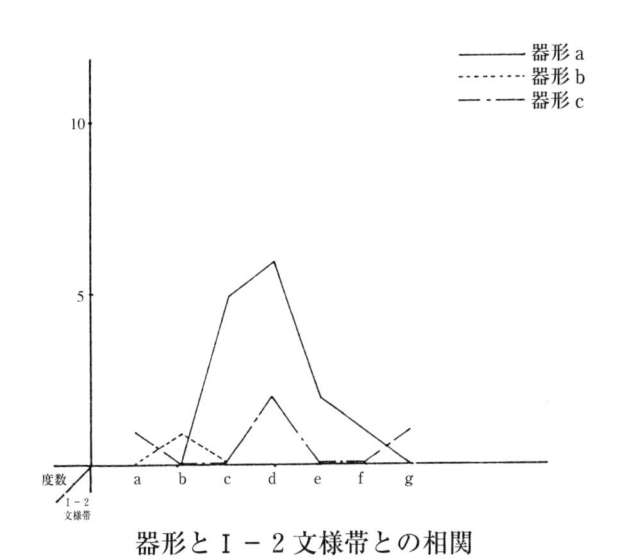

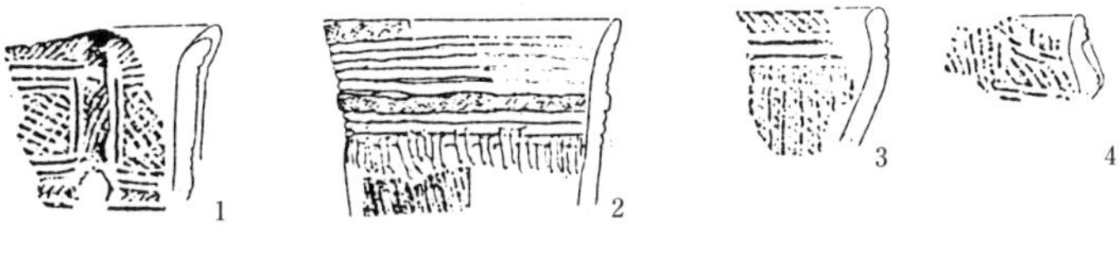

図76　器形とⅠ－1文様帯、Ⅰ－2文様帯との相関関係（新潟県豊原遺跡）

ある。この原因は、剣野E遺跡の土器が細片で量的に少ないことに起因しているのかもしれない。その一方で、石川県新保遺跡（小島　1977）、同真脇遺跡（加藤　1986）などから豊原遺跡に類似した構成をもつ類が出土している。それ故、今後は五領ケ台式土器様式型式5で行なった分析項目と分析視点を参考に、最近注目されている長野県の北信地域だけでなく、越後から北陸にかけて、遺跡別に形態や文様施文技術の変異幅を抽出した上で、それらを遺跡相互に比較検討していかなければならない。この作業の反復によって、この地域に潜在する質的に連続した関係を予測したり、地域内の遺跡間で変異幅を惹き起こした要因をコミュニケーションシステム論から演繹的に推論できるような低位理論を提示できるだろう。

（3）　型式分布圏の意義

　高見原横山B遺跡、大洞遺跡、東方第7遺跡、宮の原貝塚の四遺跡から出土した五領ケ台式土器様式第Ⅱ段階型式5と、ほぼ時期を同じくする豊原遺跡Ⅱc層②～Ⅲ層①から出土した土器群を、形態・文様などの製作に関する技術的視点で比較してみると、次のことが明らかになった。

　一つめは、中部・南関東の遺跡群と越後の豊原遺跡で、形態部門の中の器形が大きく異なっているということである。型式5は、口縁部がS字状を呈するものを典型としており、この類は豊原遺跡Ⅱc層②～Ⅲ層①から出土していない。その代わり、口縁部が胴部から直線的或いはやや外反気味に立ち上がる円筒形（a）、口縁部が緩やかに内湾しながら立ち上がるキャリパー形（b）などが主体を占めている。

　二つめは、豊原遺跡Ⅱc層②～Ⅲ層①において、Ⅰ－1文様帯の内容で撚糸圧痕文（b）の出現頻度が他を圧倒すると共に、縄文施文の事例を有しているということである。型式5の四遺跡でⅠ－1文様帯に撚糸圧痕文を施す例は、大洞遺跡でやや高い頻度で認められる以外、僅少性を特徴としていた。しかしながら、縄文を回転施文する例は、型式5のⅠ－3文様帯ならまだしもⅠ－1文様帯の中に見当たらない。それ故、この差異は撚糸圧痕文の占有率の差異以上に注目されるだろう。

　三つめは、中部・南関東の遺跡群と越後の豊原遺跡で、Ⅰ－2文様帯の内容のうち、右下がりの斜位文、横位文、右下がりと左下がりの斜位文を組み合わせた格子目文を介して共通性が認められるということである。

　四つめは、個別の分析項目に関する比較検討の結果、Ⅰ－1文様帯の撚糸圧痕文、Ⅰ－2文様帯における格子目文などの施文例から、中部・南関東の遺跡群と越後の豊原遺跡でかたちの類似が認められる一方で、各分析項目の相関といった視点から、器形aでⅠ－1文様帯b或いはc、Ⅰ－2文様帯c或いはdといった関係、及び器形bでⅠ－1文様帯c、Ⅰ－2文様帯bといった関係が、中部・南関東の型式5を出土する遺跡群にみられないということである。更

第Ⅲ章　考古学的同一時期における縄文土器の空間変異のあり方について

に、五領ケ台式土器様式第Ⅱ段階の型式5以外のタイプにも認められない。つまり、豊原遺跡のⅠ-1文様帯の撚糸圧痕文、Ⅰ-2文様帯における格子目文などは、外形的に型式5に採用されるかたちに似ているが、他の属性との脈絡によって異なる意味内容を具備していたと推測できる。

このように考えると、五領ケ台式土器様式型式5をもつ中部・南関東の四遺跡の間の質的に連続した関係は、越後の豊原遺跡に認められず、両地方の間に境界を生み出している。それでは、このようなある地域を境にした質的に不連続な関係は、何に起因しているのであろうか。この関係は、両地方の間におけるコミュニケーションシステムの不成立を意味しているのであろうか。

ホダーは、アフリカ西ケニアのバリンゴ（Baringo）地区に居住するヌジェンプス（Njemps）、トゥジェン（Tugen）、ポコト（Pokot）といった三つの部族に関して、各文物の分布状況が必ずしもある社会的交流や、婚姻に代表される人の移動などに反映されているとは限らないと述べている。例えば、トゥジェン族からヌジェンプス族に女性が婚出した場合、耳飾りなどの装飾品や服装などは婚入先のものに素早く、そして完全に同化してしまう。ホダーは、各物質文化要素の分布とその要因を多面的に説明した上で、特に経済上の争いなどの緊張関係が確認される境界地域において、お互いの集団は常に自分達のアイデンティティーを明示し、それを維持することに努めると言及している（Hodder　1982）。尚、ホダーの諸論文について、安斎正人が詳細に紹介している（安斎　1995）。

ここで、類似した土器ないし土器属性が広範囲ではあるが、特定の地域（例えば、型式5で中部から南関東にかけて）に纏まり、ある地域的範囲を越えると構造的に差異が目立つようになる現象をコミュニケーションシステムの成立と不成立によって解釈するのではなく、そのシステムを生起させると共に、質的な地域境界を生みだした象徴的秩序（註3）の能動的な役割によって説明することに注目しなければならない。すると、縄文時代中期初頭のある一時期において、中部・南関東と越後（豊原遺跡）には各々独自の象徴的秩序が潜在し、その秩序を基盤にして各地方の内部でコミュニケーションシステムの成立と、システム成立後に送信されたメッセージを土器に採用する行為が行われていたと解釈できるだろう。つまり、二つの地方の集団間でコミュニケーションシステムが成立していなかったのではなく、中部・南関東から越後（豊原遺跡）にかけて共通した象徴的秩序が潜在していなかったため、コミュニケーションシステムが成り立っていても関係態として類似した土器の製作に至らなかったのである。

ところで、象徴的秩序は具体的に何によって語り継がれていたのであろうか。ここで、オーストラリア・アボリジニを例にとって考えてみたい。オーストラリア・アボリジニは、全アボリジニが理解するような複数の神話をもち、それらの神話は各言語グループによって分有され

ている。そして、分有された神話は、他のグループがもつ神話を排斥するようなものでない反面、各々の言語グループ毎に同一性を備えている。このような性格の神話は、絵や儀礼によって次の世代へ受け継がれる。子供達は、それを正しく語り継いだり、神話の秘密を守るなどの義務を負っている（窪田　1988b）。

　このようなオーストラリア・アボリジニの事例を参照すると、中部・南関東の集団と越後の集団の間には、異なる神話ないし神話群としての象徴的秩序が分有されていたと推測できる。そして、それを継承させるために、絵や儀礼行為と共に個別の土器属性や関係態としての土器が機能していたのかもしれない。

註
(註1)　1989年2月、東京大学総合資料館（現　東京大学総合研究博物館）にて筆者が実見した。
(註2)　安斎正人の言によれば、自然生態的アプローチに対する社会生態学的アプローチの有意ということである（安斎　1990）。
(註2)　第Ⅱ章の註11を参照。

第Ⅳ章　五領ケ台式土器様式期の出自と婚後居住

1　諸言

　縄文時代の親族組織ないし社会組織を共時的・通時的に解釈・復元することは難しい。ホークスは、考古学的事象からそれを作り出す技術、及び人類集団の生業形態について推論することに比べ、社会的・政治的な制度・組織の推論が容易でないことを述べている。その理由は、例えば豊富な副葬品や装身具をもつ女性の墓が出土した場合、このような事象が社会的に女性支配を意味していたのか、男性支配の社会でありながら他社会にその構造を表示する手段として女性を飾りたてたのかなど、論理的に解釈できないからである（Hawkes　1954）。

　大林太良は、カリフォルニア・インディアン、東北アジアの漁撈民、北方ユーラシアの狩猟民に関する民族誌的事例をモデルに、縄文時代前期から後期に至る東日本の「社会組織」を推測した。その結果、集落外婚の様相を保ち、夫方居住婚を支配的な居住形態とする社会を想定した。それから、オーウェンが詳述した南カリフォルニアの「夫方居住バンド」例を介して、このような仮説と考古学的事象との対応関係に関する注目すべき問題提起を行なっている。それは、「男よりもむしろ女が頻繁に用いる諸要素、つまり粉ひき用具、彫刻用具、切断器、スクレイパーは、広い地域にわたって、明瞭な変異をほとんど示さ」ず、「同じ地域において主に男が用いる尖頭器、釣針、儀礼用品は相当の地方差を見せている」ということである。

　また、大林は、このような集落外婚と夫方居住規則によって考古学的に期待される現象を提示すると共に、妻方居住規則を採用した場合に予測される考古学的な事象についても簡単に触れている。例えば、女性が土器製作に携わるならば、「妻方居住婚を行なう社会では、夫方居住婚を行なう社会よりも、単一共同体内部において土器の形式上の変異性がより少ない」といったトレティアコフの研究成果である。更に、縄文社会の出自については、カリフォルニア・インディアンと東北アジア漁撈民の民族誌的事例を基に、母系ではなく父系か双系のいずれかの可能性を推測するが、婚後居住に比べて考古学的データからの立証が困難であると述べている（大林　1971a）。

　本章は、このような大林の問題提起を承けた形で、五領ケ台式土器様式第Ⅱ段階の中部地域と西南関東地域（註1）を対象に、様式内における土器系列の構造的な識別、同一個体内で共存する異系列の文様・文様帯と各系列の特徴的な文様・文様帯との技術的な比較分析（註2）から出自論にアプローチし、遺跡内における各系列の構成比率の算定とその分布状況、及び北アメリカ北西海岸狩猟採集民の事例分析から、婚姻後の居住形態と婚姻体系の推測を試みたものである。

— 143 —

ところで、第Ⅱ章と第Ⅲ章で、第Ⅱ段階の集合沈線文系土器群型式5が広い範囲で分布する要因について、女性の移動を考慮した婚姻体系に限定させるのではなく、同じ祖先をもつといった象徴的秩序ないしイデオロギーに基づくコミュニケーションシステムの成立に論拠を求めた。しかも、中部の遺跡群（中部地域）と南関東・多摩方面の遺跡群（西南関東地域）の間には、コミュニケーションシステムの成立に至る過程と、そのシステム成立後に送信されたメッセージを土器に採用する過程が異なっていたと推測した。当然のように、本章はこの仮説を理論的背景にすると同時に、新たに集合沈線文系と細線文系といった異なる系列間の構造性を取り扱うことによって、両者の間における特定の社会的関係が、土器製作に関する特定の技術属性に反映されるのではないかといった目的意識に基づいている。

2　出自論の前線

　ここで、縄文時代の親族組織に関する諸説を論じたり、具体的な土器分析にはいる前に、幾つかの用語について整理しておきたい。

　考古学や社会（文化）人類学の研究分野で、親族ないし親族関係、親族組織といった用語が頻繁に使われている。しかしながら、これらの概念化の問題は、特に社会（文化）人類学において民族調査の増加に伴う形で、数多く議論されてきた（村武　1981）。ここでは、親族組織に関わる数多くの概念の中で、特に親族・親族関係と出自を取り上げ、両者の概念的な対置性に注目してみたい。そして、このような基礎的な操作を行なった後、各種の義務やきまり、文物、財、伝統が継承・維持される経路と、反対に文物や伝統などが継承され難い経路が、親族・親族関係及び出自の各規則に従って整理し直されることになるだろう。しかも、親族・親族関係と出自の各規則に応じた行動形態の体系化は、考古学的遺物・遺跡を分析する過程で有効なモデルになり得る。

　シェフラーは、親族ないし親族関係を父と子、母と子といった生物学的な親族関係に限定した形で定義している（Scheffler　1974）。ゲルナーの親族概念（Gellner　1960）もこの見解に近い。しかしながら、キージング（Keesing　1975、小川・笠原・河合訳　1982）やリーチ（Leach　1982、長島訳　1985）が述べているように、生物学的父親（genitor）は必ずしも法的に認められた父親（pater）に一致せず、同様に生みの母親（genetrix）が法的に認知された母親（mater）ではないことが、トロブリアンド諸島民やオーストラリア原住民諸族などの民族誌的調査によって明らかになってきた。具体的に、女性が子供の父親として社会的かつ法的に不適切な男性と性的関係をもち、出産後に既に死亡している男性を法的父親として認知するケース、両親との間に血の繋がりはないが「子供」として迎えられる養子縁組のケース、レヴィレート婚やソロレート婚のケースなどである。そして、ビーティはこのような社会的親子関係を

第Ⅳ章　五領ケ台式土器様式期の出自と婚後居住

かなり重視している（Beattie　1964、蒲生・村武訳　1979）。

　しかし、社会的親子関係が成立する場合でも、先ずは生物学的な親子関係が認められなければならない。それは、例えば夫を亡くした妻が夫の兄弟或いは近親の男性と再婚するレヴィレート婚が成立し、生まれた子供を亡夫の子供として社会的に認知する場合、その前に女性は亡夫の兄弟か近親男性と性的交渉をもち、子供を妊娠・出産しなければならないからである。キージングは生物学的な父親と合法的な父親との不一致を認めた上で、シェフラーの定義を土台として、親族関係とは「系譜のつながり（自己を中心に考えると、自己と生物学的な両親、その両親の両親、子供の子供、自己の兄弟姉妹、更に両親の兄弟姉妹を通しての系譜上のつながり）と、系譜上の親子の「自然」な関係をモデルにしてつくられた社会的紐帯（たとえば、養取に基づく紐帯）とによってつくりだされた関係のネットワーク」であると述べている（Keesing　1975、小川・笠原・河合訳　1982）。

　また、親族・親族関係の概念の中に出自を含め、親族・親族関係をかなり広く意味付ける研究成果も存在する。例えば、大給近達は親族を「出自や継承規則に基づいて、個人を社会的に位置づけ配分し、彼等相互の親族としての権利・義務の関係を明らかにする文化的原理である」と定義する（大給　1963）。これは、19世紀以来の出自概念が、「系統」及び「親子関係」のような漠然とした内容で受け取られていたということに起因しているのではないだろうか。

　しかしながら、このような理解に対しては否定的な見解が寄せられている。リヴァースは南インドのトダ族など多くの事例を基に、婚姻形態などの社会的状態と親族名称体系との因果関係を仮説化して、特定の親族内で複数の系譜を想定した。この中で、出生を介して同じ祖先との繋がりをもち、父親か母親のいずれかの集団に帰属することを表わす概念として「出自」を用いている（Rivers　1924、井上訳　1944）。リヴァースの出自概念は母系、父系といった単系出自にのみ限定的に適用され、リーチによって積極的に評価されている（Leach　1962、大塚訳　1981）。

　その一方で、キージングは出自を単系出自のみに限定しないで、単系、双系、二重（両系）の三つの出自形式（出自構成）を考えている。この中で特に注目したいのは、ガーナのタレンシ族の民族誌的事例を取り上げた上で、双系出自と他の出自形式との排他的関係を認めていない点である。

　タレンシ族は父系出自を中心的な原理とした社会で、その人々は自分の父親の父系出自集団に帰属することによって、財産を相続する権利や儀礼に参加する義務を獲得している。また、彼らは外婚制を採用しているため、母親や祖母は別集団から婚入してきた者である。そして、出自集団の成員が祖先の一人に対して「供儀」を行なうとき、その祖先から父系的に出自を辿れる子孫だけでなく、他の出自集団に婚出した女性の子孫も「供儀」の場に参加して、捧げ物

の分配を受ける資格を与えられている。このような双系出自に基づく行動及び集団編成は、父系出自に基づいた行動及び集団編成と共に、目的に応じて補足的に執り行われていた（Keesing 1975、小川・笠原・河合訳　1982）。つまり、儀礼ないし婚姻に関する伝統や行為の継承、財産の相続などは、一つの出自形式によって常に規定されているとは限らないということである。

　このように、単系出自と双系出自の形式的な連続性はキージングの説く出自論の特徴で、リヴァースやリーチの出自論とは異なっている。しかしながら、彼らの間では親族・親族関係と出自を混用しておらず（表8）、更に父方親族の範囲と父系出自の範囲、母方親族の範囲と母系出自の範囲を図式化することによって、同じ親族に属する人々と同じ出自の人々との構成員の違いを集団レベルで明らかにしている（図77）。

　ところが、このような出自と親族・親族関係の概念上の対置性は、エゴ（分類の基点となる任意の個人）にとっての両者の排他性を意味するものではない。つまり、エゴにとって、親が生物学的、法的な親であったり、祖先との系譜的な存在であったり、コンテクストに応じて変異するからである。しかしながら、系統としての母系出自といった場合において、祖母、母、娘のように女親と各世代の兄弟との間に認められた系譜的関係には、男親と息子といった親子関係は除外されている。なぜならば、この場合の父親は息子にとって生物学的な父親としての意味しかなく、財産相続や地位の継承などに具体化される出自規則に基づくと、両者の関係は母系出自の規則から外れてくるからである。

　息子や娘は、母親と母親の兄弟が保持する諸権利を出自規則に準拠する形で受け継ぐ。この

親族関係	出自
1　一個人（自己）または個々人の組み合わせとの関連で決まる。 2　普遍的にどの社会でも重要。 3　自己からみて、ふつうは双方的。 4　親族関係は相対的なものである。つまり、誰でも特定の人物に対してのみ息子であったりオイであったりする。	1　一祖先（男祖か女祖）との関連で決まる。 2　文化的に認められる社会もあれば、そうでない社会もある。 3　（共通祖先との関係で）自己の親族のうち、限られた範囲の者だけを結び付ける。 4　出自による地位は、ある意味で絶対的なものである。つまり、特定の出自集団の成員か、成員でないか、のいずれかである。

表8　親族関係と出自との概念上の比較
（Keesing1975、小川・笠原・河合訳1982より）

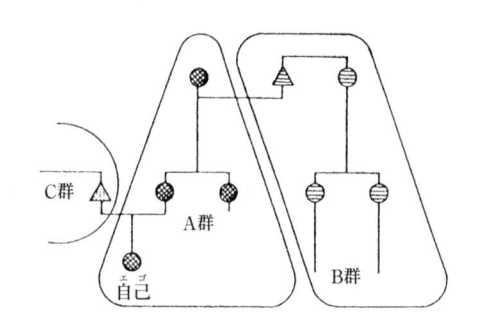

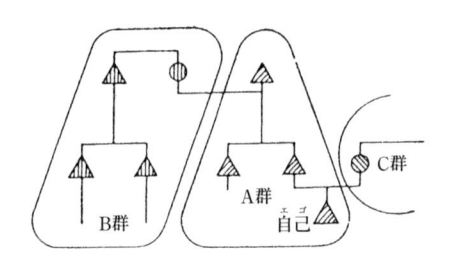

第Ⅳ章　五領ケ台式土器様式期の出自と婚後居住

B群は、A群と同様に自己(エゴ)の父方親族である。(B群の者は自己の父を通した関係であるから。)しかし、A群が父系出自であるのに対して、B群はそうではない。C群および他の母側の者は母方親族である。

出自が母系的にたどられる社会では、パターンは父系の裏返しになる。この場合、B群は、A群と同様に自己(エゴ)の母方親族である。しかし、A群が母系出自であるのに対して、B群はそうではない。C群および他の父側の者は父方親族である。

図77　親族と出自の範囲（Keesing1975、小川・笠原・河合訳1982より）

過程で父親の入る余地はなく、特に母親と娘、母親の兄弟（オジ）と母親の息子（オイ）との関係が注意を惹くことになる（註3）。その一方で、親子関係が存在する限り、父親から子供達に対する何らかの譲渡も当然のように行われるだろう。つまり、このような親子関係に準拠する形で受け継がれる諸権利と、同一出自の中で受け継がれる諸権利を識別することが重要なのである（Fortes 1953）。しかも、リーチによると親子関係及び双方的な親族関係の規則より、出自規則に基づく財物、地位・称号、技能などの相続・継承過程の方がかなり厳密に規定されているといわれる（Leach 1962、大塚訳 1981）。

　このような人類学的成果に基づく限り、いわゆる親族組織といった用語は、考古学的な一般表現として使用され得るが、具体的な遺物分析の過程を経た後の解釈概念や、分析過程における分析概念として機能しているわけではない。この機能を果たしている概念が、出自と親族・親族関係である。それ故、本章において親族名称と出自、或いは婚後居住などとの関係（Murdock 1949、内藤監訳 1986）、一夫一妻制、一夫多妻制といった婚姻制度など、親族組織論を構成する重要なテーマを扱っていないことも加味すると、一般表現としてのみ親族組織を用いることにした。また、出自と親族・親族関係の概念的な対置性、及び出自規則に基づく財、技能などの厳格な相続・継承過程を考慮すると、考古学的にはこれらの相続・継承過程にかなりの変異が認められる親族・親族関係に接近するよりも、出自形式の把握や出自集団の同定に接近する方が可能であるといえる。

3 縄文時代の親族組織に関する諸説とその方法論

　縄文時代の親族組織を解釈するために、土器、埋甕、集落構成、墓域、人骨・歯が主に利用されてきた。しかも、分析の過程において、墓域と人骨、土器と集落構成のように複数の視点を共有した研究例が多い。

　ところで、親族組織に対する関心はかなり古くからもたれており、例えば谷川（大場）磐雄は、土偶の形態的特徴から「妊娠出産」といった女性特有の機能を想定した上で、女性が男性より優位に崇拝される「母権制度」の存在を考えていた（谷川　1926a・1926b）。

　また、谷川（大場）と違って和島誠一は、「母系制的な婚姻形態」と「母系的な氏族」社会（和島　1948）を縄文社会に重ね合わせる過程で、土偶のように女性を表現する儀礼的な遺物の出土例だけではなく、「採取」経済における女性の経済的な役割、貝輪や鹿角製耳飾を着装した女性人骨の社会的な位置付け、更に弥生・古墳時代の現象を反映する神話・伝説の起源的痕跡などを母系社会の根拠に加えた。それから、縄文時代の間に婚姻形態の「集団婚」から「対偶婚」への移行を推察している（和島　1962）。しかしながら、和島の見識には、女性の経済的・社会的な機能、及び埋葬に際しての着装品・副葬品と性別との相関などが検討されておらず、その上、集団婚から対偶婚への婚姻形態の変化に関する論拠が不透明であると共に、婚姻形態或いは親族名称体系と社会構造との単一進化論的な学説に対する社会（文化）人類学上の否定的意見が組み入れられていない。

　すなわち、この頃までの親族組織研究は、少なくとも中心的なテーマとして活発に議論されていた状況ではなかった（堀越　1972）といえる。

　そこで、和島以後に、縄文時代の親族組織に関して積極的な発言を行なってきた数人の研究者とその研究成果を取り上げ、各々の研究成果に対する現状での理論的・方法論的な問題点を提起し、最後に出自及び婚後居住に対する筆者の接近方法を述べてみたい。

（1）抜歯人骨の分析や葬制論などを基幹として「出自規定」と婚後「居住規定」の解明を目指した春成秀爾の研究

　1970年代以降になると、種々の視点と方法論を用いて、親族組織に関する議論が展開してきた。このような状況の中で、特に春成秀爾の抜歯を中心とした研究成果は、その後の親族組織研究に強い影響力を発揮することになる。

　春成は、人骨に認められる抜歯習俗の分析（春成　1973）、性別・年齢階梯別・抜歯型式別にみた腰飾、叉状角器、腕輪などの装身具の着装率（春成　1980a・1985）、同一人骨における叉状研歯と抜歯型式との相関性（春成　1989）、性別及び年齢別にみた合葬人骨の検出状況（春成　1980b）、更に埋葬遺体の頭位方向や埋葬場所の相違を加味した墓域構成（春成　1980b）などを総合化して、東日本から西日本に至る縄文時代の親族組織の実態に迫ろうとした。そして、こ

第Ⅳ章　五領ケ台式土器様式期の出自と婚後居住

のような多角的な分析を通して、特に「出自規定」と「居住規定」の時間的・空間的な変化及びその要因に焦点を当て（春成　1979・1980c・1982）、1982年論文でその成果を簡潔に纏めている。

　その一方で、各論文の間に解釈の上で幾つかの変化が認められており、それが我々の理解を混乱させる原因にもなっている。例えば1973年論文において、２Ｃ型と４Ｉ型の性別比から、津雲貝塚では夫方居住婚を想定し、伊川津貝塚や吉胡貝塚においても、男性に４Ｉ型が多く、叉状研歯の大部分が４Ｉ型であることから夫方居住婚を指摘していた。その後、「埋葬区内において４Ｉ型抜歯遺体がその中心部を占め、叉状研歯人物・各種装身具の着装者はいずれも４Ｉ型に一方的に偏在している事実」から、４Ｉ型が女性に多く２Ｃ型が男性に多い津雲貝塚は妻方居住婚で、伊川津貝塚や吉胡貝塚は選択居住婚の可能性が高い（春成　1982）というように、かなり異なった解釈に到達した。また、４Ｉ２Ｃ型は「婚出先で夫または妻と死別あるいは離婚したため婚姻関係を解消し、（中略）　婚前に居住していた氏族にかえってきた寡婦または寡夫」（春成　1973）の表示であると推定していたが、6年後に解釈し直して（春成　1979）、その後、「配偶者（２Ｃ型）が死亡し、その後に再婚する時にこれまで４Ｉ型であったところに加えて２本の犬歯を抜かれて成立した型式」（春成　1982）であると明示している。

　それ故、ここでは見識の改訂が行われた1979年論文と1982年論文のうち1982年論文を対象に、晩期の東海地方から西日本地域の岡山県津雲貝塚、愛知県吉胡貝塚、同伊川津貝塚、同保美貝塚、同稲荷山貝塚などから出土した抜歯人骨の分析方法とその成果に注目した上で、幾つかの課題を提起してみたい。

　先ず春成は、抜去された上顎犬歯と下顎切歯・犬歯の組み合わせから五つの基本型式と、それに上顎第一小臼歯及び下顎第一小臼歯の抜去を組み合わせた型式を設定した。この中では、特に４Ｉ型と２Ｃ型に注目して、各々の抜歯型式をもつ人骨が墓域内で異なる分布域を形成していること、同じ抜歯型式の人骨が合葬されていること、４Ｉ型は叉状に研歯されたり、鹿角製腰飾、叉状角器、猿の橈骨製耳飾、二枚貝製の腕輪を着装した人骨に多いことを見いだした。そして、４Ｉ型と２Ｃ型を「婚姻儀礼の一環として実行された」抜歯習俗と推定した上で、両者の対称的なあり方を「出自原理」の違いとして解釈した。そして、４Ｉ型が男性であるならば、女性が２Ｃ型の抜歯状態を伴って婚入するといった夫方居住、４Ｉ型が女性の場合は男性が２Ｃ型の抜歯状態を伴って婚入するといった妻方居住をそれぞれ想定している。

　その上で、４Ｉ２Ｃ型と２Ｃ２Ｉ型（春成　1973では２Ｉ２Ｃ型）の成立背景についても言及している。つまり、「４Ｉ２Ｃ型については、配偶者（２Ｃ型）が死亡し、その後に再婚する時にこれまで４Ｉ型であったところに加えて２本の犬歯を抜かれて成立した型式であり、２Ｃ２Ｉ型は逆に、２Ｃ型の人物の配偶者（４Ｉ型）が死亡し、その後に再婚する際に２本の切歯

― 149 ―

を抜かれて成立した型式」というわけである。このような傾向は、吉胡遺跡と稲荷山遺跡に特徴的であり、4Ⅰ型が地元の出自集団を表出する指標で、4Ⅰ2C型が他の出自集団の指標である2本の犬歯を抜くことによって成立しているならば、再婚に際して初婚の時とは異なる婚後居住が規則的に働いていたといえる。2C2Ⅰ型の場合も同様で、この結果、春成は縄文時代晩期の東海地方西部から近畿地方において、「妻方居住婚と夫方居住婚とが相半ばする選択居住婚の社会」を推定している。その一方で、中国地方から九州地方では、「妻方居住婚が支配的であった」社会を想定する。

　ところが、4Ⅰ型が女性に多く、2C型が男性に多いことによって、妻方居住の優勢を考える津雲遺跡においては、反対に4Ⅰ2C型と2C2Ⅰ型の女性の出現頻度は婚姻システムの複雑な様相を示唆しているのではないだろうか。そのため、レヴィレート婚やソロレート婚といった婚姻体系、及び「兄弟型一妻多夫婚、姉妹型一夫多妻婚を含む複婚制」といった婚姻制度を想定するには、かなりの論理的な飛躍があるといえる。少なくとも、考古学的コンテクストに基づく限り、婚姻体系や婚姻制度の実相を把握するには限界を伴うからである。

　また、マードックの集計（Murdock　1949、内藤監訳　1986）を参考にすると、選択居住婚であるからといって、それが双系出自と結び付く理由はどこにも見当たらない。しかも、春成が言及する双系出自に対して、筆者は前節で述べたような概念的な論拠を見いだせない。

　このように、鍵語に関する概念的な検討、考古学的現象の法則性を解釈するための「出自規定」と「居住規定」に係わるモデル作りなどに課題を残しているとはいえ、出自形式から婚姻体系、婚姻制度、婚後居住までを射程に入れた春成の視点は示唆に富んでいる。特に、4Ⅰ型をもつ抜歯人骨と2C型をもつ抜歯人骨で埋葬場所が異なったり、両者の合葬例が認められないことなどを根拠に、各抜歯型式が婚姻の際の「身内」と「外来者」に対応するといった仮説は、改めて評価されるべきだろう。それは、北アメリカ北西海岸のハイダ族の夫婦は決して一緒に埋葬されず、出自の異なる集団に属する夫と妻は、出生から死に至るまで一貫して出自原理に規制されている（Swanton　1989）からである（註4）。

（2）　集落遺跡の構造を通して婚姻体系の解明を目指した丹羽佑一の研究

　丹羽佑一は縄文中期の幾つかの集落遺跡を対象に、その空間構成から潜在的な構造を見いだし、特に集落内の婚姻関係について新しい解釈を提出した（丹羽　1982）。しかし、この論文の中には多くの抽象的な表現や回りくどい文章構成があるため、ここでは中期後半の住居址が検出された神奈川県潮見台遺跡を例に、その構造性からカリエラ族の婚姻交換体系を推測するに至った論理過程について、やや詳しく読み解いてみたい。

　丹羽は、先ず潮見台遺跡の「移村時、定着時における住居址群」を「炉址と入口部の関係」によって二つに大別する。具体的には、住居址の主軸方向に対する炉址の長軸方向と、炉址の

第Ⅳ章　五領ヶ台式土器様式期の出自と婚後居住

形態を基準に、「炉址と入口部を結ぶ直線に対し炉址長辺が直交」し、楕円形などの炉をもつa類と、「炉址と入口部を結ぶ直線に対し炉址長辺が平行」し、長方形の炉をもつb類に分けている。更に、この遺跡の分析を行なっていた村田文夫の分類基準（村田　1974）を加味して、四つの住居址群（A〜D群）に細分した。一方、離村時においては、住居址内の炉石の有無によって二つに大別している。しかしながら、それぞれの大別グループ内での住居址構成は定着時のものと異なっていた。そして、「炉址と入口部の関係」によって二大別された定着時の住居址群の間の関係（A・B群とC・D群との関係）を「αの関係」、離村時の住居址群の間の関係（A・C群とB・D群との関係）を「βの関係」とした。

　尚、ここでいう「αの関係」とは、立地、住居址形態、炉の形態、埋甕の有無などの相関性における最大公約数的な差異の関係のことで、「βの関係」とは、αの関係によって大別された各群の中の差異の関係を意味しているのであろうか。或いは、「αの関係」は「βの関係」より優先しているのだろうか。

　また、A群とD群、B群とC群が同じグループに纒まることがないため、このような対立する関係を「γの関係」としている。その上、各住居址の分布・配置状況から、二つの近接した住居址を一つの単位として抽出し、このような住居単位相互の関係を「δの関係」とした。そして、丹羽は「潮見台遺跡住居群を形成した集団は、α、β、γ、δの四関係」を有していると結論付ける。

　要するに、一つの集落遺跡は、分類基準を変えることによって幾つかの階層的な関係態を内包するということであろう。例えば、潮見台遺跡の住居址群は、住居址の主軸方向に対する炉址の長軸方向と炉石の有無によって、結果的に四群（A〜D群）に差異化されている。ところが、このような差異の関係には全くの排他性が内包されていないため、各群は「変換規則」によって有機的に結合することになる。つまり、潮見台遺跡に居住した集団は、お互いに変換可能な四つのグループに分かれると共に、一つの構造として他遺跡の集団と識別されるわけである。

　そして、丹羽は、中期後半の潮見台遺跡に居住していた集団に一つの構造と変換可能な四つのグループを想定した上で、その状況をオーストラリア北西部の狩猟採集民カリエラ族をモデルとした婚姻交換体系から解釈しようと試みる。その結果、潮見台遺跡には二つの母系ないし父系出自集団（A・C群とB・D群）が存在し、その間で双側的な交叉イトコ婚が行われた後に妻が夫の居住地に移動するため、二つの居住単位として大別された住居址群（A・B群とC・D群）に、それぞれ異なる出自集団が共存していたということである。このような仮説は、考古資料の分析を通して、出自形式や婚姻後の居住形態などを個別に推測するのではなく、婚姻体系も含めた総合的な解明を目指したものといえよう（註5）。

— 151 —

ところが、丹羽の関心は、「カリエラ族体系において、母系半族と父系半族の役割が逆転しても体系が成立する点を考慮すると、中期集団の諸関係に母系、父系の差異を明記することは、以上の分析からでは不可能である」と述べているように、どちらかというと婚姻体系や婚姻後の居住形態に向けられており、筆者が土器系列の構造的な識別、及び同一個体内で共存する異系列の文様・文様帯と各系列の特徴的な文様・文様帯との技術的な比較分析から、先ずは出自論にアプローチしていこうとする立場と異なっている。

　では、丹羽論文で用いられた方法は、婚後居住や婚姻体系を考古学的に推定する上で、果たして整備されているのだろうか。そこで、人類学的成果を取り入れた婚姻交換体系に関する仮説を空虚なものにさせないために、集落遺跡の分析では、住居址に関する各属性の分析や出土遺物の型式学的検討だけでなく、分布・接合図の作成による出土状況の正確な認識を通して、同時期に構築された住居址の数と配置、それからグルーピングを再点検していく作業が必要となるだろう。

　これに加えて、今後は、周辺遺跡との開かれた婚姻体系を想定する上でも、相模川、鶴見川、多摩川流域などを含む地域、更には中部地域など遠隔地の集落遺跡と比較検討することが求められる。この実践の一つに、佐々木藤雄による埋甕型式の内容を手がかりとした遺跡内・遺跡間での分析がある（佐々木　1983）。

（3）　異系統埋甕の分析から「出自規定」と「婚後居住規定」の問題にアプローチした佐々木藤雄の研究

　佐々木藤雄は、縄文時代の集落研究や家族・親族論などの分野において、手厳しい論文批評を行なった上で、常に新しい視点を提出しながら多くの成果を残している。このうち、中期後半の八ケ岳山麓地域において、異系統土器を使用した埋甕（佐々木は異系統埋甕と略称する）が在地の土器に混じって出土している状況から、当時の通婚圏を予測すると共に、「親族原理、とりわけ婚後居住規定と出自規定の問題」に考察を加えた研究がある（佐々木　1981）。

　この中で、「婚後居住規定」については、曽利Ⅱ期に属する茅野市よせの台遺跡1号住居址の入口部から唐草文系の深鉢が埋設された例などを取り上げて、外婚制に基づいて「唐草文土器圏」から女性が婚入した夫方居住の可能性を指摘している。その一方で、「異系統埋甕」の存在から「出自規定」に接近することには消極的で、別論文（佐々木　1982・1983）においても、その方法論的手続きについて触れていない。とりあえず、埋甕が「ただ単に幼児の埋葬施設であったというだけでなく、死児を葬送すると同時にその転生・復活をも希求する妊娠呪術－再生儀礼としての側面をもあわせ」もち、「女性原理にかかわる"女性祭式"そのものであった」という機能推定から、「成人女性と幼児との強い結びつき」を推測するに留まっている。

　つまるところ、出自形式を究明するよりも、婚入してきた女性が在地土器ではなく自集団の

第Ⅳ章　五領ケ台式土器様式期の出自と婚後居住

土器を埋甕として転用することから、婚入後も出自集団と紐帯関係が意識的に保たれていたこと、通婚圏が「同一の土器分布圏にとどまらず、さらに異型式の土器分布圏をも含めた比較的広汎な地域をその対象としていた可能性」などを重視したわけである。ただし、遺跡内における「異系統埋甕」の占有率を加味すると、異なる型式分布圏から婚入した女性は少数で、その割合は地域的に変化している。

　ここで、「出自規定」と「婚後居住規定」に接近するための課題を示しておく。佐々木も述べているように、「八ヶ岳山麓周辺地域における婚姻形態の歴史的な展開」、及び中期後半期における他地域との比較を視野にいれようとするならば、在地土器型式に対する異型式の占有率と器種構成のあり方、「在地土器使用埋甕」に対する「異系統埋甕」の出現頻度、それらの遺跡内における分布状況、更に筆者が次章で検討するような、「同一個体内で共存する異系列の文様・文様帯と各系列の特徴的な文様・文様帯との技術的な比較」結果などに関して、データを提示していくべきである。このようなデータの蓄積を経ない限り、当時の中部地域社会に特有な出自や婚後居住を構造的に把握することや、生態的・観念的コンテクストの中で位置づけることは不可能であろう。

（４）　型式組成と各型式の技術的特性の地方差から親族組織及び集団関係を推測した谷口康浩の研究

　異なる「土器様式」（小林　1977・1989・1994）間における分析（小杉　1984、小林　1979、佐々木　1981、佐藤　1974）、同じ様式内での分析（鈴木　1980、谷口　1986・1987、第Ⅲ章）を通して、縄文時代の社会的な交渉内容が論じられている。この中には、異系統・異系列土器が女性の移動や地域間の婚姻関係によって搬入されたり、或いは他地域の伝統的な系統に影響を及ぼす過程を論究したものがある。しかしながら、土器の属性分析を通して婚姻関係の具体相に言及した研究例は、1960年代の欧米で活発に議論されていた（例えば、Deetz　1965、Longacre　1964）にも拘らず、日本では意外に少ないといえる。

　このような情勢の中で、谷口康浩は「土器型式のありようから、縄文社会における親族組織や集団関係等の問題を解き明かしていく」ために、「方法論的認識を刷新し、親族集団・地域社会の復元的研究を組織的に展開する必要」（谷口　1986）性を説いた上で、このような視座から、撚糸文土器様式第一・第二様式期において地方差が顕在化した要因を推測している（谷口　1987）。谷口は、「「型式」が特定の社会集団を表徴する側面を持つとすれば、指標となりうる属性をいかにして抽出し、意味のある地域性をどのような形で認定すべきか」という方法論的手続きを模索する以前に、型式が一定の地域的広がりを占める要因として、先ず「外婚制と父処居住規則に基づく親族関係」の成立を予測する。つまり、婚姻による親族集団間の女性の移動と、それに基づく「土器や観念としての型式」の「伝達・授受」によって、特定型式が一定の

広がりをもつに至ったと理解するわけである。

　しかしながら、この時点で特定の社会的要因を強調すべきではなかっただろう。なぜならば、たとえ限定された地域で婚姻関係が成立していたとしても、その地域に重なるようにして一定の属性群を保持する土器が分布している保証はなく、反対に民族考古学的見地から、型式の広がりを越えて婚姻が執り行われていたことが注目されていたからである（Hodder　1982）。また、女性が「父処居住規則を厳守」するといった仮説を提起し続けることによって、「一括遺物としての土器セットに新旧二様相が内在」する状況をスムーズに説明できるという。ところが、このような考古学的現象は、筆者が註5で示した婚姻体系モデルによっても解釈可能なのである。

　このように仮説提示の段階で幾つかの課題を含みながらも、型式組成や文様施文手法などにあらわれる地方差から、親族組織や集団関係などを階層的に推測しようと試みている。具体的には、先ず早期撚糸文系第一・第二様式期において、縄文型（Ｊ型）、撚糸文型（Ｙ型）、縄文撚糸文型（ＪＹ型）の組み合わせ、及びＪ型の口唇部や頸部に施される縄文原体の種類とその施文方向、施文位置などの分析を通して地方差（地域相）を抽出した。その上で、「土器作りにたずさわる女性の通婚関係が各地域相に相当する一定の範囲内で固定化」した結果、これらの地方差が惹き起こされたと解釈している。しかも、各地域相に居住した集団には「父処拡大家族ないし父系クラン」といった性格を付している（谷口　1987）。

　谷口の論文構成上の特徴は、リネージ、シブ、クラン、フラトリー、モイエティなどの用語・概念（Murdock　1949、内藤監訳　1986）を紹介・説明し、しかもそれらの一部を考古学的な解釈に適用していることである。しかしながら、現在の社会（文化）人類学において、リネージ、クラン、シブなどの概念・用法に対する混乱は決して解決されていない（Fox　1967、川中訳　1977、Keesing　1975、小川・笠原・河合訳　1982、Leach　1982、長島訳　1985）。したがって、何にもまして各用語の社会的・経済的・生態的な意味付けを各民族誌の中で認識し、そのいずれが考古学的に適応可能であるのかを確認する必要がある。人類学的な研究経緯を辿ってもわかるように、「民族学や人類学の成果の安易な援用や具体性を欠如した家族・親族理論の一人歩きが依然として認められる中で、議論は、かえって混迷の度合を深めつつある」（佐々木　1986）といった危惧は解消されないだろう。

　このようにみてくると、谷口と筆者との間には、出自形式や婚後居住の特定化に向けて、特に土器分析の視座とその方法論的手続き、理論仮説の考古学的な立証過程に大きな差異が介在していることがわかる。

（5）　縄文時代の出自と婚後居住の理解に向けて

　出自や婚後居住を中心とした親族組織に対して、数人の研究者のアプローチの仕方とその理論的・方法論的な問題点を述べてきた。その上で、特に出自と婚後居住に対する筆者の接近方

第Ⅳ章　五領ケ台式土器様式期の出自と婚後居住

法を次に明確にしておきたい。

　考古学が対象とする多様な複合的現実は、諸レベル間の連関や変換行為を予測する限り、単純な出自決定論によって把握されるはずがない。しかしながら、これまで縄文時代の親族組織に関する幾つかの論攷を取り上げて、その分析方法の有効性と限界性について述べてきた中で、土器、埋甕、歯、集落、墓域と分析対象は異なっているが、多くの研究者は取り扱う時期において他に多くの検討すべき事象があるにも拘らず、特定の事象から当時の社会の出自形式、婚姻体系、婚後の居住形態を論じている。ボルネオのペナン社会のように、「ひとつの社会で多様な諸権利がすべて単一の出自様式で伝達されるわけではなく、一般には複数の様式が採用されている」（長島　1974）ため、この辺りの見極めが重要になってくる（第Ⅳ章2を参照）。

　また、女性が婚姻後に男性の家に移り住む居住規則をもつ社会は男性を通じて一つの社会集団を構成することになるから、その集団の構成員は男性祖先を通して複数の父系出自集団と関連付けられるといった認識に代表されるように、マードックの研究成果などから出自形式と婚後居住形態との相関をそのまま受け入れている。それ故、選択居住婚ならば双系出自といった捉え方も生まれてくる。しかしながら、婚姻後に女性が嫁入りするか、男性が婿入りするかというような具体的な行動様式は、普遍的に出自形式を反映していると言えるのであろうか。婚姻後に夫方ないし妻方に居住するといった選択的な行動形態は、当人が父系にも母系にも出自を辿れるということと理論的な連関性があるのだろうか。

　母系出自といえどもトロブリアンド諸島民、コンゴのスク族、西カロリン諸島の社会にように、女性が婚出する民族事例は既に古くから知られており、考古学的に出自や婚後居住を推定する際には複数の可能性を念頭にいれておくと共に、利用すべき概念を整理しておかなければならない。現在、考古資料を解釈する際の概念として多くの人類学用語が借用されているが、その多くは研究史的背景や定義付けの議論が不足したまま利用されているように思えるからである。そのためには、かなりの民族誌に精通していなければならない。ただし、考古学的視点で世界の狩猟採集民族の親族・社会組織に関する文献を渉猟した後、民族誌相互を比較検討するまでに至っていないのが考古学側の現状ではないだろうか。その上、考古学的解釈のモデルになり得る民族誌的事例の集成と検討は、未だ十分に行われていない。例えば、東南アジアとオセアニアを視野に入れた共同研究において、親族分析を担当した松澤員子は「マードックの研究を越える結果を得るためには、もう少し緻密なデータが必要であった」と述べている（松澤　1990）。

　それでは、限定された時期・地域を対象にした場合、考古学的な分析方法を駆使して、出自論と婚後居住の問題に切り込む可能性はないのだろうか。

ところで、最近の形質人類学において、親族組織及び「埋葬骨間の血族関係や、合葬骨の個体識別」を通した「社会形態等」の解明には、人骨そのものを資料としたDNA分析が有効であるといわれている（篠田・國貞　1990）。しかしながら、五領ケ台式土器様式期に該当する人骨は、前期末の可能性もある第Ⅰ段階の東京都倉輪遺跡例（佐倉　1987）、第Ⅳ～第Ⅴ段階の長野県屋代遺跡群の例（寺内他　1995）、段階不明の五領ケ台貝塚例（日野・岡本・小川他　1970）を除いて見当たらない。それ故、田中良之が精力的に進めている歯冠計測を利用した分析方法や、春成のように抜歯や墓域を対象とした分析は行えない。また、大規模な集落が神奈川県港北ニュータウン地域の遺跡（横浜市埋蔵文化財センター　1990）や長野県屋代遺跡群（寺内他　1995）から見つかっているが、調査・整理の途中で報告書の刊行には至っていない。そのため、現状では丹羽に代表される集落内分析なども不可能に近い。

　その一方で、型式系統並びに土器系列の分析には注目すべき成果がある（第Ⅰ章を参照）。筆者は、ここに出自と婚後居住に対する方法論的な活路を見い出してみたい。

4　二つの系列と異系列文様・文様帯の同一個体内共存例
（1）　第Ⅱ段階における二つの系列

　五領ケ台式土器様式の深鉢形式は、縄文のみを施文する類や無文土器を除くと、集合沈線文系土器群と細線文系土器群の二つの系列によって構成されている。尚、細線文系土器群の中で、特に第Ⅳ段階の東関東・北関東・千曲川流域に交互刺突文を多用したり、単沈線に沿って刺突を連続的に施す土器が認められる。この一群の構造性とその成立過程をどのように理解するかは、東関東を始めとした地域の第Ⅱ段階から第Ⅳ段階にかけての型式変遷と第Ⅳ段階の出自論を考察する際に重要である。これらの点については別の機会に論じてみたい。

　集合沈線文系土器群とは、半截竹管状工具の腹面を使って描き出した平行沈線を主要な文様要素とした系列のことである。一方の細線文系土器群は、縄文の施文や半截竹管状工具の背面ないし棒状工具を引いて描出した単沈線を主要な文様要素とした系列のことで、様式全体を通じて器形、文様帯構成、各文様帯内の単位文様、単位文様を構成する文様要素の組み合わせなどに、集合沈線文系土器群との大きな差異を内包する。しかも、この二つの系列は前期末葉からの成立事情についても異なっている。

　当然のように、このような特性は第Ⅱ段階の土器様相にも認められる。この段階の集合沈線文系土器群は、口縁部がS字状ないしS字状に近い形態を呈し、三帯の口縁部文様帯で構成され、各文様帯に平行沈線が集合した文様が施される型式5を中心に、平行沈線による曲線的な単位文様が胴部に展開した型式6や、器形がキャリパー状を呈した型式7などによって構成されている。この中で型式5は、その器形上の特徴と各文様帯内を格子目文や山形文などの直線

第Ⅳ章　五領ケ台式土器様式期の出自と婚後居住

的な単位文様で構成することから、他型式と容易に峻別される。しかも、今回実見した遺跡では、山形文や押引文の施文手法はかなり規範的であった。

　これに対して、細線文系土器群の特徴は、キャリパー形や円筒形の器形が多いこと、口縁部文様帯の地文に細線を用いること、胴部に縄文帯が展開すること、三角形状工具で突いたり、半截竹管状工具の刺突に左右に流す手法を加えて描出された印刻文を主要な文様要素とすること、印刻文と平行沈線、単沈線で入り組み状、玉抱き三叉状などの曲線的モチーフを構成することなどである。こうした特徴をもつ両土器群は、選択される器形や各文様帯に施される単位文様、及びその単位文様を作り出す施文工具と施文技術などとの関係において、対立的な土器系列として認知されることになる（図78）。

（2）　異系列文様・文様帯の同一個体内共存例の個別分析

　このように系列の構造性が認識される一方で、二つの系列の特徴を一つの個体内に共存させる事例が、少ないながら各地域から出土している。そこで、これらの土器を集成し、各系列の基本形との間に、どの程度の技術形態的な同一性と差異性が認められるのか検討してみた。この場合、異系列が同一個体内で共存する事例の中に、形態的に明瞭な差異を見つけるのではなく、形態的には殆ど同一に見える属性に対して、技術的に僅かな差異を抽出することに焦点をあてる。特定の技術伝統がある出自に基づいて厳格に継承されていたと仮定できるならば、このように同一と見える部分にこそ各系列の出自としての固有性が潜んでいると予測するからである。

　そこで、集合沈線文系土器群と細線文系土器群といった二つの系列が同一個体内で共存する現象は、両者の時間的な共時性の立証やその個体を介した両系列の社会的な交渉過程の推測だけでなく、本章のように出自の形式的規範の探究にとって重要な視点を提供してくれるだろう。そして、このような方法論的視座の提唱は、土器文様や各単位文様・各文様帯を形態的に比較するだけでは出自形式の推定に踏み込めないということを再認識させ、その上で新たな方向へ土器研究を展開させることに繋がっていく。今後は、表層的に類似した土器群の再検討を行なわないで同一カテゴリーとして過大評価するのではなく、土器属性を階層的に組織化し、各々のレベルにおける技術的類似度を個体間で測定・評価すると共に、各レベルで社会的・生態的に解釈できるようなモデルを構築していく必要がある。

　尚、事例分析に先だって幾つかの前提条件を示しておきたい。ビーティは、「大部分の社会では、女性はささやかな個人的そして家庭的な財産を、もともと持っているが、この種の財産は娘に相続されることが多い」ことから、女性に特有な技能も女性系列で継承されていた可能性が高いと述べている（Beattie　1964、蒲生・村武訳　1979）。それ故、女性が土器製作、特に成形から文様施文に至る過程に携わっていたと仮定するならば、製作技術に関する知識は女性を

集合沈線文系土器群
1〜11：深鉢
12：浅鉢

細線文系土器群　13〜23：深鉢　24：浅鉢

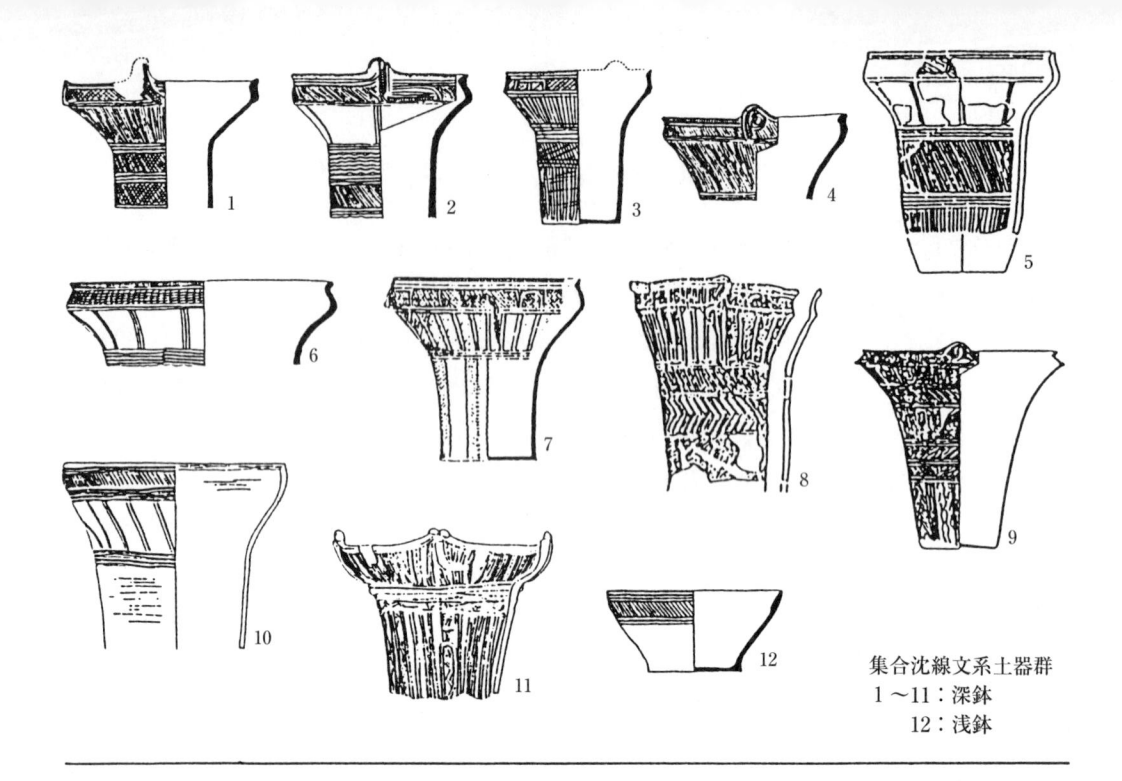

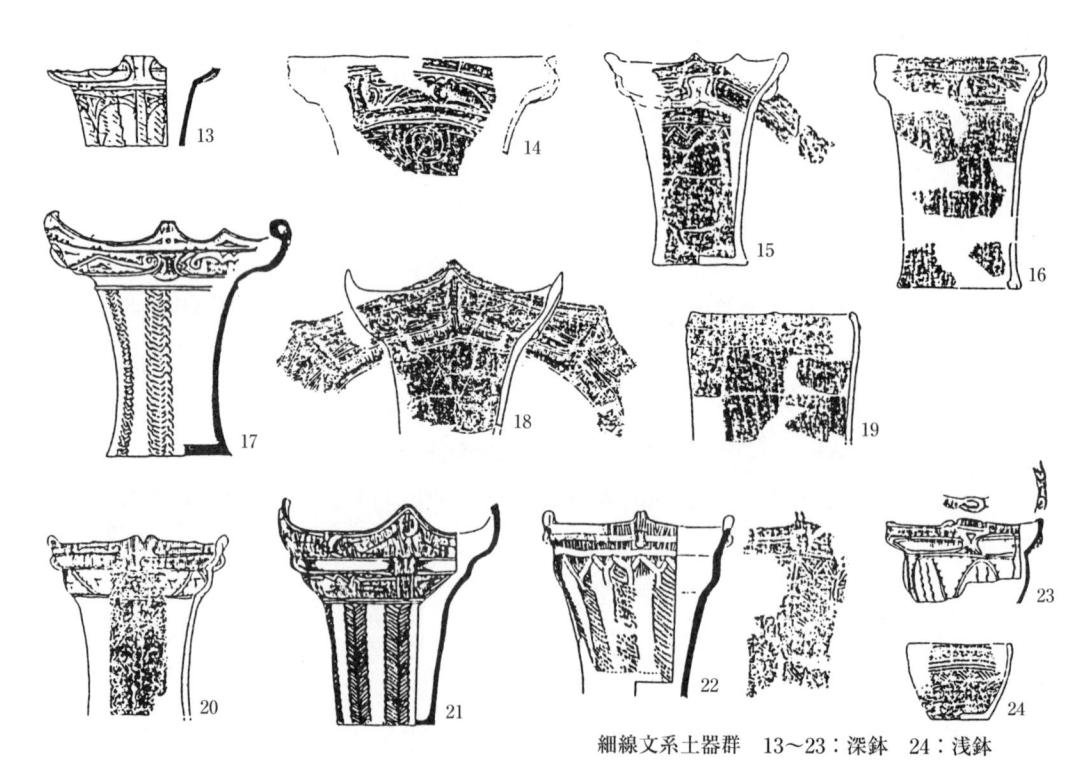

図78　五領ヶ台式土器様式第Ⅱ段階の土器構造（1〜4・6・12・13・21・23：宮の原貝塚（今村他1972）、5：宇津木台A（戸井他1982）、7：梨久保（宮坂1965）、8：大洞（三上他1987）、9：広畑（長崎1983）、10：東方第7（坂上他1974）、11・14・15・18・24：上の平（中山他1987）、16・19・20：明神社北（金子1990）、17：籠畑（武藤1968）、22：大石（伴他1976））
S = 1／10

第Ⅳ章　五領ケ台式土器様式期の出自と婚後居住

通じて継承されていたと考えるのが自然であろう。

　次に、現在の土器研究で時間差を指標する土器型式が一つの世代に対応するのではなく、複数の世代がそれに含まれていることを仮定しておく。ここでいうところの五領ケ台式土器様式第Ⅱ段階も複数世代を包括している可能性が高いということである。山内清男（山内　1969b）を始め、複数の研究者は遺物の型式学的・層位学的方法や自然科学的な年代測定法（安孫子1988、永峯　1981）、住居址を利用する期間とそこに居住する構成員との関連性（岡本　1975）、アサリの成長線分析や動物の種組成に基づく貝層の形成期間の推定法（岡村　1987）などを用いて土器型式幅を仮定している。短期編年、長期編年のスタンスを不問にしてこれらを見てみると、安孫子昭二の加曽利B様式における大胆な論理、岡本孝之の「一住居＝一世代＝一土器型式」説を除いて、いずれも依然として一世代の年代幅で捉えるまでには至っていない。このような前提条件を容認した上で、各地域の異系列文様・文様帯の同一個体内共存例を分析していく。

・**事例1**　高見原横山B遺跡（図79）

　1号住居址から出土したが、報告（林・気賀沢　1979）には図示されていない口縁部破片である。口縁部がS字状を呈する器形で、Ⅰ－1文様帯には爪形文が施されている。これらの属性構成は、集合沈線文系土器群型式5に特徴的なものである。

　その一方でⅠ－2文様帯には、Ⅰ－1・Ⅰ－2分帯文様とⅠ－2・Ⅰ－3分帯文様にそれぞれ沿う形で、刺突文が施される。その形態は、一見すると細線文系土器群に良く認められる印刻文に類似している。しかしながら、その文様を描き出す施文工具と施文手法との原則的な結

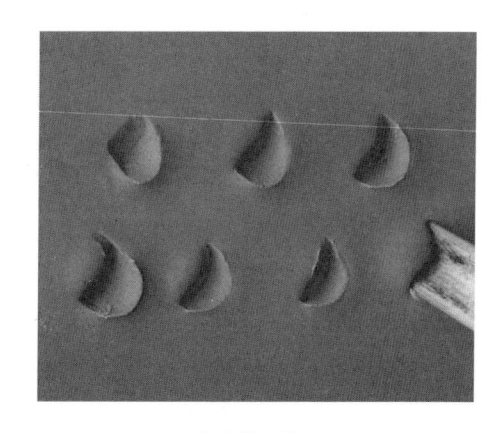

1　未報告例　　　　　　　　　　　　2　Ⅰ－2文様帯の復元

図79　長野県高見原横山B遺跡の異系列文様・文様帯の同一個体内共存例（事例1）と
　　　Ⅰ－2文様帯の復元（1：×1.2、2：×1.5）

びつきには顕著な差異がある。具体的には、細線文系土器群に典型的な印刻文が三角形状工具の刺突によって作られたり、半截竹管状工具の背面や腹面の一部を突くだけでなく左右に流すことによって作出されるのに対して、事例1の刺突文は半截竹管状工具の背面を右下から左上方に斜めに突く行為によって表出されているというものである（図79-2）。

　このような技術的な差異を文様ないし文様帯の施文原理の差異として積極的に評価してみると、印刻文を主文様として構成された文様帯は細線文系土器群の製作者によって継承された技術体系と考えられるだろう。そして、事例1は集合沈線文系土器群の伝統的な土器構造に細線文系土器群の伝統の一部が疑似的に介入した土器と推定できる。

・**事例2　大洞遺跡（図80-1）**

　報告（三上他　1987）では第Ⅳ群1類2種（細線文系）として分類され、遺構外出土の口縁部破片である。口縁部がS字状を呈する器形であるが、器形の変換点毎に文様帯を構成するといった相関性はない。Ⅰ-1文様帯には、爪形文や撚糸圧痕でなく細線が施されている。また、Ⅰ-2文様帯には先ず末端が結節された縄文（原体は摩耗が激しいため不明）が縦位に施され、その上にⅠ-1・Ⅰ-2分帯文様に直交する形で短い平行沈線を垂下させ、横方向に連続展開させている。しかも、平行沈線の一方を常に重ねる手法は用いられていない。施文工具は分帯文様と同じ半截竹管状工具の腹面である。

　このような特徴の中で、特にⅠ-2文様帯の構成に注目してみると、細線文系土器群を伝統

　　1　（三上他1987の図127-917）　　　　2　細線文系土器群Ⅰ-2文様帯に典型的な印刻文
　　　　　　　　　　　　　　　　　　　　　　　（三上他1987の図127-903）

　図80　長野県大洞遺跡の異系列文様・文様帯の同一個体内共存例（事例2）と
　　　　細線文系土器群のⅠ-2文様帯の印刻文（1：×1.2、2：×1.5）

第Ⅳ章　五領ケ台式土器様式期の出自と婚後居住

的に製作する者は、Ⅰ-1・Ⅰ-2分帯文様を施した後に同じ工具を用いて印刻文を描き（図80-2）、わざわざ平行沈線を垂下させるようなことはしない。それ故、Ⅰ-1文様帯に細線が施文されること、器形の変換点を目安に文様帯が分帯されていないことなどの変容した様相を認めつつ、事例1と同様の推論が成り立つだろう。

・**事例3　金程向原遺跡（図81-1）**

　第Ⅱ地点の遺構外から出土した口縁部破片である。報告（竹石他　1986）では、第Ⅰ群2a類（口縁部に細線文が施され、平行沈線と三角印刻文が主体的に施文される類）として分類されている。口縁部がS字状を呈する器形で、少なくとも二帯の文様帯をもつ。その一方で、Ⅰ-1文様帯からⅠ-2文様帯にかけて細線を地文として施し、Ⅰ-1文様帯には印刻文を加えている。印刻文は三角形状工具を使用せず、半截竹管状工具の腹面を用いて、その一部を突いて流すことによって作り出されている。ただし、半截竹管状工具の腹面の一部を突いただけの痕跡もあり、左右に流す手法が普遍的に認められるわけではない。このような多様性は、細線文系土器群の製作者が印刻文を主文様とした文様帯（図81-2）を共有・継承していくならば、簡単に生み出されるものではないだろう。

　しかも、Ⅰ-2文様帯には事例2と同様に、Ⅰ-1・Ⅰ-2分帯文様に直交する形で短い平行沈線が垂下し、横方向に展開している。また、平行沈線による逆三角形モチーフに沿って半截竹管状工具の腹面を使った刺突が施される。このようなⅠ-2文様帯の技術内容は、Ⅰ-1

1　（竹石他1986の第85図-26）

2　細線文系土器群Ⅰ-1文様帯と
　Ⅰ-2文様帯に典型的な印刻文
　（竹石他1986の第85図-30）

図81　神奈川県金程向原遺跡の異系列文様・文様帯の同一個体内共存例（事例3）と
　　　細線文系土器群のⅠ-1文様帯、Ⅰ-2文様帯の印刻文（1・2：×1.5）

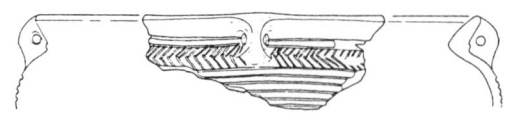

1　（保坂他1991の第33図-70）

2　橋状把手の作り方

図82　山梨県小坂遺跡の異系列文様・文様帯の同一個体内共存例（事例4）
　　　（1：1／4、2：×1.2）

文様帯からⅠ-2文様帯の全ての文様が同一工具によって描出されていることと併せて、細線文系土器群の伝統とは考えられない。それ故、器形と各文様帯の構成内容を評価してみると、事例1・2と同様の推論を導き出すことができるだろう。

・**事例4**　小坂遺跡（図82）

　遺構外から出土した大形の口縁部破片である。報告（保坂他　1991）では第2群c類（集合沈線を施している土器）として分類されている。口縁部は、集合沈線文系土器群型式5の器形に似ているが、Ⅰ-2・Ⅰ-3分帯文様を境に屈曲していない。そのため、全体の器形は胴の張った球胴形を呈していると考える。また、Ⅰ-2文様帯の羽状文が右に開き、当遺跡出土の型式5に特徴的な羽状文と逆向きの形態である。しかしながら、常に平行沈線の一方を重ねる技術、及び平行沈線の施文順位は型式5と同一性を保っている。

　その一方で、Ⅰ-2文様帯や分帯文様の施文に先行して橋状把手が貼付されている。ところが、細線文系土器群に特徴的な橋状把手が、粘土帯をアーチ状に貼付することによって形成されるのに対して、事例4の橋状把手は粘土瘤を貼り付けた後、羽状文を描出した半截竹管状工具で右から左へ回転させながら貫通させることによって作り出されている（図82-2）。それから、事例4の把手上には細線や印刻文などの文様が施されていない。このような橋状把手の貼付・作出技術と把手上の装飾内容の差異を評価すると、事例4に事例1～3と同様の推測を適用できる。

第Ⅳ章 五領ケ台式土器様式期の出自と婚後居住

・**事例5** 小坂遺跡（図83－1・2）

　遺構外から出土し、口唇部は残っていないが、口縁部から胴部にかけて残存する破片である。報告（保坂他　1991）では第2群e類（所謂細線文系土器）として分類されている。器形は、括れた頸部から口縁部にかけてキャリパー形に立ち上がるものであろう。Ⅱ－1文様帯には細線を地文として二列の印刻文が横位に展開している。上の列の印刻文は断面が三角形を呈する半截竹管状工具か、中空でない三角形状工具を下から上へ、下の列の印刻文は同様の工具を用いて右下から左上方向へ、それぞれ突くことによって描かれる。このような文様帯内の構成は、Ⅱ－2文様帯にＹ字状文が施されることと併せて第Ⅱ段階の細線文系土器群を特徴付けている。

　その一方で、口縁部文様帯には半截竹管状工具の腹面を利用した山形文が施される。しかしながら、集合沈線文系土器群に典型的な山形文（図83－3・4）が平行沈線の一方を常に重ねるようにして縦位に重畳化させ、その平行沈線列を横方向に「鏡像反転する」（Washburn 1983）ことによって山形文を構成しているのに対して、事例5の山形文（図83－2）は平行沈

1　（保坂他1991の第35図－118）

2　1の口縁部文様帯の山形文

3　（保坂他1991の第33図－58）

4　3のⅠ－2文様帯の山形文

図83　山梨県小坂遺跡の異系列文様・文様帯の同一個体内共存例（事例5）と
　　　集合沈線文系土器群のⅠ－2文様帯の山形文（1・3：1／3、2・4：×1.2）

— 163 —

線の一方が重なっておらず、しかも列と列の結合部分がズレていたり、入れ子状を呈した状態で表出されている。

　このような技術上の微細な差異を積極的に評価してみると、山形文を主文様として構成された文様帯は集合沈線文系土器群の製作者によって受け継がれた技術体系と考えられる。そして、この土器は細線文系土器群の伝統的な土器構造に集合沈線文系土器群の一部の伝統が疑似的に介入した例と推定できる。

・**事例6**　向畑遺跡（図84）

　59号住居址から出土したほぼ完形の土器である（竹原他　1990）。円筒形を呈する器形や、Ⅰ-1文様帯において地文に細線を施した後に、同一の工具を使って印刻文と沈線を組み合わせた玉抱き三叉文などのモチーフを構成すること、橋状把手の貼付、頸部の突起を基点とした

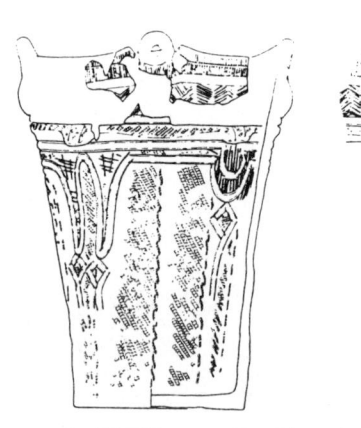

1　（竹原他1990の第58図-7）

2　1のⅠ-1文様帯

3　Ⅰ-1文様帯の印刻文の復元

4　1のⅠ-2文様帯の山形文

図84　長野県向畑遺跡の異系列文様・文様帯の同一個体内共存例（事例6）と
　　　Ⅰ-1文様帯の印刻文の復元（1：1／6、2・4：×1.2、3：×1.5）

第Ⅳ章　五領ケ台式土器様式期の出自と婚後居住

Ⅱ文様帯における縦位区画の意識化などは、第Ⅱ段階の細線文系土器群の特徴を良く示している。例えば印刻文は、口縁部を上に向けた状態で右利きの製作者を想定したとき、半截竹管状工具の腹面を右に向けた状態で突き刺し、その後左方向に抜くような感じで器面から離す行為によって作り出される（図84-3）。そのため、一つ一つの印刻文の形態は、突いたり離したりするときの工具の角度や力の入れ具合などに影響されて、微妙に変異することになる。

このように細線文系土器群の特徴が認められる一方で、Ⅰ-2文様帯には細線や印刻文様と同じ工具を用いた山形文（図84-4）が展開している。しかしながら、平行沈線の一方が重なり合わず、その上お互いの平行沈線列が正確に「鏡像反転」（Washburn　前掲論文）されていない。このように、集合沈線文系土器群の山形文とは異なる施文技術を抽出することによって、この事例は事例5と同様の評価が与えられるだろう（註6）。

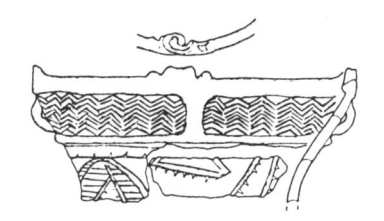

1　（金子1990の第2図-26）

2　1のⅠ-2文様帯の山形文

3　（金子1990の第4図-56）

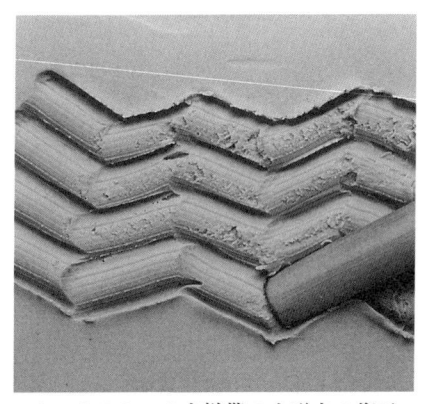

4　3のⅠ-2文様帯の山形文の復元

図85　東京都明神社北遺跡の異系列文様・文様帯の同一個体内共存例（事例7）と集合沈線文系土器群のⅠ-2文様帯の山形文及びその復元
（1：1／6、2～4：×1.2）

・事例7　明神社北遺跡（図85－1・2）

　住居址の炉に使用されていたものである（金子　1990）。Ⅰ－2文様帯に山形文が加わる土器で、器形及びⅠ－1文様帯の段状化、Ⅱ文様帯の縦構成、文様要素としての印刻文の多用など細線文系土器群の伝統を色濃く残している。印刻文は三角形状工具による刺突か、器面に対して半截竹管状工具の腹面を左に向けた状態で突いた後、左方向に流すといった手法のいずれかであるが、厳密には特定できない。

　ところが、Ⅰ－2文様帯の山形文の施文技術は、型式5の山形文（図85－3・4）と比較することによって明瞭な差異をもつ。つまり、両方の山形文は、沈線を縦に列状に施した後に「鏡像反転」（Washburn　前掲論文）して作り出されているが、事例7は棒状工具ないし印刻文用の工具による単沈線で一本ずつ構成されている（図85－2）。このように、集合沈線文系土器群に特徴的な山形文とは異なる施文技術を抽出したことから、この事例に事例5・6と同様の評価を与えることができる。

・事例8　金程向原遺跡（図86－1・2）

　第Ⅱ地点の第1号土壙から出土した土器である（竹石他　1986）。口縁部から頸部まで残存し、口縁部がS字状を呈する器形である。これは、口縁部文様帯の三帯構成、胴部文様帯の横帯区画と共に、集合沈線文系土器群の特徴を示している。

　その一方で、Ⅰ－1文様帯に細線文が施されたり、Ⅰ－2文様帯に橋状把手が加わっている。その上、Ⅰ－2文様帯の山形文は集合沈線文系土器群に典型的な山形文（図86－3）と比べて、規則的に配置されていない。また、山形文を施した後に、橋状把手で四つに区画された中を3単位の同心円文ないし半同心円文で充填し、部分的に逆Sを横にしたような文様を構成している（図86－2）。このモチーフは、細線文系土器群の口縁部文様帯の基本モチーフに類似する。この中で、山形文を主文様として構成された文様帯の差異を特に重視すると、この事例は事例5～7と同じように、細線文系土器群の伝統的な土器構造に、集合沈線文系土器群の伝統の一部が疑似的に介入した例であると推定できる。

・事例9　宮の原貝塚（図87－1～4）

　胴部下半を欠損するが、ほぼ全体を復元できるもので、第2貝層から出土した。報告（今村他　1972）では、「口縁部近くにハケ目のように見える細かい平行線文（細線文）」を示標とする第6群に含まれている。器形は、括れた頸部から口縁部にかけてキャリパー形に立ち上がったものである。Ⅰ－1文様帯には細線を地文にして沈線に沿った印刻文や、沈線を三叉状に組み合わせた文様が展開している。印刻文は、器面に対して半截竹管状工具の腹面を右に向け、その角の部分を突くといった手法によって作り出されている（図87－2・3）。また、Ⅱ文様帯には末端を結節したLR縄文を縦位に回転させた後、Y字状文を横方向に連続して施している。

第Ⅳ章 五領ケ台式土器様式期の出自と婚後居住

Ⅰ文様帯における橋状把手の貼付と共に、このような文様帯内の構成は第Ⅱ段階の細線文系土器群の特徴を良く示している。

その一方で、Ⅰ-2文様帯には、印刻文やY字状文の描出に用いられた同一工具の腹面を利用して押引文が施される（図87-4）。しかしながら、集合沈線文系土器群に典型的な押引文（図87-5）は、半截竹管状工具の腹面を用いて常に縦列と横列で規則的な配列を有し、しかも平行沈線の片側を必ず重ねるように作出されているのに対して、この事例の押引文は規則的に配列されず、沈線の重畳を部分的に欠落させている。その上、押引文を形成するために、複数

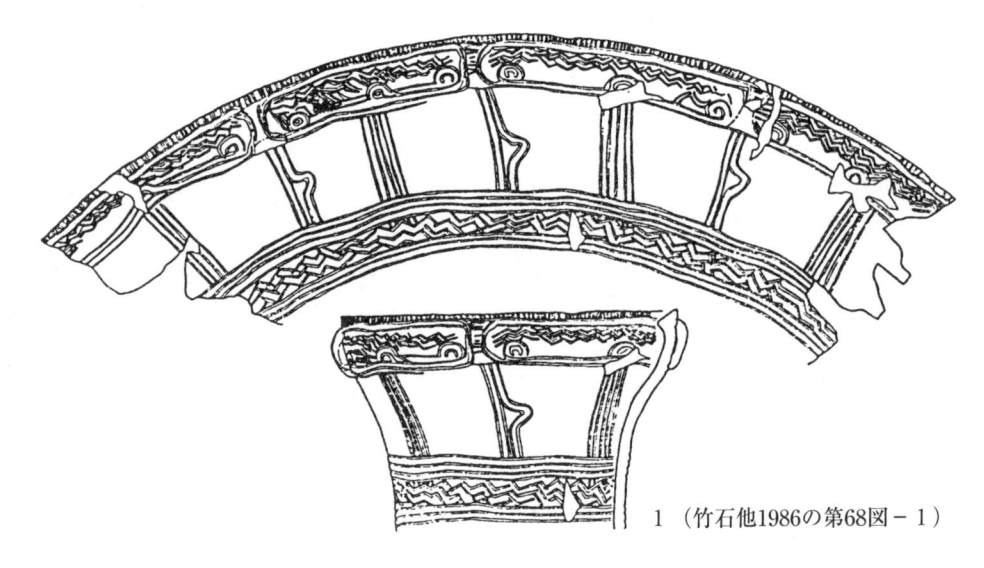

1 （竹石他1986の第68図-1）

2 1のⅠ-2文様帯

3 集合沈線文系土器群
　Ⅰ-2文様帯に典型的な
　山形文
　（竹石他1986の第85図-8）

図86　神奈川県金程向原遺跡の異系列文様・文様帯の同一個体内共存例（事例8）と
　　　集合沈線文系土器群のⅠ-2文様帯の山形文（1：1／6、2・3：×1.2）

— 167 —

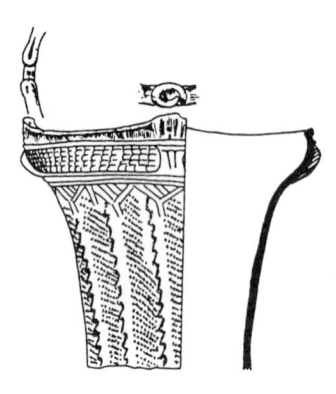

1 （今村他1972の図版2－12）

2　1のⅠ－1文様帯

3　1のⅠ－1文様帯の復元

4　1のⅠ－2文様帯の押引文

5　集合沈線文系土器群Ⅰ－2文様帯に典型的な押引文
　　（今村他1972の図版1－7）

図87　神奈川県宮の原貝塚の異系列文様・文様帯の同一個体内共存例（事例9）と集合沈線文系土器群のⅠ－2文様帯の押引文（1：1／6、2〜5：×1.2）

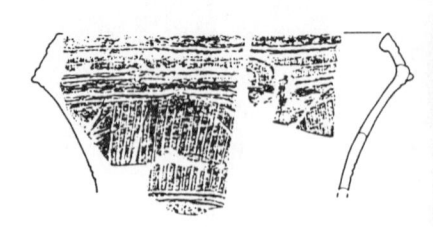

1 （金子1990の第5図－77）

2　1のⅠ－2文様帯

図88　東京都明神社北遺跡の異系列文様・文様帯の同一個体内共存例（事例10）
　　（1：1／6、2：×1.2）

— 168 —

第Ⅳ章　五領ケ台式土器様式期の出自と婚後居住

の施文手法が一つの個体内で一緒に用いられている。この点は、当遺跡の集合沈線文系土器群でⅠ－2文様帯に押引文をもつ類（第Ⅲ章の宮の原貝塚の分析によると11点）には認められない。このように、集合沈線文系土器群に特徴的な押引文とは異なる施文技術を抽出したことから、この事例は細線文系土器群の伝統的な土器構造に、集合沈線文系土器群の一部の伝統が疑似的に介入した例と推定できる。

・**事例10**　明神社北遺跡（図88）

報告（金子　1990）では、「縦位・斜位・横位あるいは格子目文などの集合沈線」をもつ第Ⅱ群土器に含まれている。Ⅰ－1文様帯は無文で、Ⅰ－2文様帯には細線を地文に沈線、印刻が施されている。印刻文は異方向から何回か突くことによって形成される（図88－2）。

その一方で、口縁部文様帯が三帯で構成されていること、Ⅰ－3文様帯に半截竹管状工具の腹面を利用して左下がりの斜位文や右下がりの斜位文が展開することから、集合沈線文系土器群と共通している。しかしながら、細部の器形においてS字状を呈さず、各文様帯と各分帯文様との施文順位が、S1〜S4（第Ⅲ章2（3）を参照）のいずれにも該当していない。つまり、この事例は細線文系土器群の伝統的な土器構造に、集合沈線文系土器群の一部の伝統が疑似的に介入した例と推定できる。

・**事例11**　大洞遺跡（図89）

口縁部のみが残存した破片である。口縁部がS字状を呈する器形で、Ⅰ－1文様帯には爪形文が施されている。これらの属性は集合沈線文系土器群型式5に特徴的なものである。その一方で、Ⅰ－2文様帯には、細線を地文にⅠ－1・Ⅰ－2分帯文様とⅠ－2・Ⅰ－3分帯文様に

1　（三上他1987の図127－906）　　　2　1のⅠ－2文様帯の復元

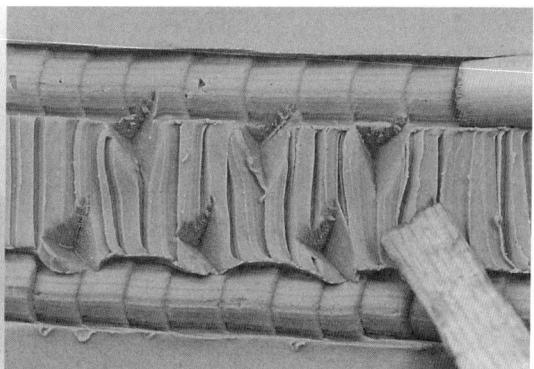

図89　長野県大洞遺跡の異系列文様・文様帯の同一個体内共存例（事例11）と
　　　　Ⅰ－2文様帯の復元（1：×1.2、2：×1.5）

それぞれ沿う形で、二列の印刻文をもつ。印刻文は、半截竹管状工具の背面による簡単な突き刺しではなく、三角形状工具を用いて下方から上方、ないし右下方から左上方に突き刺すことによって形成されている（図89－2）。これは第Ⅱ段階の細線文系土器群の技術体系である。

つまり、この事例は集合沈線文系土器群の女性によって製作されたものか、細線文系土器群の女性によって製作されたものかは不明であるが、土器製作者が、母親の出自と父親の出自から伝統的な技術体系を選択的に継承していたことを推測させるもので、事例1～10までのものとは明らかに生成過程が異なっている。

5 遺跡内における各系列の構成比とその分布状況

先ず、様式内における各系列の分布の特性を述べておく。集合沈線文系土器群は、多摩川・鶴見川流域、諏訪湖・天竜川流域に纏まって分布しており、武蔵野台地から下総台地、相模川流域、笛吹川・釜無川流域、松本盆地、千曲川流域、北関東まで広がっている。しかしながら、利根川下流域や伊豆半島方面からは現在のところ出土していない。また、細線文系土器群の分布の中心は、集合沈線文系土器群に比べ西南関東から東関東地域に移動している。このように、集合沈線文系土器群と細線文系土器群は分布の中心地に違いがあるものの、異なった分布域を示していないといえる。

次に、第Ⅱ段階の住居址が検出されている17遺跡のうち、実見によって口縁部破片の数量が把握できた神奈川県東方第7遺跡（坂上他　1974）、同金程向原遺跡（竹石他　1986）、東京都明神社北遺跡（金子　1990）、山梨県小坂遺跡（保ス他　1991）、同上の平遺跡（中山他　1987）、長野県大洞遺跡（三上他　1987）、同高見原横山B遺跡（林・気賀沢　1979）の7遺跡に、層位的に纏まった資料が出土した神奈川県宮の原貝塚（今村他　1972）を加えて、遺跡内における両系列の構成比率を算出してみた（図90）（註7）。

その結果、西南関東地域の東方第7遺跡と宮の原貝塚は、5～6割の集合沈線文系土器群と4～5割の細線文系土器群によって構成されていることがわかった。また、金程向原遺跡では上記の二遺跡と異なって、細線文系土器群が6対4の割合で集合沈線文系土器群を僅かに上回っていた。しかしながら、これらの三遺跡は類似した構成比をもつ二つの系列が遺跡内で共存するといった特徴を有している。これに比べて、多摩地区に位置する明神社北遺跡は、8対2の割合で細線文系土器群が集合沈線文系土器群を大幅に上回るという特異な様相を呈していた。

その一方、中部地域では笛吹川流域に位置する上の平遺跡で、金程向原遺跡と類似した構成比を有する以外、八ケ岳東南麓に位置する小坂遺跡、諏訪湖周辺の大洞遺跡、天竜川流域に分布する高見原横山B遺跡では、集合沈線文系土器群が細線文系土器群の占有率を大きく上回っていた。しかも、笛吹川流域から八ケ岳東南麓・釜無川流域及び諏訪湖周辺、更に天竜川流域

― 170 ―

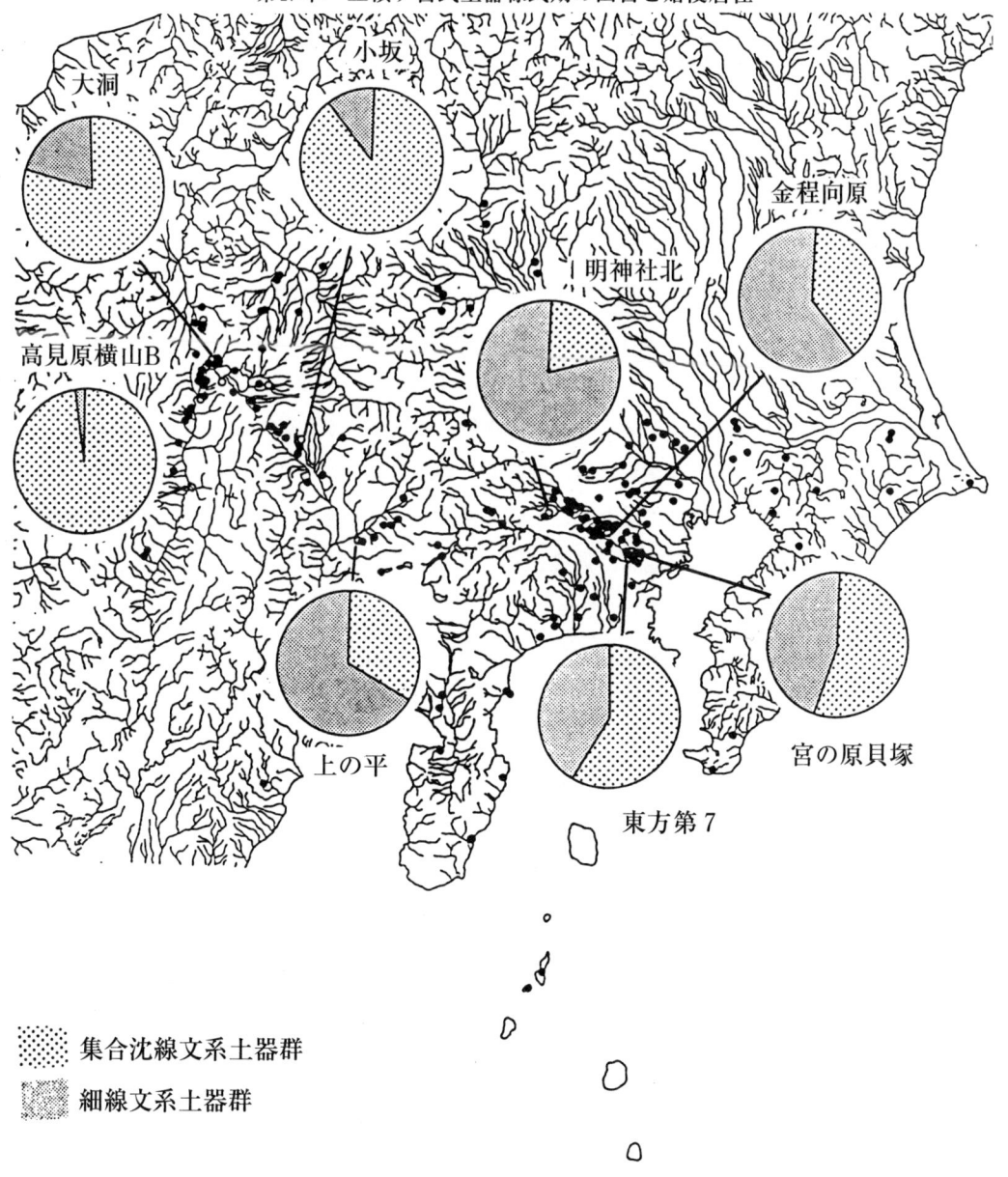

第Ⅳ章　五領ヶ台式土器様式期の出自と婚後居住

:::::: 集合沈線文系土器群

▒▒▒ 細線文系土器群

○　住居址をもつ遺跡（第Ⅴ章の遺跡形態 a 型）

●　住居址をもたない遺跡（第Ⅴ章の遺跡形態 b・c 型）

図90　集合沈線文系土器群と細線文系土器群の遺跡内における構成比

― 171 ―

へと地理的に変化するにしたがって、集合沈線文系土器群の割合が徐々に高くなる。特に高見原横山B遺跡では、集合沈線文系土器群が口縁部破片の約98%を占めていた。このような遺跡内での系列構成比を総合すると、西南関東地域から地理的に遠くなればなるほど、両系列が同比率で一つの遺跡から出土する傾向が相対的に見られなくなっている。

　しかしながら、このような構成比の空間的な変異性は、細線文系土器群が中部地域に殆ど分布しないということを意味するものではない。少なくとも、諏訪湖周辺に位置する梨久保遺跡（宮坂　1965）では、集合沈線文系土器群と同程度の細線文系土器群が出土している。或いは長野県沖ノ沢遺跡（戸沢　1973）、同樋口内城館遺跡（図12-537）などのように、集合沈線文系土器群が多量に出土する遺跡に近接した形で、細線文系土器群が比較的纏まる遺跡が存在するのかもしれない。つまり、西南関東地域の第Ⅱ段階の住居址をもつ遺跡では、同比率の集合沈線文系土器群と細線文系土器群を保有するといったパターンが優勢を占め、対照的に中部地域ではどちらか一系列で遺跡を構成し、近接してもう一方の系列をもつ遺跡が占地するといったパターンが優勢を占めていると推測しておきたい。

　それから、西南関東・中部の両地域において、遺跡内で系列別ないし異系列文様・文様帯の同一個体内共存例に、分布差が認められるか否かを検討してみた。ただし、この時期を対象とした遺跡で、詳細な分布・接合図が掲載された報告書は作成されていない。このような資料的な限界の中で、神奈川県東方第7遺跡（坂上他　1974）を取り上げ、遺構の空間配置と遺構出土の土器系列の分布状況との関係を考えてみた（図91）。

　この遺跡からは3軒の住居址と13基の土壙、5基の集石が検出されている。それらの遺構の時期は、出土土器の特徴から第Ⅱ段階に比定される。そして、各住居址から出土した土器の口縁部ないしそれに近い破片を対象に、集合沈線文系土器群と細線文系土器群の割合を調べてみた。その結果、出土土器が少ない3号住居址を除いて、2号住居址から集合沈線文系土器群が多く出土し、反対に4号住居址からは細線文系土器群の出土が目立っていた。つまり、各系列で空間分布に差異が認められていた可能性が浮かび上がってきたのである。

6　第Ⅱ段階の出自形式と婚姻後の居住形態

　第Ⅳ章4（2）で異系列文様・文様帯の同一個体内共存例を11例ほど取り上げて、それを集合沈線文系土器群ないし細線文系土器群の文様・文様帯と技術的に比較分析してみた。

　その結果、土器を構成する数多くの属性のうち、第Ⅱ段階の集合沈線文系土器群の伝統性は、山形文や押引文などを主文様としたⅠ-2文様帯の技術形態に最も反映され、幾つかの事例では文様帯と分帯文様との施文順位、S字状を呈する口縁部形態などに反映されることが判明した。その一方で、第Ⅱ段階の細線文系土器群では、特に印刻文を主文様とした文様帯や橋状把

第Ⅳ章　五領ケ台式土器様式期の出自と婚後居住

3号住居址

4号住居址

2号住居址

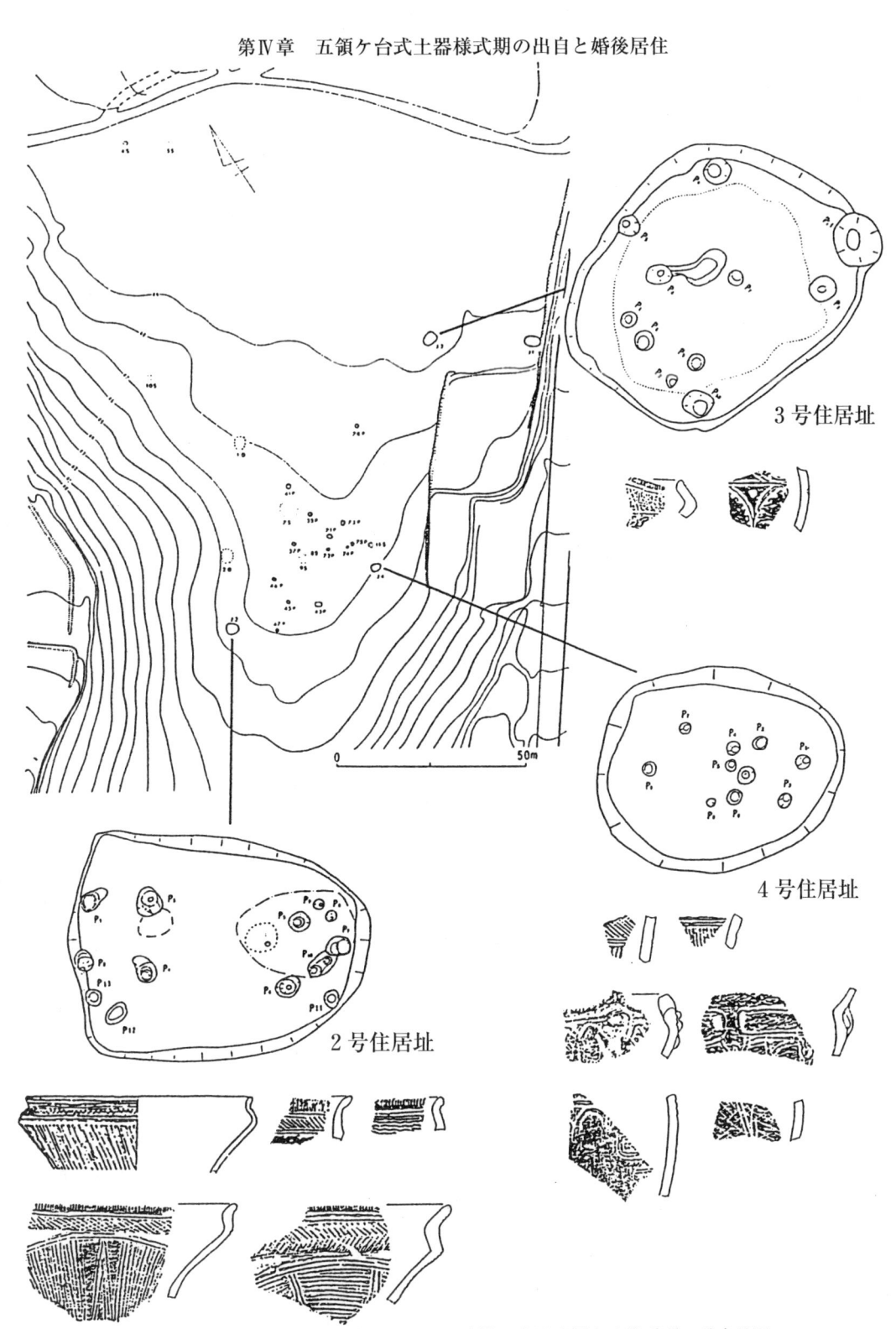

図91　神奈川県東方第7遺跡における遺構の空間配置と土器系列の分布状況
　　　（住居址：1／80、土器：1／6）

手の貼付・作出技術に、その伝統性が保持されていたということを推測できた。しかも、今回、実際に観察して系列構成比を算定できた8遺跡の全資料、及び構成比の算定には至らなかったが、実見できた幾つかの遺跡の報告書掲載の全資料のうち、第Ⅳ章4（2）で取り上げなかった異系列文様・文様帯の同一個体内共存例の殆どは、集合沈線文系土器群ないし細線文系土器群の伝統を表層的な形態として疑似的に取り入れていた（註8）。

つまり、リーチが述べているように、財物・称号・技能などの継承が親子及び双方的な親族関係よりも出自に基づいて厳密に規定されている（Leach 1962、大塚訳 1981）ならば、集合沈線文系土器群のⅠ－2文様帯の技術形態や、細線文系土器群の印刻文を主文様とした文様帯と橋状把手の貼付・作出技術は、二重出自のように父方、母方の双方から原則的に継承されるのではなく、母系或いは父系といった単系出自、ないし双系出自の中で伝統的に継承された技術体系ということになるだろう。

ところで、五領ケ台式土器様式期では一つの単位集団が季節的に移動し、各季節に特有な資源に適応するような石器組成を保有していた（第Ⅴ章を参照）。また、骨角製品は、神奈川県五領ケ台貝塚（日野・岡本・小川 1970）、同宮の原貝塚（今村他 1972）、千葉県八辺貝塚（清水 1958）、同白井雷貝塚（西村 1954）、同新田野貝塚（武井他 1975）などで出土するのみで、各系列の地理的分布に対応した状況を示していない。これらによって、この時期においては、東日本の後・晩期に特徴的な専門集団の存在が否定されることになる。つまり、二つの系列が異なる生業体系をもつ専門集団を象徴していたとは考えられないわけである。更に、土偶や石棒の地域的或いは系列別の発達も顕著でないため、二つの系列が儀礼集団を象徴しているわけでもない。

このような生態的・儀礼的な時代性を勘案すると、集合沈線文系土器群と細線文系土器群は、それぞれに共通した祖先との同族意識によって紐帯された二つの出自集団を象徴していた可能性が高いということになるだろう。また、この点は各系列に特徴的な山形文や押引文、印刻文などと、異系列文様・文様帯が一つの個体内に共存する事例のそれらを比較した場合、施文工具の内容、文様の描き方などが異なっていることからも追認されてくる。

その上、異系列文様・文様帯の同一個体内共存例が各系列の出土数量に比べてかなり少ないことから、土器製作者にとって、異なる出自集団の母親と同じ出自集団の父親の姉妹（オバ）から、製作技術体系を継承するような父系出自を想定することはできない。というのは、仮に父系出自の中で、女性を通じて土器製作に関する技術体系が継承されるならば、製作者は父親の姉妹（オバ）だけではなく、身近にいる母親からも多くの知識を会得することになるため、各出自集団の要素を併せもった多量の土器が形成されていなければならないからである。つまり、母系出自が基本であったといえる。

第Ⅳ章　五領ケ台式土器様式期の出自と婚後居住

　その一方で、キージングのいう双系出自（Keesing　1975、小川・笠原・河合訳　1982）の可能性が全く認められないというわけではない。それは、双系出自の特性が、個人の帰属の多元化とそれに伴う選択性を含むからである。例えば、事例11がそれに該当するかもしれない。土器製作コンテクストに限っていえば、一部に双系出自の可能性があるものの、基本的に母系出自が確立し、その中で各種の技術体系が継承されていたと推定できた。

　ところで、マードックの集成（Murdock　1949、内藤監訳　1986）からもわかるように、出自形式の主体が母系であっても、これが直ちに婚姻後に夫が妻方に居住する形態と結びつくわけではない。そこで、中部地域と西南関東地域の遺跡内における系列構成比を算定し、各系列の遺跡内分布を概観した第Ⅳ章5の考古学的結果を婚後居住の観点から解釈してみたい。

　その前に第Ⅳ章5の成果を纏めておく。先ず、遺跡内の系列構成比を求め、それを地域毎に比較したところ、西南関東地域では一つの遺跡で二つの系列が同程度の割合で共存しているパターンが優勢を占め、その一方で中部地域では、どちらか一つの系列で遺跡を構成するパターンが優勢を占めていたということである。それから、詳細な型式系統及び土器系列の分布・接合図を含む遺跡発掘調査報告書は見当たらないが、東方第7遺跡の事例から特に西南関東地域の遺跡で両系列が共存する場合、各系列が主体的に分布していた空間は、大きく二つに弁別される可能性が高いということである。

　このような土器系列や文様パターンの空間分布の差異を婚後居住の観点から説明しようとした研究は、1960年代の欧米で盛んに議論されており、その中ではディーツ（Deetz　1965）、ロングエーカー（Longacre　1964）、ヒル（Hill　1966）の研究が良く知られている。このうち、ディーツはどちらかというと、時間的変化に伴う文様構造の変化と居住空間の変異が、どのように社会組織の変動と関係するのかといった点に関心をもち、共時的にある一定の空間内で複数の文様パターンが共存したり、それらが微細な分布差を有することにはあまり深い関心を示していない。

　ディーツは、18世紀におけるアメリカ南西部のアリカラ（Arikara）族の社会組織の変化を、メディスン・クロウ（Medicine Crow）遺跡から出土した土器の文様パターンの時間的変化に関する詳細な分析を通して解釈しようとした。メディスン・クロウ遺跡は、文献記録や住居址を始めとした遺構の構造内容などから、居住時期の異なる三つの地区（area）をもっている。A地区は1750〜1780年、B地区は1720〜1750年、C地区は1690〜1720年の間の居住と推定する。そして、各地区を構成する遺構が確定したところで、それらから出土した2000点以上の土器を取り上げ、17項目に関する属性分析を行なった。

　各地区毎に分析した結果、時間的に新しいA地区遺構群ほど各項目間でのパターン化が崩壊していくことが判明した。それは、特にC地区とA地区を比較してみると明らかであった。そ

して、18世紀の後半に至って土器属性間の規則的な関係の程度が減少したことは、アリカラ族の社会組織、特に婚後居住規則が妻方から新居居住へ変化したことの反映であると述べている（Deetz 1965）。これは、時間を限定してみた場合、土器属性のうち装飾などのスタイルに関する属性間の相関が高いほど、妻方居住規則が確立していたということである。

しかしながら、属性間の相関性の高さは本質的に妻方居住を反映しているのであろうか。各地区内で文様パターン別に分布差は認められないのだろうか。

ロングエーカーとヒルは、共時的に遺跡内での土器型式や装飾要素の分布差に注目し、それを積極的に評価することによって母系リネージや妻方居住の可能性を立証しようとしている。ロングエーカーは、東アリゾナのカーター・ランチ（Carter Ranch）遺跡から出土した6000点以上の土器を175の装飾要素に分類し、それらが遺跡内でどのような分布状況を示しているのかについて調査した。カーター・ランチ遺跡は、1100～1250年にかけて利用され、39の部屋が広場を囲むように配置されている。キヴァ（儀礼施設）は広場に二つとやや離れたところに一つ存在する。

175の装飾要素を統計学的に分析した結果、分布上で三つのグループを抽出し、特に遺跡の南側の居住空間と北側の居住空間で装飾要素が異なっていたことに注目した。現在の西プエブロでは、母系制の中で母から娘へ装飾モードが伝わるので、カーター・ランチ遺跡における南北二つの装飾要素の差は母系リネージ（matrilineage）の差異であると解釈した。また、遺跡の東側で墓域が確認され、主軸方向や出土土器の装飾要素の分析から三つの纏まりを抽出した。そのうちの二つは前述した二つの母系リネージにそれぞれ対応し、残りの一つは中間的様相をもつと共に、出土量や副葬品の多さから社会的に地位の高い特定の個人用と考えている（Longacre 1964）。

一方、ヒルはアリゾナのブロークン・K・プエブロ（Broken K Pueblo）遺跡を対象に、土器型式や土器の装飾要素などに複数のクラスターを見い出し、それらの空間分布の差異を「村の活動構造や社会組織の反映」として説明しようと試みた。ブロークン・K・プエブロ遺跡は、未発掘箇所を含めて95の部屋が四角形状に配置された集落で、1150～1280年にかけて利用されていた。また、遺構の建築上の特徴や層位的な出土資料の分析、及び花粉分析の結果から、遺跡の南部分が北部分に比べて僅かに占地の開始時期が遡る反面、その期間中、大雑把ではあるが遺跡全体は継続的に居住利用されていたと考えている。

そして、共時的にみた場合、土器型式や土器の装飾要素などの分布から異なる五つの分布単位を抽出し、更に炉穴や貯蔵穴、動物骨などの分布状況の差異を加味することによって、それらの単位を二つの主要な分布単位に統合した。ここで分析対象とした要素は、現在のプエブロ族の民族誌的事例を概観してみると女性の活動と関連したものである。そのため、これらに空

第Ⅳ章　五領ケ台式土器様式期の出自と婚後居住

間的な分布差が規則的に認められることから、各空間は妻方居住単位（uxorilocal residence unit）を意味していると考えた。集団レベルで言うならば、ブロークン・K・プエブロ遺跡には二つの主要な妻方居住集団が居住し、各集団内において経済的な協力関係を示したり、共通のキヴァ（儀礼施設）に参入し、不動産財の継承権を保有する二つないし三つの集団が含まれるということである。

　ここでは、遺構・遺物の諸特徴の分布上の差をあくまでも婚後居住の視点から解釈しようと考え、それが母系出自の存在を立証することにはならないと述べている。ヒルはロングエーカーが使う「系統性」（lineality）に対する論証を問題視したわけである（Hill 1966）。

　このようなロングエーカーやヒルの研究を参照しつつ、各遺跡毎に算出した系列構成比の遺跡間における分析成果や、遺跡内での系列別の分布状況に関する特性を関連付けてみると、五領ケ台式土器様式第Ⅱ段階においては、婚姻が成立した後も女性が生家のある空間に留まり、反対に男性が婚姻後に妻方に居住するといった形態が規則的に成立していたと推測できるだろう。ただし、この解釈の過程には大きな問題点が残っている。それは、特に東方第7遺跡における集合沈線文系土器群と細線文系土器群の出土状況、及びそれらの完存率に関する点である。報告によると、これらの土器は住居址の床面や炉の焼土内だけではなく住居址の覆土からも出土していること、住居址床面から破片資料のみが出土していることなどは明らかであり、このような事象を考慮した場合、廃棄行為の結果として考えるべきだからである。このような解釈の妥当性を検討する意味からも、土器分布図・接合図の作成は不可欠な作業といえる。

　仮に、西南関東地域の遺跡において、集合沈線文系土器群と細線文系土器群が同程度の割合で共存することに加えて、各系列が東方第7遺跡で空間的に分布差を示すことを婚後居住の視座で解釈できるならば、西南関東地域における二つの母系出自集団間で男性の婚姻に際する規則的な移動は、両集団間の人口論的・経済的な均衡を調節する一つの手段にもなるだろう。その上、成人男性全てが遠距離の遺跡に婚出してしまうと、集団の維持力低下に繋がるため、出自集団に対する権限（オジとオイの関係）を維持する上で一つの遺跡内に婚出後も隣住する。これは、北アメリカ南西部ホピ族の婚後居住形態に類似している（Li 1937）。そうすると、二つの土器系列によって象徴化された二つの出自集団は外婚単位としての性格をもち、同じ系列内での婚姻関係は普遍的でなかったといえる。しかも、各系列が特定の台地や河川域に集中的に分布するといった傾向が認められないため、同じ遺跡内での婚姻によって男性が動く以外に、男性が婚姻後に女性の住む別河川や別台地の遺跡に移り住むこともあっただろう。

　一方、西南関東地域と違って中部地域では、集合沈線文系土器群と細線文系土器群のうちどちらか一つの系列で遺跡を構成するパターンが優勢であるため、同じ遺跡内で男性が移動するよりも別の遺跡に婚出するケースが相対的に主流であったのかもしれない。今後、中部地域で

細線文系土器群の纏まった遺跡の調査が期待されるところである。

7　土器製作と母系社会
（1）　人類学的見地に基づく婚姻体系

　同一様式内における二つの土器系列の構造的な識別と、異系列文様・文様帯の同一個体内共存の僅少例、その一群と各系列の特徴的な文様・文様帯との技術的な差異によって二つの母系出自集団の存在が浮かび上がり、そして遺跡内の各系列の構成比率の算定とその分布状況から、特に西南関東地域では、遺跡内並びに遺跡間で婚姻が成立した後に男性が妻方の居住地に移り住む婚後居住形態を推測できた。しかも、この推論は母系出自には妻方居住が多いという民族誌的成果（Murdock　1949、内藤監訳　1986、Fox　1967、川中訳　1977）から直接的に導きだしたものではなく、考古学的な分析結果に依拠したものであった。

　ところが、二つの集団間でいかなる方式の婚姻体系が成立していたかについては、考古学的方法を用いた検証は困難である。そこで、レヴィ＝ストロース（Lévi-Strauss　1949、馬渕・田島監訳　1977）やニーダム（Needham　1962、江口訳　1977）の研究成果を参考にするならば、限定交換或いは対称交換の一種で、兄弟または姉妹が二つの出自集団の間で互酬的に交換される体系を措定できるだろう。男性の側からみると、A出自の男性はその姉妹をB出自の男性に与え、逆にB出自の男性の姉妹を受け取る仕組みになっている。反対に女性の側からみると、A出自の女性はその兄弟をB出自の女性に与え、逆にB出自の女性の兄弟を受け取ることになる。また、このような婚姻体系は、自己にとっての配偶者が常に父方の交叉イトコであると同時に母方の交叉イトコであるため、双側的交叉イトコ婚ともいわれている。レヴィ＝ストロースが提示した限定交換の中では最も単純な婚姻連帯である。

　ここで、北アメリカ北西海岸狩猟採集民の民族誌を具体的に取り上げて、二つの母系出自集団間で婚姻を取り交わし、婚姻後に男性が妻方に居住した場合、民族誌学的見地からどのような婚姻体系が考えられるのかについて述べてみたい。

　デ＝ラグナ（De Laguna　1990）によると、トリンギット（Tlingit）族の社会的・生態的な生活は二つの異なる半族（moiety）と半族間の婚姻に基づいているといわれている。半族とは、社会生活の上で一つの「部族」のうち相互補完的に二分された各々の集団を指す人類学用語である（Morgan　1881、古代社会研究会訳　1990、Dauenhauer and Dauenhauer　1994）。ちなみに、このように部族が二つの集団に分かれている場合を双分組織と呼んでいる。その二つには、わたりがらす（Raven）、鷲（Eagle）といった名前が付けられている（註9）。トリンギット族は北トリンギット族、南トリンギット族、ガルフコースト・トリンギット族の三つの方言集団から構成され、各集団には更に小さな地域集団が含まれる。その一つにヤクタット

第Ⅳ章　五領ケ台式土器様式期の出自と婚後居住

（Yakutat）集団、フーナー（Hoonah）集団があるが、このような集団レベルの相違に拘らず、異なる二つの半族はトリンギット族全域に存在することを特徴としている。二つの半族のうち、わたりがらす（Raven）は時々からす（Crow）と呼ばれ、鷲（Eagle）は狼（Wolf）と呼称される。このような名前の違いは、時間的差異や居住域の差異を反映するともいわれている。

ところで、わたりがらす（Raven）、鷲（Eagle）と呼ばれた二つの半族は政治組織や政治力を保持していない反面、婚姻や儀礼の上では重要な役割を担っていた。伝統的なトリンギット族の婚姻は半族間で行われ、わたりがらす（Raven）内や鷲（Eagle）内での婚姻は禁止された。このような婚姻規則は、半族レベルでは族外婚と見なされる。その結果、半族間で自分の母親の兄弟は父親の姉妹と婚姻関係をもつことになり、この関係が次世代へ引き継がれることになる。ただし、現在ではこの婚姻規則は崩れており、同じ半族内での婚姻や異なる民族集団（nationality）との婚姻が普遍化している。

尚、兄弟（姉妹）交換婚を取り交わすトリンギット族において、詳しい婚姻形態は不明であるが、フォックスによると同様の婚姻体系をもつショショーニ族では、子供の男女比が一定とは限らないため、一人の男性が二人ないしそれ以上の女性と結婚する一夫多妻制や、その逆の一妻多夫制が執り行われていたという。しかしながら、このような複婚は普遍的な行為ではなく、その都度の人口状況から一時的に行われたものであったといわれている（Fox 1967、川中訳 1977）。

このようにみてくると、トリンギット族に認められる二つの半族は、中部・西南関東・東海・東関東・北関東の各地域に広がる五領ケ台式土器様式第Ⅱ段階の分布域において、集合沈線文系土器群と細線文系土器群の関係に近いかもしれない。その一方で、社会的・生態的な生産を維持できる最低限の地域的単位としての中部地域や西南関東地域を対象にした場合には、半族制が焦点になるのではなく、各地域内で複数の母系出自集団と、その間で取り交わされる婚姻体系が焦点になるといえる。つまり、地域を細かくみた場合、実際に婚姻を取り決めているのは、半族ではなく各地域内で活動している出自集団だからである。

ここに至って、二つの異なる母系出自集団の間で婚姻を取り交わし、その成立後に、西南関東地域では同じ遺跡内並びに異なる遺跡間で男性が妻方の居住地に移り住み、中部地域では主に異なる遺跡に男性が婚出するといった考古学的な推論に加えて、北アメリカ北西海岸狩猟採集民の民族誌的事例、及びレヴィ＝ストロースやニーダムの研究成果を援用して、兄弟（姉妹）交換婚といった具体的な婚姻体系を推測できるようになった。このように考えるならば、土器製作コンテクストにおいて、五領ケ台式土器様式第Ⅱ段階の中部・西南関東地域は母系社会を形成・維持していたといえるだろう。

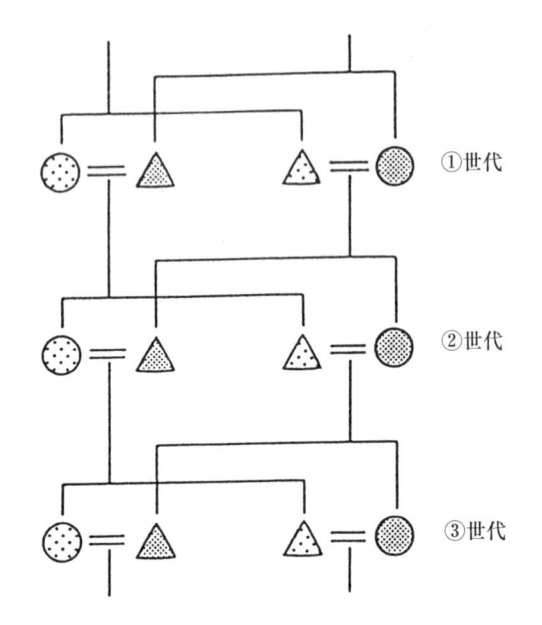

図92 五領ヶ台式土器様式第Ⅱ段階の婚姻関係モデル
特に西南関東地域をモデルに、二つの母系出自集団の間で兄弟（姉妹）が交換される婚姻体系をもち、婚姻後は妻方に居住している。

凡例：
∴∵ 集合沈線文系土器群をもつ母系出自集団
▦ 細線文系土器群をもつ母系出自集団

男性は△、女性は○、結婚は＝、
キョウダイ関係は―で表す。
世代は上から下へ続き、両親と子供の
親子関係は結婚から発する縦の線で表す。

①世代　②世代　③世代

　母系社会とは、母親の血縁成員権や称号などが彼女の兄弟姉妹や子供達に系譜的に継承され、財産が母親から娘・娘達へ相続され、婚姻成立後に夫が妻の居住地へ転居する制度のことで、土器製作に限って言えば、製作行為とその伝統が母親やその姉妹から娘に継承され、異なる母系出自集団には伝わらない体制を指している。このような継承過程は、異系列文様・文様帯の同一個体内共存例を技術形態的に分析することによって理解される。つまり、集合沈線文系土器群の伝統は、山形文や押引文などを主文様としたⅠ－2文様帯の技術形態、及び文様帯と分帯文様との施文順位、S字状を呈する口縁部形態などに反映され、細線文系土器群の伝統は、印刻文を主文様とした文様帯や橋状把手の貼付・作出技術に最も良く反映されているといえる。
　しかも、第Ⅱ段階は複数世代を含んでいるため、集合沈線文を指標とする母系出自集団と細線文を指標とする母系出自集団の間で、これらの技術体系が各出自集団の連帯の象徴化として機能する。そして、各地域における社会的な安定化は、二つの集団間で兄弟（姉妹）交換婚と妻方居住が規則的に繰り返されることによって計られている（図92）。別言すれば、社会的な安定状態が惹き起こされたのは、土器製作者である女性が、帰属の出自集団に特有な技術体系を同じ出自集団の母親や母親の姉妹から継承したと同時に、生まれ育ったところに婚姻後も居住する権利を維持し続けていたからである。このような状況は、細線文系土器群が主体的に出土

第Ⅳ章　五領ケ台式土器様式期の出自と婚後居住

する遺跡が未だ少ない中部地域に比べて、西南関東地域において顕著に認められる。

（2）　時間的変化に伴う出自と婚後居住の変異（予察）

　集合沈線文系と細線文系といった各系列の構造性、異系列文様・文様帯の同一個体内共存例の量的割合、異系列文様・文様帯の同一個体内共存例と各系列の文様・文様帯との技術的差異、遺跡内における各系列の構成比とその分布状況に反映された出自と婚後居住は、生態的・社会的状況に応じて柔軟に適応できる体系を内包している。例えば、北アメリカ北西海岸狩猟採集民のクワキウトル族は、夏になると双系的な親族集団を構成し、冬になると特別の祭祀集団が表面化するといったように、季節に応じて最適の親族組織を形成している（大林　1987）。

　このような季節的変異とまではいかないが、各様式の編年研究が進行している状況に照らし合わせてみると、細かい時間帯の中で、生態的・社会的に維持可能な最低限の地域を対象に親族組織を解明したり、時間的変化に伴って、土器型式の構造や分布域の変異を親族組織の変容メカニズムと関係した形でダイナミックに把握する必要性が生じてくる。五領ケ台式土器様式期では、特に縦位区画が導入され、前段階との型式学的不連続性が顕著になる五領ケ台Ⅱｂ式（今村　1985）或いは型式20（図64）の成立過程、それとは対照的な細線文系土器群の型式学的連続性について、出自及び婚後居住の観点から問い直してみる必要がある。

　しかも、出自形式や婚後居住形態の柔軟かつ適応的な性質を考えるならば、この論理過程において初めて母系出自だけでなく双系出自（Keesing　1975、小川・笠原・河合訳　1982）を射程に入れることができ、人類学的成果から規定的ないし選好的な婚姻体系を推測することによって、考古学的な同一時期毎に土器社会論を展開する素地を手に入れることができる。そして、その先に、このような親族組織と経済・観念構造とのシステム論的視座の理論的な有効性を問い続ける地平が広がっているのである。

註
- （註1）　ここで設定した地域は、第Ⅲ章3の中で仮定した社会的・生態的な生産を維持する最低限の地域的単位のことである。
- （註2）　第Ⅰ章の註1を参照。
- （註3）　パプアニューギニアのトロブリアンド諸島では、子供達は社会的な地位を母方から継承し、母親と配偶関係にある男性が保有する地位は彼の姉妹の子供へと譲渡する（Malinowski　1929、泉・蒲生・島訳　1968）。
- （註4）　田中良之は歯冠計測値を利用して、古墳時代の親族組織の復元を試みている（田中　1995）。この種の研究は考古学と形質人類学、統計学などの成果を駆使して、被葬者間の親族関係を追求していこうとするものである。
　　　ただし、溝口優司が述べているように、田中の研究には、例えば対象個体間の類縁関係を正確

に反映させる上で、本来はお互いに相関性のない歯種を用いるべきであるのに、かなり高い相関をもつ歯冠径を統計解析に利用するといった方法論的な課題が内包されている（溝口　1993）。これでは血縁関係の低い個体間においても、歯冠径の相関度が高くなってしまう。また、松村博文は他人の空似が20％以下といった基準に疑問をもっている（松村・西本　1996）。このような歯種の組み合わせや他人の空似の出現率に対する疑義とは別の視点で、春成は田中らの観察と分析結果に疑問を呈している（春成　1995・1996）。ただし、白石太一郎のように（白石　1996）、何ら方法論的な批判もなく、田中の研究に親族組織研究の大いなる可能性を期待する姿勢は慎むべきである。

尚、歯冠計測値を利用して親族関係の復元を試みた成果として、岩手県上里遺跡（埴原・山内・溝口　1983）、愛知県伊川津遺跡（田中・土肥　1988）、茨城県中妻貝塚（西本・松村　1995、松村・西本　1996）がある。特に松村らの研究（Matsumura, Ishida, and Hashimoto　1996）は、中妻貝塚において二つの血縁クラスターを歯冠計測値から抽出しただけでなく、これを上顎第一小臼歯の介在結節（De Terra's tuberculum）の出現傾向といった非計測的な特徴からも追証しており、非常に興味深い。

歯冠計測値ではないが、渡辺新は千葉県権現原貝塚の「人骨集積」の18個体の人骨について、特に下顎の第1大臼歯の咬合面に関する形態的差異に注目する。その結果、二つのグループを抽出し、権現原第Ⅰ期（加曽利EⅣ式期）における婚姻関係及び「移住時のジャストモメントの人口」を推測している（渡辺　1991・1995）。その解釈の是非は別として、渡辺の論攷にも考古学的成果と形質人類学的成果の方法論上の併用が認められる。

(註5)　丹羽はまた、中期後半の天竜川水系の遺跡を中心に、屋内埋甕に使用される「埋設土器の形態」とその土器の住居址内における配置分析に加えて、石棒、「石柱石壇類似遺構」などの占有空間との関係から、少なくとも三つの出自集団の間で父方交叉イトコ婚を行ない、婚姻後に女性が夫方に居住するといった「婚姻システム」を推測している。これは、世代毎に女性の移動方向が逆転するため、増野新切遺跡例のように、一つの住居址内で底部欠損の埋設土器と底部が欠けていないか、欠損していても他の土器片や土壌をあてがった形態の埋設土器が併存したり、住居址の改築に伴って埋設土器の形態が変化するといった状況と良く適合している（丹羽　1980）。

その一方で、埋甕用の埋設土器の形態を二種類に限定した場合、それぞれの形態をもつ二つの母系出自集団の間で、双側的交叉イトコ婚が成立し、婚姻後に女性が夫方に居住するような「婚姻システム」を想定することによって、増野新切遺跡例を合理的に説明できることになる。要するに、埋甕用の埋設土器に内包される属性群の中で、集団差が最も反映された属性を仮説提示し、それに基づいた分析方法を確立しなければならないということである。

(註6)　向畑遺跡の報告書（竹原他　1988a・1989・1990）には、第Ⅱ段階の集合沈線文系土器群でⅠ－2文様帯に山形文が施された個体は図示されていない。しかし、未掲載資料の実見が不可能な状況であったため、山形文の有無は不明である。

(註7)　今回分析した遺跡以外にも、報告書レベルで構成比を算定できる遺跡が幾つか存在している。しかしながら、種々の事情にて実見が不可能であったため、今回は取り扱うことができなかった。今後の検討課題である。

(註8)　例えば林山腰遺跡の第21図40（竹原他　1988b）、金程向原遺跡の第85図1と第14図1（竹石他　1986）、宮の原貝塚の図版1－9（今村他　1972）など。

(註9)　北アメリカ北西海岸でハイダ族社会も半族に分かれている（Swanton　1989、Sapir　1989）。

第Ⅳ章　五領ケ台式土器様式期の出自と婚後居住

しかも、その半族の名前はトリンギット族と同じく、わたりがらす（Raven）と鷲（Eagle）である。一方でツィムシャン族は、わたりがらす（Raven）、鷲（Eagle）、狼（Wolf）、灰色の大ぐま（Grizzly Bear）の四つに分かれている（Dauenhauer and Dauenhauer 1994、Sapir 1989）。このように、必ずしも北アメリカ北西海岸の狩猟採集民社会の全てが半族で構成されるとは限らない。

第Ⅴ章　五領ケ台式土器様式期の季節的居住性

1　視座の設定

　この章では、各遺跡形態での石器組成の質的・量的な変異幅を生業・居住システム及び石器遺棄・廃棄プロセスといった行動論的側面で解釈することを目的とする。その際、現象面では遺跡形態と石器組成との相関関係を多変量解析法によって判別する。

　解釈に至る手続きとしては、「対自然的かつ間主体的な関係」（廣松　1990）といった側面を射程に入れた生態人類学的かつ社会的な視点のもと、先ず「もの」と行動との関係に関する民族誌的事例を収集し、そのうち北アメリカ北西海岸の狩猟採集民の事例を示す。そして、五領ケ台式土器様式期の石器組成の質的関係性をシステム論的に解釈する。つまり、北アメリカ北西海岸狩猟採集民の生業・居住システムをモデルに、石器組成から五領ケ台式土器様式期の季節的居住行動の可能性を推測するわけである。尚、ここでいう「対自然的かつ間主体的な関係」とは、対自然的な関わりの側面と間主体的な社会関係の側面において、生活手段の生産から物質的生活そのものの生産までを基礎的に支えている「生産関係」（廣松　前掲書）のことである。この視点が介在してこそ、生業活動と居住活動を統合的に生業・居住システムとして論ずることが可能になる。

　次に、各遺跡形態毎の石器組成の量的変異性に関しては、民族考古学的成果をもとに、遺跡利用の計画度、居住地移動に費やす距離・時間、占有期間の長短やその季節の変動性などに影響された道具の管理・処理システムの観点から解釈する。

　これら一連の作業は、五領ケ台式土器様式期の生業・居住システムの実態を有意な地域単位で通時的・共時的に解釈するための研究過程といえる。

2　民族誌的事例にみる季節的居住
（1）　民族誌的事例の選定

　「対自然的かつ間主体的な関係」（廣松　前掲書）といった側面を射程に入れ、五領ケ台式土器様式期の生業・居住システムを解釈するには、動植物遺体の検出例が少ないため、この方面からのアプローチ（樋泉　1993、西田　1980、西本　1978、渡辺　1969）に多くを望めないのが現状である。また、動植物遺存体や魚骨、貝類を資料に生業活動を復元する場合、直接的に判明するのは口にした資源の内容と量であり、食する以前の行為である獲得行動やその際の資源内容と量的割合ではない。動植物遺存体の分析（西本　1978）と石器、骨角器などの分析（西本　1980）の両方を視野に入れ研究を進めている西本豊弘の言葉を借りれば、「遺跡から出

第V章　五領ケ台式土器様式期の季節的居住性

土する動物遺存体は、あくまでも生業活動の結果の一部でしかありえない」(西本　1980)のである。つまり、どのような資源を獲得するために、いつ、どの程度の規模で居住活動を行なっていたのか、時間的変化に伴って一定の場所での獲得資源や利用季節の推移が認められるのかなどの問題提起に対して、各種遺存体を分析する研究はかなりの制約を受けている。

　この意味から、方法論的には特に民族誌的事例との比較、民族考古学との提携が必要不可欠と言えるのではないだろうか。各種遺存体の検出例が少ない五領ケ台式土器様式期においては、なおさらのことである。大林太良は先史時代の社会組織を復元する上で、以前から生態学的視点に基づいた民族学や民族誌学の成果を利用する必要性とその限界を説いていたが（大林　1971b)、この方法と視点を積極的に導入した研究例は未だ少ないようである。ここでは、北アメリカ北西海岸トリンギット族の民族誌を取り上げて、季節的変化に際しての生業活動や居住形態の変異に関する事例を提示してみたい。

（2）　トリンギット族の生業・居住システム

　北アメリカ北西海岸には狩猟、漁撈、採集を生業とする民族集団 (nationality) が数多く生存していた。トリンギット族はそのなかの一つである。彼らは、南東アラスカの細長い地域に居住し、共通の言語や習慣によって一つの民族集団 (nationality) を形成していた。また、方言の違いによって三つに分けられる。そのうちの一つであるガルフコースト・トリンギット族には複数の地域集団が存在する。その一つにヤクタット (Yakutat) 集団がある（図93)。その集団の南にはドライ ベイ (Dry Bay) 集団が位置するが、両者は1910年頃融合したと言われている。また、フーナー (Hoonah) 集団はヤクタット (Yakutat) 集団とは方言に差異がある北トリンギット族に属していた。

　各集団は原則的に二つの半族 (moiety) から構成され、更に母系クランを基本にしていた。各クランが主要な領域権を保有しており、ヤクタット (Yakutat) などの集団には土地所有権はなく、共通のチーフや評議会 (council) は欠如していた (De Laguna　1990)。一方、クランやリネージ内ではチーフが存在したが、彼らは各々の所有領域や財産の管理、季節的移動期や生業の終始時期に際しての決定権の行使、母方の葬送儀礼の計画化と執行などに力を発揮する反面、他のクランやリネージには力をもっていなかった (Blackman　1990、De Laguna　1990、Murdock　1934)。

　現在、トリンギット族が位置する地域の植生は太平洋沿岸林に属している。落葉広葉樹を伴った針葉樹林が広がり、暖かい海流の影響で年間降水量も多く、北アメリカにおいて豊かな森林の一つを形成している。ちなみに、太平洋沿岸林の南のカリフォルニア地域に特徴的な植生は常緑林である。しかし、現在の植生分析に比べて、北西部及び西部の後氷期以降の古植生復原は、花粉化石群の研究地点が少ないため困難を伴っている。このように資料的な制限はある

が、完新世中ごろまでに針葉樹林が北西海岸に広がっていた可能性が高いと推測されている（棚井　1992）。

　一方、トリンギット族の食糧獲得の年周期については、K・オバーグによるチルカット（Chilkat）集団を対象にした民族誌的調査と、F・デ＝ラグナによるヤクタット（Yakutat）集団を対象にした民族誌的調査が代表的である（Oberg　1973、De Laguna　1972）（註１）。これら以外の集団に関しては明確でないが、全ての地域集団について一定の年周期活動が認められるわけではない。この点は、北アメリカ北西海岸狩猟採集民の「カレンダー・システム」（渡辺 1979・1987）を比較しても明らかである。

　例えば沿岸セイリッシュ（Coast Salish）族は冬から次の冬までを一年として捉え、冬、春、夏、秋の四つの季節と12ないし13の月を認識する。その上、春の到来が雪解けや氷が解ける三

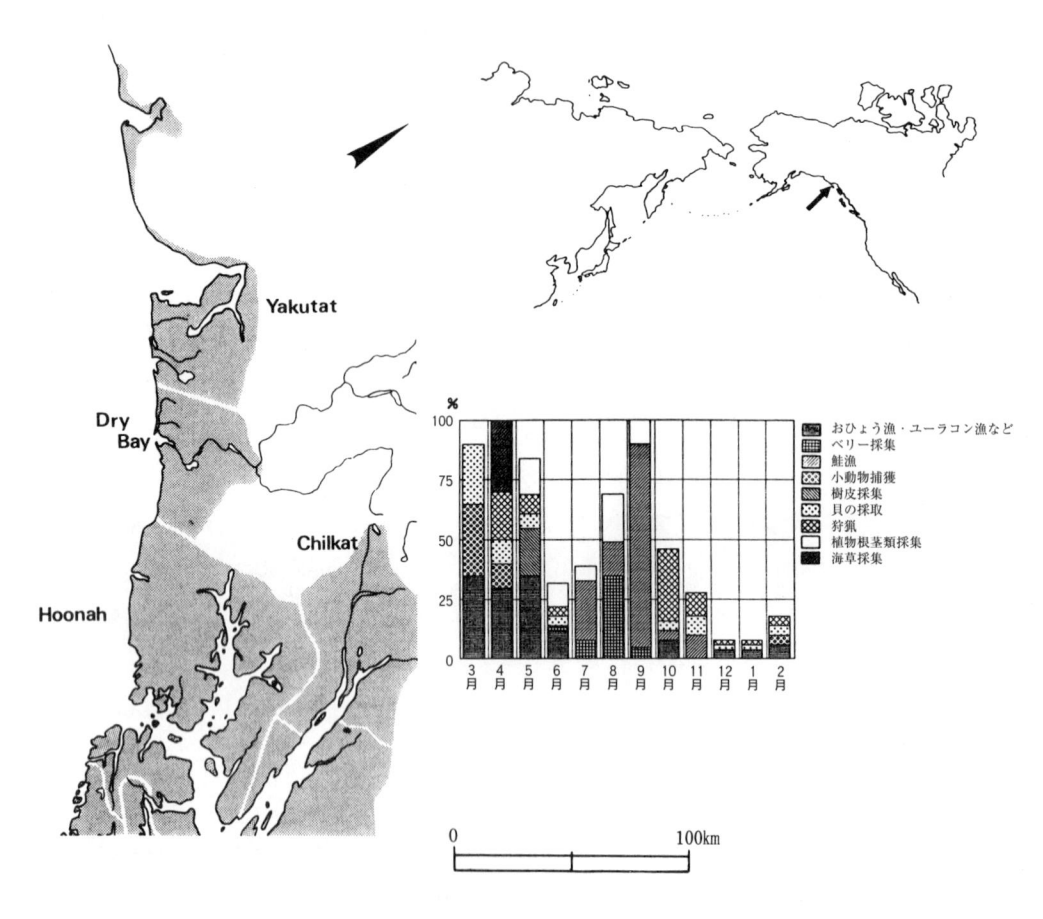

図93　ヤクタット（Yakutat）集団の位置とチルカット（Chilkat）集団の年間生業活動
　　　図はデ＝ラグナ論文（De Laguna 1990）の図1を、グラフはオバーグ論文（Oberg 1973）のデータを基に作成。

第Ⅴ章　五領ケ台式土器様式期の季節的居住性

月頃であるように、自然現象を目安に季節の変化や特定時期の到来を認知する。また、太陽や月の観察によって社会的・経済的活動や時季（例えば夏至や冬至）の認識も決まっている（Suttle 1955）。一方、トリンギット族は経済的意味での一年の始まりは三月で、太陽や月を目安にカレンダー・システムを維持し（Oberg 1973）、ヌートカ（Nootka）族は十月の終わりか十一月の初めを一年の始まりとしているのである（Drucker 1951）。つまり、各民族集団（nationality）によってカレンダー・システムの一部が異なっていたということがわかる。

　環太平洋地帯の狩猟採集民は季節的に変動する資源に適応して、生業形態及び居住形態を維持・変化させるシステムを保有し（赤澤 1988、山浦 1993、渡辺 1955・1964a・1964b）、季節や月に対する認知構造に北アメリカ北西海岸地域の部族間で共通性が認められていた。その反面、一年の開始時期などには各部族間で差異が確認されている。このような視点から、少なくとも季節別、月別にトリンギット族の年間スケジュールを確認・対比してみることは、「対自然的かつ間主体的な関係」に関連して、トリンギット族のなかで各地域集団間に認められる普遍性と特殊性を説明する上で重要な意味をもつだろう。そして、それはまた北アメリカ北西海岸地域の他部族の生業・居住システム、更には縄文時代の各時期・各地域に展開する生業・居住システムと比較する材料を提供することにもなる。

　先ずは、ヤクタット（Yakutat）集団の季節別、月別の生業・居住活動（De Laguna 1972・1990）を概観してみよう。年周期については連邦や合衆国の法律によって変更を余儀なくされているが、伝統的な生活パターンの多くはいまだ存続しているといわれている。

　初春には、男性達は山に分け入り、熊、野生やぎ（mountain goat）、テン、ミンク、ビーバーを狩猟する。その手段として弓矢・槍、罠を利用している。その期間、海上ではおひょう（halibat）漁を、海岸の水際では貝や海草を採集する。貝や海草、根茎類の採集は家に居残る女性の仕事である。また、川ではユーラコンをとって油を得る。4～6月には、狩猟遠征に行かずに家に居残っていた数人の男性が女性を連れてカワウソやオットセイ猟に出かける。その際、冬村から通うのではなく、キャンプを設営するという。また、最初の鮭（chinook salmon）が遡上し始めるのもこの頃である。

　夏（6～9月）はベリー採集も行われるが、春の多様な生業活動内容とは対照的に、鮭漁と鮭貯蔵に専念する期間である。そのため、大半の者は夏家のある地に移住することになる。この季節はトリンギット族の生活にとって安定性と恒久性をもたらす期間である。鮭は、生食の他、焼いたり炙ったりして食するが、大半は冬用に乾燥させ薫製にする。鮭の獲得から貯蔵に至る一連の過程では、加工して貯蔵する工程に熟練さが要求され、多くの時間を費やす。この作業は女性が行ない、男性や女性の奴隷（slaves）が手伝う。女性は鮭漁の暇をみつけてベリー採集にも精を出す。鮭の獲得手段としては、エリ（trap）が一般的で、水位が低い初春ないし晩

夏に上流に設置される（図94）。通常男性の仕事とされている。また、水深のあるところでは、槍やヤス、銛を利用する。一方、この期間フーナー（Hoonah）集団やヤクタット（Yakutat）集団は鮭漁の他にオットセイ猟やベリー採集なども行なっている。つまり、この季節、夏家に相当期間居住し鮭漁やベリー採集など複数の生業を行なうと同時に、特定の人間は鳥やオットセイ、カワウソ猟のため夏家から出かけて一時的な小屋に滞在する。そのため、彼らの居住行動は鮭の移動、オットセイやカワウソの存在、ベリーの成熟度などに規制されている。デ＝ラグナの民族誌的調査（De Laguna 1972）には記述されていないが、6～9月の間、夏家のみに居住しないで資源の生態的特性に応じて居住パターンを変化させることは、多様な装備と複雑な人員編成をもたらすことになるだろう。

　秋は、以前はカワウソ猟の短い季節であった。19世紀半ばに始まったことであるが、幾つかの集団は秋にポテトを収穫したり、男性達は鮭漁を展開する場から直接野生やぎ（mountain

沿岸セイリッシュ族の例
流れが早いところに設置。サケは柵の口から入ってきて前進できずにかわりの道を求めてもどり、流されて区画された中に入りこみ、板じきのところでつかまる。

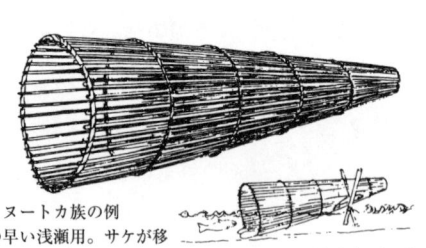

ヌートカ族の例
流れの早い浅瀬用。サケが移動してくると、上流にいる男達がサケを驚かす。すると川を下ってもどっていく。強い流れがサケを魞の中へ追いたててヤスでつかれる。

魞の口は大きな石で重しされている。末端は木を組んだ脚にのせる。

クワキウトゥル族の例
サケは側面のすき間から魞に入る。上流に進めないので、むきをかえるにはあまりに狭い横のトンネルを通って下流へもどろうと流れていく。末端についた魞のとびらをあけてサケがとり出される。

図94　北アメリカ北西海岸狩猟採集民のエリ（Stewart 1977、木村・木村訳1987から一部改変して引用）
　　　トリンギット族も鮭漁にエリを用いる。デ＝ラグナ論文（De Laguna 1972）にエリの図が掲載されていたが、簡単なスケッチであったため割愛した。

第Ⅴ章　五領ケ台式土器様式期の季節的居住性

goat)、鹿、熊猟のために出かけた。そのとき、貯蔵活動が終了した家族の大半は冬村に帰還する。

　10月の半ばに冬村に帰ってきた家族にとって、11月～2月までの冬はポトラッチの重要な季節になる。ポトラッチのような儀礼を執り行なう以外に、女性達は籠を作ったり、オットセイの皮でブーツを作ったりする。老人は火の回りに座って、子供達に神話を語る。生業の中では若者による狩猟活動が継続的に行われ、イタチや野生やぎ（mountain goat）、冬眠中の熊、オットセイなどが仕止められた。しかし、他の季節の生業活動に比べて就業時間はかなり短い。また、この期間内陸へしばしば交易旅行に出かけている。

　19世紀初頭の冬村は、概して水辺に面した数軒の大きな家が列状に配置され、それぞれの家屋は40～50人で構成されていた。前の浜辺にはカヌー、漁撈用の網、ゴミが、背後ないし列の端の方には墓地がある。村の中や背後には、魚を貯蔵する小屋、食糧や財産を保管するキャッシュ、蒸し風呂小屋、月経や出産用に女性が使う小屋が作られていた。森の中で危害が及ばない場所には、呪術師が使う装備を含む箱が隠されていた。このように冬村は立地、人口規模、建物の種類やその規模、道具組成において、特定の目的のために作られた狩猟・漁撈小屋（夏家）とは大いに異なっている。しかし、冬村が鮭漁に適している川筋に位置している場合では大規模な移動は行われず、冬村から離れたところに漁撈小屋を作ることはなかったという。ところが、このように夏家の機能を併せもつ冬村と冬の期間のみに利用される冬村で、道具組成に差異が認められるか否かについては民族誌的に記述されていない。しかしながら、この両ケースの記述は五領ケ台式土器様式期の遺跡形態と石器組成との相関性、及び同じ形態の遺跡間における石器組成の変異を行動論的に解釈する上で、極めて興味深い事例である。

　このようにヤクタット（Yakutat）集団では、春から夏か初秋にかけての時期（3月～9月）が年間生業システムの中で最も重要な季節で、交易や儀礼活動に多くの時間を費やす冬（11月～2月）とは対照的である。また、春と夏で獲得する資源の性状や分布状況、分布量に変化があり、その生態的特性に適応するような生業活動を行なう各家族は、晩春ないし初夏には冬村から狩猟・漁撈小屋（夏家）へ季節的に分散・移動し、秋までそこで過ごすといった居住システムを採用している。しかも、夏家に長く居住し鮭漁やベリー採集など幾つか特定の生業活動を行なう以外に、鳥やオットセイ、カワウソ猟のため夏家から出かけて一時的な小屋に滞在することがあり、多様な生業・居住パターンを示している。要するに、彼らにとっては通年的・恒常的に利用できる資源を欠き、その回遊時期や結実季節が決まっている資源をいかに効率よく利用するかといった獲得戦略が重要になるわけである。

　また、オバーグが対象としたチルカット（Chilkat）集団でも、ヤクタット（Yakutat）集団と同様の年間生業システム及び季節別、月別の生業内容が看取できる。彼は月別の生業活動を記

述すると共に、「月別にみた生業活動の時間配分」（図93）、「月別にみた貯蔵活動の時間配分」、「月別にみた主要活動の時間配分」を提示している。ヤクタット（Yakutat）集団の季節別、月別の生業活動をチルカット（Chilkat）集団のものと対比してみると、一年を通した生業システムには違いが認められない。この点は、利用する資源が季節的に変化する民族誌的事例では普遍的であり、トリンギット族もその一事例を示すということを示唆している。また、記述は少ないが居住システムにも共通性が認められる。例えば、7月の終わりから8月にかけて冬村から鮭の遡上する河川に移動ないし移住したり、サーモンベリーの茎や野生の緑色植物が繁茂する5月になると、若者達はこれらの生息地に出向いてキャンプを構えたりしている。

その一方で、チルカット（Chilkat）集団では5月～7月に交易活動が、6月～8月と10月～2月にかけては儀礼活動が活発で、11月～2月の間に交易や儀礼を執り行うヤクタット（Yakutat）集団とはカレンダー・システムの一部に差異を生じている。この差異は、両集団がおかれている細部の生態的状況と関連するのか、或いは社会的紐帯機制や単位集団間の儀礼体系などの構造的側面と関係するのか興味深い。しかしながら、このようなシステム論的な課題に対する記述を民族誌から見いだすことには限界がある。

ともあれ、ヤクタット（Yakutat）集団やチルカット（Chilkat）集団に代表される民族誌的事例から、トリンギット族は季節や月毎に変化する資源の分布や性状に適応するような年間サイクルの生業・居住システムをもち、各パターンの選択と交易・儀礼の執行季節には、効率化を追求する地域集団間で多様性が認められたといえる。その結果、各場所に残される石器類にはその場での活動内容が反映されると共に、同じ季節に利用されるキャンプ地でも生業・居住パターンに変異があるため、道具に組成差が認められることも推測される。このように幾つかの推論を交えながら概観したトリンギット族の季節性に関する民族誌的事例は、五領ケ台式土器様式期の石器組成から季節的居住を解釈する上で示唆的なモデルになり得る。

3　石器組成からみた生業・居住システム研究の流れとその課題
（1）　1980年以前の研究

縄文時代の各遺跡で残される石器組成が、通時的・共時的にみて何をあらわしているのかについて、その方法論的手続きと解釈モデルの構築は興味深い研究課題の一つを構成している。しかしながら、現在の研究状況を瞥見してみると、上述した課題に対する体系的な把握がなされているとはいえないのが現状である。それ故、この章では、特に1970年以後の石器組成に関する研究過程の中に、理論的・方法論的な先見性と今後における針路を見い出してみたい。

先ず、土器型式の編年的研究が進展する過程で、それに呼応するかのように、石器組成の時間的な変遷や空間的な差異について広い視野から論究したものが提出され始めた。その代表と

第Ⅴ章　五領ケ台式土器様式期の季節的居住性

して、ここでは日下部善己（日下部　1972）と小林康男（小林　1974・1975a・b・c）を取り上げる。

　日下部は、論文の中で北海道と西日本を除く広範囲の地域を取り上げた上で、石器組成の違いから大きく「東日本内陸部遺跡」と「東日本海岸部遺跡」に分け、更に二つの地域を幾つかに細分した。そして、各細分地域内で通時的に石器組成の特徴を概観した（日下部　前掲論文）。しかし、地域設定の手順とその妥当性、及び組成率を比較した後に明示した地域的系統性や時間的断絶に対する解釈は、不透明であるといえよう。

　一方、小林は明治時代以後の石器研究史を的確に纏め、問題点とこれからの課題を整理した後（小林　1973a・1973b）、「縄文時代における生産活動の様態を明らかにする」ために、「石器・骨角器等の生産用具の分布状態、量的関係の時間的推移、機能的解明などの研究」と「貝塚・泥炭層・洞窟遺跡等から検出・採集される生物遺存体」の研究を「結合し、それらの相関関係を明らかにする」方向性を示した。そして、前期の花積下層式から中期加曽利E式までの中部・北陸・関東・東海地方を対象に、石器組成の違いから「生産活動」の地域差とその時間的変動を明らかにし、加えてそれらを惹き起こした対自然的な背景について詳述している（小林　1974・1975a・b・c）。

　しかも、対自然的背景に関する小林の思考形成に、渡辺誠の研究（渡辺　1969）が少なからず影響を与えていたことを看取できる。同様の傾向は、日下部の論文（日下部　前掲論文）にも認められる。このように、日下部と小林の両論文から、「生産活動」（小林　前掲論文）の復元における渡辺の対自然的関係への関心度と、その先駆的見識（註2）を間接的に窺い知ることができる。

　その一方で、小林が使用する「生産」には、マルクスやエンゲルスを読み解く廣松渉の言葉（廣松　前掲書）を借りれば、対自然的な関係が意識されるだけで、間主体的な関係は意図されていないといえよう。筆者は、対自然的な関係を行動理解の枠組みとして用いることには賛成であるが、その構造にのみ「生産」を充当させることには同意できない。それ故、このような概念上の問題点が克服されていない状況で、「生産」といった用語を冠した「生産用具」や「生産活動」を使用することには、当然のように疑問が残ってしまう。この点は、小林の前年度論文（小林　1973a・1973b）だけでなく、押型文式期の各生業活動を出土石器の特徴と各種の遺存体から理解しようとした片岡肇（片岡　1970）や、後述する野口行雄、阿部芳郎の各論文においてもいえることである。また、日下部と小林の両論文において、方法論的には石器組成の類似度の認定と、類似した組成をもつ地域が小林のいう「生産活動の地域性」をあらわすといった解釈構図に対して、それぞれ具体的な提示が認められず不十分さが残っている。

(2) 1980年以後の研究

　1980年代にはいると、石器組成の時間的な変遷や地域的特性に焦点をあてた研究成果が次第に増え始めてきた。その研究を進めていた一人、小薬一夫は、早期後半の静岡県東部地域から南関東、東関東方面にかけての五つの地域を対象に、石器組成率の比較から早期前半との系統関係と各地域内の特徴を抽出している（小薬　1983）。しかし、小薬論文を読み進めていくと、静岡県東部域（Ⅰ地域）のゆずり葉遺跡の石器組成が、磨石類が多いという点で同地域の他遺跡と異なる反面、多摩丘陵西部地帯（Ⅲ地域）の石器組成に共通したり、下総地域（Ⅴ地域）内で磨石類が多い遺跡とそれに石鏃が加わる遺跡が存在するなど、各地域内での多様性が表面化してくる。

　一方、野口は、中期阿玉台式から後期堀之内式までの時期において、房総半島地域内での「生産用具」の時間的・空間的な変異を明らかにした（野口　1985）。しかしながら、小薬と野口の両論文には共通して、対自然的関係と間主体的な社会関係に言及するような枠組みの欠如、石器組成の量的多様性に対する解釈装置の不備、加えて石器組成率が提示されるだけでそこから如何にして相互間の類似度を測っていくかといった方法論的手続きの不徹底といった、理論的・方法論的課題が認められる。このような課題は、前述した日下部や小林の論文が発表された頃からのもので、未だにクリアされず山積された状態のままであった。

　ところが、同時期において、生業活動の内容に応じて保有または利用される石器が道具として選択されるといったモデルが提示され、各遺跡に残された石器組成から検証する研究が登場し始めた。この研究に一定の方向性を与えたのは赤澤威であろう。

　赤澤は、山内清男（山内　1964a・1969a）、渡辺仁（渡辺　1964a）以来言われてきた縄文時代の東西日本の差や縄文文化の地方差の実態を、資源の「潜在生産力」とそれに適応する形で維持された「経済システム」の差によって、理論的に説明しようとした。そして、各地域の石器組成（註3）と漁撈に関係する遺物群の内容を調べ、各地域に特徴的な「遺跡テリトリー」周辺の潜在資源と、その資源の季節的バランスを推定することによって検証を試みた（赤澤　1984a）。ほぼ同じ論旨は、別論文の形（赤澤　1984b、Akazawa　1988）でも見受けられる。加えて、赤澤の論は多岐に亘っているが、本書の目的に限定するならば、生態学的視点に基づく理論的枠組みと、後期以降の日本列島を対象とする大局的な着目点、そして多変量解析を用いた分析方法に、他の同時代研究者とは異なった特徴があるといえよう。

　赤澤の論文が発表されると、石器組成を時空間上に整備するだけでなく、その生態学的意味（何を、如何なる手段で、いつ、どこで、どの程度獲得するかということ）を、経験的というよりも体系的かつ論理的に解釈しようとする意欲的な論文が現われ始めた。今村啓爾は、赤澤より限定した形での地域及び時期を対象に、獲得対象資源や獲得方法、貯蔵方法などに関する生

第Ⅴ章　五領ケ台式土器様式期の季節的居住性

業システムの時間的・地域的対照性を指摘する。特に、中期中葉から後葉にかけて、中部地方から西南関東地方では打製石斧を多用する反面貯蔵穴が少ないこと、同時期の東北関東地方では反対に「群集貯蔵穴」が広く分布することから、両地域を「根茎類依存」と「堅果類依存」として理解する。更に、赤澤同様、文化史的視座に立った上で、遺跡数の通時的増減を惹き起こした原因追求にまで論を発展させている（今村　1989）。

　しかし、現象面の微視的動態において、各都県内に石器組成の多様性が認められることへの評価と、その多様性を解釈・説明する装置の提示が欠落しているのではないだろうか。ここで重要な点は、類似する石器組成をもつ遺跡群を一つの地域的特性として把握していくにつれて、どうしてもその組成内容・組成比率から逸脱してしまうような遺跡例が、同じ地域に認められることである。つまり、同一地域内で質的に異なる石器組成を呈する遺跡と、質的に類似する反面、量的に異なる石器組成をもつ遺跡のそれぞれの存在論的意味に対して、赤澤以後の理論的枠組みでは対処しきれなくなってきたというわけである。このような状況下における新たなモデル構築への希求は、以下の研究例を紹介する過程で、より一層顕著に認められる。要するに、新しいモデルの必要性は、狭い地域を対象に分析する研究が増えてきたことと無関係ではないといえる。ここでいうモデルについては、次章で具体的に取り扱うこととする。

　さて、赤澤や今村が石器組成内容の分析から、例えば東日本、中部地方、西関東地方などといった広範囲に亘る地域を対象に、地域的普遍性や地域性醸出の要因について生態学的見地から推論しているのに対し、羽生淳子は先ず個々の遺跡の石器組成に注目する。そして、遺跡レベルで提出された石器組成と遺跡機能、遺跡規模（遺跡内検出の住居址総数）との関係を通して、諸磯式期の「居住形態」について検討を加えている。クラスター分析の結果、「各器種の相対出現頻度」が複数のピークをもつ遺跡と単数のピークをもつ遺跡が抽出され、ビンフォードの研究（Binford　1978）をモデルに、それぞれ「レジデンシャル・ベース」、「機能の限定された遺跡」といった遺跡機能への同定を試みる。また、遺跡規模の拡大化（住居址総数の増加）に応じた各石器組成クラスターの漸移的変動は、必ずしも認められないとする（羽生　1993）。

　このような遺跡規模に左右されない石器組成のあらわれ方が、何を意味するかについては興味深いテーマと考えられるが、羽生や土井義夫（土井　1985）などが指摘する「同時存在住居数」の認定や、発掘面積の問題、発掘の精密度、調査位置の妥当性などの基礎的事項を確認する必要がある。同様な指摘は、弥生時代の石器組成率の算定から、特に初期農耕社会における生業活動の地域性を把握しようとする酒井龍一によっても提起されている（酒井　1986）。その上で、規模の類似する遺跡間での石器組成の変異幅、規模の異なる遺跡間での同一石器組成クラスターの採用などに対する解釈の枠組みとして、次章で扱う遺跡内の石器遺棄・廃棄プロセ

スの多様性にも注意を向けるべきではないだろうか。

　阿部芳郎は、早期後半条痕文式期の西南関東地方と東関東地方を取り上げ、羽生同様、各地域内において遺構組成が異なる遺跡間で、「生産用石器の器種の構成と組成率」が類似する傾向を指摘している（註4）。そして、この現象を「活動の拠点的施設である集落と、短期的な生活地点とのあいだで石器をもちいておこなわれた活動の内容が良く似た」結果と判断し、西南関東地方のより活発な植物質食料の獲得を東関東地方における狩猟活動の優位性と対比させている（阿部　1992）。石器組成の地域的変異に関する解釈の枠組みは、赤澤や今村などと同じであるが、枠組み構築に至る理論的根拠やその一部を構成すると思われる遺跡内の石器遺棄・廃棄プロセスに対する視点を読み取ることはできない。更に注目すべきことは、阿部が両地域で「それぞれに活動を展開した集団」（阿部　前掲論文）を仮定したことである。

　このように、異なる石器組成内容から生業活動の差を推察するだけでなく、異集団の存在論にまで明確に論及した研究者としては、末木健（末木　1987・1989a・1989b）や宮崎博（宮崎1988）を挙げることができる。

　末木は、特定河川の流域や一定地域に広がる遺跡群の領域研究を手際よく纏めた上で、八ヶ岳山麓の中期前半から末葉の遺跡群の生業システムを石器組成から分析した（末木　1987）。その際、末木は前述した研究者と同じく、生業活動の差が石器組成に反映されているという立場を採っている。そして、組成率を比較した結果、「同地域同時期の遺跡でも石器組成は同一ではない」ことを強調した。この現象の解釈において、末木は何の理論的根拠もなく幾つかのケースを示し、その上方法論的な手続きもないまま、「拠点集落をベースに、動物植物を獲得するサイクルに従い、幾つかの単位集団に分れて、分業ムラを巡りながら移動を繰り返し」たという可能性を推定している。羽生（羽生　前掲論文）や阿部の論文（阿部　前掲論文）同様、石器遺棄・廃棄プロセス論に対する積極的な評価がなされなかったことは言うまでもない。

　その後、末木は石器組成の比較だけで集団が異なるとか同一集団の分村であるとか論ずることは不十分であると考え、祭祀遺物（土偶、石棒など）や住居形態などの側面にも焦点をあてた多角的な分析を精力的に行なっている（末木　1989a・1989b）。

　また、宮崎は、多摩川左岸の中期中葉から後半にかけての30箇所の「拠点的な大規模な集落跡」を対象に、土器片錘と石錘の出土量を比較している（宮崎　1988）。この論文は、石器組成を分析資料としておらず本書のテーマから若干離れるが、特定河川に沿って分布する遺跡群を対象に、各漁撈具の分布上の差異を生業と集団関係の両面から説明しようとする過程では共通するため、ここに紹介しておく。この中では、特に多摩川本流の上・中流と下流にそれぞれ位置する遺跡に焦点を当て、次のような成果を披瀝している。つまり、上・中流域には石錘が僅かに認められるのに対して、下流域では多くの土器片錘と石錘が出土しているという点である。

第Ⅴ章　五領ケ台式土器様式期の季節的居住性

そして、宮崎はこの現象を漁法の違いと解釈し、具体的には上・中流域の筌や簗漁を下流域の網漁と対比する形で提示した。加えて、このような特定の生業活動の地域的差異性から両地域に居住する「集団」の差、及び「集団領域」の違いにまで論を展開させている。

しかしながら、生業活動の地域的多様性とその物象的反映としての石器組成差（宮崎論文では土器片錘と石錘の地域的分布差）を、いかに集団論や居住システム論と関連付けるかについては、依然として問題が残っている。つまるところ、理論面では「集団」そのものの概念的検討（近藤　1959、鈴木　1974、小林　1986b、都出　1979、春成　1987、Wiessner　1983）はもとより、「対自然的かつ間主体的な関係」（廣松　前掲書）といった側面を射程に入れた視点のもと、生業内容の具体的考察や占地空間の機能を、季節性や居住に際しての人的配置（年齢、性別）などと有機的に結び付けるモデルの構築が必要と考える。この場合、「集団」そのものの違いを仮定するだけでなく、「集団の組織化」にも注意を払うことになる。

ところで、生業活動と共に居住活動にも焦点をあてた研究は、既に林謙作（林　1971）によって方向付けられていた。林は、この論文の中で石器などの遺物ではなく宮城県浅部貝塚の「動物遺体」を通して、生業活動と集団の組織化の両方を意識した枠組みを提示している。先ず、生業活動の季節性を推測する方法として、オオハクチョウをはじめとするガン・カモ科が11月から3月にかけて宮城県北部に飛来するといった生態的特徴に注目した。そして、同一層の中にそれと共伴関係にある「動物遺体」を割り出すことによって、シカ・イノシシや貝類の獲得季節を推定する。その結果、ガン・カモ科と共伴した層から出土したシカ・イノシシ骨は11月から3月を中心に捕獲され、同じ層の貝類（特にヤマトシジミ）は11月から3月にかけて採取された可能性を説いている。すると、複数の生業活動が同時期に重なるわけであるが、そこで林は、男性が担当した狩猟活動と女性や年少者が従事した採取活動の同時並行を主張する。

このように考えると、次に4月以降の当遺跡の利用内容が問題となってくるだろう。ここで、林は再びガン・カモ科に着目して、その種類が認められなかった層を抽出している。そして、その層の堆積季節を4月から10月と推定した上で、11月から3月にかけて堆積したと考えられる層と近接した位置関係を占めていること、季節や獲得資源に応じて作業空間が移動している可能性があることによって、4月から10月にかけての別地への季節的居住説に対しては消極的な立場をとっている。それ故、最低滞留日数を10日から15日前後と考えながら、この問題に関しては検討の必要性を述べるに留めている。その反面、林は、遺跡を構成する家族数を数多くの仮説に基づきながらも5家族前後と想定している。以上が林の1971年論文の概要であるが、浅部貝塚に居住した人々の生業内容と組織化が時には大胆に解釈されている。

我々は、対自然的な関係の中で、何を、如何なる手段で、いつ、どこで、どの程度獲得するかということを、そして間主体的な関係の中で、どの程度の人数・性別・年齢構成で組織され

ているのかといった事項を、各システム毎、及びシステム相互間で解釈したい心境に時として駆られるだろう。この意味で、前述した赤澤論文と同様に林論文は興味深いものである。しかしながら、この論文は遺跡群ではなく個別遺跡を分析対象にしていたため、システム論的とまではいかなかった。また、「動物遺体」に関する分析も、現在の詳細な研究成果や報告例（最近では鈴木・佐藤・大内　1994）に慣れ親しんでいる者にとっては不満の残るものであろう。その上、解釈に至る多数の仮説を如何にクリアするかといった難題や、最近の羽生（羽生　前掲論文）に代表される石器組成分析との対比といった課題がある。ただし、同時期の石器組成研究が時間的な変遷と地域性の抽出に重点を置いていたことと比べてみた場合、林の1971年論文が、現在の先史時代研究が直面する課題にとって多くの知的示唆を与え、特に生業・居住システムのモデル構築に対して、20年以上も前に道標の一つを示していたことだけは言えそうである。

（3）　石器組成研究の課題

　以上、石器組成を題材とした1970年以後の研究成果を概観してみた。その結果、石器組成の質的変異（例えば特徴的な石器の出現、消滅）を時間的・空間的に配列・整備していく研究に、生業システム論と生業・居住システム論の中にその変異を組み込む研究が徐々に加わってきたという動向を読み取ることができた（註5）。また、このような研究が進展していくと、以下に示すような課題も次第に明らかになってくる。

　先ず分析面では、対象地域の選定プロセスの検討や石器組成の質的・量的割合に対する「類似度」の検証方法が欠落しているのではないかということである。特に後者は、トリガーのいう「低位理論」（low-level theory）及び「一般的法則」（generalization）の次元に抵触する問題点である。彼は、低位の一般的法則は決して人間の行動には言及せず、それ自体が説明というよりも説明されるべき規則であると考えている（Trigger　1989）。仮にこの次元を本書に適用するならば、石器組成の算定から多変量解析法を用いた上で遺跡形態との相関関係を探る観察過程までが、このレベルに相応するだろう。

　続いて理論面では、トリガーのいう「中位理論」に相当するいわゆる社会的かつ生態的なモデルの構築が欠如しているのではないかということである。当然のように、モデルは時期的・地域的に適応したものが望まれるが、視座設定の仕方については、前章で取りあげた北アメリカ北西海岸の狩猟採集民を対象とした民族誌的研究以外に、大塚柳太郎、田中二郎、渡辺仁などのフィールドワークを伴う生態人類学的研究が参考になる。この中で、渡辺の十勝アイヌの調査成果（渡辺　1964a・1964b）が、発表された時期を考えると、同時期に発表された石器組成研究にあまり生かされていないのは不思議である。また、渡辺の教えを受けた大塚は、自身の専攻を「人類生態学」と称し、オセアニアを対象に「人間と環境との相互作用にかかわる広

第Ⅴ章　五領ケ台式土器様式期の季節的居住性

汎な事象を研究」（大塚　1993）している。ここでは、パプアニューギニアに居住する三つの集団（低地のギデラ族、山麓部のサモ／クボ族、高地のオク族）の生業活動の差異に、性及び年齢階梯の差を関連付けて、各集団の生業・居住活動に関する特性の一部を記述している。それから、田中は生存環境の異なるアフリカの「採集狩猟民族」を対象に、それぞれの環境に適応する「生計様式」が採用されると同時に、その差異が居住集団の組織化の要因に通じると説く（田中　1977・1984）。先史時代の社会を理解する上で重要な点は、集団そのものを固定的に認識するのではなく、生態的・社会的な諸活動に応じて分化した行動集団を組織的に認識することであるといえる。いずれの論文も、「対自然的かつ間主体的関係」（廣松　前掲書）といった側面が射程に入っている。

4　石器遺棄・廃棄プロセス（abandonment process）に関する視点の導入
（1）　縄文時代石器研究における成果

　各遺跡が我々が認識する同一時期の中で、同じ機能の繰り返しとして利用されていた場合には、それに適応した遺構を構成し、同様の石器組成が形成されることになる。これは、石器組成の地域的変異現象を機能的かつ生態適応的な人間行動の反映とするならば、妥当な解釈といえる。しかし、同じ遺跡形態、遺跡機能として認識されながら量的な割合で変異幅を有することも当然有り得る。つまり、この多様化現象の解釈に対して、生態適応の反映としてのみ取り上げることはできないといえる。

　石器組成の量的変異に関して、生業活動以外の解釈を想定する研究は、かなり以前からあらわれてきていた。それは、廃棄行動に関する研究成果が次第に増えていった状況と無関係ではないと考える。つまり、廃棄に関わる研究は、何がどこからどのような状態で出土し、どの遺物と一緒に出土したのかといった発掘調査時の詳細な記録化を出発点としていたからである。このような調査が蓄積されていくと、石器に関しても、住居址毎に欠落している石器や遺物集中地区毎の異なる石器組成に着目する研究が現われ始めた。

　当時、遺物の廃棄研究を出土状況との関連から追求していた可児通宏は、東京都多摩ニュータウンNo.46遺跡の報告を纏める中で、個別石器（ここでは磨石）が数軒の住居址から出土しない事例を取り上げて、住居址の廃絶に際して磨石を持ち去った可能性を指摘している（可児 1969）。

　また、土肥孝は、千葉県古和田台遺跡から出土した石器群を廃棄物とみなし、「その石器の組み合わせをそのまま生活活動の実体に結び付けようとするところに大きな問題がある」（土肥 1973）と述べ、石器の質的組成とその場の生業活動との関連性にも疑義を呈した。しかも、石器の持ち去りの可能性を示唆した上で、「石器群の中で欠落している石器の方が、より生活実体

を示すものであり、生産活動の重要な部分を占めていたのではないか」と続けて述べている。

　確かに、遺跡に残されている石器群に使用時の組成を直接求めることには論理的な飛躍があるという指摘は、理屈の上では注目すべきであり、しかも筆者が石器組成の量的変異を石器遺棄・廃棄プロセスと関連付けて論じる上で有益であるといえる。しかし、土肥は、遺跡から出土した石器群が「生活実体の一側面」を示すとも述べ、遺跡機能を反映する可能性に含みをもたせている。すると、土肥がいう「生活実体」をあらわす石器とあらわさない石器を峻別する方法論的基準は何であろうか。この両者の区別は、どの石器を滞留する遺跡から持ち出し、どの石器を残すのか、はたまたどれを廃棄するのかといった現象と行動とを結びつけるモデルの介在を要請する。要するに筆者が強調したい点は、遺跡形態との相関関係を「低位理論」（Trigger　前掲書）上で確認したり、石器の持ち去りに際しての生態的・社会的誘因のモデルを構築するなどの操作過程がみられないならば、土肥のような見解は単なる想像に終わりかねないだろうということである。

　このような批判的な指摘は、土肥以後に発表された小林康男や岡村道雄の論文にも当てはまる。岡村論文（岡村　1979）は組成研究そのものについて書かれたものではないが、遺跡間に認められる石器組成の量的変異とその要因の究明を解決しなければならない問題の一つとして取り上げている。ここで、岡村は、「器種や地域ごとに遺跡への石器の残され方に違い」が生じてくる要因として、「石器の使用される場所（集落内か集落外か）、移動の際の可搬性、原石入手の難易度による石器への執着の差など」を想定する（岡村　1979）。また、小林も石器の使用場の違いによって、遺跡内の石器組成率が影響を受けている可能性を指摘した（小林　1983）。しかし、いずれの論文も、遺跡間における石器組成の量的変異を行動論的に解釈するためのモデル提示の段階ではなく、未だ問題提起に終始している感が強いといえる。

　一方、土肥と共に『古和田台遺跡』の報告書を編集した一人である西本豊弘も、石器と骨角器、動物遺存体からオホーツク文化の生業活動を推論する過程で、石器、骨角器の出土量に影響を与える要因に、「耐用年限」（西本　1980）の差や廃棄の構造的異質性を想定している。だが、この西本論文の中にも積極的な論理展開は認められない。

　ところが、住居址の床面から出土する石皿に注目した岡本孝之の論文（岡本　1978）は、石器の遺棄・廃棄プロセスに大きな意味を投げかけたものといえる。通常、石鏃や尖頭器などのように狩猟場で使用され、居住地に回収される数量すら把握が困難な遺物では、遺跡間で量的差異が認められる現象を解釈する際、幾つかのモデルを設定しなければならない。しかしながら、石皿のようにかなりの重量があり、運搬に手こずるような石器は、出土状況を集成すること、遺跡間で数量や欠損度、重量、石材、使用頻度などを比較することによって、石皿自体の遺棄・廃棄プロセスだけでなく、通時的にみた遺跡の機能的・構造的な理解にも寄与すること

第Ⅴ章　五領ケ台式土器様式期の季節的居住性

になる。

　この点に目を着けた岡本は、神奈川県尾崎遺跡をはじめとして幾つかの中期遺跡を対象に、先ず石皿が住居址の床面から出土すること、屋外では使用に耐え得る石皿の出土例が少ないことなどを指摘する。加えて、住居址出土の石皿に少数ではあるが完形の石皿や一部のみ欠損した石皿が含まれていること、尾崎遺跡第20号住居址のように入り口部の右側壁寄りの位置で磨石と共に出土した事例があることから、石皿の使用状況にまで論を進めている。そして、大半の石皿が住居址から破片で出土するか全く出土しないといった現象と対比することによって、それらの違いを「石皿等の生活道具の廃棄等の差異」として理解しようとした（岡本　1978）。しかし、この論文中では、様々な遺構組成をもつ遺跡間で石器組成を量的に比較したり、具体的な行動体系に基づいて石皿の出土状況を解釈するところまでには至っていない。ただし、この論文は遺物の遺棄・廃棄プロセスを究明する上で、石皿を資料にその出土状況や完存度の比較分析を行なうことが極めて有効であることを教えてくれたといえる。

　以上から言えることは、1970年代においては、石器組成の量的変異を生業活動以外の枠組みで積極的に論じたものはなく、遺跡間で石器の量的組成が変異する背景を「石器遺棄・廃棄プロセス」によって体系的かつ論理的に推し進めることに消極的であったということである。

（2）　最近の民族考古学的成果

　ここで一転、国外の研究に目を向けてみよう。ショット（Shott　1989）によると、1960年代以前の数年間、多くの考古学者は、数々の「道具組成」（assemblages of tools）や人の手による加工品を、文化的な信念や価値の象徴ないし表現体と見なしていたという。その後、1960年代の初めになると、「道具」（tool）の機能的な特質が言われだし、お互いに性格が異なる道具間での分布や共変動的な現象が、機能的ないし生態適応的な意味をもつ人間行動の反映として解釈され始めた。これは、考古学上では「機能的な議論」（functional argument）或いは「行動主義」（behavioralism）と呼ばれ、特にビンフォードによって適切に纏められた。そして、ショットは以下のようにビンフォードの言葉を引用している。

　我々は、考古学的な「もの組成」（assemblage）の構造や内容における変異は、人間行動の形態、性質、それから空間的な配置と直接的に関連していると仮説する。……我々は、人間行動の多様性の見地から「もの組成」の構成に対する説明を余儀なくされる。……要するに、多様な「もの組成」の原因の一つ一つは別々の行動論的側面に求められ、それら別個の行動はお互いに自然環境と社会環境の両方に関係するかもしれない。……。

　更に、ショットは続ける。ルイス・ビンフォードとサリー・ビンフォードによれば、例えば獲物の狩猟や獣肉の解体、調理、消費に関わる各活動は、それぞれに応じた道具の構成を決めるという。その上、そのような行動には内容や規模、頻度に細かな違いがあるため、それらに

— 199 —

応じて利用する道具類も異なると考える。つまり、考古学において新しく芽生えたこの種の展望は、規範的な特性とは限らない行動でも遺物の中に得やすいということを議論したものであった。たとえ「行動主義」(behavioralism)が他の文化的な性質を顧みないで不当に適応性のみを強調したとしても、「行動主義」は考古学上有益な発展を遂げたのである。それにも拘らず、誰ひとり真剣に、「もの組成」の形成における行動論的な多様性の重みを問題視しなかった。そのため、「行動主義」は遺物にみられる質的・量的な多様性を完璧に特定化するための「原則」(doctrine)として、考古学者によって用いられてしまった。それ故に、このアプローチは「実在的な行動」(substantive behavior)と無関係に、多様性をもつ「もの組成」の形成に影響を与えた他の要素や過程を無視することになった。等閑視された一つに、シファー(Schiffer 1976)のいう「c変換」(c-transforms)がある。ショットによると、ビンフォードは「c変換」を文化的組織の中に本来的に備わっている要素と考えていたため、殆ど関心がなかったらしい。尚、ここでいうところの「実在的な行動」とは、生業、社会的・政治的な過程、人間社会における事実上の全ての行為と関連した広い範囲での活動を示している（Shott前掲論文）。

　最近では、ショットが引用したシファー（Schiffer 1972・1976）以外に、スティーブンソン（Stevenson 1982）、ケント（Kent 1992）、グラハム（Graham 1993）、ジョイスとヨハンセン（Joyce and Johannessen 1993）、トムカ（Tomka 1993）などのように、遺跡の永久的廃絶や計画的回帰、移動距離、占有期間の長短や規則性に影響される道具の管理システム、処理内容などに焦点をあてた「遺棄・廃棄プロセス」モデルで、各遺跡間での組成の多様性を解釈しようとする柔軟な研究方向も増えている。これらの研究戦略は、短期間の民族考古学的調査をモデルとしていること、複数の対象地を視野にいれた通文化的比較が困難であることなどの理由で、時間的重畳や多機能集合体の可能性が高い大規模集落には適用できないかもしれない。一方、かなり短い時間幅の中で形成された遺跡形態を対象にする場合、静態的現象としての石器組成の変異性を機能や生業システムの違いとしてだけではなく、石器の遺棄・廃棄プロセスの差によって解釈することには有効性が認められるだろう。

　グラハムは、北メキシコ・ララムリ地方に住む遊動を伴う農耕牧畜民の民族考古学的研究を通して、「中断を伴う居住の遺棄・廃棄」(punctuated abandonment)が生じた場合、その行動論的側面が各居住地での「もの組成」(assemblage)の内容や分布、居住地での活動内容や空間利用のされ方などに、どのような影響を及ぼすかについてモデルを提示する。そのモデルとは、居住地からの計画的な出発と予期した回帰を伴う際の各居住地（本拠地、農耕用の居住地、冬用の居住地）毎の「もの組成」の内容と動態に関するものである。民族考古学的調査の結果、「場所備え付け道具」(site furniture)のように回帰を見越して残されるものと、「個人用装備」

第Ⅴ章　五領ケ台式土器様式期の季節的居住性

（personal gear）のように移動や回帰に際して持ち運ばれるものが認識され、「本拠地」（main residence）と「農耕用の居住地」（agricultural residence）の「もの組成」が「冬用の居住地」（winter residence）に比べて類似していること、時間的経過に伴う道具の遺棄・廃棄プロセスの結果、「農耕用の居住地」の「もの組成」が「本拠地」のそれに近づくようになること、「本拠地」と「農耕用の居住地」の違いは遺棄・廃棄プロセスに影響を与える占有期間とその時期に関係することなどが判明した（Graham　前掲論文）。一方、永久的に廃絶された居住地毎の「もの組成」の変異性については具体的に触れられていない。グラハム（Graham　前掲論文）やショット（Shott　前掲論文）も述べているように、考古学者が扱う遺跡はその大半が永久的に廃絶され、加えて遺物が後埋没過程（Schiffer　1983）を経ている可能性があるため、このようなモデルが直ちに適用可能とは言い難いのが事実である。しかし、グラハムの研究は、石器の遺棄・廃棄プロセスを生業・居住システムに組み込む上で示唆的な民族考古学的成果といえる。

　そこで筆者は、組成面だけでなく、重量があり持ち運びが困難な「場所備え付け道具」としての石皿を特に取り上げ、その数量や重量、欠損の有無などを分析視点に、異なる遺構組成をもつ遺跡間及び同一の遺構組成をもつ遺跡間で比較検討してみようと考えた。これによって、石皿の遺棄・廃棄プロセスが推定されるだろうし、更にそのプロセスの認識は、西南関東地域の五領ケ台式土器様式期の生業・居住システム解釈の進展に寄与することになると考えたからである。

5　西南関東地域の遺跡形態と石器組成
（1）　石器組成の分析

　西南関東地域には300遺跡以上の五領ケ台式土器様式を出土する遺跡がある。ここでいう西南関東地域とは北は多摩川流域、西は丹沢山系、南は鶴見川から早川流域までを指し、箱根を越えて伊豆半島や沼津方面には広がらない地域的範囲のことである（図95）。この地域に分布する遺跡のうち、報告から五領ケ台式土器様式期の石器組成を窺える遺跡は22遺跡と極端に少なく、石器総数が10点以上のものは僅かに15遺跡を数えるに過ぎない（図96）。しかも、細分段階毎に石器組成を追求できる遺跡は殆どなく、動態的研究には無理がある。それ故、この点は社会的・生態的な生産を維持する地域単位を動態的に把握する方向と共に課題の一つといえる。

　場に応じて保有・使用する石器の組み合わせが変異するか否かを探る場合、先ず各遺跡を遺跡形態として分類する必要がある。そこで、本書においては三形態に分類しておく。
①　住居址が検出され、時に集石や土坑（土壙）などが加わる遺跡形態をa型とする。48遺跡

を確認するが、この数値は全遺跡数の1～2割程度に過ぎない。一つの遺跡で確認される住居址総数が5軒を越える遺跡は、神奈川県三の丸遺跡（伊藤他　1985、倉沢　1990）、東京都南八王子地区No.11遺跡（和田・戸田・吉田　1994）、同郷田原遺跡（戸田・吉田　1996）、同多摩ニュータウンNo.471遺跡（小薬他　1993）で、更に10軒以上となると三の丸遺跡例のみとなる。つまり、西南関東地域は中部地方に比べて5軒以上の住居址をもつ遺跡が少なく、更に同一段

○　遺跡形態 a 型
△　遺跡形態 b 型
●　遺跡形態 c 型

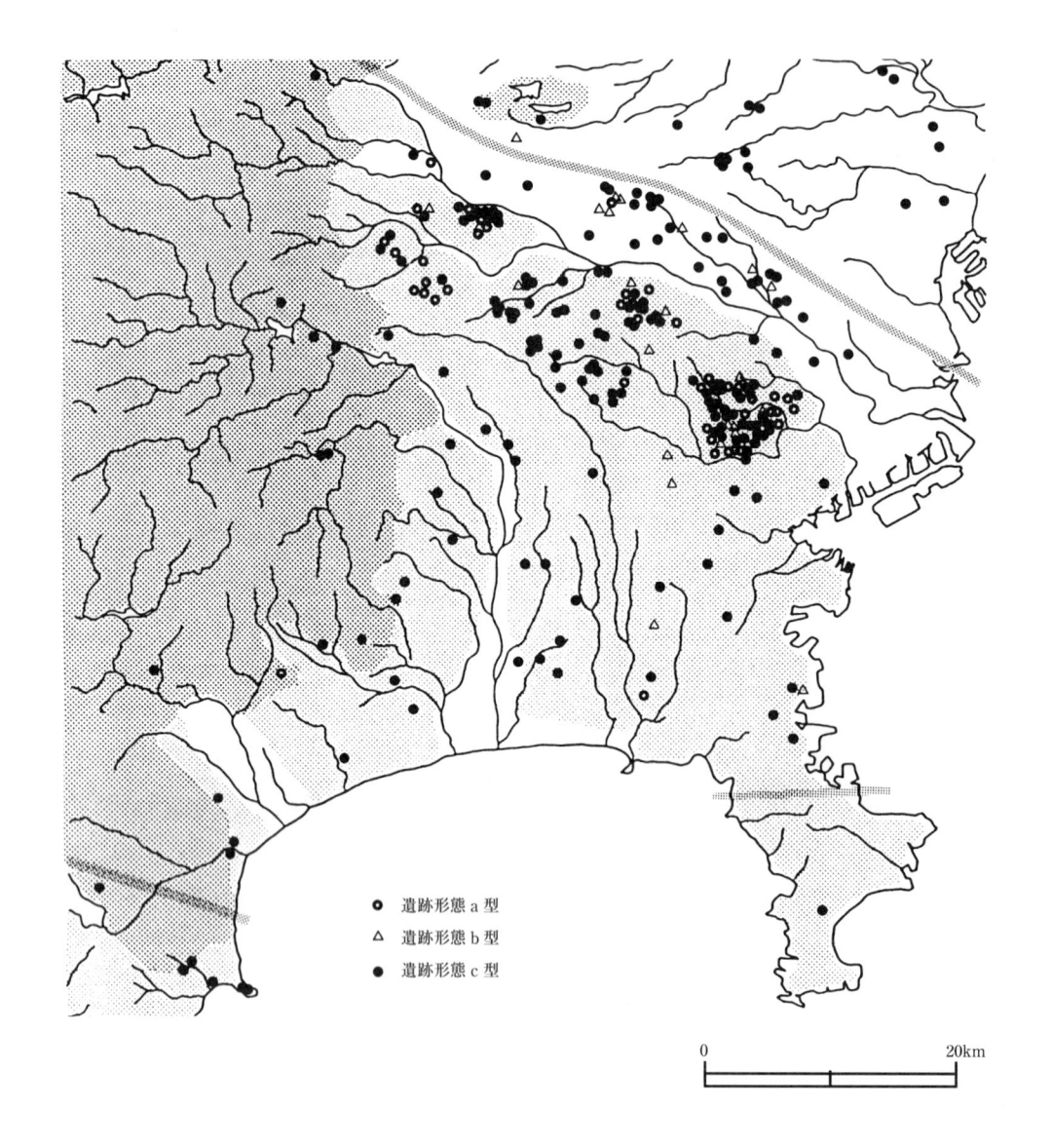

図95　五領ヶ台式土器様式期の西南関東地域の遺跡分布
　　　遺跡形態のa型・b型・c型については第Ⅴ章5を参照。ここでいう西南関東地域とはスクリントーンで囲まれた地域の仮称である。

— 202 —

第Ⅴ章　五領ケ台式土器様式期の季節的居住性

階での住居址数も少ないのが実状といえる。

② 住居址をもたず、集石、土坑（土壙）などの遺構が検出されている遺跡形態をb型とする。
この遺跡形態に該当するものは更に少なく、25遺跡を数えるのみである。

③ 最も多いのは視覚的に遺構が未発見の遺跡形態で、この形態をc型とする。247遺跡を確認

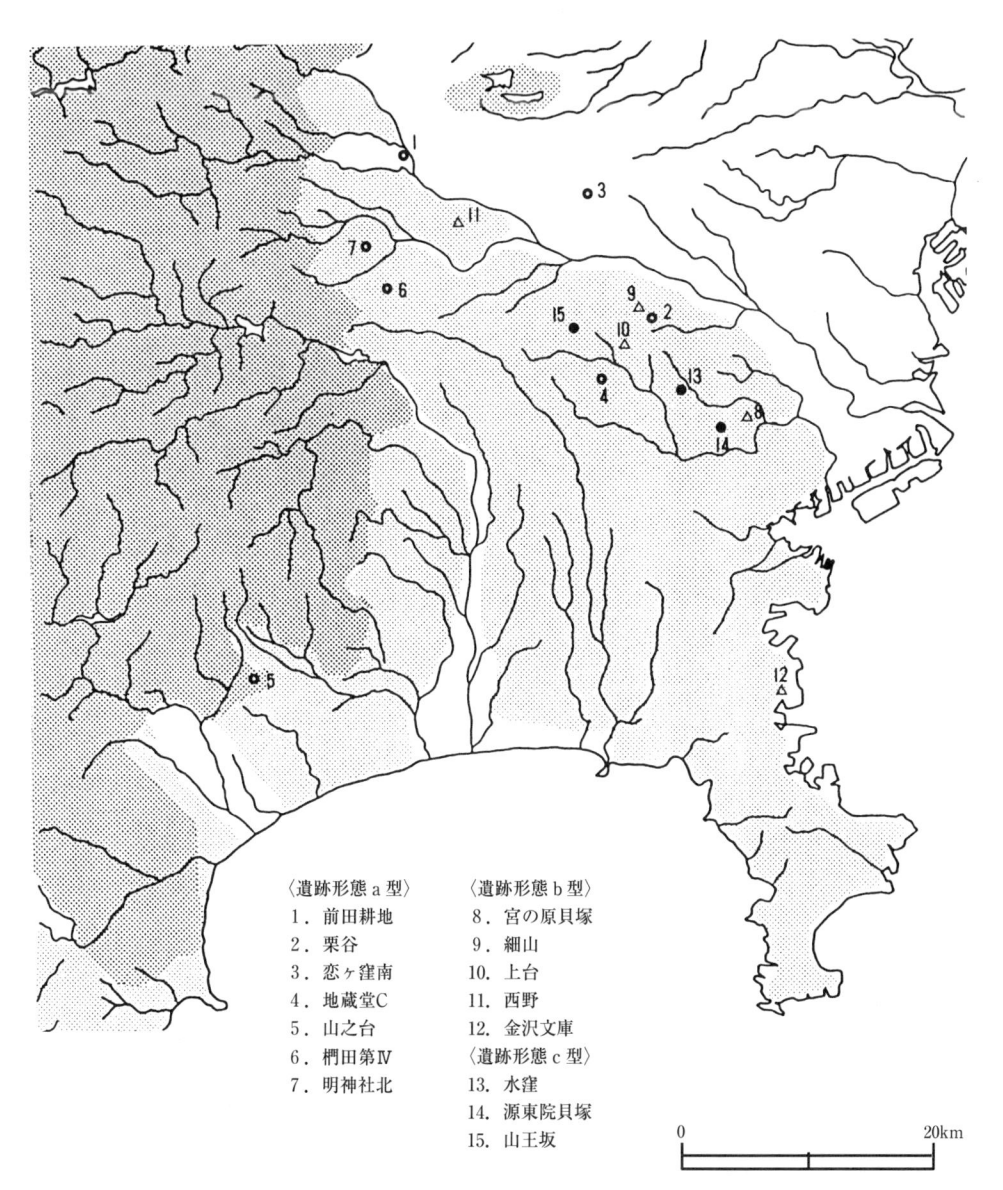

〈遺跡形態a型〉
1．前田耕地
2．栗谷
3．恋ヶ窪南
4．地蔵堂C
5．山之台
6．椚田第Ⅳ
7．明神社北

〈遺跡形態b型〉
8．宮の原貝塚
9．細山
10．上台
11．西野
12．金沢文庫

〈遺跡形態c型〉
13．水窪
14．源東院貝塚
15．山王坂

図96　石器組成の分析対象遺跡
　　遺跡の番号は、遺跡形態a型、b型、c型の順に付け、各遺跡形態内では器種構成比が類似している遺跡を優先した。そのため、地理的に近い遺跡で離れた番号が付いている遺跡がある。

した（註6）。小林達雄のいうセトルメントパターンD（小林　1973）に相当する。

　これらの各遺跡形態は、更に遺構の種類や数量などによって細分される可能性がある。ところが、社会的・生態的な生産を維持する最低限の地域的単位と推定される西南関東地域では、一つの遺跡で確認される住居址数の変異幅に大きな差がないこと、遺跡形態b型を対象にした場合、構造論的立場で詳述された遺跡例が見当たらないことなどから、現状において細分作業は生産的でないと考える。

　西南関東地域における五領ケ台式土器様式期の石器には、石鏃・尖頭器、石錐、石匙、スクレイパー類、打製石斧、磨製石斧、磨石類、石皿、有溝砥石、礫石錘、礫器が認められている。実際に前述の各遺跡形態とそれらの石器組成との相関性を調べる上で、以下に前提とした条件及びその条件から派生した課題を予め挙げておく。

① 　個別器種の認識（斉藤　1992）や機能問題については省略し、報告書に倣った名称を用いる。

② 　各石器器種の時期判定に関しては基本的に報告書に依拠する。遺跡全体から出土した石器が中期初頭である可能性が高いといった記述があるものは、全石器器種及びその数量を該当させ、報告書で複数時期の可能性を暗示しているものは当該時期の遺構出土で数量が記されているものを集計した。この操作によって、神奈川県五領ケ台貝塚（日野・岡本・小川　1970）のように礫石錘が多く、それに石鏃、打製石斧、スクレイパー類、磨製石斧、磨石類、石皿、礫器といった大半の器種が揃っていながら、量的提示がないため分析対象から除外せざるを得なかった遺跡も存在する。この遺跡は、台地上に住居址存在の可能性が残ること、石器組成の内容提示が希薄な相模川の流域近くに位置していることなどと併せて、資料の再提示化が望まれる一例である。また、遺跡内の各「場」の機能分担と残される石器群との相関性の判別にも注目していたが、どの石器がどの位置から出土したのかといった記載と分布図が示された報告例がなく、一つの遺跡でも各「場」毎に石器組成に異同が認められるか否かについては検討できなかった。

　その中で、住居址1軒と遺物集中地区2地点を含む空間から多量の石器が出土した、東京都前田耕地遺跡（橋口他　1981）には検討の余地が残っている。というのも、これら三箇所から出土した石器組成を対象に、判別分析を用いた統計解析を実行してみた結果、第1集中地点と第2集中地点の石器群は7号住居址の石器群とやや離れた位置関係を示していたからである。五領ケ台式土器様式との共伴関係から「若干の時間差があるとは言え、五領ケ台期のものとして一括して扱える」ならば、この差異は一体何を意味しているのであろうか。

　岡村道雄は北海道札苅遺跡の墓壙出土の石器組成と「ゴミ捨場」から検出された石器組成を比較して、石鏃の量的多寡と器種構成に組成上の差異を見つけた。また、このような違いが石

第V章　五領ケ台式土器様式期の季節的居住性

鏃の技術的側面にも反映され、「遺跡で展開された行為の差によって遺物の組成や形態などの属性までにも影響がでてくる」ことを立証しようとした（岡村　1979）。しかし、岡村が比較として取り挙げたものは機能が明らかに異なると経験的に予測できる類のもので、前田耕地遺跡例とは状況を異にしているのが実態である。或いは前田耕地遺跡の場合、ゴミ廃棄の時間幅と処理場との関係にその差の原因を求めた方が良いかもしれない。

この点について、居住地遺跡におけるゴミ（廃物）処理の仕方に複数のパターンを推定するジョイスとヨハンセンの論文（Joyce and Johannessen　1993）が興味深い。特に、遺跡に居住しているときはゴミ捨て場として利用されていなかった住居址のようなところに、遺跡を離れる際ゴミを廃棄するといったパターンを設けている点は注目に値する。というのは、ジョイスとヨハンセンによれば、このケースは遺跡が何らかの要因で遺棄・廃棄（abandonment）された際のゴミ処理の仕方を意味し、通常我国では「廃棄パターン」の一類型として包括されているからである。このような廃棄行為が時間的に限定されるパターンを「遺棄・廃棄の際のゴミ処理」（abandonment refuse disposal）と呼び、「二次的ゴミ処理」（secondary refuse disposal）と呼称される占有期間中の日常的なゴミ処理パターンと別類型にしていることは、我国の「遺棄」、「廃棄」といった二区分法や、「廃棄」の枠組みの中で遺物の出土場所や遺物自体の特性に基づいた細分化（小林　1974）に再検討を促すことになるだろう。つまり、行動論的に異質なケースを「廃棄」として一括した上で類型化するならば、「廃棄」といった用語自体の概念的な空洞化を招きかねないからである。同様に、吹上パターンなどの廃棄パターンを認めた上での細分化も、各パターンの形骸化を意味することになる。

そのため筆者は、山内清男（山内　1967）のように廃絶された住居址の利用法を推定したり、小林達雄（小林　前掲論文）のように土器の廃棄行動を類型化する段階から、黒尾和久（黒尾　1988）のように現在まで提起された各パターンを現象的に検討して廃棄行為の多様性を認識し、ジョイスとヨハンセンのように一連の民族考古学的成果を介して、考古学的事象を行動論的に解釈するためのモデルと方法論を獲得する段階へと、遺棄・廃棄研究そのものが進展し始めなければならないと考えている。

③　各遺跡形態で、五領ケ台式土器様式期に帰属する蓋然性が高い石器総数が、10点以上を数える遺跡を取り上げる。そのため、第二に挙げた点と関連して、神奈川県東方第7遺跡、同三の丸（池辺第4遺跡を含む）遺跡など、出土総数に不明瞭な部分が残っていたり、遺構出土石器を集計しても10点に満たない例は割愛した。

上記の前提条件を確認し、その条件に関する課題を検討した上で取り上げた遺跡は15遺跡である（図96）。

遺跡形態a型には、東京都前田耕地遺跡（橋口他　1981）（図96の1、図97）、神奈川県栗谷

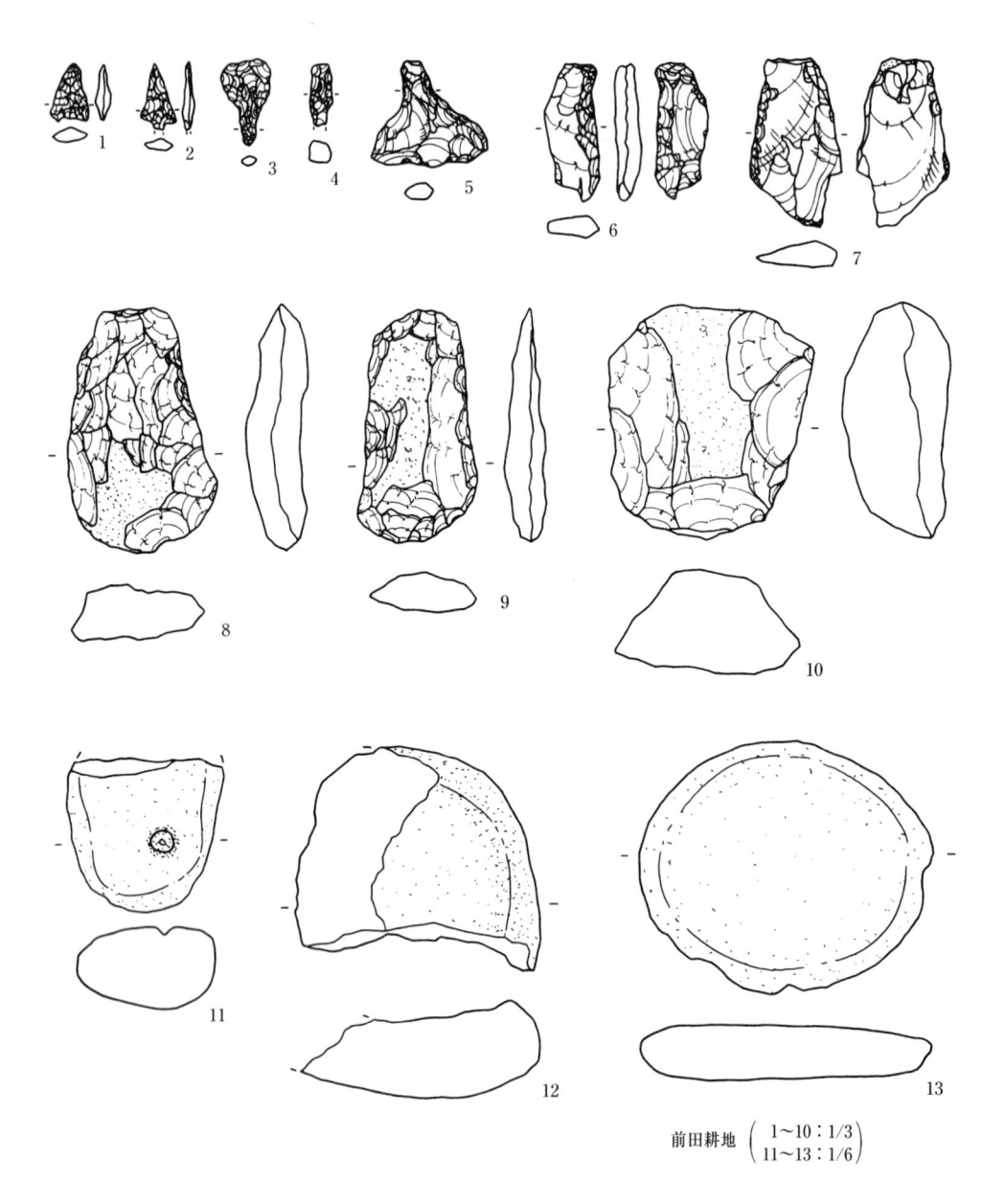

前田耕地 $\begin{pmatrix} 1\sim10:1/3 \\ 11\sim13:1/6 \end{pmatrix}$

図97 遺跡形態 a 型の石器組成（1）
1・2：石鏃、3・4：石錐、5：石匙、6・7：スクレイパー類、8・9：打製石斧、10：礫器、11：磨石凹石、12・13：石皿
各石器とも報告書の実測図を再トレースした。

第Ⅴ章 五領ケ台式土器様式期の季節的居住性

恋ヶ窪南 (1〜4・7:1/3 / 5・6・8:1/6)

椚田第Ⅳ (1〜5:1/3)
(SB14)

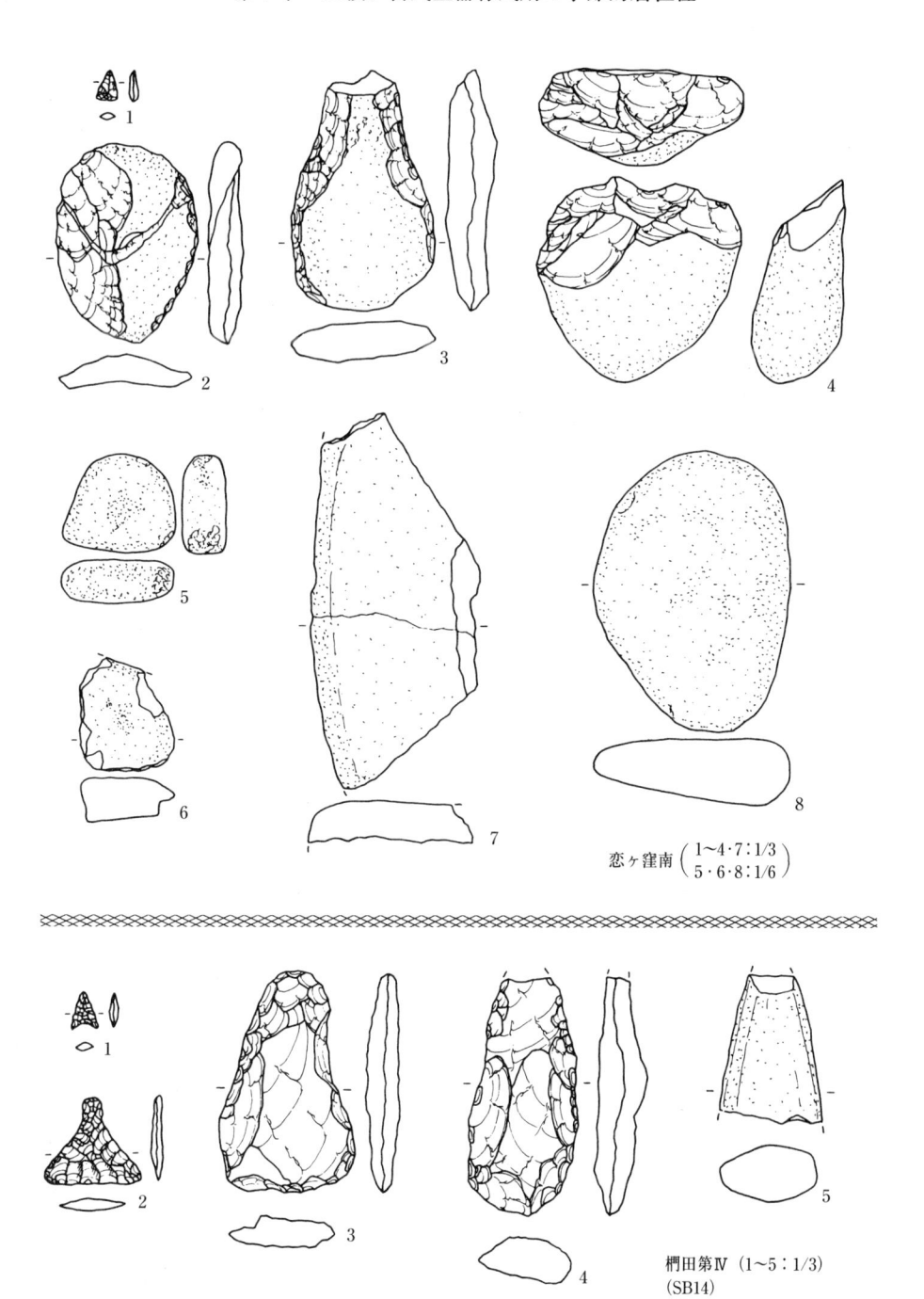

図98 遺跡形態 a 型の石器組成（2）
上 1：石鏃、2：スクレイパー類、3：打製石斧、4：礫器、5：磨石凹石、6〜8：石皿
下 1：石鏃、2：石匙、3・4：打製石斧、5：磨製石斧
各石器とも報告書の実測図を再トレースした。

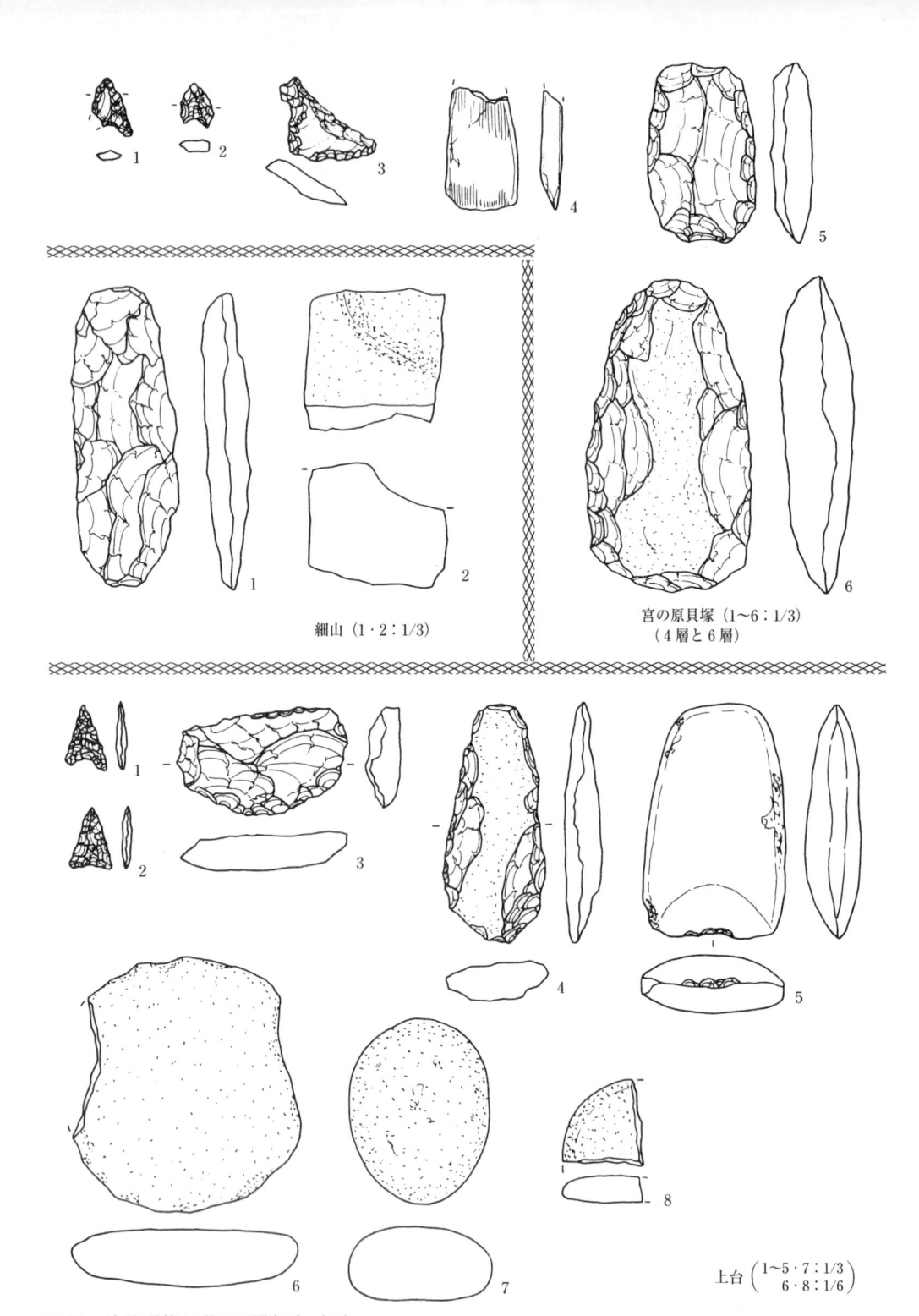

細山 (1・2：1/3) 宮の原貝塚 (1〜6：1/3)
(4層と6層)

上台 $\begin{pmatrix}1\sim 5\cdot 7：1/3\\ 6\cdot 8：1/6\end{pmatrix}$

図99　遺跡形態 b 型の石器組成（1）
　　上　1・2：石鏃、3：石匕、4：磨製石斧、5・6：打製石斧
　　中　1：打製石斧、2：石皿
　　下　1・2：石鏃、3：スクレイパー類、4：打製石斧、5：磨製石斧、6・8：石皿、
　　　　7：磨石凹石
　　各石器とも報告書の実測図を再トレースした。

第Ⅴ章 五領ケ台式土器様式期の季節的居住性

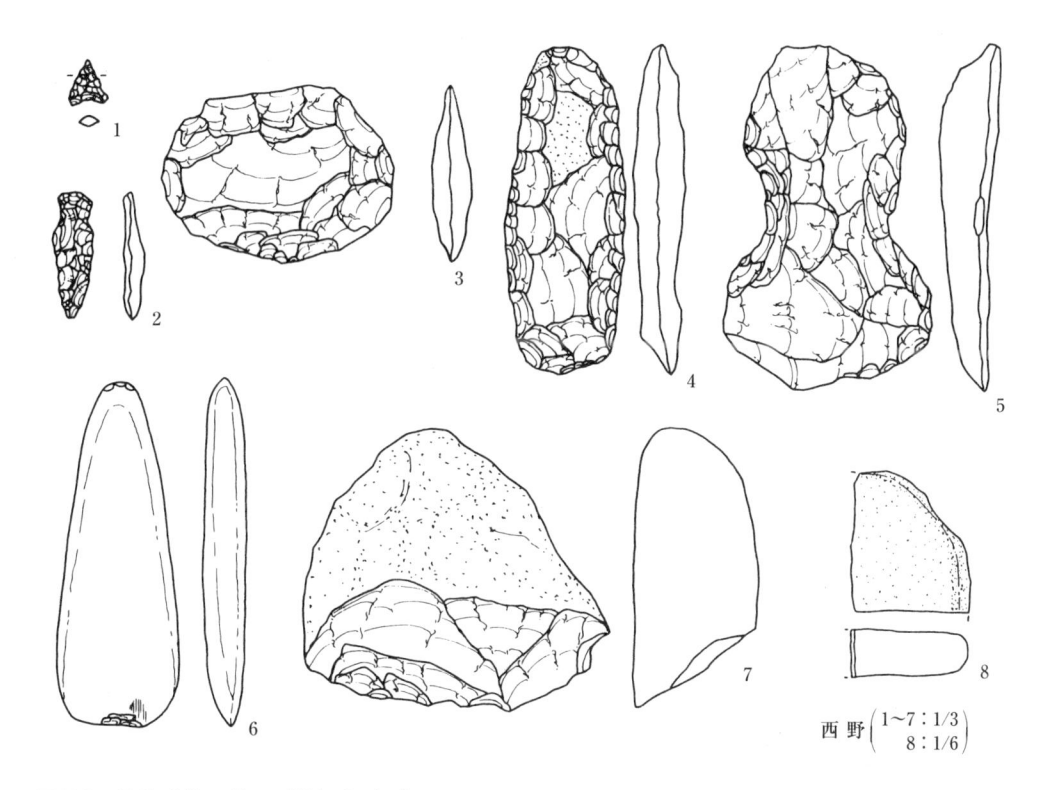

図100 遺跡形態 b 型の石器組成（2）
　　　1：石鏃、2：石匙、3：スクレイパー類、4・5：打製石斧、6：磨製石斧、
　　　7：礫器、8：石皿
　　　各石器とも報告書の実測図を再トレースした。

西野 $\left(\begin{array}{l}1～7：1/3\\8：1/6\end{array}\right)$

遺跡（増田・松浦　1974）（図96の2）、東京都恋ケ窪南遺跡（小菅他　1987）（図96の3、図98上）、神奈川県地蔵堂遺跡C地点（須田他　1986）（図96の4）、同山之台遺跡（山下・池谷1981）（図96の5）、東京都椚田第Ⅳ遺跡（戸井他　1979）（図96の6、図98下）、同明神社北遺跡（椚・佐々木　1976）（図96の7）の7遺跡が含まれる。

　遺跡形態 b 型には、5遺跡が該当し、神奈川県宮の原貝塚（今村他　1972）（図96の8、図99上）、同細山遺跡（竹石他　1979）（図96の9、図99中）、同上台遺跡（大川・北原他　1987）（図96の10、図99下）、東京都西野遺跡（安孫子・中島他　1974）（図96の11、図100）、神奈川県金沢文庫遺跡（山本他　1988）（図96の12、図101）が相当する。

　遺跡形態 c 型は、247遺跡を数え上げながら、石器組成を把握できる遺跡数は3遺跡と最も少ない。神奈川県水窪遺跡（石井・伊藤　1985）（図96の13、図102上）、同源東院貝塚（坂詰1954）（図96の14）、東京都山王坂遺跡（小淵・関根他　1989）（図96の15、図102下）がそれに

— 209 —

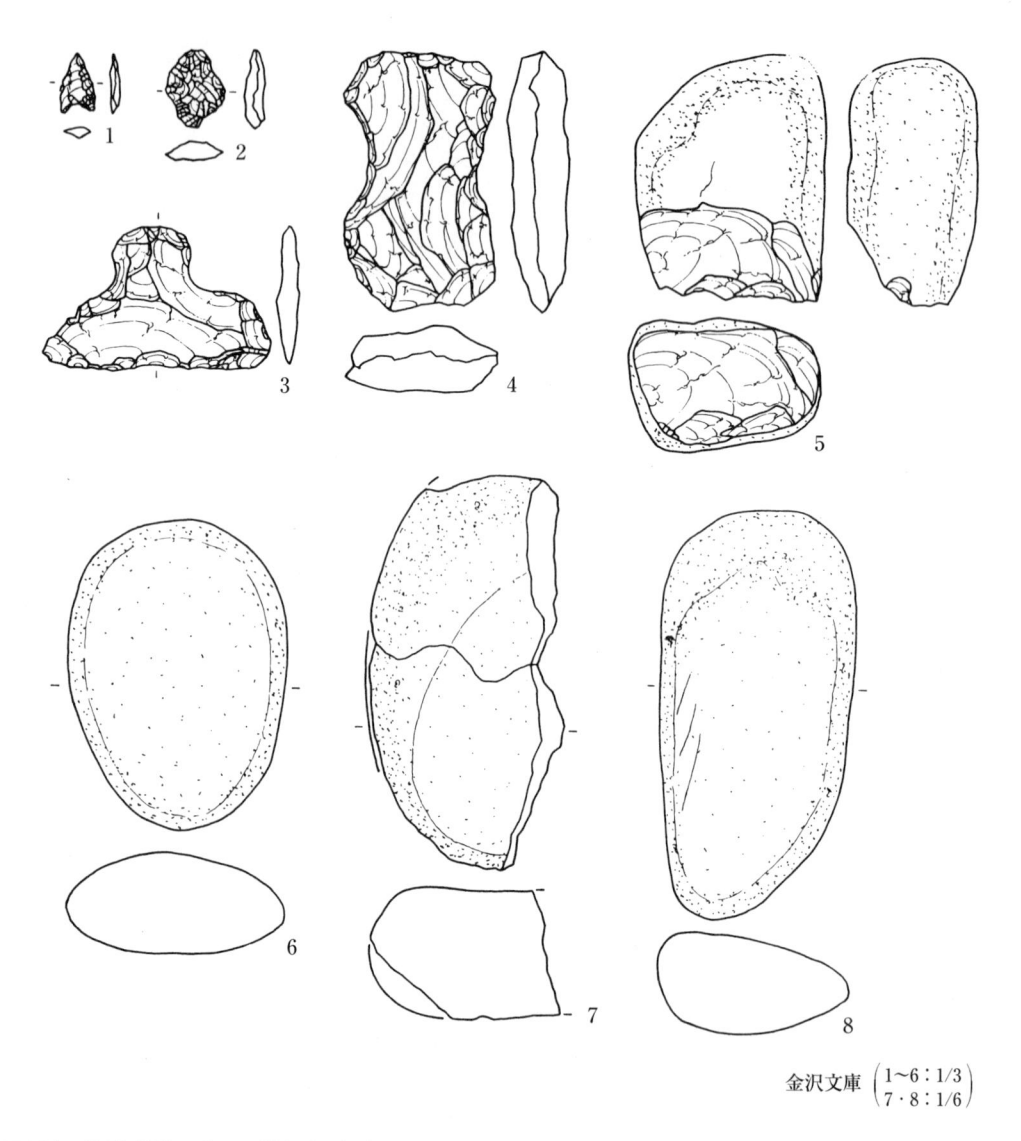

金沢文庫 $\begin{pmatrix} 1\sim6:1/3 \\ 7\cdot8:1/6 \end{pmatrix}$

図101　遺跡形態 b 型の石器組成（3）
　　　1・2：石鏃、3：石匙、4：打製石斧、5：礫器、6：磨石凹石、7・8：石皿
　　　各石器とも報告書の実測図を再トレースした。

あたる。
　これらの遺跡を対象に、遺跡形態と石器組成との相関性について判別分析を用いて判定する。判別分析法（discriminant analysis）とは、幾つかの説明変数（本書では各石器器種の点数）を使って目的変数（本書では遺跡形態）を予測判別する方法のことである。先ず、一般的判定法

— 210 —

第Ⅴ章　五領ケ台式土器様式期の季節的居住性

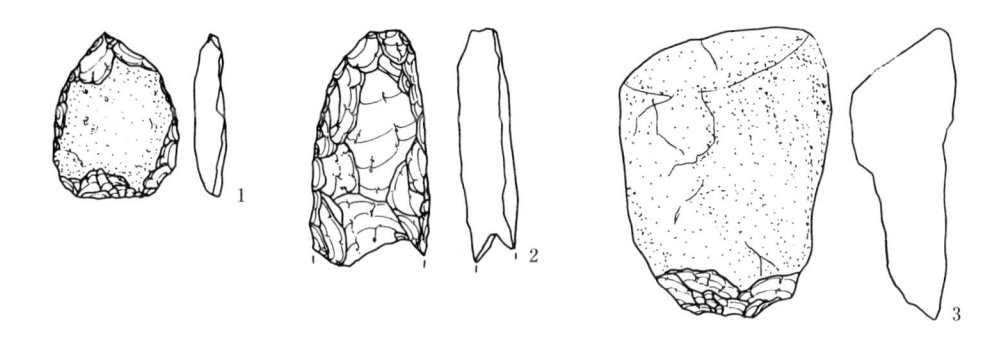

水窪　(1~3：1/3)

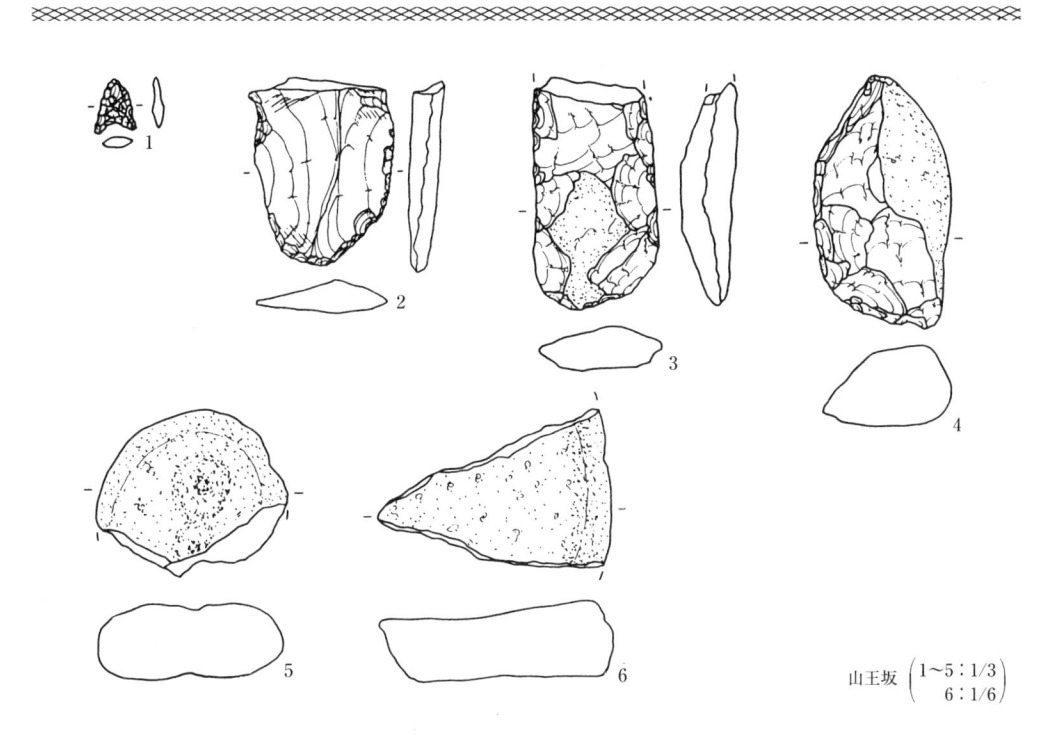

山王坂　$\begin{pmatrix} 1~5：1/3 \\ 6：1/6 \end{pmatrix}$

図102　遺跡形態 c 型の石器組成
　上　1：尖頭器?、2：打製石斧、3：礫器
　下　1：石鏃、2：スクレイパー類、3：打製石斧、4：礫器、5：磨石凹石、6：石皿
　各石器とも報告書の実測図を再トレースした。

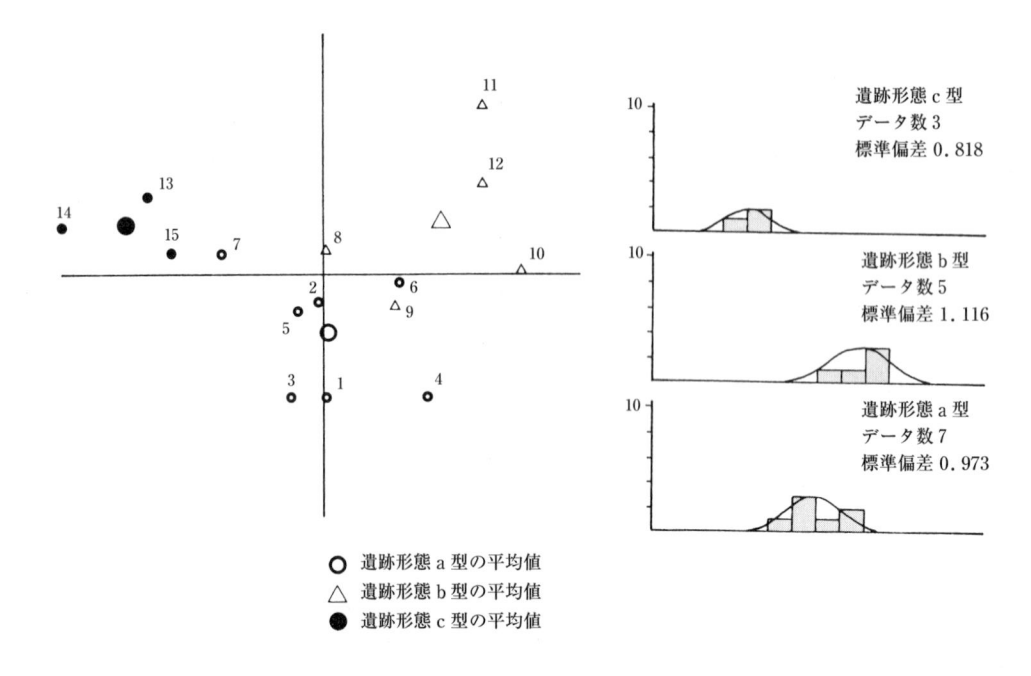

図103　判別分析による遺跡形態と石器組成との相関
　　　　グラフ上の番号は遺跡番号で、図96に対応する。

を用いて誤判別のデータを抽出したところ15例中4例（約27%）が該当した。このうち明神社北遺跡と椚田第Ⅳ遺跡は、1号住、SB14のように一つの住居址内での組成を対象にした資料操作の影響を受けている可能性が高い（註7）。一方、細山遺跡と宮の原貝塚が遺跡形態a型の石器組成に統計学的に近くなる。つまり、各遺跡形態と石器組成との間には相関度が高く、しかもa・b型とc型との石器組成差が明瞭である反面、a型とb型の間の差異はそれに比べて小さいといえる。この現象は層別ヒストグラムを作成すると、より明らかになる（図103）。

　このように、組成面では各遺跡形態との相関性が高いことが窺え、各遺跡形態毎に保有・使用する石器の組み合わせに相対的差異が認められることが明確になった。つまり、各遺跡形態が特定の石器組成と相関関係を示すといった「低位の一般的法則」（Trigger　1989）が導き出されたことになる。更に、生態人類学的視点及び前述した北アメリカ北西海岸トリンギット族の民族誌的事例をモデルとすると、各遺跡形態がかなり限定された機能として利用されていた可能性が考えられる。社会的・生態的な生産を維持する最低限の地域単位としての西南関東地域において、複数の単位集団が資源の分布や種類に応じて展開していた生業活動・居住形態の痕跡が、遺構の組み合わせと石器組成との相関という形で顕在化したわけである。このような

第Ⅴ章　五領ケ台式土器様式期の季節的居住性

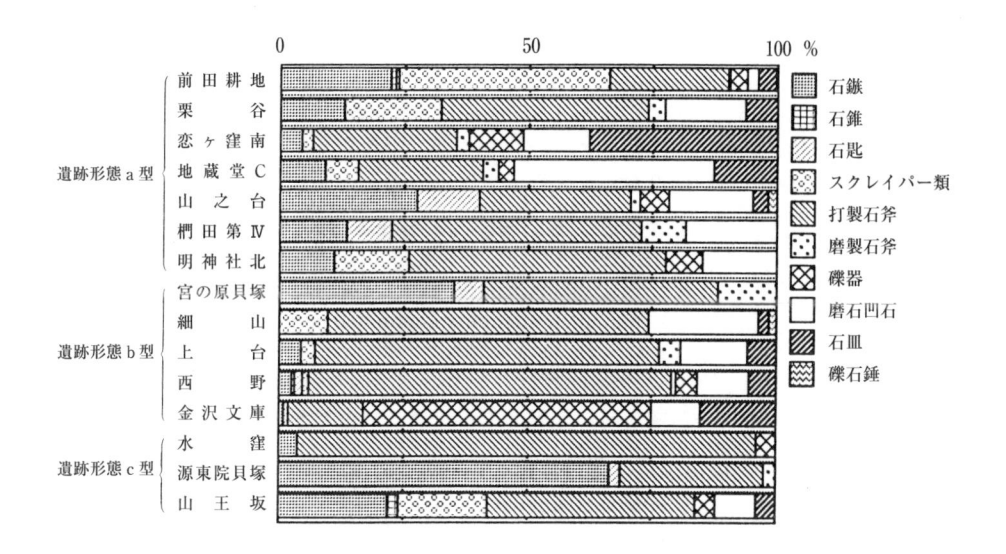

図104　遺跡形態と器種構成比との関係

　考古学的コンテクストにみられる静態的現象は、五領ケ台式土器様式期の西南関東地域における生業・居住システムの特性、システム内での生態的かつ社会的な機能分担性と相互依存性を反映しているといえるだろう。
　ところで、帰納的な方法を用いて具体的な機能や行動を各遺跡・遺跡形態に直ちに想定することはできないが、判別分析の結果に器種構成比グラフ（図104）を加味することによって、石器保有・使用の機能的な内実を探ることは可能である。遺跡形態 a 型は、6種類以上の石器種を保有し、石鏃、スクレイパー類、打製石斧、磨石類、石皿のうち2、3種類が20～40%前後を占めている。遺跡形態 b 型は a 型より器種の少ない遺跡が増えると共に、打製石斧や礫器といった特定の器種が全体の50%以上を占めるようになる。更に b 型より器種が少なく、石鏃や打製石斧のような特定器種の占有率が高い遺跡形態が c 型である。この中で、遺跡形態 c 型が生態的・社会的機能分担の最も進んだ形といえよう。
　しかしながら、このような傾向はあくまでも相対的なものであり、明神社北遺跡が統計的かつ構成比率的にみて山王坂遺跡と近接する位置関係を示したり、椚田第Ⅳ遺跡が a 型というよりb 型に類似するなど、各遺跡形態の間で多様性が認められる。また、各遺跡形態内でも、例えば前田耕地遺跡と栗谷遺跡、水窪遺跡と源東院貝塚の比較から明らかなように、高い割合を占める器種に複数の組み合わせが確認されたり、その割合に量的変異がみられるなどの変異がある。各遺跡形態と石器組成との相関性とは別に、このような量的な変異幅や遺跡形態間での

― 213 ―

石器組成の近似現象を、ここではグラハムやトムカ、シファーらが理論的根拠を与えた、遺跡利用の計画度、居住地移動に費やす距離・時間、占有期間の長短やその季節の変動性などに影響される石器遺棄・廃棄プロセス論（道具の管理・処理システム）に導かれた枠組みで解釈してみたい。例えば、ｂ型の細山遺跡と宮の原貝塚がａ型の石器組成に統計学的に近くなる現象は、計画的回帰の頻繁性や長期的滞在の可能性、またａ型との距離の適性化などによる持ち物のｂ型への持ち込みと、その結果起こる場の機能の多層化を意味しているのかもしれない。そこで、重量の変異幅が大きいが、重いものでは容易に持ち運びができず、運搬効率の悪い石器－石皿－に焦点を当てることによって、これらの解釈を補強してみる。

（２）　石皿の分析

　西南関東地域の五領ケ台式土器様式期に帰属する石皿は、11遺跡から92点のみの検出に留まっている（註８）。遺跡形態ａ型では、明神社北遺跡を除く６遺跡から58点が見つかっており、単純計算すると１遺跡平均9.6点を示す。ｂ型においては、宮の原貝塚を除いた４遺跡から32点が出土し、１遺跡平均は８点となる。ｃ型では、僅かに山王坂遺跡からの２点が確認されているだけで、ａ型やｂ型と比較して石皿保有量が極端に少ない。遺跡形態ａ型に石皿が多く、ｃ型に少ないというような相関性を看取できる。

　次に重量と遺跡形態との相関度について検討してみたい（図105）。92点のうち報告書の記載並びに実見によって重量が判明した石皿は76点である。最も重いものは金沢文庫遺跡の8800gで、最も軽いのは前田耕地遺跡の30gである。3000g以上では、金沢文庫遺跡の２点と西野遺跡の１点を除けば、遺跡形態ａ型の恋ケ窪南遺跡と前田耕地遺跡で７割以上を占めている。この傾向は、500g～3000gの範囲にａ型からｃ型までの全てが含まれ、ａ型とｂ型の占有率がほぼ同じであることと対照的である。このような現象面から、500g～3000g程度の重さが移動に際して最も手頃であることが推測される。また、500g以下の石皿はａ型に多く、この点は3000g以上の石皿がａ型に多い傾向と似ている。つまり、石皿の重量と各遺跡形態での保有関係に関する特徴として、相対的に重量のある石皿が遺跡形態ｂ型よりａ型に多く認められ、ｃ型にみられないこと、この相関関係は500g以下の比較的軽い石皿と遺跡形態との関係にも当てはまること、500g～3000gの石皿は各遺跡形態に認められ、しかもａ型とｂ型の占有率がほぼ同じであることを挙げることができる。

　更に、完形品は遺跡形態ａ型とｂ型にのみ確認されるがいずれも10％以下である。欠損品に対する完形品の占有率も各々14.6％、10.7％と低く、恋ケ窪南遺跡１号住の例を除いて遺棄された可能性のものは見当たらない。完形の石皿が少ないにも拘らず、その中で欠損度と遺跡形態との相関は強く、併せてａ型からｃ型にかけて欠損品に対する完形品の割合が漸次低くなる傾向を示している。

第Ⅴ章　五領ケ台式土器様式期の季節的居住性

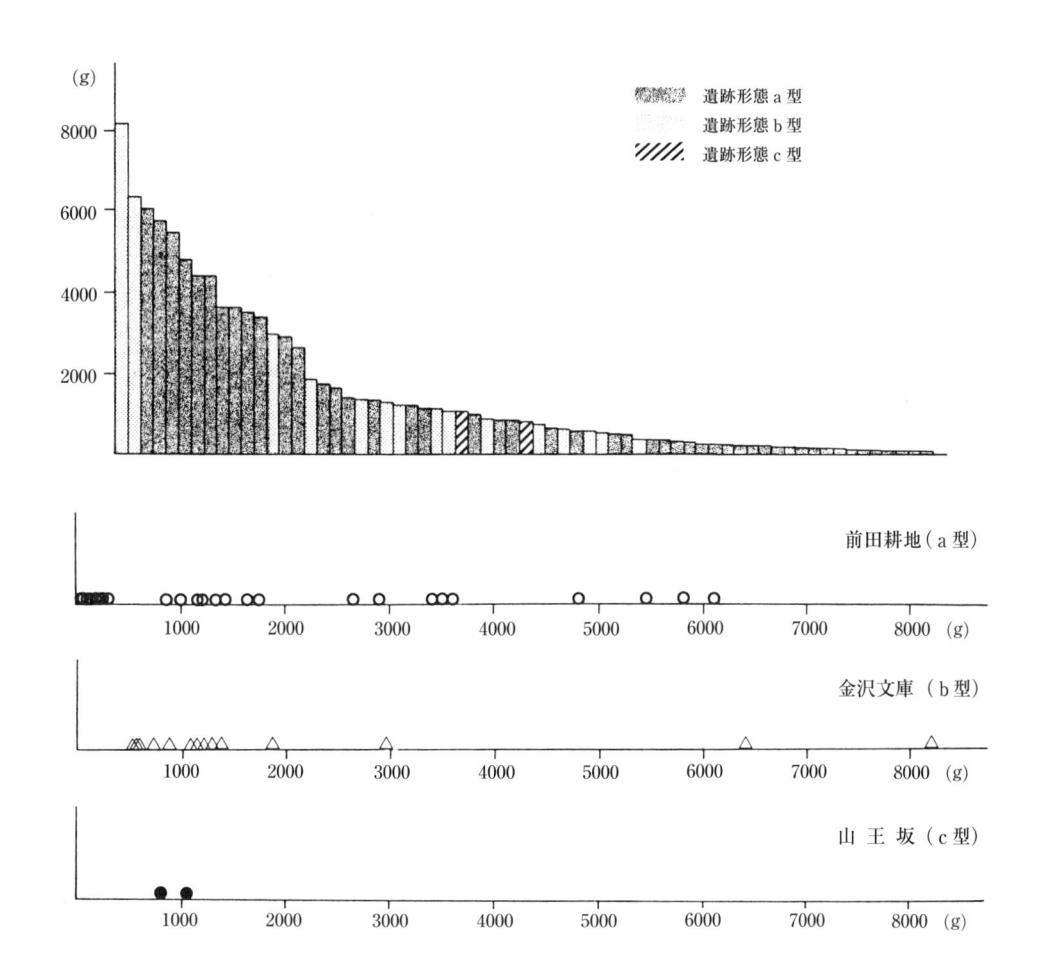

図105　石皿の遺跡形態別の重量分布

　このように、石皿の保有量、重量、欠損度といった属性分析から、各遺跡形態の個性が認められる。先ず、遺跡形態a型では多くの石皿が保有・使用され、重い石皿、完形の石皿、500g以下の軽い石皿が多くを占めるという関係が成り立ち、c型がこれと全く逆の傾向を示している。一方、遺跡形態b型では、a型との相対化によってその特徴が明らかである。つまり、重い石皿や完形の石皿、500g以下の石皿がa型より少ない反面、500g～3000gの石皿はa型と同じ程度保有されている。石器組成面の検討と同様、この相関関係の背景に各遺跡形態に応じた組織的な石皿の管理・処理システムを介在させることができる。また利用石材に関しては、花崗岩や閃緑岩が多く、化学組成の似る安山岩、玄武岩などの火成岩がそれに続いている。これらの石材は多摩川水系や丹沢山系で入手可能であると言われている（新井　1988、柴田・山本・上本　1994）。このような現象から、石皿に用いる石材は、社会的・生態的な生産を維持する最

低限の地域的単位と仮説化した西南関東地域（図95）でほぼ賄うことができるといえよう。

　遺跡利用の仕方と道具の技術構造、「もの組成」(assemblage) との関係を、人間の生態適応の結果、別言すればその場の生産活動の反映と解釈する立場は一般的であると思われる。しかし、「もの組成」を条件付ける背景は複雑かつ多様で、空間の利用内容以外に集団及び個人の廃棄行動、回帰の有無や移動距離、占有期間の長短などに左右される道具の遺棄・廃棄プロセスなど、様々な枠組みが民族考古学的成果に基づいて提出されているのが現状である（Tomka 1993）。ここで幾つかの民族考古学的成果を援用するならば、遺跡形態 c 型で石皿が少なく、確認されても欠損品で手頃な重さであるといった静態的状況は、他の遺跡形態との機能的差異を反映するだけでなく、石皿自体の場所備え付け道具（site furniture）からの機能転化（Graham 1993）、同一機能でも遺跡形態 a 型ないし b 型からのコスト削減による破片としての持ち出し、常に携帯する道具へと転化した場合における石皿片の遺跡内での管理や使用、処理に係わる内容など様々な解釈の可能性を用意させることになるだろう。当然、このような解釈は各遺跡形態内での変異現象にも適用可能である。

　このように考えるならば、特に遺跡形態 a 型に顕著である500g以下の石皿片は、意識的な分割後、一部分を b 型ないし c 型へ持ち出した際の残存部分と考えられるかもしれない。実例として地蔵堂遺跡C地点、前田耕地遺跡（図105）、恋ケ窪南遺跡例が該当する。500g以下の石皿片は、その出土状況から判断すると、新たに搬出用として貯蔵・保管されたものとは考えられないため、石皿としての機能完結後に使用遺跡に廃棄された可能性が高いといえる。或いは機能完結後、500g以下の石皿片を別機能・別用途として利用していたかもしれない。この問題は、ブリード（Bleed 1986）のいう道具の「技術システム」(technological system) や、ビンフォードと彼の教えを受けた阿子島香（Binford 1979、阿子島 1989）のいう「技術的組織」(technological organization) に抵触するが、本章の分析項目に関する限り直接的な検証は困難である。敢えて量的頻度のみから判断するならば、石皿を使用した後、同じ空間で500g以下の分割部分を利用するケースは前田耕地遺跡に顕著な特徴といえるだろう。

　金沢文庫遺跡の完形品や6000g以上の存在（図101－7・8）、計測値の記載はないが実測図からかなりの大きさと思われる上台遺跡の例（図99下－6）、西野遺跡の完形品（註9）は、遺跡形態が b 型でありながら石皿の欠損度や重量分布に遺跡形態 a 型との類似性を看取できる。人間が生業・居住システムを維持するために、コスト削減方法を考案したり、他の行動へコストを分散させる社会的存在であるならば、金沢文庫遺跡の石皿は度重なる計画的回帰や、利用期間が長く規則的な居住パターンを示唆することになるだろう。そして、石皿の遺棄・廃棄プロセス研究は、居住空間として a 型の設営計画を立てながら実際には b 型の機能を遂行した可能性、時間的に回帰行為を繰り返す中で a 型としての道具使用を部分的に加えた可能性、同一形

第Ⅴ章　五領ケ台式土器様式期の季節的居住性

態でありながら移動距離と回帰計画に沿った多様な遺棄・廃棄戦略を適応した可能性などの遺跡形成過程の解釈装置（Schiffer 1985）に組み込まれていく。重量のある石皿を運搬する場合、それに係わる時間、肉体の力、緊張感、距離、人数など様々なコストに関する次元（Bleed 1986）を勘案するならば、次回の回帰まで残した方がより効率的である。しかも頻繁に利用するならばなおさらのことである（註10）。

　このように、金沢文庫遺跡を例にとれば、石皿の遺棄・廃棄プロセスから次のステップである遺跡形成過程の研究へと新たな展開が可能になる。その際、貯蔵穴と推定される土坑群が注目されると共に、同時に各遺跡形態の構造的・機能的な再検討が射程に入ってくる。

　更にまた、遺跡形態ｃ型に属する３遺跡のうち、山王坂遺跡から欠損した石皿が出土した（図102下－６）。この事象は時間的経過に従って石皿片が持ち込まれ廃棄されていくプロセスと、複数の機能が付帯されていく遺跡形成過程を推定させ、他の２遺跡との間に遺跡利用に関する差異化を露呈することに繋がる。この解釈は、山王坂遺跡の石器組成からみた統計学的結果（図103）と器種構成比（図104）からも予測されていたことである。

6　五領ケ台式土器様式期の季節的居住と今後の展望

　本章において、筆者は北アメリカ北西海岸の狩猟採集民の民族誌的事例をモデルに、石器組成並びに石皿の保有量、重量、欠損度を遺跡間で比較することによって、縄文時代中期初頭の五領ケ台式土器様式期の生業・居住システムについて解釈を試みた。以下、本章を要約した上で、今後の検討課題を提起し、五領ケ台式土器様式期の社会的かつ生態的な理解を深める端緒にしたい。

　北アメリカ北西海岸の狩猟採集民に関して、年間の季節的サイクルに基づく生業形態の維持・変化や集団編成などが記述されている事例には、今回取りあげたトリンギット族以外に、ベラクーラ族、南東セイリッシュ族などが含まれている。トリンギット族の経済は、魚、動物、植物、鳥などの多種類の資源を季節的に獲得するといった高度に洗練された適応戦略に基盤を置いている。特に、オバーグによって報告されたチルカット（Chilkat）集団の民族誌（Oberg 1973）と、デ＝ラグナによって報告されたヤクタット（Yakutat）集団の民族誌（De Laguna 1972）には、この辺りの事情が非常に手際よく纏められており、オバーグ論文とデ＝ラグナ論文によって年間の生業システム、及び各季節の生業内容と居住形態をかなり詳細に読み取ることができる。

　続いて、トリンギット族の季節性に関する民族誌的事例をモデルに、五領ケ台式土器様式期の生業・居住システムを考察した。この場合、地域としては第Ⅲ章において、型式５の各文様帯内の単位文様の内容はもとより、文様帯を分帯する文様と単位文様との施文順位、特定の施

文順位と文様帯内の単位文様との相関性などの分析結果から抽出した西南関東地域を対象とした。そして、ドナルドとミッチェルの北アメリカ北西海岸狩猟採集民研究（Donald and Mitchell 1975）、渡辺仁の十勝アイヌ研究（渡辺 1964b）の成果を参照に、中部地域と常にオープンな形でありながら、社会的・生態的な生産を維持する最低限の地域的単位としての西南関東地域において、石器の組成内容を遺跡毎に集計した上で統計分析（判別分析）を行なった。

　その結果、石器の組成内容は遺跡形態と非常に高い相関性を示し、各遺跡形態毎の石器組成が相互補完的に一つのシステムとして機能していることが理解できた。遺跡形態 a 型の遺跡は 6 種類以上の石器器種を保有し、石鏃、スクレイパー類、打製石斧、磨石類、石皿のうち 2、3 種類が 20〜40％前後を占める。遺跡形態 b 型の遺跡は、a 型より保有する器種が少なくなり、打製石斧や礫器のような特定の器種が 50％以上を占めるようになる。遺跡形態 c 型の遺跡は、a 型や b 型に比べて石鏃や打製石斧などの占有率が最も高くなっている。

　また、石皿の保有量、重量、欠損度の分析においても、遺跡形態との相関性が指摘された。遺跡形態 a 型の遺跡では、多くの石皿が保有され、重い石皿、完形の石皿、500g 以下の石皿片も多数を占めている。そして、これと全く逆の傾向を示すのが遺跡形態 c 型の遺跡である。そのため、遺跡形態 c 型の山王坂遺跡で欠損した手頃の石皿片が確認されていることは、他の遺跡形態の遺跡から破片として持ち込まれた可能性が高いということである。しかも、石皿自体の機能が場所備え付け道具（site furniture）から携帯用へと転化している。一方、遺跡形態 b 型の遺跡は a 型の遺跡より重い石皿、完形の石皿、500g 以下の石皿片が少ない反面、500g〜3000g の石皿は a 型と同じくらい保有している。しかしながら、同じ遺跡形態内でも変異幅は認められる。例えば、遺跡形態 b 型の金沢文庫遺跡では完形の石皿や 6000g 以上の石皿が出土しており、遺跡形態 a 型との類似度が高い。

　このような五領ケ台式土器様式期の遺跡形態と石器組成との相関性、及び各遺跡形態内での石器組成の多様性を解釈してみると、西南関東地域を社会的・生態的な生産を維持する地域的単位として活動していた五領ケ台式土器様式期の複数の単位集団は、一箇所に年間を通じて居住しているのではなく、目的的な機能をもつ複数の場所に適応した石器組成をもって移動し、目的が完了すると住居址のある遺跡へと回帰していたと考えられる。その際、移動した場に新たな機能を求めたり、後々の占地のために石器を残しておくといった柔軟かつ多様な対応姿勢をとっていたこともまた、各遺跡形態内での石器組成の量的な差異や石皿の分析から推測できた。特に石皿において、完形で重量のある石皿が遺跡形態 b 型の金沢文庫遺跡で出土した事例、遺跡形態 a 型の前田耕地遺跡や恋ケ窪南遺跡では完形だけでなく、欠損し軽くなった石皿が見つかった事例、石皿の出土が普遍的でない遺跡形態 c 型においても、山王坂遺跡のみから持ち運び易い欠損した石皿が出土した事例などは、グラハム（Graham 1993）やトムカ（Tomka

第Ⅴ章 五領ケ台式土器様式期の季節的居住性

1993)、シファー（Schiffer 1976）らが理論的根拠を与えた、遺跡利用の計画性や利用期間の長短、移動に費やす距離・時間などに影響された道具の取り扱い方の多様性といった視点からの解釈が可能である。

　その一方で、このような差異がありながら、各遺跡形態と石器組成との間に高い相関性が認められることや、各遺跡形態に応じた石皿の組織的な管理・処理システムが保持されていることから、無秩序な機能追加に伴う遺跡間の偶発的な同質性は起こらず、かなり計画的にその場に応じた利用機制や移動形態が確立していたといえる。その上で、北アメリカ北西海岸のトリンギット族に関する民族誌的事例から看取できる季節の認識、季節に応じた生業活動や居住内容の採用、年間を通じての安定した生業・居住システムの確立など、一歩踏み込んだ形で五領ケ台式土器様式期での季節的移動・季節的居住の考察が可能となってくる。しかし、トリンギット族のような各季節毎の生業・居住パターンを考古学的に検討するには限界があり、縄文時代の季節的居住の具体的な歴史叙述を進める上で、幾つかの課題が提起されることになった。

　先ず、北アメリカ北西海岸狩猟採集民を始めとする民族誌的検討から、年間スケジュールの問題、季節的移動に際しての集団編成やその移動距離、資源の獲得における労働編成（性別・年齢別）と活動領域、資源獲得のための技術的側面、獲得後の生産活動（何を生産し）、生産方式（如何に生産するか）など、生業・居住システムに関する理論的・方法論的な整備が必要となる。ただし、これらに関しての記述が多くないので、構造的かつ機能的に論述する上で困難が伴っている。そのため、考古学者による民族調査の必要性が現実的な課題として浮かび上がってくるだろう。続いて、各遺跡形態の具体的な機能の解明問題があり、特に五領ケ台式土器様式期では集石遺構や土坑（例えば金沢文庫遺跡の土坑群）の検討が重要であると思われる。それから、同一様式内での他の地域（中部地域や東・北関東地域）において、石器組成から生業・居住システム論に切り込む必要がある。

註
(註1)　佐々木高明は縄文時代の生業を概説する中で、特にオバーグ論文を引用している（佐々木 1983・1991）。また、岡田宏明はトリンギット族の生活を簡単に概観する中で、参考文献の一つにオバーグ論文を掲げている（岡田 1994）。
(註2)　渡辺誠は、植物採集活動だけでなく、漁撈具や遺跡出土の魚類、それら相互の関係から漁撈活動にもアプローチしている。その中に、漁網錘の分析から漁網錘の時間的・空間的な系統性や変異だけでなく、自然環境との関係にも論究した研究が含まれている（渡辺 1973）。
(註3)　赤澤は石器組成に対応する形で「石器箱」だけでなく「道具セット」、「道具箱」という用語を使っている（赤澤 1984a）。その一つの使用例に、「考古学的証拠が多様化した道具セットとして残される」（赤澤 前掲論文16頁）という表現がある。しかし、解釈に至る前段階として、現象面

を記述し一般的法則を求める段階を意識するならば、そこに「道具セット」、「道具箱」といった用語を対応させるべきではない。というのは、道具といった場合、そこには一つの生態的意味、更には象徴的な意味までもが加わり、あるコンテクストの中で機能する概念へと止揚されるからである。記号論的にいうと（池上・山中・唐須　1983）、表示義としての石器・石器組成と共示義としての道具・道具セット・道具箱の、論理展開における概念上の使い分けということになるだろう。少なくとも、赤澤は石器組成に何の論拠もなく「道具セット」、「道具箱」の意味を付している。まさに、トリガーのいう「低位理論」（low-level theory）と「中位理論」（middle-level theory）の論理的関係（Trigger　1989）が問われているかのようである。

(註4)　また、阿部は東京湾東岸地域の中期の石器組成を取り上げるなかで、「集落における住居軒数（集落規模）の差によって石器群の基本的な組み合わせは変化しない」と述べている（阿部　1987）。

(註5)　しかし、石器組成の質的変異を時間的・空間的な特性として配列・整備する研究は、小野昭・春成秀爾・小田静夫が編集した『図解・日本の人類遺跡』（小野・春成・小田　1992）に引き継がれているように、生業システムや生業・居住システム論の中に石器組成を組み込む研究戦略と相容れないものではなく、同時代的に遂行されていくべきものである。ただし、それらを保証する理論的・方法論的枠組みは常に求められなければならない。

(註6)　遺跡形態c型に貝塚を伴う例を含めておく。中村若枝は貝塚を遺構と考えている（中村　1994）。

(註7)　椚田第Ⅳ遺跡（戸澤他　1979）は五領ケ台式土器様式の石器組成図が示され、打製石斧のように点数の記された器種もあるが、記述とグラフとの間には矛盾が生じている。例えば、磨石の記載から五領ケ台式土器様式の遺構出土のものを抽出すると僅かに2点のみ（報告書の図67－182・186）であるが、グラフでは打製石斧に次いで多くを占めている。それ故、SB14出土石器のみを対象として分析せざるを得なかった。

(註8)　中部地域において、石器組成や石皿について分析できるような報告書の体裁を採用している五領ケ台式土器様式期の遺跡例は少ない。そのため、今回は中部地域の分析を断念せざるを得なかった。しかしながら、収集した中では、西南関東地域よりも窪みが深い石皿が多かった。住居址の掘り込みも深くてしっかりしたものが多いため、利用期間や構成員の規模などの居住形態と関連するのかもしれない。西南関東地域との生業・居住システムの比較において興味深い点である。

(註9)　西野遺跡からは11点の石皿が出土している（安孫子・中島　1974）。そのうち2点は実測されているが、重量の測定値は記載されていない。残りの9点は実測図さえも図示されていない。それ故、東京都埋蔵文化財センターの御好意により実見させて頂き計測作業を行なった。

(註10)　ブリードは狩猟武器（hunting weapons）を例にとり、その生産コスト、使用状況、効果について殆ど直接的な測定が不可能であるため、効率性（efficiency）の問題に接近することが困難であるとも言っている（Bleed　1986）。

終章　地域生活史から地域文化史へ

　各章毎に主たる内容をまとめているので、この章では地域生活史の観点からこれまでの社会的・生態的な成果を抜粋して、地域文化史への構想を述べてみたい。

　中期初頭の西南関東、中部を中心に、東関東・東海・北関東の各地方に展開した五領ヶ台式土器様式は、型式学的な変遷過程の仮説提示と数少ない層位的或いは遺構内の一括資料の分析による立証過程から、第Ⅰ段階～第Ⅵ段階のうち第Ⅱ段階、第Ⅳ段階、第Ⅴ段階といった比較的安定した時間的単位を内包していた。

　その中で、特に第Ⅱ段階において、特定の型式（集合沈線文系土器群型式5）の口頸部文様帯の関係復元から各遺跡毎の特殊性が認められる一方で、各文様帯の内容、分帯文様と文様帯との施文順位関係などの個別的な項目の分析結果を通して、遺跡間の普遍性が確認された。空間変異に伴う型式5の動態はあくまでも量的な同一と差異の関係であり、分析項目の選択の仕方によって空間分布のパターンが漸移的に変化しているといえる。つまり、各遺跡出土の型式5には質的に連続した関係があり、遺跡間に有意な境界を明示することができなかった。そして、越後の豊原遺跡出土土器群を分析した結果、このような関係は越後には認められず、両地方の間で質的に不連続な関係が生み出されていた。このような地域的な境界は、ホダーの民族考古学的研究の成果（Hodder 1982）を援用すると、各地方に潜在する象徴的秩序の差異によって生み出されていたと考えた。

　その一方で、共通した象徴的秩序が潜在していた中部、特に諏訪湖・天竜川流域の遺跡群（高見原横山B遺跡、大洞遺跡）と西南関東地域の遺跡群（東方第7遺跡、宮の原貝塚、明神社北遺跡）の間には、Ⅰ-2文様帯における一次的文様と二次的文様との出現頻率、Ⅰ-3文様帯における縄文の占有率、Ⅰ-1・Ⅰ-2分帯文様とⅠ-2文様帯との施文順位関係などの分析結果から、相対的な差異を抽出できた。しかも、型式内の変異幅は中部地域の遺跡群の方が西南関東地域の遺跡群より大きいといえる。

　このような現象をコミュニケーションシステムの成立過程と、システム成立後に送信されたメッセージを土器に採用する過程の違いとして仮定すると、中部地域の遺跡群は「ことばによって表現された土器に関するメッセージを、土器を作らない人が送信し、受け手がその言語化されたメッセージをコードに基づいて解読、了解した後、受け手がそのメッセージを土器ないし土器属性として採用するか、送り手である土器を作らない人が受け手側の遺跡で、保有していたメッセージを土器ないし土器属性に採用するケース」、「ことばによって表現された土器に関するメッセージが、土器以外の物質やその性質に付随して伝わり、受け手がその言語化され

たメッセージをコードに基づいて解読、了解した後、受け手がそのメッセージを土器ないし土器属性として採用するケース」を主流にしていたと推測できる。そして、中部地域の遺跡群に比べて変異幅の程度の小さい西南関東地域の遺跡群は、「ことばによって表現された土器に関するメッセージを土器製作者が送信し、受け手がその言語化されたメッセージをコードに基づいて解読、了解した後、受け手がそのメッセージを土器ないし土器属性として採用するか、送り手である土器製作者が受け手側の遺跡で、保有していたメッセージを土器ないし土器属性に採用するケース」が主流であったといえる。

　では、型式分布の社会的背景として、以前からいわれていた婚姻についてはどのように解釈できるのだろうか。筆者は、特定型式の空間的分布とその変異性に対して、交易や婚姻などの具体的な社会行為を想定するのではなく、特定の社会的行為を推測するには併行する型式を取り扱わなければならないと考えた。

　そこで重要となったのが、型式5以外に第Ⅱ段階の土器群を構成する細線文系土器群であり、型式5を含む集合沈線文系土器群と細線文系土器群との構造的な識別であった。ところで、これら二つの系列は選択される器形、文様帯構成、文様モチーフなどに明瞭な差異をもつと同時に、僅かに両系列の文様・文様帯が同一個体内で共存する土器が出土することから一つの関係態としても把握できる。つまり、異系列文様・文様帯の同一個体内共存例と各系列の基本形との間に、どの程度の技術的な同一性と差異性が認められるのか比較検討することによって、各系列に伝統的な技術体系を認識していく。そして、人類学的成果からその継承過程が出自に沿って厳密に規定され、しかも女性に特有な技能が女性系列で継承されていると仮定するならば、異系列文様・文様帯の同一個体内共存例の技術分析とその出土量の把握は、第Ⅱ段階の出自形式を推測する上で重要な役割を担うといえる。

　分析の結果、殆どの事例はいずれかの系列の伝統的な土器構造に、もう一方の系列の伝統の一部が疑似的に介入するといった特徴を有していた。第Ⅱ段階の集合沈線文系土器群の伝統性は、山形文や押引文などを主文様としたⅠ-2文様帯の技術形態に最も反映され、更に文様帯と分帯文様との施文順位、S字状を呈する口縁部形態にも反映されていたわけである。その一方で、第Ⅱ段階の細線文系土器群は、特に印刻文を主文様とした文様帯や橋状把手の貼付・作出技術の中に伝統性を保持していたといえる。

　要するに、財や技能などの継承が、親子及び双方的な親族関係よりも出自に基づいて厳密に規定されているならば、集合沈線文系土器群のⅠ-2文様帯の技術形態や、細線文系土器群の印刻文を主文様とした文様帯と橋状把手の貼付・作出技術は、二重出自のように父方、母方の双方から原則的に継承されるのではなく、母系或いは父系といった単系出自、ないし双系出自の中で伝統的に継承された技術体系と考えられるだろう。その上で、異系列文様・文様帯の同

終章　地域生活史から地域文化史へ

　一個体内共存例が各系列の出土量に比べてかなり少ないことは、土器製作者を女性と仮定した場合、父系出自の規則の中で女性が異なる出自集団の母親と同じ出自集団の父親の姉妹（オバ）から製作技術体系を継承していた可能性が高いことと矛盾する。これらによって、第Ⅱ段階においては、共通した祖先との同族意識によって紐帯された集合沈線文系と細線文系の二つの母系出自集団毎に、土器製作に関する各種の技術体系が同一出自の女性の間で継承されていたと推測できる。

　そして、遺跡内における二つの系列の構成比とその分布状況の考古学的検討だけでなく、ロングエーカー（Longacre　1964）やヒル（Hill　1966）などの研究成果を参考にして、二つの異なる母系出自集団の間における婚姻の普遍化と、婚姻成立後に西南関東地域では同じ遺跡内並びに異なる遺跡間で男性が妻方の居住地に移り住み、中部地域では主に異なる遺跡に男性が婚出するといった婚後居住をそれぞれ推論した。更に、北アメリカ北西海岸狩猟採集民の民族誌、及びレヴィ＝ストロース（Lévi-Strauss　1949、馬渕・田島監訳　1977）やニーダム（Needham　1962、江口訳　1977）の研究成果から、二つの母系出自集団の間の具体的な婚姻体系として、兄弟（姉妹）交換婚或いは双側的交叉イトコ婚を推測するに至った。

　このように、土器の技術形態的な分析を通して、各地域における共時的な社会的関係を詳細に描き出すことができた一方で、石器に視点を移行してみると、遺跡形態と石器組成との相関性、各遺跡形態内での組成の多様性などから、西南関東地域の生業・居住システムをかなり具体的に解釈できるようになった。社会関係の追求を試みた第Ⅳ章までとは異なって、この章（第Ⅴ章）では生態人類学的視点を背景に環境への適応過程を推測し、併せて適応化に応じた居住形態の変異について論及している。特に、年間の季節的サイクルに基づいた生業形態の維持とその変化、それらに適応した集団編成などが記載された北アメリカ北西海岸の狩猟採集民に関する事例は、この時期の生業・居住システムのモデルとして有効である。

　そして、北アメリカ北西海岸狩猟採集民の民族誌的事例をモデルに、石器の組成内容を遺跡毎に集計した後、統計分析を行なった結果、石器の組成内容は遺跡形態と非常に高い相関性を示し、各遺跡形態毎の組成が相互に補完するような形で一つのシステムを構成していることが判明した。また、石皿の保有量、重量、欠損度に関しても遺跡形態との相関性をあらわしていた。その一方で、同じ遺跡形態に属する遺跡間で石器組成に量的な変異が認められたり、異なる遺跡形態間で完形かつ重量のある石皿が出土しているなどの多様性もまた無視できない現象といえる。

　つまり、西南関東地域を社会的・生態的な生産を維持する地域的単位として活動していた五領ケ台式土器様式期の複数の単位集団は、一箇所に年間を通じて居住していたのではなく、目的的な機能をもつ複数の場所に季節的に移動していたと推測できる。このような季節的居住に

際して、彼らは各場所に適応した石器組成をもって移動し、目的が完了すると住居址のある遺跡に回帰していたわけである。その上、各遺跡形態内の石器組成の量的な差異や石皿の分析結果から、移動した場に新たな機能を求めたり、後々の占地のために石器を遺棄しておくといった柔軟な対応戦略をとっていたことも考えられる。例えば、完形で重量のある石皿が、住居址をもたず土坑をもつ遺跡形態b型の金沢文庫遺跡で出土したり、住居址のある遺跡形態a型の前田耕地遺跡や恋ケ窪南遺跡から、欠損し軽くなった石皿が検出され、更に遺構が見つからなかった遺跡形態c型の山王坂遺跡から、欠損し持ち運びに便利な石皿が出土したことなどは、遺跡利用の計画性や利用期間の長短、移動に費やす距離・時間などに影響された道具の取り扱い方の多様性といった視点からの解釈が可能なのである。

　本書は、五領ケ台式土器様式期の生活のあり方を考古学的に描写しようと試みた結果、特に第Ⅱ段階を中心とした時期の人々の社会的関係、及び生態的な適応過程を内包する生活史についてある程度の成果を得ることができた。今後は、このような考古学的に推測可能な地域生活史から、儀礼行為の内容や「超自然的環境」(渡辺　1977)への適応活動としての儀礼活動の理解などを含めた上で、文化史的な地域構造論に向かわなければならない。つまり、文化史レベルにおいて、生活史レベルの中部、西南関東地域といった複数の地域を有機的に構造化できるか否かが問われるわけである。当然、ここには土偶や石棒の分析成果が含まれる。更に、このような論理過程においては生活構造の各構成要素を関係付け、なおかつ高次化させるような解釈モデルが必要になってくる。

　「人間は、自らの生活の社会的生産において、自らの意志から独立した特定的かつ必然的な関係、つまり、自らの物質的生産力のある特定の発展段階に照応した生産関係に入る。この生産関係の総体は社会の経済構造を形成しており、この現実的土台（基盤）のうえには、ひとつの法的・政治的上部構造が聳え立ち、この上部構造には特定の社会的意識形態が照応している。物質的生活の生産様式が、社会的・政治的・精神的生活過程全般を限定する。人間の意志が彼の存在を規定するのではなく、反対に、彼の社会的存在がその意識を規定する」（山崎　1980）といった経済決定論を基幹とした一元的な史的唯物論の公式に対して、多くの無文字社会の民族誌的事例やリーなどの研究成果（Lee and Devore　1968）によって、観念体系や親族組織が経済的側面を規定している可能性を描き出したことは、このようなモデル構築に際しての複雑な様相を指摘している。それ故、我々は社会・経済・観念の相互依存を可能にする文化史的な理論装置を新たに模索すると同時に、それらの各構造が複雑に絡み合う過程で相対的に自律している可能性を予測したり、どのような社会的現実において、どの要素がどの側面を規定するのかに対して有効な理論仮説を構築していかなければならない。

　それには先ず、生活の多様性を把握する上で、特定時期を対象に複数の社会的・生態的な活

終章　地域生活史から地域文化史へ

動内容と、その地域的な普遍性及び地域間の変異について推測する必要があったわけである。これは、まさに単純化された縄文史観から複雑性が内包された地域生活史観への歴史的転換を意味し、結果的に特定の時期・地域における文化的な法則性を導き出すことにも繋がっていくだろう。社会人類学が民族誌的調査を通して一つの特定の民族集団の生活様式を認識し、これを原点に比較研究を行なった上で、一般化に向かうといった研究態度を採用したことと同じように、考古学的に構築された地域生活史を通時的・通空間的に比較論究する過程は、最終的に縄文時代の文化的な一般性と特殊性の浮彫化に結びつくことになる。

引 用 文 献

赤澤　威　1984a　「日本の自然と縄文文化の地方差」『人類学　その多様な発展』　日経サイエンス社　14-29頁

赤澤　威　1984b　「縄文時代の沿岸文化」『人類科学』37　九学会連合　101-118頁

赤澤　威　1988　「縄文人の生業－その生態的類型と季節的展開」『畑作文化の誕生　縄文農耕論へのアプローチ』　日本放送出版協会　239-267頁

赤松　茂他　1989　『堂地遺跡・中道遺跡』　箕輪町教育委員会

赤松　茂他　1991　『古神遺跡』　箕輪町教育委員会

阿子島　香　1989　「技術的組織と使用痕研究」『石器の使用痕』　ニュー・サイエンス社　45-50頁

安孫子昭二・中島　庄一　1974　『北八王子西野遺跡』　東京西線及び北八王子変電所遺跡調査会

安孫子昭二　1988　「加曽利B様式土器の変遷と年代（上）」『東京考古』6　東京考古談話会　1-33頁

阿部　芳郎　1987　「縄文中期における石鏃の集中保有化と集団狩猟編成について－高根木戸と高根木戸北集落の関係－」『貝塚博物館紀要』14　千葉市立加曽利貝塚博物館　29-52頁

阿部　芳郎　1992　「縄文時代早期における植物質食料加工用石器の在り方と生産活動－磨石、石皿多産遺跡の性格と生産活動の構成について－」『信濃』44-9　信濃史学会　24-45頁

新井　重三　1988　「遠くから運ばれた縄文時代の石－石器の使われた岩石の道を求めて－」『千葉市立加曽利貝塚博物館開館20周年記念特別講座講演集』　千葉市立加曽利貝塚博物館　35-57頁

新井　司郎　1973　『縄文土器の技術』　中央公論美術出版

安斎　正人　1990　『無文字社会の考古学』　六興出版

安斎　正人　1995　「エスノアーケオロジー入門」『物質文化』59　物質文化研究会　1-15頁

安藤　文一　1977　「粟島台式土器の設定－東関東における縄文前期終末の一様相－」『房総文化』14　房総文化研究所　20-34頁

井川　史子　1986　「外からみた日本の考古化学」『続　考古学のための化学10章』　東京大学出版会　1-22頁

池上　嘉彦　1978　『意味の世界　現代言語学から視る』　日本放送出版協会

池上　嘉彦・山中　桂一・唐須　教光　1983　『文化記号論への招待　ことばのコードと文化のコード』　有斐閣

石井　寛・伊藤　郭　1985　『港北ニュータウン地域内埋蔵文化財調査報告Ⅶ　水窪遺跡・茅ヶ崎町遺跡群』　横浜市埋蔵文化財調査委員会

石川　隆司　1989　「異系統土器群理解へのアプローチ」『貝塚』42　物質文化研究会　1-12頁

石毛　直道　1975　「人生の折り目」『日本生活文化史』1　河出書房新社　173-186頁

泉　靖一　1952　「沙流アイヌの地縁集団におけるIWOR」『民族学研究』16-3・4　日本民族学協会　213-229頁

泉　拓良　1988　「船元・里木式土器様式」『縄文土器大観』3　小学館　307-310頁

磯崎　正彦　1964　「後期の土器」『日本原始美術』1　講談社　167-170頁

引 用 文 献

伊藤　郭他　1985　『港北ニュータウン地域内埋蔵文化財調査報告Ⅵ　三の丸遺跡調査概報』　横浜市埋蔵文化財調査委員会

今井　恵昭他　1986　「多摩ニュータウンNo.352・353遺跡」『多摩ニュータウン遺跡　昭和59年度（第1分冊）』　東京都埋蔵文化財センター　43-120頁

今井　康博他　1974　「池辺第4遺跡」『港北ニュータウン地域内文化財調査報告Ⅳ』　横浜市埋蔵文化財調査委員会　177-272頁

今福　利恵　1993　「勝坂式土器成立期の集団関係」『研究紀要』9　山梨県立考古博物館・山梨県埋蔵文化財センター　18-45頁

今福　利恵　1994　「勝坂式土器成立期における社会構造」『丘陵』14　甲斐丘陵考古学研究会　1-32頁

今村　啓爾他　1972　『宮の原貝塚』　武蔵野美術大学考古学研究会

今村　啓爾他　1974　『とけっぱら遺跡』　武蔵野美術大学考古学研究会

今村　啓爾　1983　「文様の割りつけと文様帯」『縄文文化の研究』5　雄山閣　124-150頁

今村　啓爾　1985　「五領ケ台式土器の編年」『東京大学文学部考古学研究室研究紀要』4　東京大学文学部考古学研究室　93-157頁

今村　啓爾　1989　「群集貯蔵穴と打製石斧」『考古学と民族誌』　六興出版　61-94頁

岩永　省三　1989　「土器から見た弥生時代社会の動態－北部九州地方の後期を中心として－」『生産と流通の考古学』　横山浩一先生退官記念事業会　43-105頁

植田　真　1986　「組成論－勝坂式土器－」『季刊考古学』17　雄山閣　34-37頁

上野　佳也　1980　「情報の流れとしての縄文土器型式の伝播」『民族学研究』44-4　日本民族学会　335-365頁

上野　佳也　1983　『縄文人のこころ』　日本書籍

上野　佳也　1986　『縄文コミュニケーション－縄文人の情報の流れ－』　海鳴社

上野　佳也　1990　「縄文時代の情報ネットワーク」『現代思想』18-12　192-199頁

江坂　輝弥　1949　「相模五領ケ台貝塚調査報告」『考古学集刊』3　東京考古学会　1-10頁

江藤千萬樹　1937　「静岡県駿東郡長泉村柏窪の石器時代遺蹟」『考古学』8-5　東京考古学会　197-223頁

江森　正義・岡田　茂弘・篠遠　喜彦　1950　「千葉県香取郡下小野貝塚発掘報告」『考古学雑誌』36-3　日本考古学会　39-50頁

大川　清・北原　實徳他　1987　『山口台遺跡群』　日本窯業史研究所

大給　近達　1963　「日本における親族の諸問題」『民族学ノート』　平凡社　77-92頁

大塚　達朗　1995a　「橿原式紋様論」『東京大学文学部考古学研究室研究紀要』13　東京大学文学部考古学研究室　79-141頁

大塚　達朗　1995b　「安行3a式土器型式構造論基礎考」『縄文時代』6　縄文時代文化研究会　91-113頁

大塚柳太郎　1990　「人間の行動」『人類生態学』　東京大学出版会　53-66頁

大塚柳太郎　1993　「行動適応にみられる性差－オセアニアの事例を中心に－」『性差と文化』　東京大学出版会　205-228頁

大林　太良　1971a　「縄文時代の社会組織」『季刊人類学』2-2　京都大学人類学研究会　3-81頁

大林　太良　1971b　「先史社会組織復原の諸問題」『一橋論叢』66-2　一橋大学一橋学会　24-40頁

大林　太良　1987　「親族構造の概念と王家の近親婚」『日本の古代11　ウヂとイエ』　中央公論社

9-32頁
岡崎　完樹他　1985　『武蔵国分寺跡発掘調査報告－南方地区・府中都市計画道路（1・2・1号線の2）建設に伴う調査－』　武蔵国分寺関連遺跡調査会
岡田　宏明　1994　『北の文化誌　雪氷圏に生きる人々』　アカデミア出版会
岡部　慶三　1973　「コミュニケーション論の概観」『講座現代の社会とコミュニケーション』1　東京大学出版会　3-31頁
岡村　道雄　1979　「縄文時代石器の基礎的研究法とその具体例－その1－」『研究紀要』5　東北歴史資料館　1-19頁
岡村　道雄　1985　「機能論」『岩波講座日本考古学』1　岩波書店　162-192頁
岡村　道雄　1987　「第Ⅳ章　総括」『里浜貝塚』Ⅵ　東北歴史資料館　36-51頁
岡本　勇　1959　「土器型式の現象と本質」『考古学手帖』6　塚田　光　1-2頁
岡本　勇・戸沢　充則　1965　「関東」『日本の考古学』Ⅱ　河出書房新社　97-132頁
岡本　孝之　1975　「縄文時代の住居について」『異貌』2　共同体研究会　14-16頁
岡本　孝之　1978　「住居内出土の石皿について覚え書」『神奈川考古』3　神奈川考古同人会　31-48頁
小野　昭・春成　秀爾・小田　静夫　1992　『図解・日本の人類遺跡』　東京大学出版会
小野　昭・前山　精明他　1988　「巻町豊原遺跡の調査」『巻町史研究』Ⅳ　新潟県巻町　1-71頁
小淵　忠秋・関根　唯充他　1989　「山王坂遺跡」『真光寺・広袴遺跡群Ⅲ』　鶴川第二地区遺跡調査会　19-62頁
片岡　肇　1970　「押型文文化の生産活動について」『古代文化』22-11　（財）古代学協会　249-260頁
加藤春恵子　1973　「社会関係としてのコミュニケーション」『講座現代の社会とコミュニケーション』1　東京大学出版会　77-101頁
加藤三千雄　1986　「第8群土器　新保式期」『真脇遺跡（本編）』　能都町教育委員会　90-108頁
可児　通宏　1969　「住居址の廃絶と土器の廃棄」『多摩ニュータウン遺跡調査報告』Ⅶ　多摩ニュータウン遺跡調査会　27-32頁
金子　拓男　1987　「新潟県柏崎市剣野E地点遺跡出土遺物について」『信濃』19-2　信濃史学会　48-58頁
金子　拓男　1987　「剣野E遺跡」『柏崎市史資料集考古篇1』　柏崎市史編さん委員会　32-38頁
金子　直世　1990　「八王子市明神社北遺跡出土の縄文中期初頭の土器群について」『郷土資料館研究紀要　八王子の歴史と文化』2　八王子市郷土資料館　93-104頁
興野　義一　1981　「糠塚貝塚について」『迫町史』　迫町史編纂委員会　1105-1136頁
桐原　健　1987　「縄文土器機能論」『論争学説日本の考古学』3　雄山閣　31-56頁
日下部善己　1972　「縄文時代の東日本における生産用具の時間的空間的様相－東北地方南部について－」『福島考古』13　福島県考古学会　1-31頁
國平健三他　1984　『小池遺跡』　神奈川県立埋蔵文化財センター
椚　国男・佐々木蔵之助　1976　「八王子市明神社北遺跡第3次調査概報－縄文中期初頭の住居址を中心に－」『月刊考古学ジャーナル』122　ニュー・サイエンス社　14-22頁
窪田　幸子　1988a　「文化としての風景－オーストラリア・中央砂漠アボリジニの風景画」『季刊人類学』19-3　京都大学人類学研究会　3-38頁
窪田　幸子　1988b　「アボリジニの伝承と宇宙観」『言語』17-12　大修館書店　38-43頁

引 用 文 献

倉沢　和子　1990　「三の丸遺跡」『港北ニュータウン地域内埋蔵文化財調査報告Ⅹ　全遺跡調査概要』　横浜市埋蔵文化財センター　196-199頁

黒岩　　隆　1987　「縄文土器の大きさ－深鉢形土器の容量を中心として－」『東京考古』5　東京考古談話会　49-67頁

黒尾　和久　1988　「竪穴住居出土遺物の一般的あり方について－「吹上パターン」の資料論的検討を中心に－」『古代集落の諸問題』　玉口時雄先生古稀記念事業会　17-36頁

黒坂　雅人・渋谷　孝雄他　1988　『吹浦遺跡　第3・4次緊急発掘調査報告書』　山形県教育委員会

小池　裕子　1987　「宮崎博論文「土地と縄文人」に関する先史生態学からの一コメント」『貝塚』39　物質文化研究会　10-11頁

甲野　　勇　1953　『縄文土器のはなし』　世界社

小薬　一夫　1983　「縄文時代早期後半における石器群の様相－南関東地方を中心に－」『研究論集』Ⅱ　東京都埋蔵文化財センター　1-23頁

小薬　一夫・小島　正裕・丹野　雅人　1987　「馬高系土器群の系譜－土器型式の伝播と情報の流れ－」『研究論集』Ⅴ　東京都埋蔵文化財センター　1-56頁

小薬　一夫・石川　隆司　1990　「縄文土器の動態的把握（予察）－早期末葉土器群の蛍光X線分析から－」『研究論集』Ⅷ　東京都埋蔵文化財センター　117-143頁

小薬一夫他　1993　「多摩ニュータウンNo.471遺跡」『多摩ニュータウン遺跡　平成3年度（第3分冊）』　東京都埋蔵文化財センター　1-448頁

小島　俊彰　1977　「珠洲郡内浦町松波新保遺跡発掘資料再見」『石川考古学研究会会誌』20　石川考古学研究会　37-54頁

小杉　　康　1984　「物質的事象としての搬出・搬入、模倣製作」『駿台史学』60　駿台史学会　160-172頁

小杉　　康　1985　「木の葉文浅鉢形土器の行方－土器の交換形態の一様相－」『季刊考古学』12　雄山閣　47-50頁

小杉　　康　1988　「縄文時代の時期区分と縄文文化のダイナミックス」『駿台史学』73　駿台史学会　99-124頁

小菅　将夫他　1987　『恋ケ窪南遺跡発掘調査概報』Ⅰ　国分寺市遺跡調査会

後藤　和民　1980　『縄文土器をつくる』　中公新書

小林　謙一　1989　「千葉県八日市場市八辺貝塚出土土器について－東関東地方縄文時代中期初頭段階の土器様相－」『史学』58-2　三田史学会　27-67頁

小林　謙一　1991　「東関東地方の縄文時代前期末葉段階の土器様相－側面圧痕土器及び全面縄文施文土器の編年的位置づけ－」『東方考古』15　東邦考古学研究会　80-114頁

小林　謙一　1995　「南関東の様相」『中期初頭の諸様相』　縄文セミナーの会　1-94頁

小林　繁樹　1978　「New Guinea東海岸地域の土器－その製作、流通、利用の諸例について－」『考古学論文集』　南山大学小林知生教授退職記念会　111-126頁

小林　達雄　1967　「縄文早期前半に関する問題」『多摩ニュータウン遺跡調査報告』Ⅱ　多摩ニュータウン遺跡調査会　14-70頁

小林　達雄　1973　「多摩ニュータウンの先住者－主として縄文時代のセトルメント・システムについて－」『月刊文化財』112　文化庁文化財保護部　20-26頁

小林　達雄　1974　「縄文世界における土器の廃棄について」『国史学』93　国史学会　1-14頁

小林　達雄　1975　「タイポロジー」『日本の旧石器文化』1　雄山閣　48-63頁

小林　達雄	1977	「型式、様式、形式」『日本原始美術体系』1　講談社　166-169頁	
小林　達雄	1978	『縄文土器』　至文堂	
小林　達雄	1979	『日本の原始美術』1　講談社	
小林　達雄	1984	「縄文時代領域論」『日本史学論集』上　吉川弘文館　3-29頁	
小林　達雄	1986a	「土器文様が語る縄文人の世界観－装飾性文様・物語性文様にこめられた心－」『日本古代史』3　集英社　101-134頁	
小林　達雄	1986b	「原始集落」『岩波講座日本考古学』4　岩波書店　37-75頁	
小林　達雄	1988	「縄文土器の文様」『縄文土器大観』2　小学館　300-307頁	
小林　達雄	1989	「縄文土器の様式と型式・形式」『縄文土器大観』4　小学館　248-257頁	
小林　達雄	1993	「縄文集団における二者の対立と合一性」『論苑考古学』　天山舎　121-144頁	
小林　達雄	1994	『縄文土器の研究』　小学館	
小林　達雄	1996	『縄文人の世界』　朝日新聞社	
小林　正史	1988	「新潟県山北町上山遺跡出土の縄文時代終末期の土器群」『北越考古学』創刊号　北越考古学研究会　35-45頁	
小林　正史	1989	「先史時代土器の器種分類について」『北越考古学』2　北越考古学研究会　1-24頁	
小林　康男	1973a	「縄文時代の石器研究史（1）」『信濃』25-7　信濃史学会　51-61頁	
小林　康男	1973b	「縄文時代の石器研究史（2）」『信濃』25-10　信濃史学会　69-78頁	
小林　康男	1974	「縄文時代生産活動の在り方（一）－特に中部地方における縄文時代前期・中期の石器組成を中心として－」『信濃』26-12　信濃史学会　59-69頁	
小林　康男	1975a	「縄文時代生産活動の在り方（二）－特に中部地方における縄文時代前期・中期の石器組成を中心として－」『信濃』27-2　信濃史学会　66-81頁	
小林　康男	1975b	「縄文時代生産活動の在り方（三）－特に中部地方における縄文時代前期・中期の石器組成を中心として－」『信濃』27-4　信濃史学会　25-42頁	
小林　康男	1975c	「縄文時代生産活動の在り方（四）－特に中部地方における縄文時代前期・中期の石器組成を中心として－」『信濃』27-5　信濃史学会　73-85頁	
小林　康男	1983	「組成論」『縄文文化の研究』7　雄山閣　16-27頁	
近藤　義郎	1959	「共同体と単位集団」『考古学研究』6-1　考古学研究会　13-20頁	
埼玉県	1980	「雅楽谷遺跡」『新編埼玉県史資料編1　原始』　725-735頁	
斉藤　基生	1992	「自問石器組成」『人間・遺跡・遺物－わが考古学論集2－』　発掘者談話会　147-153頁	
酒井　龍一	1976	「弥生社会の体系的理解に関する認識論－作業仮説として－」『大阪文化誌』5　大阪文化財センター　1-10頁	
酒井　龍一	1986	「石器組成からみた弥生人の生業行動パターン」『文化財学報』4　奈良大学文学部文化財学科　19-37頁	
坂上　克弘他	1974	「東方第7遺跡」『港北ニュータウン地域内文化財調査報告Ⅳ』　横浜市埋蔵文化財調査委員会　1-122頁	
坂詰　秀一	1954	「横浜市港北区源東院貝塚」『銅鐸』10　立正大学考古学会　7-14頁	
坂詰　秀一・早川　泉他	1994	『武蔵台遺跡』Ⅱ　都立府中病院内遺跡調査会	
佐川　正敏	1979	「中野遺跡A地点［グループⅡ］37Ⅰ地区の土器」『函館空港・中野遺跡』　みやま書房　16-86頁	

引 用 文 献

佐倉　　朔	1987	「八丈島倉輪遺跡出土人骨」『倉輪遺跡』　東京都八丈町教育委員会　112-117頁
佐々木　薫	1979	「集団過程」『人間探求の社会心理学』3　朝倉書店
佐々木高明	1983	「稲作以前の生業と生活」『日本民俗文化体系』3　小学館　57-130頁
佐々木高明	1991	「山の幸・海の幸を求めて」『日本の歴史』1　集英社　111-160頁
佐々木藤雄	1981	「縄文時代の通婚圏」『信濃』33-9　信濃史学会　45-74頁
佐々木藤雄	1982	「集落を通して縄文時代の社会性を探る」『月刊考古学ジャーナル』203　ニュー・サイエンス社　5-9頁
佐々木藤雄	1983	「縄文時代の親族構造」『異貌』10　共同体研究会　55-83頁
佐々木藤雄	1986	「縄文時代の家族構成とその性格－姥山遺跡B9号住居址内遺棄人骨資料の再評価を中心として－」『異貌』12　共同体研究会　81-131頁
佐藤　　毅	1985	「コミュニケーション主体の現代的状況」『コミュニケーション社会学』　サイエンス社　151-211頁
佐藤　達夫	1974	「土器型式の実態－五領ケ台式と勝坂式の間－」『日本考古学の現状と課題』吉川弘文館　81-102頁
佐藤　広史	1985	「型式の空間分布から観た土器型式」『赤い本　片倉信光氏追悼論文集』　赤い本同人会　4-22頁
佐藤　正俊・渋谷　孝雄他	1984	『吹浦遺跡　第1次緊急発掘調査報告書』　山形県教育委員会
佐藤　嘉広	1988	「分析と考察」『石田Ⅱ・寺領・西光田Ⅰ遺跡発掘調査報告書』　（財）岩手県文化財振興事業団埋蔵文化財センター　118-123頁
佐原　　真	1956	「土器面における横位文様の施文方向」『石器時代』3　石器時代文化研究会　25-36頁
佐原　　真	1970	「大和川と淀川」『古代の日本』5　角川書店　24-43頁
佐原　　真	1972	「考古学からみた土器の岩石学的研究」『考古学と自然科学』5　考古学と自然科学編集委員会　101-107頁
佐原　　真	1979	『日本の原始美術』2　講談社
佐原　　真	1986	「土器と弓矢とイヌと」『体系日本の歴史』1　小学館　67-104頁
篠田　謙一・國貞　隆弘	1990	「縄文時代人骨からのDNAの分離－その方法と問題点について－」『人類学雑誌』98-4　日本人類学会　471-482頁
柴田　　徹・山本　薫・上本　進二	1994	「南関東の石器の石材名称Ⅱ（神奈川県以外）」『日本文化財科学会第11回大会　研究発表要旨集』　日本文化財科学会　103-104頁
清水　潤三	1958	「千葉県栗山川渓谷における貝塚の地域的研究（予報）」『史学』31-1～4　三田史学会　193-230頁
清水　芳裕	1973	「縄文時代の集団領域について－土器の顕微鏡観察から－」『考古学研究』19-4　考古学研究会　90-102頁
白石太一郎	1996	「総論－考古学からみたウヂとイエ」『考古学による日本歴史』15　雄山閣　5-14頁
白石　浩之他	1981	『細田遺跡』　神奈川県教育委員会
末木　　健他	1974	『山梨県中央道埋蔵文化財包蔵地発掘調査報告書－北巨摩郡小淵沢町地内－』山梨県教育委員会
末木　　健	1987	「縄文時代集落の継続性（Ⅱ）－縄文中期八ヶ岳山麓の石器組成より－」『山梨県考古学協会誌』創刊号　山梨県考古学協会　3-20頁

末木	健	1989a	「縄文時代集落の生産活動と祭祀－山梨県釈迦堂遺跡群の構造分析－」『山梨考古学論集』Ⅱ　山梨県考古学協会　147-168頁
末木	健	1989b	「縄文時代中期の隣接集落構造－長野県茅野和田遺跡東・西地区の集落構造について」『甲斐の成立と地方的展開』　角川書店　7-24頁
杉原	荘介	1943	『原史学序論』　葦牙書房
鈴木	公雄	1969	「安行系粗製土器における文様施文の順位と工程数」『信濃』21-3　信濃史学会　1-16頁
鈴木	公雄	1974	「「集団」研究のための覚え書き－林報告に対するコメントにかえて－」『考古学研究』21-2　考古学研究会　69-76頁
鈴木	公雄	1985	「縄文人と数」『縄文人の知恵』　小学館　157-180頁
鈴木　公雄・佐藤　孝雄・大内　千年		1994	『上高津貝塚A地点』　慶応義塾大学民族学・考古学研究室
鈴木	正博	1980	「婚姻動態から観た大森貝塚」『古代』67　早稲田大学考古学会　17-30頁
須田	英一他	1986	「地蔵堂遺跡C地点」『奈良地区遺跡群発掘調査報告』Ⅲ　奈良地区遺跡調査団　97-216頁
須藤	隆	1986	「弥生土器の様式」『弥生文化の研究』3　雄山閣　11-26頁
瀬川裕市郎		1985	「土器の原料土の移入は行なわれたか－静岡県愛鷹山南麓の事例をもとに－」『季刊考古学』12　雄山閣　55-58頁
高梨	修他	1992	『落越遺跡Ⅰ』　落越遺跡調査団
高橋	健樹他	1981	『御伊勢前』　武蔵村山市教育委員会
高橋	護	1958	「土器とその型式」『考古学手帖』1　塚田　光　1-2頁
竹石	健二他	1979	『細山遺跡』　日本大学文理学部史学研究室
竹石	健二他	1986	『金程向原遺跡Ⅰ－第Ⅰ地点・第Ⅱ地点発掘調査報告－』　日本大学文理学部史学研究室
武井	則道他	1975	『新田野貝塚』　立教大学考古学研究会
竹原	学他	1988a	『松本市向畑遺跡Ⅰ』　松本市教育委員会
竹原	学他	1988b	『松本市林山腰遺跡』　松本市教育委員会
竹原	学他	1989	『松本市向畑遺跡Ⅱ』　松本市教育委員会
竹原	学他	1990	『松本市向畑遺跡Ⅲ』　松本市教育委員会
棚井	敏雅	1992	「アメリカ大陸の森林の歴史」『アメリカ大陸の自然誌1　アメリカ大陸の誕生』岩波書店　117-180頁
田中	二郎	1977	「狩猟採集民の比較生態学的考察－とくにブッシュマンとピグミーの狩猟を中心として－」『人類の自然誌』　雄山閣　3-27頁
田中	二郎	1984	「アフリカの採集狩猟民に関する比較生態学的研究」『人類学　その多様な発展』日経サイエンス社　212-224頁
田中	良之	1982	「磨消縄文土器伝播のプロセス－中九州を中心として－」『森貞次郎博士古稀記念古文化論集』上巻　森貞次郎博士古稀記念論文集刊行会　59-96頁
田中　良之・松永　幸男		1984	「広域土器分布圏の諸相－縄文時代後期西日本における類似様式の並立－」『古文化談叢』14　九州古文化研究会　81-117頁
田中　良之・土肥　直美		1988	「出土人骨の親族関係の推定」『伊川津遺跡』　渥美町教育委員会　421-425頁

引　用　文　献

田中　良之	1995	『古墳時代親族構造の研究－人骨が語る古代社会－』　柏書房	
谷川　磐雄	1926a	「土偶に関する二三の考察」『國學院雑誌』32-5　國學院大學　48-57頁	
谷川　磐雄	1926b	「土偶の社会学的観察－日本石器時代における母権の存在－」『國學院雑誌』32-9　國學院大學　80-85頁	
谷口　康浩	1986	「縄文時代の親族組織と集団表象としての土器型式」『考古学雑誌』72-2　日本考古学会　1-21頁	
谷口　康浩	1987	「撚糸文系土器様式の成立に関する問題」『史学研究集録』12　國學院大學日本史学専攻大学院会　1-23頁	
谷口　康浩	1993	「縄文時代集落の領域」『季刊考古学』44　雄山閣　67-71頁	
都出比呂志	1974	「古墳出現前夜の集団関係－淀川水系を中心に－」『考古学研究』20-4　考古学研究会　20-47頁	
都出比呂志	1979	「ムラとムラとの交流」『図説日本文化の歴史』1　小学館　153-176頁	
都出比呂志	1983	「弥生土器における地域色の性格」『信濃』35-4　信濃史学会	
都出比呂志	1989	『日本農耕社会の成立過程』　岩波書店	
寺内　隆夫	1989	「長野県塩尻市北原遺跡第1号住居址出土土器から派生する問題」『信濃』41-4　信濃史学会　29-43頁	
寺内　隆夫他	1995	「屋代遺跡群」『長野県埋蔵文化財センター年報』11　（財）長野県埋蔵文化財センター　35-40頁	
戸井　晴夫他	1979	『椚田遺跡群－1978年度調査概報－』　八王子市椚田遺跡調査会	
戸井　晴夫他	1982	『宇津木台遺跡群Ⅰ』　八王子市宇津木台地区遺跡調査会	
土肥　孝	1973	「石器」『古和田台遺跡』　船橋市教育委員会　82-95頁	
土井　義夫	1985	「縄文時代集落論の原則的問題－集落遺跡の二つのあり方について－」『東京考古』3　東京考古談話会　1-11頁	
樋泉　岳二	1993	「伊川津貝塚における水産資源の空間的開発パターン」『桜井清彦先生古稀記念論文集　二十一世紀への考古学』　雄山閣　56-69頁	
戸澤　充則・宮坂　光昭	1951	「長地村梨久保遺跡調査報告－中期初頭縄文式土器の研究資料篇Ⅰ－」『諏訪考古学』7　諏訪考古学研究所　4-17頁	
戸沢　充則	1973	「原始・古代の岡谷」『岡谷市史』上　岡谷市　67-453頁	
戸田　哲也・吉田　浩明	1996	『郷田原遺跡』　八王子市南部地区遺跡調査会	
長崎　元広	1983	「広畑遺跡」『長野県史考古資料編』全1巻（3）　長野県史刊行会　618-621頁	
中沢　和子	1979	『イメージの誕生　0歳からの行動観察』　日本放送出版協会	
中島　庄一	1985	「縄文土器文様の研究（1）－土器文様からみた称名寺様式期の地縁集団の構造－」『東京考古』3　東京考古談話会　81-101頁	
長島　信弘	1974	「親族と婚姻」『社会人類学』　有斐閣　43-67頁	
中西　充他	1982	『神谷原Ⅱ』　八王子市椚田遺跡調査会	
永峯　光一	1981	「大別としての中期」『縄文土器大成』2　講談社　130-137頁	
中村孝三郎	1966	『先史時代と長岡の遺跡』　長岡市立科学博物館	
中村　若枝	1994	「神奈川県下の縄文時代貝塚を概観して（序）」『考古論叢　神奈河』3　神奈川県考古学会　1-23頁	
中山　真治	1992	「五領ケ台式－その段階設定と系統について－」『東京考古』10　東京考古談話会　1-29頁	

中山	誠二他	1987	『上の平遺跡　第4次・第5次発掘調査報告書』　山梨県教育委員会
西田	正規	1980	「縄文時代の食料資源と生業活動－鳥浜貝塚の自然遺物を中心として－」『季刊人類学』11-3　京都大学人類学研究会　3-41頁
西田	泰民	1987	「土器録（5）」『東京の遺跡』16　東京考古談話会　3頁
西田	泰民	1988	「土器録（8）」『東京の遺跡』19　東京考古談話会　4頁
西田	泰民	1992	「縄文土瓶」『古代學研究所研究紀要』2　古代學研究所　1-33頁
西野	秀和他	1983	『鹿島町徳前C遺跡調査報告（Ⅳ）』　石川県立埋蔵文化財センター
西村	正衛	1954	「千葉県香取郡小見川町白井雷貝塚（第二・三次調査）」『学術研究』3　早稲田大学教育学部　135-161頁
西本	豊弘	1978	「オホーツク文化の生業について－動物遺存体による生業活動の復元』『物質文化』31　物質文化研究会　1-12頁
西本	豊弘	1980	「生業研究における石器・骨角器の意味－オホーツク文化の事例を中心として－」『古代探叢』　早稲田大学出版部　593-607頁
西本	豊弘	1994a	「縄文時代のテリトリーについて」『動物考古学』2　動物考古学研究会　65-69頁
西本	豊弘	1994b	「生業からみた定住性」『漆から見た縄文・弥生時代のくらし』　国立歴史民俗博物館　14-15頁
西本	豊弘・松村　博文	1995	「中妻貝塚のもつ意味」『日本考古学協会1995年度大会研究発表要旨』　日本考古学協会　15-16頁
丹羽	佑一	1980	「埋甕集団の構成と婚姻システム」『奈良大学紀要』9　奈良大学　39-62頁
丹羽	佑一	1982	「縄文時代の集団構造－中期集落に於ける住居址群の分析より－」『考古学論考』　小林行雄博士古稀記念論文集刊行委員会　41-74頁
野口	行雄	1985	「房総半島における縄文時代生産活動の様相－縄文時代中期から後期前半における生産用具組成の在り方－」『研究紀要』9　千葉県文化財センター　205-236頁
橋口	美子他	1979	『前田耕地』Ⅱ　前田耕地遺跡調査会
橋口	美子他	1981	『前田耕地』Ⅲ　前田耕地遺跡調査会
羽柴	雄輔	1889	「縄紋土器ヲ比較シテ本邦古代ニ大移転ノ動乱アリシヲ知ル」『東京人類學會雜誌』4-37　東京人類学会　231-238頁
橋本	勉他	1990	『雅楽谷遺跡』　埼玉県埋蔵文化財調査事業団
埴原	和郎・山内　昭雄・溝口　優司	1983	「岩手県二戸市上里遺跡出土人骨の血縁性に関する統計学的推定」『人類学雑誌』91-1　日本人類学会　49-68頁
羽生	淳子	1984	「縄文土器における文様・形態の類似と相異－遺跡相互間の関係の分析と復元にむけて－」『信濃』36-10　信濃史学会　49-61頁
羽生	淳子	1986	「縄文土器の類似度－土器の属性分析に基づく遺跡間の関係復元への新たな試み－」『史学』55-2・3　三田史学会　1-30頁
羽生	淳子	1993	「集落の大きさと居住形態」『季刊考古学』44　雄山閣　37-41頁
林	謙作	1964	「事実誤認と見解の相違」『考古学研究』11-2　考古学研究会　8-11頁
林	謙作	1971	「宮城・浅部貝塚出土の動物遺体－分析と考察－」『物質文化』17　物質文化研究会　7-21頁
林	謙作	1990	「素山上層式の再検討－M・Y・Ⅰの主題による変奏曲」『考古学古代史論攷』

引 用 文 献

伊東信雄先生追悼論文集刊行会　105-162頁
林　謙作　1992　「縄紋時代史15.縄紋人の領域（2）」『季刊考古学』41　雄山閣　89-96頁
林　茂樹・気賀沢　進　1979　「駒ヶ根市中沢高見原横山Ｂ地点遺跡調査報告」『長野県考古学会誌』34　長野県考古学会　21-34頁
春成　秀爾　1973　「抜歯の意義（1）－縄文時代の集団関係とその解体過程をめぐって－」『考古学研究』20-2　考古学研究会　25-48頁
春成　秀爾　1979　「縄文晩期の婚後居住規定」『岡山大学法文学部学術紀要（史学篇）』40　岡山大学法文学部　25-63頁
春成　秀爾　1980a　「縄文晩期の装身原理」『小田原考古学研究会会報』9　小田原考古学研究会　44-60頁
春成　秀爾　1980b　「縄文合葬論」『信濃』32-4　信濃史学会　1-35頁
春成　秀爾　1980c　「縄文中・後期の抜歯儀礼と居住規定」『古文化論攷』　鏡山猛先生古稀記念論文集刊行会　39-68頁
春成　秀爾　1982　「縄文社会論」『縄文文化の研究』8　雄山閣　223-252頁
春成　秀爾　1985　「鉤と霊－有鉤短剣の研究－」『国立歴史民俗博物館研究報告』7　国立歴史民俗博物館　1-62頁
春成　秀爾　1987　「縄文・弥生時代の親族組織をさぐる」『日本の古代11　ウヂとイエ』　中央公論社　33-76頁
春成　秀爾　1989　「叉状研歯」『国立歴史民俗博物館研究報告』21　国立歴史民俗博物館　87-140頁
春成　秀爾　1995　「葬制と親族組織」『展望　考古学』　考古学研究会　84-93頁
春成　秀爾　1996　「弥生時代の家族・親族」『考古学による日本歴史』15　雄山閣　31-40頁
伴　信夫他　1976　「大石遺跡」『長野県中央道埋蔵文化財包蔵地発掘調査報告書－茅野市・原村その１、富士見町その２－』　長野県教育委員会　29-232頁、第1図-第328図
日野　一郎・岡本　勇・小川　裕久　1970　『特集　平塚市広川五領ケ台貝塚調査報告』　平塚市教育委員会
廣松　渉　1990　「マルクスの開いた新しい世界観」『今こそマルクスを読み返す』　講談社　21-74頁
深澤　芳樹　1985　「土器のかたち－畿内第Ｉ様式古・中段階について－」『東大阪市文化財協会紀要』Ｉ　（財）東大阪市文化財協会　41-62頁
深澤　芳樹　1986　「弥生時代の近畿」『岩波講座日本考古学』5　岩波書店　157-186頁
深澤　芳樹　1989　「木葉紋と流水紋」『考古学研究』36-3　考古学研究会　39-66頁
福田　信夫・広瀬　昭弘　1986　「第二章縄文時代　第七節市内の遺跡」『国分寺市史』上巻　国分寺市史編さん委員会　192-335頁
福田　友之　1990　「津軽海峡の先史文化交流－青森県出土の黒曜石製石器・硬玉製品・外来系土器－」『考古学古代史論攷』　伊東信雄先生追悼論文集刊行会　163-186頁
福本　繁樹　1994a　「男性がつくる土器」『季刊民族学』69　（財）千里文化財団　26-41頁
福本　繁樹　1994b　『精霊と土と炎－南太平洋の土器－』　東京美術
藤村　東男　1981　「土器容量の測定－晩期縄式土器を例として－」『考古学研究』28-3　考古学研究会　106-117頁
藤村　東男　1986　「岩手県九年橋遺跡出土の炭化物附着遺物について」『萌木』21　慶応義塾女子

　　　　　　　　　　　高等学校　208-221頁
藤本　　強　1983　「総論」『縄文文化の研究』9　雄山閣　3-10頁
藤森　栄一　1934　「信濃上諏訪町踊場の土器」『人類学雑誌』49-10　日本人類学会　28-35頁
保坂　和博他　1991　『小坂遺跡』　山梨県教育委員会
堀越　正行　1972　「縄文時代の集落と共同組織－東京湾沿岸地域を例として－」『駿台史学』32
　　　　　　　　　　　駿台史学会　1-29頁
堀越　正行　1980　「搬入土器と塩煮－広義の船元式土器の場合－」『史館』12　市川ジャーナル社
　　　　　　　　　　　20-28頁
増田　精一・松浦宥一郎　1974　『栗谷遺跡』　栗谷遺跡発掘調査委員会
松澤　員子　1990　「親族」『国立民族学博物館研究報告別冊』11　国立民族学博物館　129-131頁
松村　博文・西本　豊弘　1996　「中妻貝塚出土多数合葬人骨の歯冠計測値にもとづく血縁関係」『動
　　　　　　　　　　　物考古学』6　動物考古学研究会　1-17頁
松本　　完　1986　「土器の機能（1）・諸機能の素描」『古代』81　早稲田大学考古学会　1-24頁
丸山圭三郎　1983　「第七講　講義Ⅲ－ラングの解明－」『ソシュールを読む』　岩波書店　175-215
　　　　　　　　　　　頁
丸山敞一郎他　1973　「大芝東遺跡」『長野県中央道埋蔵文化財包蔵地発掘調査報告書－上伊那郡南箕
　　　　　　　　　　　輪村その1・その2－』　長野県教育委員会　30-33頁、第6図-第12図、第38図-
　　　　　　　　　　　第52図
三上　徹也他　1987　「第四節　大洞遺跡」『中央自動車道長野線埋蔵文化財発掘調査報告書』1
　　　　　　　　　　　（財）長野県埋蔵文化財センター　99-200頁
三上　徹也　1988　「梨久保式土器再考」『長野県埋蔵文化財センター紀要』1　（財）長野県埋蔵
　　　　　　　　　　　文化財センター　1-23頁
三上　徹也・上田　典男　1995　「長野県の様相」『中期初頭の諸様相』　縄文セミナーの会　154-210
　　　　　　　　　　　頁
水之江有一　1985　『シンボル辞典』　北星堂
溝口　孝司　1988　「古墳出現前後の土器相－筑前地方を素材として－」『考古学研究』35-2　考古
　　　　　　　　　　　学研究会　90-117頁
溝口　優司　1993　「古人骨から血縁関係はどこまでわかるか」『新視点　日本の歴史』1　新人物
　　　　　　　　　　　往来社　296-300頁
御堂島　正　1985　「考古学上の仮定と事実－形態・機能・スタイル－」『神奈川考古』20　神奈川
　　　　　　　　　　　考古同人会　87-104頁
宮坂　光昭　1965　「長野県岡谷市梨久保遺跡の再調査－梨久保式土器を中心にして－」『長野県考
　　　　　　　　　　　古学会誌』3　長野県考古学会　1-15頁
宮崎　　博　1986　「土地と縄文人」『物質文化』47　物質文化研究会　1-18頁
宮崎　　博　1988　「縄文時代人の領域－多摩川左岸の遺跡群を中心に－」『月刊考古学ジャーナ
　　　　　　　　　　　ル』286　ニュー・サイエンス社　18-21頁
向坂　鋼二　1958　「土器型式の分布圏」『考古学手帖』2　塚田　光　1-2頁
向坂　鋼二　1970　「原始時代郷土の生活圏」『郷土史研究講座1　郷土史研究と考古学』　朝倉書
　　　　　　　　　　　店　257-299頁
向坂　鋼二　1981　「縄文時代のテリトリー　東海地方東部をめぐって」『季刊どるめん』8　ＪＩＣ
　　　　　　　　　　　Ｃ出版局　58-65頁

引 用 文 献

武藤　雄六	1968	「長野県富士見町籠畑遺跡の調査」『考古学集刊』4-1　東京考古学会　43-76頁
村石　真澄	1985	「深鉢のサイズからみた社会変動－縄文時代加曽利Ｅ期の南関東西部について－」『法政史論』12　法政大学大学院日本史学会　1-26頁
村上陽一郎	1984	『非日常性の意味と構造』　海鳴社
村武　精一	1981	「社会人類学における家族・親族論の展開」『家族と親族』　未来社　273-291頁
村田　文夫	1970	「多摩丘陵東端発見の縄文前期末葉から中期初頭の土器について」『古代』53　早稲田大学考古学会　33-42頁
村田　文夫	1974	「川崎市潮見台遺跡の縄文中期集落復原への一試論」『古代文化』26-4　（財）古代学協会　1-31頁
八木奘三郎・下村三四吉	1894	「下総国香取郡阿玉台貝塚探究報告」『東京人類学会雑誌』9-97　東京人類学会　254-285頁
山浦　清	1993	「縄文人の四季」『新版古代の日本10　古代資料研究の方法』　角川書店　27-46頁
山口　明	1978	「縄文時代中期初頭土器群の分類と編年－関東・中部地方を中心として－」『駿台史学』43　駿台史学会　70-103頁
山口　明	1980	「縄文時代中期初頭土器群における型式の実態」『静岡県考古学会シンポジューム4　縄文土器の交流とその背景－特にその中期初頭の土器群をとおして－』静岡県考古学会　25-44頁
山下　正博・池谷　信之	1981	「秦野市山之台遺跡出土の土器と石器」『小田原考古学研究会会報』10　小田原考古学研究会　33-48頁
山崎カヲル	1980	「マルクス主義と経済人類学」『マルクス主義と経済人類学』　柘植書房　7-48頁
山内　清男	1932	「日本遠古之文化　一　縄紋土器文化の真相」『ドルメン』1-4　岡書院　40-43頁
山内　清男	1934	「土器型式の細別」『石冠』2-4　飛騨考古土俗学会　1-4頁
山内　清男	1936	「日本考古学の秩序」『ミネルヴァ』1-4　翰林書房　137-146頁、付表
山内　清男	1937	「縄紋土器型式の細別と大別」『先史考古学』1-1　先史考古学会　29-32頁
山内　清男	1964a	「日本先史時代概説　Ⅲ縄文式文化」『日本原始美術』1　講談社　140-144頁
山内　清男	1964b	「縄文土器の製作と用途」『日本原始美術』1　講談社　150-153頁
山内　清男	1967	「第三十一　武蔵高等学校裏石器時代遺跡の発掘」『山内清男・先史考古学論文集・第五冊』　先史考古学会　251-252頁（初出は　1936『ミネルヴァ』1-4）
山内　清男	1969a	「縄文文化の社会　縄文時代研究の現段階」『日本と世界の歴史』1　学習研究社　86-97頁
山内　清男	1969b	「縄紋草創期の諸問題」『MUSEUM』224　東京国立博物館　4-22頁
山本　暉久他	1988	『金沢文庫遺跡』　神奈川県埋蔵文化財センター
山本　典幸	1988	「五領ケ台式土器様式」『縄文土器大観』3　小学館　154-163頁、283-286頁
山本　典幸	1994	「Ⅷ群土器　五領ケ台式」『武蔵台遺跡』Ⅱ　都立府中病院内遺跡調査会　70-82頁
八幡　一郎・永峯　光一他	1955	『平出』　平出遺跡調査会
横浜市埋蔵文化財センター	1990	『港北ニュータウン地域内埋蔵文化財調査報告Ⅹ　全遺跡調査概要』
吉田　格	1963	「山梨県東八代郡下向山遺跡－縄文中期五領ケ台式土器の研究－」『考古学雑誌』48-3　日本考古学会　48-60頁

和島　誠一　1948　「原始聚落の構成」『日本歴史学講座』　学生書房　1-32頁
和島　誠一　1962　「序説－農耕・牧畜発生以前の原始共同体－」『古代史講座』2　学生社　1-16頁
和田　哲・戸田　哲也・吉田　浩明　1994　「八王子市南八王子地区No.11遺跡」『東京都遺跡調査・研究発表会19　発表要旨』　東京都教育委員会　26-27頁
渡辺　新　1991　『縄文時代集落の人口構造』　正文社
渡辺　新　1995　「権現原貝塚の人骨集積から集落の人口構造を考える」『日本考古学協会1995年度大会研究発表要旨』　日本考古学協会　21-24頁
渡辺　仁　1955　「季節的移住・技術・資源－アイヌにおける生態的一側面」『日本人類学会　日本民族学協会連合大会第8回紀事』　The Committee of the Meeting, Tokyo　62-63頁
渡辺　仁　1964a　「アイヌの生態と本邦先史学の問題」『人類学雑誌』72-1　日本人類学会　9-23頁
渡辺　仁　1964b　「アイヌの熊祭の社会的機能並びにその発展に関する生態的要因」『民族学研究』29-3　日本民族学会　206-217頁
渡辺　仁　1966　「縄文時代人の生態　住居の安定性とその生物学的民族史的意義」『人類学雑誌』74-2　日本人類学会　21-32頁
渡辺　仁　1977　「生態人類学序論」『人類学講座』12　雄山閣　3-29頁
渡辺　仁　1979　「アイヌの生活と時間」『早稲田大学語学教育研究所紀要』18号別冊　早稲田大学　110-114頁
渡辺　仁　1987　「農耕創始者としての退役狩猟者層」『早稲田大学大学院文学研究科紀要』33　早稲田大学　17-32頁
渡辺　誠　1969　「縄文時代の植物質食料採集活動について（予察）」『古代学』15-4　（財）古代学協会　266-276頁
渡辺　誠　1973　「網漁業の研究」『縄文時代の漁業』　雄山閣　11-82頁
渡辺　誠　1992　「縄文土器の形と心」『双葉町歴史民俗資料館研究紀要』1　双葉町歴史民俗資料館　1-11頁

Akazawa, T. 1988 Variability in the types of fishing adaptation of the Later Jomon Hunter-Gatherers, C. 2500 to 300 BC. In *The archaeology of prehistoric coastlines*, edited by G. Bailey and J. Parkington, pp78-92. Cambridge University Press.

Barthes, R. 1957 *Mythologies*. 篠沢　秀夫訳　1967『神話作用』　現代思潮社

Beattie, J. 1964 *Other cultures : aims, methods and achievements in social anthropology*. 蒲生　正男・村武　精一訳　1979　『社会人類学－異なる文化の論理－』　社会思想社

Binford, L. R. 1978 *Nunamiut ethnoarchaeology*. Academic Press.

Binford, L. R. 1979 Organization and formation processes:looking at curated technologies. *Journal of Anthropological Research* 35(3):255-273.

Blackman, M. B. 1990 Haida:traditional culture. In *Handbook of North American Indian*. Volume 7, edited by W. Suttles, pp240-260. Smithsonian Institution. Washington.

Bleed, P. 1986 The optimal design of hunting weapons:maintainability or reliability. *American Antiquity* 51(4):737-747.

Bogatyrev, P. G. 1937 *The function of folk costume in Moravian Slovakia*. 松枝　到・中沢　新一訳　1984『衣裳のフォークロア』　せりか書房

Boulding, K. E. 1956 *The image:knowledge in life and society*. The University of Michigan Press. 大川　信明

引用文献

訳 1970 『ザ・イメージ 生活の知恵・社会の知恵』 誠信書房

Bunzel, R. L. 1929 *The Pueblo potter.* Dover Publications, INC., New York.

Dauenhauer, N. M. and Dauenhauer, R. 1994 *HaaKusteeyi, our culture: Tlingit life stories.* University of Washington Press.

Davis, J. H. 1969 *Group performance.* Addison-Wesley Publishing Company. 永田 良昭訳 1982 『集団行動の心理学』 誠信書房

Deetz, J. 1965 *The dynamics of stylistic change in Arikara ceramics.* Illinois Studies in Anthropology 4. The University of Illinois Press.

Deetz, J. 1967 *Invitation to archaeology.* The Natural History Press. 関 俊彦訳 1988 『考古学への招待』 雄山閣

De Laguna, F. 1972 *Under Mount Saint Elias:the history and culture of the Yakutat Tlingit.* Smithsonian Contributions to Anthropology 7. Washington.

De Laguna, F. 1990 Tlingit. In *Handbook of North American Indians.* Volume 7, edited by W. Suttles, pp203-228. Smithsonian Institution. Washington.

Donald, L. and Mitchell, D. H. 1975 Some correlates of local group rank among the Southern Kwakiutl. *Ethnology* 14:325-346.

Drucker, P. 1951 *The Northern and Central Nootkan tribes.* Smithsonian Institution. Washington.

Eco, U. 1976 *A theory of semiotics.* Indiana University Press. 池上 嘉彦訳 1980 『記号論Ⅰ』 岩波書店

Fewkes, J. W. 1898 *Designs on prehistoric Hopi pottery.* Dover Publications, INC.

Fortes, M. 1953 The structure of unilineal descent groups. *American Anthropologist* 55(1):17-41.

Fox, R. 1967 *Kinship and marriage.* Penguin Books LTD. 川中 健二訳 1977 『親族と婚姻』 思索社

Friedrich, M. H. 1970 Design structure and social interaction:archaeological implications of an ethnographic analysis. *American Antiquity* 35(3):332-343.

Gellner, E. 1960 The concept of kinship. *Philosophy of Science* 27:187-204.

Graham, M. 1993 Settlement organization and residential variability among the Raramuri. In *Abandonment of settlements and regions:ethnoarchaeological and archaeological approaches,* edited by C. Cameron and S. Tomka, pp25-42. Cambridge University Press.

Griavle, M. 1948 *Dieu d'Eau:entretiens avec ogotemmeli".* 坂井 信三・竹沢尚一郎訳 1985 『水の神ドゴン族の神話的世界』 せりか書房

Hawkes, C. 1954 Archaeological theory and method:some suggestions from the Old World. *American Anthropologist* 56(2):155-168.

Hill, J. N. 1966 A prehistoric community in Eastern Arizona. *Southwestern Journal of Anthropology* 22:9-30.

Hodder, I. 1982 *Symbols in action.* Cambridge University Press.

Joyce, A. A. and Johannessen, S. 1993 Abandonment and the production of archaeological variability at domestic sites. In *Abandonment of settlements and regions:ethnoarchaeological and archaeological approaches,* edited by C. Cameron and S. Tomka, pp138-153. Cambridge University Press.

Keesing, R. M. 1975 *Kin groups and social structure.* New York: Holt, Rinehart and Winston. 小川 正恭・笠原 政治・河合 利光訳 1982 『親族集団と社会構造』 未来社

Kent, S. 1992 Studying variability in the archaeological record:an ethnoarchaeological model for distinguishing mobility patterns. *American Antiquity* 57(4):635-660.

Leach, E. R. 1962 On certain unconsidered aspects of double descent systems. *Man* 62:130-134. 大塚 和夫訳

　　　　　1981　「二重出自体系の見落とされていた側面」『家族と親族』　未来社　101-115頁
Leach, E. R. 1982 *Social anthropology*. London.　長島　信弘訳　1985　『社会人類学案内』　岩波書店
Lee, R. B. and Devore, I. 1968 *Man the hunter*. Aldine Publishing Company. Chicago.
Lévi-Strauss, C. 1949 *Les structures élémentaires de la parenté*. Presses Universitaires De France. Paris.　馬渕東一・田島　節夫監訳　1977　『親族の基本構造』(上)　番町書房
Li, An-Che. 1937 Zuni:some observations and queries. *American Anthropologist* 39:62-76.
Longacre, W. A. 1964 Archaeology as anthropology:a case study. *Science* 144:1454-1455.
Madden, M. 1983 Social network systems amongst hunter-gatherers considered within Southern Norway. In *Hunter-gatherer economy in prehistory*, edited by G. Bailey, pp191-200. Cambridge University Press.
Malinowski, B. 1929 *The sexual life of savages in North-Western Melanesia;an ethnographic account of courtship, marriage and family life among the natives of the Trobriand Islands*, British New Guinia.　泉　靖一・蒲生　正男・島　澄訳　1968　『未開人の性生活』　ぺりかん社
Matsumura, H., H. Ishida, and H. Hashimoto 1996 Cranial and dental traits of the Nakazuma Jomon people from Ibaraki, Japan. *Bulletin of the National Science Museum* 22:1-26.
Morgan, L. H. 1881 *Houses and house-life of the American Aborigines*.　古代社会研究会訳　1990　『アメリカ先住民のすまい』　岩波書店
Mounin, G. 1970 *Introduction à la sémiologie*.　福井　芳男・伊藤　晃・丸山圭三郎訳　1973　『記号学入門』　大修館書店
Munro, N. G. 1911 *Prehistoric Japan*. Yokohama.
Murdock, G. P. 1934 The Haidas of British Columbia. In *Our primitive contemporaries*. Macmillan Company.
Murdock, G. P. 1949 *Social structure*. Macmillan Company.　内藤　莞爾監訳　1986　『社会構造　核家族の社会人類学』　新泉社
Needham, R. 1962 *Structure and sentiment:a test case in social anthropology*. The University of Chicago Press.　江口　暁子訳　1977　『構造と感情』　弘文堂
Oberg, K. 1973 *The social economy of the Tlingit Indians*. University of Washington Press. Seattle and London.
Orton, C. 1980 *Mathematics in archaeology*. William Collins.　小沢　一雅・及川　昭文訳　1987　『数理考古学入門』　雄山閣
Plog, S. 1980 *Stylistic variation in prehistoric ceramics*. Cambridge University Press.
Rivers, W. H. R. 1924 *Social organization*. Routledge and Kegan Paul.　井上吉次郎訳　1944　『社会体制』　育英書院
Sapir, E. 1989 The Social organization of the West Coast Tribes. In *Indians of the North Pacific Coast*, edited by T. McFeat, pp28-48. Carleton University Press.
Scheffler, H. W. 1974 Kinship, descent, and alliance. In *Handbook of social cultural anthropology*. pp747-793.
Schiffer, M. B. 1972 Archaeological context and systemic context. *American Antiquity* 37(2):156-165.
Schiffer, M. B. 1976 *Behavioral archaeology*. Academic Press.
Schiffer, M. B. 1983 Toward the identification of formation processes. *American Antiquity* 48(4):675-706.
Schiffer, M. B. 1985 Is there a "Pompeii Premise" in archaeology ?. *Journal of Anthropological Research* 41(1):18-41.
Shott, M. J. 1989 Diversity, organization, and behavior in the material record. *Current Anthropology* 30(3):283-315.

引 用 文 献

Stanislawski, M. B. 1978 If pots were mortal. In *Explorations in ethnoarchaeology*, edited by R. Gould, pp201-227. University of New Mexico Press.

Stevenson, M. G. 1982 Toward an understanding of site abandonment behavior:evidence from historic mining camps in the Southwest Yukon. *Journal of Anthropological Archaeology* 1:237-265.

Stewart, H. 1977 *Indian fishing.* University of Washington Press. 木村 英明・木村アヤ子訳 1987 『海と川のインディアン－自然とわざとくらし－』 雄山閣

Suttle, W. P. 1955 *Katzie ethnographic notes.* British Columbia Provincial Museum.

Swanton, J. R. 1989 Social Organization of the Haida. In *Indians of the North Pacific Coast*, edited by T. McFeat, pp49-57. Carleton University Press.

Tomka, S. A. 1993 Site abandonment behavior among transhumant agropastoralists:the effects of delay edcuration on assemblage composition. In *Abandonment of settlements and regions:ethnoarchaeological and archaeological approaches*, edited by C. Cameron and S. Tomka, pp11-24. Cambridge University Press.

Trigger, B. G. 1989 *A history of archaeological thought.* Cambridge University Press.

Tschopik, H., JR. 1941 *Navaho pottery making:an inquity into affinities of Navaho painted pottery.* Papers of the Peabody Museum of American Archaeology and Ethnology 17. Harvard University.

Tschopik, H., JR. 1950 An Andean ceramic tradition in historical perspective. *American Antiquity* 15(3):196-218.

Vargas, M. F. 1987 *An introduction to nonverbal communication.* 石丸 正訳 1987 『非言語コミュニケーション』 新潮社

Washburn, D. K. 1983 Symmetry analysis of ceramic design:two tests of the method on Neolithic material from Greece and the Aegean. In *Structure and cognition in art.* edited by D. Washburn, pp138-164. Cambridge University Press.

Watanabe, H. 1986 Community habitation and food gathering in prehistoric Japan:an ethnographic interpretation of the archaeological evidence. In *Windows on the Japanese past*, edited by R, Pearson, pp229-254. The University of Michigan.

Wiessner, P. 1983 Style and social information in Kalahari San projectile points. *American Antiquity* 48(2):253-276.

Wobst, H. M. 1977 Stylistic behavior and information exchange. *Anthropological Papers* 61:317-342. University of Michigan.

あ と が き

　私の今までの短い考古学研究の中にも幾つかの出会いと経験がある。私は子供の頃から収集癖があったが、土器や石器に対して特別な興味をもっていたわけではなかった。高校に入学して、考古学を研究していた叔父の山本一朗先生が私の母校に赴任したことが、私の考古学への本格的な思い入れの発端だと思う。しかも、連れて行ってもらった遺跡が弥生時代に限定されていたにも拘らず、私の頭の中には縄文時代への関心しかなかったことも事実である。そして、叔父に大学で考古学、特に縄文時代について勉強したいことを相談したところ、即座に國學院大學の名前を出されたことを今でも思い出す。両親にしてみれば、学費が安い近くの国立大学に行って欲しかったらしいが、そのときの私には叔父の一言しか頭になかったようだ。その頑固な性格は大学入学後の人間関係に悪影響を及ぼすことになるのだが。

　國學院大學に入学して縄文時代の土器や石器研究に没頭する過程で、純粋に学問に打ち込みたいといった情熱とは裏腹に、何とも表現し難い独特な人間関係・上下関係に嫌気が差すことになる。学部の1年から2年にかけての頃で、社交的であるとは言い難い性格故に、誤解を招いたり、礼儀知らずといった悪評を受けたこともあった。その後、奇異な人間関係に不信感をもちながらも、考古学への情熱だけは失っていなかったので、運良く大学院に進んでいく。そして、修士論文の構想を練り始めた頃、たまたま小林達雄先生から『縄文土器大観』（小学館）への執筆依頼があり、これが大きな経験となる。特に全4巻を通じて私が最も若い執筆者であったこともあって、力が入らないわけがない。ところが、限られた枚数で的確な指摘をすることが難しいことを実感したのもこのときが初めてで、小林先生から鋭い眼光で2〜3回書き直しを言い渡された結果の考古学界へのデビューであった。

　また、今では考えられないことであるが、私の修士論文提出の頃は大学指定の原稿用紙に手書きが原則であった。しかし、私自身で浄書することはない。このことが論文審査のとき副査の永峯光一先生の口から出てきた。内容に関する厳しい質問が終わったとき、「これ、君が全て浄書したの？大したものだねえ」と。即座に「いいえ、一人の後輩に任せました」と答える。すると、「その後輩は大変だったろうね」と笑みを浮かべながら言われる。今は、私もパソコンで文章や表、データベース、統計処理などを行なうが、そのときは手書きである。手にマメをつくりながら、手と万年筆を紐で固定して私の下宿で黙々と浄書してくれた後輩の宇田敦司君には、今でも大いに感謝している。確かに彼にとっては苦痛でしかなかったと思うが、私にとって一生忘れられない出会いである。ちなみに、本書の第Ⅱ章と第Ⅲ章は、そのときの修士論文の一部を基礎にしている。

　修士課程修了後、私は短い地方公務員生活を経て博士課程に入学する。この頃は、ようやく

大学で課程博士を出そうといった風潮になっており、私にも大きな目標ができたわけである。そうしたとき、安斎正人先生の研究会に参加し、旧石器研究者や他領域の学問分野に関心をもつ研究者と出会う機会をもつことになる。安斎先生の『無文字社会の考古学』（六興出版）は色々な分野の成果が盛り込まれており、修士論文で記号学や人類学などに関心をもっていた私には是非一度会って話してみたい存在でもあった。そして、新しく書き下ろした論文をみてもらったところ、論理の飛躍、論旨の不明瞭さなどを厳しく指摘され、一文一文に赤が入れられる。未だに悪文は修正されていないかもしれないが、比較的若い頃に安斎先生から指導を受けることができたことは、貴重な経験であった。ただし、最近、後輩の原稿に赤を頻繁に入れる習性が身に付いてしまい、その後輩にはあまり喜ばれていないらしい。

　そして、小林先生に同行した3回のカナダ旅行も、私の考古学研究に欠かすことのできないものである。ブリティッシュコロンビア大学の図書館で、夜遅くまで北アメリカ北西海岸の民族誌に目を通したり、広大な森を歩きながら先住民の生活を想像したことは、異国の地での何よりの経験であった。その成果を一部でも本書に加えることができたと自負している。

　本書は、1997年3月に國學院大學から学位が授与された際の学位請求論文である。ところが、今回の刊行に至るまで既に2年近くが経過してしまった。その間に五領ケ台式土器様式期及びその併行時期に関する土器編年案や、集落研究において示唆に富んだ報告書・論文などが幾つか提出されている。その上、『考古学雑誌』における型式論の特集、人骨間の血縁関係に関する遺伝学からの接近方法なども認められる。個人的には、五領ケ台式土器様式期と時間的に一部併行関係をもつ石川県真脇遺跡のイルカ層（前期末から中期初頭期）を分析したり、『現代考古学の方法と理論Ⅰ』（安斎正人編、同成社）に本書の中心的な説明概念である「居住形態」、「社会集団」、「情報」を執筆している。本来ならば、これらの諸成果を網羅した上で本書を公刊すべきであると考えたが、出版に関する大学院側の諸事情から不可能であった。今後、文化理論などを射程に入れた地域文化史の広域的な比較研究を進めると共に、縄文文化を一つの文化史的類型と見なしてきた歴史観を理論的に再構成する過程の中で纏めてみたい。

　最後になりましたが、本書を刊行するにあたって論文審査にあたられました主査の小林達雄先生、副査の永峯光一先生と加藤晋平先生に感謝致します。また、國學院大學考古学研究室の皆さんや遺跡・遺物を見せて頂いた関係諸機関、数多くのご助言を賜った諸先生・諸先輩方、文献の検索や図版の作成などに協力してくれた多くの後輩達に御礼申し上げます。

1999年2月

山　本　典　幸

未完成考古学叢書版　あとがき

　一昨年から昨年にかけて、『現代考古学の方法と理論』Ⅰ、Ⅱの執筆に際して、日本先史時代の諸課題の研究史を辿る過程で、同時代的に諸外国の研究動向に注視することや、生業論、集落論などといった今までの非横断的な概説形式ではなく、これらを相互に関連させながら今後の針路を自分なりに明示することの必要性と難しさを再認識したものである。また、考古資料の分析を積み重ね、次々と刊行される人類学や社会学などの研究書を通読する過程で、果てしなく続く研究の地平とその「完成」の容易でないこと、流動的で階層的な理論構造の奥深さなどを知ると共に、最も時間がかかる考古学的な検証過程が、本書を介して繰り返し遂行されなければならないことを痛感した。そこに、新しい「見方」も生まれてくると信じている。

　プローセルとホダーが1996年に編集発行した『同時代の理論考古学』の最終章で、プロセス考古学とポストプロセス考古学の対立から現在に至るまでの状況を、両学派とそれらに含まれない研究者を交えて、「理論考古学の論説」といった対話形式で纏められており、米英考古学も常に変化し続けていることや現在・将来の役割などを確認した。現在の日本考古学も、まさに様々な階層の理論や分析方法、解釈に至る方法論などの組み替えと一部の討論を経験している時期であるため、今後も、少しでもこのような状況・論議に関与し続けたいと思っている。

　本書は、1999年3月に國學院大學大学院から大学院研究叢書として刊行されたものである。当初、非売品として、関係諸機関並びに限定された研究者のみに配布されただけであったが、後に大学の生協のみにて販売を開始すると同時に、幾つかの雑誌に紹介されたことを契機に問い合わせが増えてきた。そこで、指導教授である小林達雄先生から本格的に出版社から刊行してみないかとの打診があり、ようやく出版に辿り着いた次第である。今回の出版に際しては、「増補版」とする案も考えたが、幾つかの課題を含みつつも当初の研究目的を果たし、体裁も整っていると判断したこと、最近の私の一連の著作は別に発表の場を用意していることなどから、明らかな誤字、脱字の修正を除いては全く手を加えていないことを付け加えておく。

　尚、末筆ではあるが、（株）ミュゼの山下治子氏には短期間にも拘らず入念な段取りを組んで頂いた。また、今回、新たに小林先生から本書の内容と考古学研究における本書の位置付けに関する玉稿も賜った。深く御礼申し上げる次第である。私自身、立ち止まることなく新しい思考法を模索しながら前進していくと共に、考古学がいかなる方向に進もうとしているのかといった問題に常に関与しながら、自分自身の研究スタンスがどのように変化していくかを、これからもさまざまな形で表明していきたいと考えている。

2000年4月
山　本　典　幸

索　引

【ア行】
アイデンティティー　63、81、141
アイマラ土器　59
赤澤威　192、193、194、196、219、220
浅鉢　3、8、27、57
浅部貝塚　195
阿高式　56
阿玉台Ⅰa式　27
阿玉台Ⅰb式　53
阿玉台式土器（様式）　22、51、192
アク抜き　63
アナログ型（情報）　55、56
安孫子昭二　159
阿部芳郎　191、194、220
アボリジニ　80、141、142
新巻遺跡　53
アリカラ族　175、176
粟島台式　28
安行3a式　51
安斎正人　141、142
伊川津（遺跡・貝塚）　149、182
遺棄・廃棄プロセス　184、193、194、197、198、
　199、200、201、214、216、217
異形台付土器　63
異系統（土器・文様）　51、53、71、152、153
異系列文様・文様帯　6、21、22、27、51、156、157、
　159、172、174、178、180、181、222
池辺第4遺跡　205
石錐　204
石毛直道　53
石匙　204
石皿　198、199、201、204、213、214、215、216、217、
　218、219、220、223、224
石丸正　69
威信財　70
泉拓良　33
遺跡機能　193、197、198
遺跡形成過程　217
遺跡形態　7、184、189、196、197、198、200、201、
　203、204、205、209、210、212、213、214、215、216、
　217、218、219、220、223、224
一次的文様　92、95、97、98、100、121、126、127、
　129、221

一括資料　24、28、85、86、221
一般的法則　196、212、220
イデオロギー　57、63、81、144
稲荷山（遺跡・貝塚）　149、150
今福利恵　56
今村啓爾　8、49、83、84、192、193、194
意味作用関係　69、70、79、90、92
意味転換　79、90、128
意味のある基本単位　89、90、92
意味表現体　83
イメージ　3、58、59、60、61
イメージ・ファイル　58、59、80
入組状隆起線文　51
印刻文　21、132、157、159、160、161、162、163、
　164、165、166、167、169、170、172、174、180、222
インターアクション　54
ウィスナー　81
上の平遺跡　21、170
上野佳也　54、55
ウォブスト　63
受け手　65、66、67、68、69、71、72、74、77、79、80、
　83、127、128、221、222
雅楽谷遺跡　61
埋甕　148、151、152、153、155、182
上里遺跡　182
上台遺跡　209、216
運搬効率　214
江坂輝弥　8
S字状文　80
エティック　3
エミック　3
沿岸セイリッシュ族　186
御伊勢前遺跡　22
大石遺跡　24
大石式　49
オーウェン　143
大給近達　145
大塚達朗　51
大塚柳太郎　196
大林太良　143、185
大洞遺跡　87、96、121、124、125、126、127、128、
　131、140、160、169、170、221
大洞B1式　51

— 245 —

大曲南遺跡　　61
岡田宏明　　219
岡村道雄　　198、204、205
岡本孝之　　159、198、199
小川忠博　　8
沖ノ沢遺跡　　172
オク族　　197
送り手　　65、66、67、68、69、71、74、77、79、80、81、127、128、221、222
尾崎遺跡　　199
押引文　　92、157、167、169、172、174、180、222
落越遺跡　　22
夫方居住（婚）　　143、149、150、152
夫方居住バンド　　143
踊場式　　49、83、84
オバーグ　　186、189、217、219
音素　　90

【カ行】
カーター・ランチ遺跡　　176
階層（的）　　90、92、93、151、154、157
解釈概念　　147
解読　　66、68、69、74、77、79、80、128、221、222
火炎土器様式　　80
角押文　　8、22
柏窪式　　8
片岡肇　　191
活動系　　1
価値　　63、199
価値観　　64、81
価値基準　　58
価値判断　　58
勝坂式土器様式　　51、56、62、80
金沢文庫遺跡　　209、214、216、217、218、219、224
金程向原遺跡　　161、166、170、182
可児通宏　　197
鐘崎Ⅰ式　　55
花粉分析　　176
神谷原遺跡　　36
神谷原式　　49
亀ケ岡式土器様式　　57
仮面　　81
カリエラ族　　150、151、152

カリフォルニア・インディアン　　52、143
カレンダー・システム　　186、187、190
環境　　1、4、6、62、196、197、199、219、223
管理・処理システム　　7、184、214、215、219
キージング　　144、145、146、175
記号（化）　　61、65、66、68、69、70、72、74、79、87
記号（学・論）　　4、6、7、52、65、66、82、83、90、91、124、127、220
記号内容　　65
記号表現　　65
疑似的　　160、164、166、169、174、222
器種　　2、3、4、8、27、63、153、193、194、198、204、210、213、217、218、220
技術形態　　62、157、172、174、180、222、223
技術伝統　　56、157
技術システム　　216
技術体系　　124、160、164、170、174、175、180、222、223
技術的組織　　216
季節性　　190、195、217
季節的居住　　184、190、195、217、219、223
北アメリカ北西海岸　　5、143、150、178、179、181、182、183、184、185、186、187、196、212、217、218、219、223
北裏Ｃ（Ⅰ）式　　33、49
北白川下層式　　53
北白川上層式　　55
ギデラ族　　197
機能転化　　216
機能転換　　62
九兵衛尾根式　　84
共示義　　61、64、66、69、70、79、80、220
共時的（視点）　　1、7、36、54、143、175、176、184、190、223
兄弟（姉妹）交換婚　　179、180、223
共伴　　5、8、21、23、27、49、53、63、71、89、195、204
共変動　　21、119、199
居住形態　　143、185、187、193、212、217、220、223
儀礼　　1、5、6、49、62、80、129、142、143、145、146、148、149、152、174、176、177、179、185、189、190、224
空間変異　　82、85、94、125、127、131、221
日下部善己　　191、192

索　引

椚田第Ⅳ遺跡　　8、22、36、209、212、213、220
グラハム　　200、201、214、218
倉輪遺跡　　156
クラン　　154、185
栗谷遺跡　　205、213
黒尾和久　　205
クワキウトル族　　181
経済・観念構造　　181
形式（論）　　8、53、63、85、86、156
型式（学・論）　　2、3、4、6、8、21、22、23、28、53、57、82、83、84、85、86、89、94、119、128、131、152、153、181、221
型式系統　　6、8、21、22、24、27、30、31、32、33、36、49、52、84、85、156、175
型式5　　6、21、23、24、27、63、83、84、85、87、89、90、91、94、96、98、100、106、119、126、127、129、130、131、132、140、141、144、156、159、162、166、169、217、221、222
型式分布圏　　4、53、54、56、71、82、140、153
形質人類学　　156、181、182
形態素　　90
形態部門　　62、64、90、91、106、119、126、132、134、140
系列　　6、7、9、21、27、33、51、85、143、144、152、153、156、157、170、172、174、175、177、178、181、222、223
ゲルナー　　144
元型的心像　　58、59、60、82
剣先文　　70
限定交換　　178
ケント　　200
源東院貝塚　　209、213
剣野E遺跡　　134、140
恋ケ窪南遺跡　　36、209、214、216、218、224
語彙素　　90
広域分布　　65、66、71、82、86、127
広域編年　　49
交易　　52、54、55、70、71、189、190、222
口縁部（口頸部）文様帯　　9、21、22、23、24、28、29、30、31、32、33、63、87、89、91、94、96、98、99、106、126、127、156、157、163、166、169、221
交換財　　70
後期安行（Ⅱ）式　　54、62

交互刺突（文）　　24、27、29、30、31、32、33、83、84、119、132、156
格子目文　　24、87、92、93、96、99、100、106、124、132、140、141、156、169
交渉　　51、65、153、157
郷田原遺跡　　21、23、202
コード　　66、67、68、69、72、74、77、79、80、83、124、128、221、222
行動主義　　199、200
効率性　　220
小薬一夫　　55、192
小坂遺跡　　162、163、170
コスト　　6、216、217、220
後田原遺跡　　53
木葉紋　　64
小林謙一　　8、49
小林達雄　　2、3、4、5、6、53、55、80、130、204、205
小林正史　　62、77
小林康男　　131、191、192、198
後埋没過程　　201
コミュニケーションシステム　　52、65、66、67、68、69、71、74、79、82、83、89、126、127、128、129、131、140、141、144、221
五領ケ台Ⅰ式　　83、84
五領ケ台式直後型式　　22
五領ケ台式土器（様式）　　1、8、27、33、36、49、51、62、83、85、87、94、96、98、100、129、130、131、132、143、156、174、181、184、185、189、190、201、204、205、213、214、217、218、219、220、221、223、224
五領ケ台式土器様式第Ⅰ段階　　21、22、24、27、49、156、221
五領ケ台式土器様式第Ⅱ段階　　6、21、23、24、27、49、51、62、63、83、129、130、131、140、141、143、144、156、159、163、165、167、170、172、177、179、180、182、221、222、223、224
五領ケ台式土器様式第Ⅲ段階　　21、23、27
五領ケ台式土器様式第Ⅳ段階　　8、21、22、23、24、27、28、29、30、31、32、33、36、49、156、221
五領ケ台式土器様式第Ⅴ段階　　22、24、27、28、36、156、221
五領ケ台式土器様式第Ⅵ段階　　22、24、27、28、36、221

— 247 —

五領ケ台貝塚　　8、83、156、174、204
五領ケ台Ⅱ式　　83
五領ケ台東貝塚　　8、83
古和田台遺跡　　197、198
古和田台式　　28
婚姻　　1、5、52、53、54、55、66、71、129、141、145、146、148、149、150、151、153、154、177、178、179、182、222、223
婚姻制度　　147、150
婚姻体系　　144、150、152、154、178、179、181、223
権現原貝塚　　182
婚後居住（規定）　　6、143、147、148、150、151、152、153、154、155、156、172、175、176、177、178、180、181、182、223
コンテクスト　　62、64、146、150、153、175、179、213、220
近藤義郎　　80

【サ行】

財産　　145、146、157、180、185、189
細線文系土器群　　9、21、22、23、24、27、28、31、32、33、36、51、62、84、131、156、157、159、160、161、162、163、164、165、166、167、169、170、172、174、177、178、179、180、181、222
酒井龍一　　193
佐々木高明　　219
佐々木藤雄　　152、153
叉状研歯　　148、149
札苅遺跡　　204
佐藤達夫　　51、53、54、71
サモ／クボ族　　197
サン＝イルデフォンソ族　　91
サン語族　　81
山椒魚文　　80
山王坂遺跡　　209、213、214、217、218、224
三の丸遺跡　　202、205
恣意的（な関係）　　69、90
歯冠計測　　156、181、182
シキャトキ村　　57
システム論　　6、181、184、190、196
地蔵堂遺跡C地点　　209、216
質的に不連続な関係　　141、221
質的に連続した関係　　127、131、140、141、221

質的変異　　184、196、220
実用的機能　　62、63、64、81、119
史的唯物論　　224
シブ　　154
シファー　　200、214、219
下小野貝塚　　28
下向山遺跡　　8、22、83
社会学　　82
社会構造　　1、148
社会集団　　82、153、155
社会生態学　　142
社会組織　　1、143、155、175、176、185
社会的親子関係　　144、145
社会的・生態的な生産　　5、129、130、179、181、201、204、212、215、218、223
社会的紐帯　　145、190
社会ネットワークシステム　　81
集合沈線文系土器群　　6、8、9、21、22、23、24、27、28、29、30、31、33、36、51、83、84、86、144、156、157、159、160、162、163、164、165、166、167、169、170、172、174、177、179、180、182、221、222
十三菩提式（土器様式）　　21、23、83、84、98
集団規範　　58、59、60、67、79、80
集団の組織化　　195、197
集団表象　　3
集団編成　　146、217、219、223
集団論　　2、195
集落（遺跡）　　5、6、52、53、80、148、150、151、152、155、156、176、194、198、200、220
集落外婚　　143
集落類型　　49
出現頻度（率）　　54、55、56、94、95、97、98、99、100、121、124、125、127、134、140、150、153、193、221
出自規則　　146、147
出自形式　　145、146、147、150、151、152、154、155、157、172、175、181、222
出自決定論　　155
出自集団　　77、145、147、150、151、153、155、174、177、178、179、180、182、223
出自論　　143、144、146、152、155、156
狩猟採集民　　1、5、143、151、155、178、179、181、183、184、186、187、196、217、218、219、223

索　引

ジョイス　200、205
象徴性　57、58、60、61、63、65、82
象徴的意味　4、57、58、64、70
象徴的機能　62、63、65、127
象徴的秩序　63、66、70、71、79、80、81、82、83、89、127、141、142、144、221
象徴表現　57、62、71
情報　2、54、55、56、62、63、65、66、67、70、71、74
情報交換　1、80、91、128
情報の共有化　60、80、86
縄文史観　225
縄文（時代・文化）　1、2、4、6、8、81、82、131、141、143、144、148、150、152、153、154、155、187、190、191、192、197、217、219、225
ショショーニ族　179
ショット　199、200、201
白井雷貝塚　174
白井雷貝塚第八類土器　22、27
白石太一郎　182
シェフラー　144、145
親縁性　59、82
新居居住　176
人口論　177
親族関係　56、144、145、146、147、153、174、181、182、222
親族組織（論）　6、7、130、143、144、147、148、153、154、155、156、181、182、224
親族名称（体系）　145、147、148
新保遺跡　140
新保式（土器様式）　51、131
心理学　3、80
心理的態度　60
人類学　5、7、82、144、147、148、152、154、155、178、181、222、225
人類生態学　196
神話　70、80、81、141、142、148、189
末木健　194
スク族　155
スクレイパー類　204、213、218
鈴木公雄　54、56
鈴木正博　51
スタニスラウスキー　90
スティーブンソン　200

ズニ族　57、58
磨石類　192、204、213、218
生活構造のキュービック・モデル　1
生業　1、4、5、6、143、174、184、185、187、188、189、190、191、192、193、194、195、197、198、199、200、212、217、219、223
生業・居住システム　7、130、184、185、187、190、196、201、213、216、217、219、220、223
精神的範型　58
精製土器　51
生態学的（見地・視点）　1、131、185、192、193
生態人類学　184、196、212、223
生態適応（戦略）　189、197、199、216、217、224
西南関東地域　129、130、131、143、144、170、172、175、177、178、179、181、201、202、204、212、213、214、216、218、220、221、222、223、224
生物学的（父親・母親）　144、145、146
世界観　4、5、57、81
石材　198、215
石鏃　192、198、204、213、218
世帯共同体　80
石器組成　7、130、174、184、189、190、191、192、193、194、195、196、197、198、199、200、201、204、209、210、212、213、214、215、217、218、219、220、223、224
セトルメント　80
セトルメントパターン　204
施文順位（関係）　28、29、30、32、54、58、87、90、91、92、93、94、96、97、98、99、100、105、106、124、125、126、127、129、132、162、169、172、180、217、221、222
潜意識　60、80、81
漸移的（変化・変動）　22、55、125、126、127、193、221
選択居住（婚）　149、150、155
選択性　72、79、90、127、128、175
尖頭器　143、198、204
専門集団　174
専門的勢力　60
層位学　83、85、86、159
相関（関係・性）　7、49、54、56、63、77、86、87、91、93、94、95、97、98、99、100、106、118、119、121、124、129、132、134、140、148、151、155、160、176、

— 249 —

182、184、189、191、196、198、204、210、212、213、214、215、218、219、223
双系出自　　145、146、150、155、174、175、181、222
双口土器　　63
装飾性文様　　3、4
装飾帯　　22、27
創造性　　68、79、80、83、127
双側的交叉イトコ婚　　151、178、182、223
双分（原理・制・組織）　　5、6、178
属性分析　　5、82、91、153、175、215
ソシュール　　4
粗製土器　　51、54
ソロレート婚　　144、150
存在論的意味　　193

【タ行】
大木式土器様式　　61
大木７ａ式　　89
大木８ｂ式　　70
対自然的かつ間主体的な関係　　184、187、195
対称交換　　178
対置性　　144、146、147
台付鉢　　8
胎土分析　　128
第二の道具　　2、6
鷹島式　　49
髙橋護　　52
高見原横山Ｂ遺跡　　87、94、121、125、126、127、128、131、140、159、170、172、221
多義（性・的）　　66、70
竹ノ下式　　22
打製石斧　　193、204、213、218、220
縦位区画（文）　　21、22、23、24、28、29、30、31、32、33、84、119、165、181
田中二郎　　196、197
田中良之　　55、56、71、156、181、182
谷川（大場）磐雄　　148
谷口康浩　　56、71、131、153、154
多変量解析　　184、192、196
多摩ニュータウンNo.46遺跡　　197
多摩ニュータウンNo.471遺跡　　202
多様性　　22、66、161、190、192、193、194、195、199、200、205、213、218、219、223、224

多様体　　60
タレンシ族　　145
単位集団　　57、58、59、60、61、67、68、80、82、83、129、131、174、190、194、212、218、223
単位集団群　　68、82、83
単一進化論　　148
単位文様　　33、58、64、85、87、89、90、92、93、94、95、96、97、98、99、100、106、119、121、124、125、126、129、156、157、217、218
単系出自　　145、146、174、222
地域集団　　81、178、185、186、187、190
地域色　　56、83、126
地域性　　8、36、89、126、153、191、193、196
地域生活史（観）　　1、2、5、6、221、224、225
地域相　　56、154
地域的単位　　5、130、179、181、204、216、218、223
地域文化史　　1、221
地縁的集団　　3、4
地帯　　36、49、131
父方親族　　146
中位理論　　196、220
中期初頭　　1、8、28、84、127、131、141、204、217、221
中部地域　　124、129、143、144、152、153、170、172、175、177、179、181、218、219、220、221、222、223
超自然的環境　　224
貯蔵穴　　176、193、217
チルカット集団　　186、189、190、217
ツィムシャン族　　183
通婚圏　　53、56、152、153
通時的　　4、54、119、143、184、190、191、193、198、225
通文化的比較　　200
津雲Ａ式　　55
津雲（遺跡・貝塚）　　149、150
都出比呂志　　55、56、80、126
妻方居住（婚）　　143、149、150、155、175、176、177、178、179、180、223
爪形文　　23、27、28、29、30、31、32、33、87、92、125、132、159、160、169
低位理論　　127、140、196、198、220
ディーツ　　175
ＤＮＡ分析　　156

索　引

定住性　82
適応　4、62、174、181、187、190、192、196、197、200、217、218、223、224
デジタル型（情報）　55
デヴォア　1
寺内隆夫　51
デ＝ラグナ　178、186、188、217
伝習　53
伝達機能　63、64、65、70
伝達手段　54、65、66、67、68、70、71、72、74、91、128
伝達表現手段　67、91、128
伝播　54、55、56、77
土肥孝　197、198
土井義夫　193
同一個体内共存　6、21、51、84、156、157、159、172、174、178、180、181、222
統計学　176、181、212、214、217
同族意識　174、223
同調圧　60
同調（性）　60
胴部文様帯　9、22、24、28、29、30、31、32、33、87、89、166
十勝アイヌ　196、218
土器型式　8、49、51、52、53、54、55、56、68、71、82、83、84、85、86、89、128、153、159、176、181、190
土器実体化過程　57、59、60、61、62、68
土器製作者　3、57、58、59、60、63、71、72、74、77、80、82、91、128、170、174、180、222、223
土器非製作者　59、60、71、72、74、77、80、128、221
土偶　6、148、174、194、224
徳前C遺跡　24
とけっぱら遺跡　84
ドゴン族　57
ドナルド　218
トムカ　200、214、218
豊原遺跡　131、134、140、141、221
ドライ　ベイ集団　185
トリンギット族　5、178、179、183、185、186、187、190、212、217、219
トレティアコフ　143
トロブリアンド諸島民　144、155、181
トンボ眼鏡状文　3、4、80

【ナ行】

中島庄一　55
中妻貝塚　182
中道遺跡　23
中山真治　8
梨久保遺跡　172
梨久保式　8、49、84
ナバホ族　57
栖原遺跡　53
南東セイリッシュ族　217
ニーダム　178、179、223
西耕地遺跡　23
二次的文様　92、95、97、121、124、126、127、129、221
西野遺跡　209、214、216、220
西本豊弘　184、198
二重出自　174、222
新田野貝塚　174
丹羽佑一　150、151、152、156、182
新崎式　51
認識論（的）　3、80
認知構造　187
ヌートカ族　187
糠塚貝塚　89
沼遺跡　80
熱吸収　63
熱伝導　62
年代幅　86、159
野口行雄　191、192
ノンバーバルメッセージ　69、72、74、77、79

【ハ行】

ヴァーガス　69
廃棄　5、177、197、198、199、205、216
ハイダ族　150、182
ハイレベルの様式　55、56
橋状把手　21、83、162、164、166、167、174、180、222
場所備え付け道具　200、201、216、218
抜歯（型式）　148、149、150、156
母方親族　146
羽生淳子　54、55、71、193、194、196
林謙作　77、195、196

林山腰遺跡　　21、23、182
バリンゴ　　141
バルド　　70
春成秀爾　　148、149、150、156、182
範型（論）　　2、3、53
半族　　152、178、179、182、183、185
搬入（経路・時期・品）　　6、36、49、51、153
判別分析（法）　　204、210、213、218
ビーティ　　144、157
比恵遺跡　　80
日影山遺跡　　36
東方第7遺跡　　89、98、121、124、125、126、127、128、129、131、140、170、172、175、177、205、221
樋口内城館遺跡　　172
非言語記号　　66
彦崎KⅠ式　　55
美的機能　　81
紐線文　　54
ビュイサンス　　69
表示義　　61、64、66、69、70、79、80、220
表出機能　　63、64、65
平出第三類A　　24
平城式　　55
ヒル　　175、176、177、223
廣松渉　　191
ビンフォード　　193、199、200、216
フーナー集団　　179、185、188
プエブロ族　　58、60、176
フォックス　　179
深澤芳樹　　64
深鉢　　8、27、28、63、85、152、156
吹上パターン　　205
複婚　　150、179
福田友之　　70
吹浦遺跡　　89
父系出自　　56、145、146、174、、222、223
浮線文　　21、23、84、87、92、99、124
物質文化　　52、66、130、141
部族　　5、52、53、68、141、178、187
船元Ⅰ式　　33
フラトリー　　154
ブリード　　216、220
古神遺跡　　22

ブロークン・K・プエブロ遺跡　　176、177
文化圏　　52
文化史的類型　　6
文化的組織　　200
文化的普遍性　　2、6
文化力　　2、6
分析概念　　147
ブンゼル　　90
分帯文様　　28、29、30、31、32、33、87、91、92、93、94、96、97、98、99、100、105、106、121、124、125、126、127、129、134、159、160、161、162、169、172、180、221、222
分布圏の境界　　6、52、71、89、141、221
ペナン社会　　155
ベラクーラ族　　217
変異幅　　6、83、94、118、119、126、127、128、140、184、193、197、204、213、214、218、221、222
編年　　6、8、28、49、52、82、83、84、159、181、190
ホークス　　143
法的（父親・母親）　　144、145、146
方法論　　1、2、3、5、7、53、54、64、71、82、86、148、152、153、154、156、157、182、185、190、191、192、194、198、205、219、220
ボガトゥイリョフ　　81
母系出自　　145、146、155、174、175、177、178、179、180、181、182、222、223
母系社会　　148、178、179、180
母権制度　　148
北筒式　　56
細山遺跡　　209、212、214
ホダー　　141、221
保美貝塚　　149
ホピ族　　57、90、177
堀之内式（土器様式）　　61、63、192

【マ行】
マードック　　150、155、175
前田耕地遺跡　　36、204、205、213、214、216、218、224
増野新切遺跡　　182
磨製石斧　　204
松澤員子　　155
マッデン　　81

索　引

松原遺跡　22
松村博文　182
松本完　64、65
丸山圭三郎　4、90
真脇遺跡　89、131、140
マンロー　57
三上徹也　8、49、84、85
水窪遺跡　209、213
溝口優司　181
脈絡　69、70、90、119、124、141
ミッチェル　218
御堂島正　81
南八王子地区No.11遺跡　202
宮崎博　131、194、195
宮の原貝塚　24、49、83、84、89、100、121、124、125、126、127、128、129、131、140、166、169、170、174、182、209、212、214、221
民族考古学　7、62、154、184、185、199、200、201、205、216、221
民族学　3、154、185
民族誌　5、7、60、91、143、144、145、154、155、176、178、179、184、185、186、188、189、190、196、212、217、219、223、224、225
無意識　58、59、60、80、81
ムード　55、56
向畑遺跡　84、164、182
向丘中学校遺跡　23
向坂鋼二　52、53
武蔵国分寺跡南方地区　36
武蔵台遺跡　8、22、24、27、36
狢沢式土器（様式）　22、51
村田文夫　151
村山遺跡　53
メッセージ　64、65、66、67、68、69、70、71、72、74、77、79、127、128、129、141、144、221、222
メディスン・クロウ遺跡　175
明神社北遺跡　21、84、129、131、166、169、170、209、212、213、214、221
モイエティ　154
木目状撚糸文　51
モデル　1、54、55、56、59、62、65、66、67、80、127、130、143、144、145、150、151、154、155、157、184、190、192、193、195、196、198、200、201、205、212、

217、223、224
物語性文様　3、4、80
諸磯b式　55
諸磯c式　84
文様・装飾部門　63、64、66、90、91、106、121、126、127、128、132、134
文様帯構成規則　8、23、28、85
文様帯の命名（法）　87、132
文様モチーフ　8、21、24、27、28、29、30、32、33、54、68、84、131、222
文様要素　8、21、22、27、28、29、32、33、55、58、84、85、89、90、119、124、156、157、166

【ヤ行】
ヤクタット集団　178、185、186、187、188、189、190、217
屋代遺跡群　156
八辺貝塚　174
八辺式　49
山形文　92、156、157、163、164、165、166、172、174、180、182、222
山口明　8、84、85
山内清男　8、52、53、54、82、83、159、192、205
山之台遺跡　209
山本典幸　8
弥生（時代・社会・土器）　53、56、64、126、148、193
有機的複合体　57、61、90
ゆずり葉遺跡　192
様式（論）　2、3、4、5、6、8、21、49、51、53、54、55、56、80、89、153
吉胡（遺跡・貝塚）　149、150
ヨハンセン　200、205
撚糸圧痕文　23、92、121、132、140、141
撚糸文系（土器様式）　56、63、154

【ラ行】
リー　1、224
リーチ　144、145、146、147、174
立地　129、151、189
立体（立方体）構造　1
リネージ　154、176、185
リヴァース　145、146

流儀（論）　　3、4、53
流水紋　　64
領域　　4、5、65、67、80、130、131、185、194、195、219
了解　　67、71、72、74、77、79、80、127、128、221、222
利用機制　　219
量的な同一と差異の関係　　127、128、221
量的変異　　7、184、197、198、199、213、223
理論仮説　　7、154、224
類似度　　55、79、119、121、157、191、192、196、218
類似土器　　6、52、55、57、61、65、66、67、68、71、74、79、86、127
歴史観　　1
礫石錘　　204
礫器　　204、213、218
レヴィ＝ストロース　　178、179、223
レヴィレート婚　　144、145、150
ローレベルの様式　　55、56
ロングエーカー　　175、176、177、223
論理的関係　　220

【ワ行】
和島誠一　　148
渡辺新　　182
渡辺仁　　1、192、196、218
渡辺誠　　191、219

解題　　　　　　　　　　　　　　　　　　　　　小　林　達　雄

(一)

　本書は、縄文時代の社会・文化について、その全体像の解明に取り組む立場とは別に、特定の時期と特定の地域に焦点を当て、具体的な地域生活史を解明しようとするものである。

　序章で問題の設定とその問題に接近する著者の方法論を提示し、第Ⅰ章から第Ⅴ章にかけて具体的な議論を展開した上で、終章において各章の要点をまとめながら今後の研究を展望する。

　序章「研究の射程とその方法」では、まず具体的に研究対象とする時期と地域を特定している。即ち、時期的には中期初頭の五領ケ台式土器様式期に限定し、その分布の中心である関東・中部・東海地方を対象とした。著者の目指す地域生活史とは、その地域に居住した人間及び人間集団の種々の営み、ないし諸活動を一つの体系化された姿として把握し、その体系的、総体的な歴史の叙述のことであると定義する。その具体的な活動内容は、土器・石器などの各種道具とそれらの製作技術、および集団間の情報交換、婚姻ならびに生業活動とそれに応じた居住形態等々を含むものであるとしている。

　第Ⅰ章「五領ケ台式土器様式の編年と系統」では、土器の型式学的な変遷を辿ることによって、中期初頭の五領ケ台式土器様式を六段階に区分した。このような時間軸の確定作業は、土器製作技術の時間的・空間的なあり方、生業活動や社会的・儀礼的な行為などを動態的に把握する上での基礎となるものであり、極めて詳細かつ緻密な研究成果が示される。その結果、第Ⅱ段階、第Ⅳ段階、第Ⅴ段階が、比較的安定した時間的単位として認定できることを明らかにしている。また、土器様式を構成する各型式とその系統の組み合わせから地域的変異を捉え、さらに五領ケ台式土器様式とは異なる様式が搬入される段階と、その分布範囲の実態を明らかにした。

　第Ⅱ章「縄文土器の類似性とコミュニケーションシステム」では、考古学的な同一時期において遺跡内及び遺跡間で類似土器を生みだし、それを維持したメカニズムについて八節にわたって詳述する。とくに記号論的視点からコミュニケーションシステムの仮説を提示しながら、土器情報の伝達が送り手と受け手との関係で少なくとも五つのパターンとして把握できることを明らかにした。

　第Ⅲ章「考古学的同一時期における縄文土器の空間変異のあり方について」では、第Ⅱ章に提示した仮説を承けて、具体的な資料に則した分析を進める。その複雑な様相を、集合沈線文系土器群のなかの型式5を取り上げて分析する。このような分析過程を通して、各遺跡内及び遺跡間において認められる製作技術に関する類似性を抽出した上で、その類似性と変異の様相を明らかにし、その地域差の内容について解釈を試みる。つまり、型式5の口頸部文様帯に各

遺跡毎の個性、特殊性を認める一方で、各文様帯の内容、分帯文様と文様帯との施文順位の関係などの個別的な属性に、遺跡間に共通する普遍性を指摘する。このことは、五領ケ台式土器様式圏内の各遺跡出土の型式5には、質的に連続した関係があり、遺跡間をさえぎる明瞭な境界を認めることができなかったというわけである。しかしながら、同時期の新潟県方面にみられる型式群の分析によれば、そうした関係は越後には認められず、両地方の間で質的に不連続な関係が存したことを指摘するのである。そして、このような相互に不連続な関係を示す地域的な境界が、各地方に潜在する象徴的秩序の差異によるものである可能性を示す。象徴的秩序とは、送り手と受け手との間でコミュニケーションシステムを成立させる潜在的な基盤のことで、世界観やイデオロギーに近い意味をもっている。

その一方で、こうした共通の象徴的秩序に裏打ちされた遺跡間の連続性を示す中部、特に諏訪湖・天竜川流域の遺跡群と西南関東地域の遺跡群の間には、型式5の文様帯のあり方の細部に相対的な差異が認められるのである。つまり、Ⅰ－2文様帯における一次的文様と二次的文様との出現頻度率、Ⅰ－3文様帯における縄文の占有率、Ⅰ－1・Ⅰ－2分帯文様とⅠ－2文様帯との施文順位関係などには、各々に個性的な特色があり、とりわけそうした型式内の変異幅は、中部地域の遺跡群の方が西南関東地域の遺跡群より大きいことを明らかにしている。

このような地域間に認められる土器施文技術に関する差異について、第Ⅱ章で提示したコミュニケーションシステムの成立過程と、システム成立後に送信されたメッセージを、受け手が土器に採用する過程の違いによって生じたとする仮説に基づいた解釈を進める。まず、中部地域の遺跡群は、「ことばによって表現された土器に関するメッセージを、土器を作らない人が送信し、受け手がその言語化されたメッセージをコードに基づいて解読、了解した後、受け手がそのメッセージを土器ないし土器属性として採用するか、送り手である土器を作らない人が受け手側の遺跡で、保有していたメッセージを土器ないし土器属性に採用するケース」、「ことばによって表現された土器に関するメッセージが、土器以外の物質やその性質に付随して伝わり、受け手がその言語化されたメッセージをコードに基づいて解読、了解した後、受け手がそのメッセージを土器ないし土器属性として採用するケース」を主流にしていたとする。そして、もう一方の西南関東地域の遺跡群では、「ことばによって表現された土器に関するメッセージを土器製作者が送信し、受け手がその言語化されたメッセージをコードに基づいて解読、了解した後、受け手がそのメッセージを土器ないし土器属性として採用するか、送り手である土器製作者が受け手側の遺跡で、保有していたメッセージを土器ないし土器属性に採用するケース」が主流であったというわけである。

第Ⅳ章「五領ケ台式土器様式期の出自と婚後居住」では、型式分布の社会的背景として、婚姻の問題を検討する。その手がかりを土器系列の構造性、同一個体内において異系列の文様や

解　題

　異系列の文様帯が共存する（異系列文様・文様帯の同一個体内共存）例などに加えて、遺跡内における系列の構成比とその分布状況に見い出そうとしている。とりわけ、時間単位として安定している第Ⅱ段階の親族組織を具体的な検討対象として、特に出自と婚後居住を中心に推論を試みる。その結果、五領ケ台式土器様式には集合沈線文系土器群と細線文系土器群の二つの異なる系列が認められるが、それらの異系列文様・文様帯の同一個体内共存例の殆んどは、いずれかの系列の伝統的な土器構造に、もう一方の系列の伝統の一部が擬似的に介入するといった特徴を有していると解釈するのである。この型式5を含む集合沈線文系土器群の伝統性は、山形文や押引文などを主文様としたⅠ-2文様帯の技術形態に最もよく反映され、更に文様帯と分帯文様との施文順位、Ｓ字状を呈する口縁部形態にも反映されていたと指摘する。その一方で細線文系土器群は、特に印刻文を主文様とした文様帯や、橋状把手の貼付・作出技術の中に根強い伝統性を保持していたものと考えるのである。

　器物や技能などの継承が、親子及び父方、母方といった双方的な親族関係よりも、出自に基づいて厳密に規定されているならば、集合沈線文系土器群のⅠ-2文様帯の技術形態や、細線文系土器群の印刻文を主文様とした文様帯と橋状把手の貼付・作出技術は、二重出自のように父方、母方の双方から原則的に継承されるのではなく、母系或いは父系といった単系出自のなかで伝統的に継承された技術体系と考えられるだろう。その上で、異系列文様・文様帯の同一個体内共存例が各系列の出土量に比べてかなり少ないことは、土器製作者を女性と仮定した場合、父系出自の規則の中で、女性が異なる出自集団の母親と同じ出自集団の父親の姉妹（オバ）から、製作技術体系を継承していた可能性が高いことと矛盾する。これらによって、少なくとも第Ⅱ段階では集合沈線文系と細線文系の二つの母系出自集団毎に、土器製作に関する各種の技術体系が、同一出自の女性の間で継承されていたものと推測する。

　そして、ロングエーカーやヒルなどの民族考古学的な研究成果を参照しながら、二つの異なる母系出自集団の間における婚姻の普遍化を推定した。その上で、遺跡内における二つの系列の構成比とその分布状況の検討によって、婚姻が成立すると、西南関東地域では同じ遺跡内並びに異なる遺跡間で男性が妻方の家に移り住み、一方の中部地域では主に男性が出身地を出て、異なる遺跡に婚出するといった婚後居住の可能性をそれぞれ推定している。さらに、北アメリカ北西海岸狩猟採集民の民族誌、及びレヴィ＝ストロースやニーダムの研究成果から、こうした二つの母系出自集団の間の具体的な婚姻体系として、兄弟（姉妹）交換婚或いは双側的交叉イトコ婚の存在した可能性を推測する。

　第Ⅴ章「五領ケ台式土器様式期の季節的居住性」では、道具としての石器を俎上にのせ、生態人類学的な視点に基づいて、環境への適応過程および適応化の中から生じた居住形態の変異について論じている。その場合、北アメリカ北西海岸の狩猟採集民の民族誌が生業・居住シス

テムのモデルとして有効であることを指摘する。特に、年間の季節的サイクルに基づいた生業形態の維持とその変化、および集団編成などに縄文時代と共通する部分が多いとみるのである。

　具体的な分析作業は、まず石器の組成内容を遺跡毎に集計して、統計学的な分析を行なう。その結果、石器の組成内容が遺跡形態と極めて高い相関性を示し、各遺跡形態毎の個性的な組成が寄り集まって、相互に補完するような形をとりながら、一定の地域内で一つのシステムを構成していることを明らかにした。また、石皿の保有量、重量、欠損度が遺跡形態との強い相関性をあらわしている一方で、同じ形態の遺跡間で石器組成に量的な変異が認められたり、ときには異なる遺跡形態間で、完形かつ重量のある石皿を保有する場合の認められることも見逃さない。つまり、西南関東地域を生活舞台として活動していた五領ケ台式土器様式期の複数の単位集団は、年間を通じて一箇所に居住し続けていたのではなく、むしろ目的的な機能をもつ複数の場所に季節的に移動を繰り返していたものと推測する。このような季節的居住に際して、各場所に適応した石器組成を携えて移動し、目的が完了すると住居址を構築していた遺跡に回帰していたというわけである。その上、各遺跡形態内の石器組成の量的な差異や石皿の分析結果から、移動した場に機能を付加するため、新たに石器を持ち込んだり、後々の再訪に際しての利用のために石器を残しておくなど、遺跡利用の計画性や遺跡の利用期間の長短、移動に費やす距離・時間などにも関係する石器の多様な取り扱い方を推定するのである。

　終章「地域生活史から地域文化史へ」では、まず本書の第Ⅰ章から第Ⅴ章までの論旨を要約している。そして、縄文文化の実態は特定の時期・地域の生活史を解明することによって、はじめて具体性をもつものとなり、ひいては地域生活史にみられる法則性によって、縄文文化の総体が初めて明らかにされることを強調する。

(二)
　縄文時代の研究の主流は、遺物、遺構、遺跡を通して一般的な縄文時代像を描くことにあった。著者はこれに疑問を呈し、むしろ時期と地域を限定して、まずその具体的な生活史の実態を解明すべきであると主張する。
　それによって、浮き彫りにされた地域や時期の個性を見極め、その蓄積あるいは法則性の発見によってこそ、はじめて一般的な縄文時代像に接近しうるとするのである。たしかに、縄文時代の全体像を直接解明しようとする方法では、縄文時代をイメージすることは容易であるが、それを特定の時期や地域に当てはめると、どの時期どの地域の実態にも一致せず、具体的な事実から遊離してしまうのである。この矛盾の解決は、まさに著者の提唱する地域生活史をおいて他に現在有効なる方法は見当たらない。著者の方法論がまず高く評価される所以がここにある。

解　題

　著者は、地域生活史の対象地域を中部・関東に定め、この地域に分布の中心をおく縄文時代中期初頭の五領ケ台式土器様式の時期に焦点をおく。

　生活史の論及に先立って、その五領ケ台式土器様式を六段階に区分する。従来の型式学的研究がせいぜい四段階ほどであったところを、緻密な観察と分析で細分してみせる。まさに縄文土器研究が目指してきた細分編年にとって究極の成果といえるものであり、先進的である。こうして厳密な時期を限定した上で、最も充実した第Ⅱ段階を具体的な分析の対象に設定する点に、曖昧さを排除しようとする確かな姿勢を窺わせる。

　また、具体的な分析に際しては、五領ケ台式土器様式に認められる集合沈線文系土器群の中の型式5を取り上げ、さまざまな属性から遺跡間の量的差異を読みとる。さらに、地域間相互の連続性と不連続性を把握する方法は地域性の理解に有効である。

　この方法をさらに一定地域内の遺跡間、および遺跡内の地点や住居址間のあり方にまで広げて、婚姻形態の実態を解明する視点は従来の研究にないものである。とくに、五領ケ台式土器様式に共存する集合沈線文系土器群と細線文系土器群との二つの異なる系列のあり方を重ねながら、二つの母系集団毎に土器製作の伝統が維持、継承されていたとする。こうした背景に基づいて、夫方か妻方かの婚後居住形態を抽出しようとする新しい方法とその成果にも高い評価が与えられる。

　なお、こうした分析のために、著者が展開する記号論に立脚したコミュニケーションシステムが重要である。十分な吟味の上に設定された土器情報に関する送り手と受け手との関係のパターン化に、今後の分析の可能性を期待させるものである。

　かくの如く、著者の視点は従来にない新しいものであるばかりでなく、その揺るぎない確かさが認められる。さらに、具体的にアプローチする方法論の設定とその緻密な論理の展開は、現在の考古学研究の到達すべき一つの水準をはっきりと示すものである。

【未完成考古学叢書】刊行について

　考古学は歴史スル学問である。

　ヒトは生まれて育ち死を迎えるまでのさまざまな場面において、必要性が意識された機能をそれぞれに相応しい素材、例えば石や土や木や骨や角や牙や貝などに重ねてカタチをイメージして、それなりの技法で具体的なものを実現してきたのである。そうしたモノを用意しながら、自然資源を活用するための戦略を編み出して、独自のスペースデザインを展開してきた。

　しかし、モノおよびあるいはカタチは寡黙にして多くを語ろうとしない。その壁を打破して核心に接近することが考古学の研究である。

　けれども完全な成功に到達することは困難であるが故に、ややもすれば研究成果の公表を手控えがちとなり、これを慎重さ、謙譲の美名で正当化してきたのであった。

　もともと完全や完成は、永遠に続く未完成の仮の姿なのである。まさに、未完成の不断の集積こそ肝要と心得なければならない。

　本叢書刊行の趣意は、ここにある。

監修者　小林　達雄
（國學院大學文学部教授）

◆著者略歴

山 本 典 幸（やまもと・のりゆき）

國學院大學講師。國學院大学文学部史学科卒業。同大学院文学研究科博士課程後期（日本史学専攻）修了。博士（歴史学）。(1997年) 1963年山口県光市生まれ。
著書に『現代考古学の方法と理論』Ⅰ、Ⅱ（共著、同成社）、論文に「石川県真脇遺跡の居住形態とイルカ漁」(『先史考古学論集』6）などがある。

小林達雄監修　未完成考古学叢書①　　　　平成12(2000)年　5月25日初版

縄文時代の地域生活史

監修者／小林達雄
著者／山本典幸
発行者／関根裕子
発行／株式会社ミュゼ
〒108-0074　東京都港区高輪2-1-11-230
TEL03-5488-7781　FAX03-5488-7783
E-mail　musee@cia.co.jp
本文・カバーデザイン／逸見里香（シーアイエー）
編集協力／有限会社パクスワーク
印刷・製本／シーアイエー株式会社

定価はカバーに表示してあります。
本書の内容の一部あるいは全部を無断で複写（コピー）することは、著作権法上認められている場合をのぞき、禁じられています。

ISBN　4-944163-15-0
Printed in Japan 2000
© NORIYUKI YAMAMOTO

小林達雄監修【未完成考古学叢書】の続刊予定

石槍の研究
～旧石器時代から縄文時代初頭期にかけて

白石　浩之著

縄文時代前期
古奥東京湾沿岸における集落と生業そして社会

小川　岳人著

・・

小林達雄対談集　ミュージアムの思想

小林　達雄　著

日本には多数のミュージアムがあるが、そこは本当にきちんと機能しているのだろうか。考古学者で縄文の第一人者である小林達雄氏（國學院大学教授）が各界の専門家たちと博物館や美術館のあるべき姿について語り合った。専門誌「月刊ミュゼ」で3年にわたって対談した内容に新たに脚注などを加えてまとめた。
〈UM Books〉
本体1,429円　224p　A5判　ISBN4-944163-10-X